LANZHOU STATISTICAL 兰州统计年鉴 YEARBOOK 2015

图书在版编目（CIP）数据

兰州统计年鉴. 2015 / 兰州市统计局, 国家统计局兰州调查队编. -- 北京：中国统计出版社, 2015.9
ISBN 978-7-5037-7591-8

Ⅰ. ①兰… Ⅱ. ①兰… ②国… Ⅲ. ①统计资料－兰州市－2015－年鉴 Ⅳ. ①C832.421-54

中国版本图书馆CIP数据核字(2015)第204924号

兰州统计年鉴-2015

作　　者/ 兰州市统计局　国家统计局兰州调查队
责任编辑/ 陈越月
装帧设计/ 天润文化
出版发行/ 中国统计出版社
地　　址/ 北京市丰台区西三环南路甲6号　邮政编码/100073
电　　话/ 邮购(010)63376909　书店(010)68783171
网　　址/ http://csp.stats.gov.cn
印　　刷/ 甘肃三合印刷机械有限责任公司
经　　销/ 新华书店
开　　本/ 890mm × 1240mm　1/16
字　　数/ 880千字
印　　张/ 24
版　　别/ 2015年9月第1版
版　　次/ 2015年9月第1次印刷
定　　价/ 280.00元

《兰州统计年鉴—2015》编辑部

编辑说明

一、《兰州统计年鉴—2015》是全面反映兰州市经济和社会发展情况的资料性年刊。本书通过大量翔实可靠的资料，全面系统地记录了2014年兰州市经济发展和社会各方面的数据以及历史年份的重要数据，是各级党政部门以及国内外各界人士认识兰州、了解兰州必备的、不可缺少的综合性工具书。

二、《兰州统计年鉴—2015》分为两个部分。第一部分为特载篇，刊载了2014年全国、甘肃省、兰州市国民经济和社会发展统计公报；第二部分为统计资料篇，分综合、人口、工业、农业、固定资产投资等十五单元，反映了2014年兰州市经济指标及直辖市、省会城市、甘肃省十四个州市主要经济指标。为方便使用，每一部分资料后附有主要指标解释。

三、《兰州统计年鉴—2015》统计范围为兰州市行政辖区内全部经济社会活动计算。

四、《兰州统计年鉴—2015》所有价值指标为现价；发展（增长）速度按可比价计算。

五、《兰州统计年鉴—2015》中2008年GDP及增加值为按2008年经济普查口径调整数据；2013年、2014年GDP及增加值为按2013年经济普查口径调整数据。

六、由于国家核算制度和调查方法的原因，部分行业区域汇总数与全市数据存在一些误差。

七、《兰州统计年鉴—2015》使用符号说明：#表示其中项。

八、由于时间仓促，编辑水平有限，难免有错漏之处，恳请广大读者批评指正。

《兰州统计年鉴—2015》编辑部

2015年10月

目　　录

统计公报

统计资料

一、综合

二、人口

三、工业、能源

四、交通运输业

五、农业

六、投资、建筑

七、城市建设

八、商业、物价

九、财政、金融

十、劳动、工资

十一、教育、科技文化

十二、卫生、司法

十三、人民生活

十四、兰州主要经济指标

十五、全国主要指标对比

中华人民共和国
2014年国民经济和社会发展统计公报[1]

中华人民共和国国家统计局

2015年2月26日

2014年，面对复杂多变的国际环境和艰巨繁重的国内发展改革稳定任务，党中央、国务院团结带领全国各族人民，牢牢把握国内外发展大势，坚持稳中求进工作总基调，全力推进改革开放，着力创新宏观调控，奋力激发市场活力，努力培育创新动力，国民经济在新常态下平稳运行，结构调整出现积极变化，发展质量不断提高，民生事业持续改善，实现了经济社会持续稳定发展。

一、综合

年末全国大陆总人口为136782万人，比上年末增加710万人，其中城镇常住人口为74916万人，占总人口比重为54.77%。全年出生人口1687万人，出生率为12.37‰；死亡人口977万人，死亡率为7.16‰；自然增长率为5.21‰。全国人户分离的人口[2]为2.98亿人，其中流动人口[3]为2.53亿人。

表1　2014年年末人口数及其构成

指　标	年末数(万人)	比重(%)
全国总人口	136782	100.0
其中：城镇	74916	54.77
乡村	61866	45.23
其中：男性	70079	51.2
女性	66703	48.8
其中：0-15岁(含不满16周岁)[4]	23957	17.5
16-59岁(含不满60周岁)	91583	67.0
60周岁及以上	21242	15.5
其中：65周岁及以上	13755	10.1

国民经济稳定增长。初步核算，全年国内生产总值[5]636463亿元，比上年增长7.4%。其中，第一产业增加值58332亿元，增长4.1%；第二产业增加值271392亿元，增长7.3%；第三产业增加值306739亿元，增长8.1%。第一产业增加值占国内生产总值的比重为9.2%，第二产业增加值比重为42.6%，第三产业增加值比重为48.2%。

图1　2010-2014年国内生产总值及其增长速度

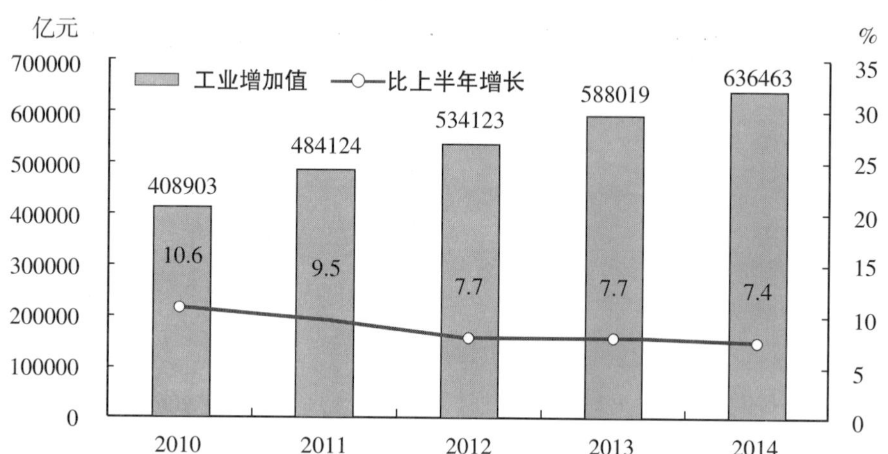

就业继续增加。年末全国就业人员77253万人，其中城镇就业人员39310万人。全年城镇新增就业1322万人。年末城镇登记失业率为4.09%。全国农民工[6]总量为27395万人，比上年增长1.9%。其中，外出农民工16821万人，增长1.3%；本地农民工10574万人，增长2.8%。

图2　2010-2014年城镇新增就业人数

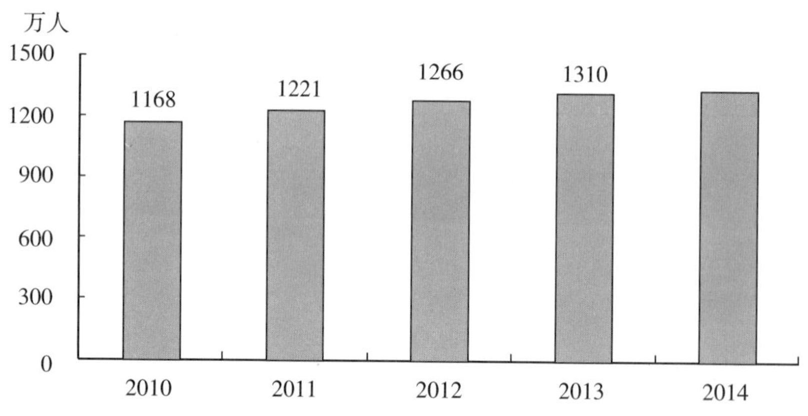

劳动生产率稳步提高。全年国家全员劳动生产率[7]为72313元/人，比上年提高7.0%。

图3　2010-2014年国家全员劳动生产率

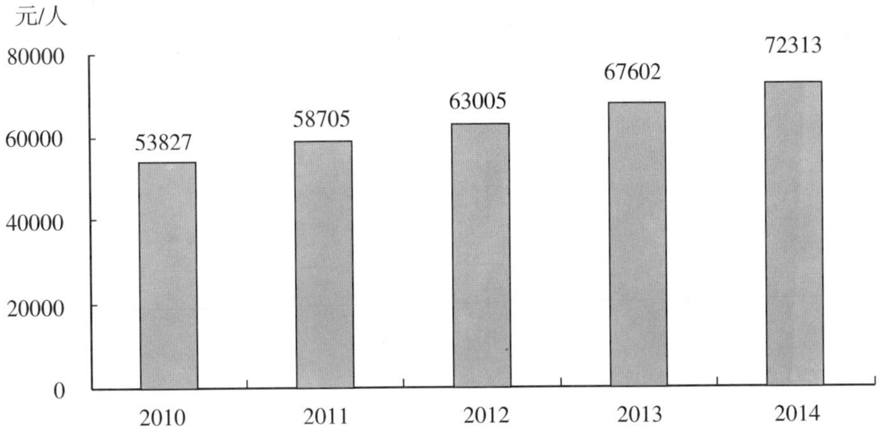

元/人

年份	2010	2011	2012	2013	2014
元/人	53827	58705	63005	67602	72313

价格水平涨幅较低。全年居民消费价格比上年上涨2.0%，其中食品价格上涨3.1%。固定资产投资价格上涨0.5%。工业生产者出厂价格下降1.9%。工业生产者购进价格下降2.2%。农产品生产者价格[8]下降0.2%。

图4　2014年居民消费价格月度涨跌幅度

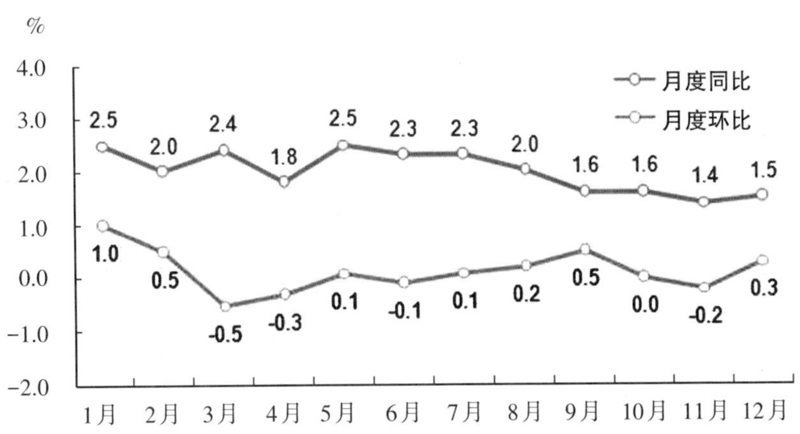

表2　2014年居民消费价格比上年涨跌幅度

单位:%

指　　标	全　国		
		城　市	农　村
居民消费价格	2.0	2.1	1.8
其中:食　品	3.1	3.3	2.6
烟酒及用品	-0.6	-0.7	-0.5
衣　着	2.4	2.4	2.4
家庭设备用品及维修服务	1.2	1.2	1.2
医疗保健和个人用品	1.3	1.2	1.5
交通和通信	-0.1	-0.2	0.0
娱乐教育文化用品及服务	1.9	1.9	1.7
居　住[9]	2.0	2.1	1.9

70个大中城市新建商品住宅销售价格月同比上涨城市个数上半年各月均为69个,下半年月同比上涨城市个数逐月减少,12月份为2个,月同比价格下降城市个数增加至68个。

图5　2014年新建商品住宅月同比价格上涨、持平、下降城市个数变化情况

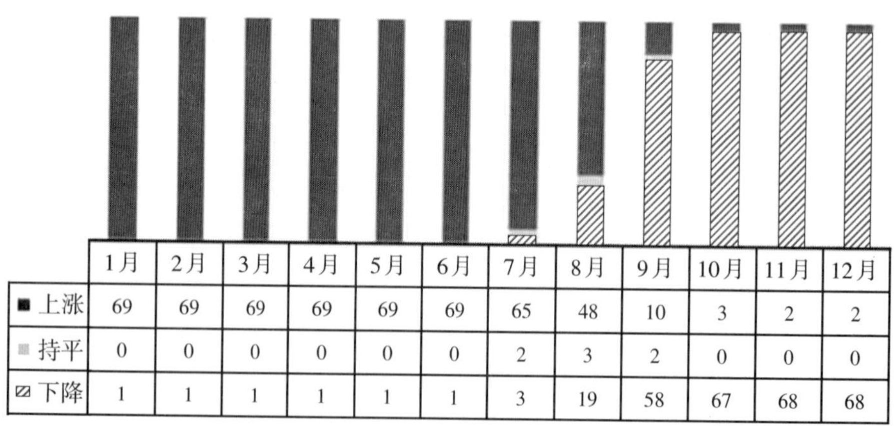

	1月	2月	3月	4月	5月	6月	7月	8月	9月	10月	11月	12月
■ 上涨	69	69	69	69	69	69	65	48	10	3	2	2
■ 持平	0	0	0	0	0	0	2	3	2	0	0	0
▨ 下降	1	1	1	1	1	1	3	19	58	67	68	68

财政收入稳定增长。全年全国一般公共财政收入140350亿元,比上年增加11140亿元,增长8.6%,其中税收收入119158亿元,增加8627亿元,增长7.8%。

图6　2010-2014年全国一般公共财政收入

亿元
160000
120000
80000
40000
0
83102
103874
117254
129210
140350
2010
2011
2012
2013
2014

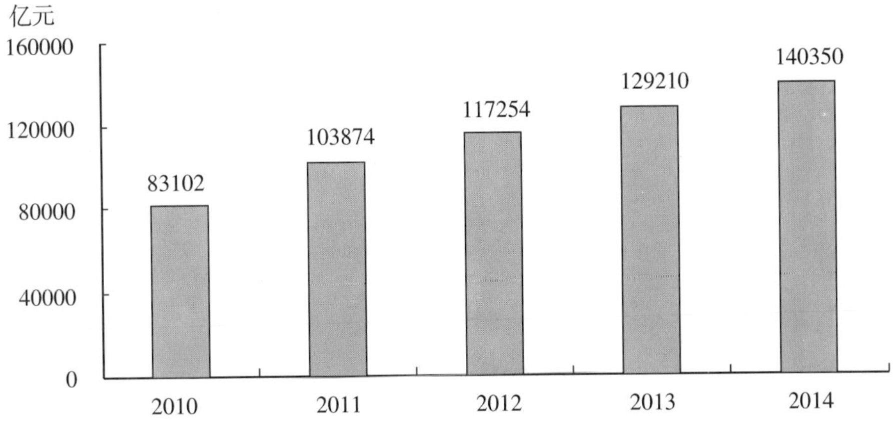

注:图中2010年至2013年数据为全国一般公共财政收入决算数,2014年为执行数。

外汇储备略有增加。年末国家外汇储备38430亿美元,比上年末增加217亿美元。全年人民币平均汇率为1美元兑6.1428元人民币,比上年升值0.8%。

图7　2010－2014年年末国家外汇储备

亿美元
50000
40000
30000
20000
10000
0
28473
31811
33116
38213
38430
2010
2011
2012
2013
2014

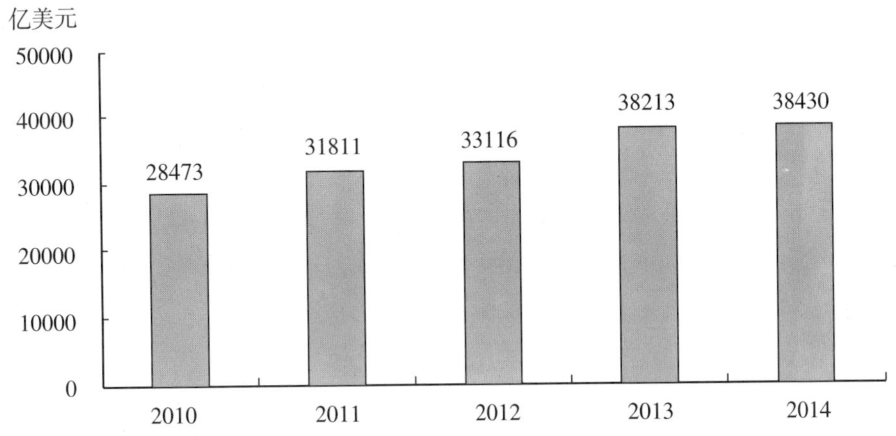

二、农业

全年粮食种植面积11274万公顷,比上年增加78万公顷。棉花种植面积422万公顷,减少13万公顷。油料种植面积1408万公顷,增加6万公顷。糖料种植面积191万公顷,减少9万公顷。

粮食再获丰收。全年粮食产量60710万吨,比上年增加516万吨,增产0.9%。其中,夏粮产量13660万吨,增产3.6%;早稻产量3401万吨,减产0.4%;秋粮产量43649万吨,增产0.1%。全年谷物产量55727万吨,比上年增产0.8%。其中,稻谷产量20643万吨,增产1.4%;小麦产量12617万吨,增产3.5%;玉米产量21567万吨,减产1.3%。

全年棉花产量616万吨,比上年减产2.2%。油料产量3517万吨,与上年持平。糖料产量

图8　2010－2014年粮食产量

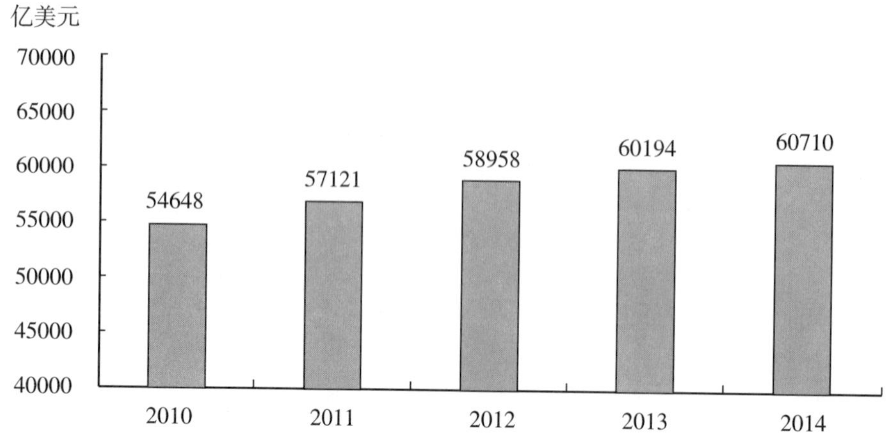

亿美元
70000
65000
60000
55000
50000
45000
40000
54648
57121
58958
60194
60710
2010
2011
2012
2013
2014

13403万吨,减产2.5%。茶叶产量209万吨,增产8.7%。

全年肉类总产量8707万吨,比上年增长2.0%。其中,猪肉产量5671万吨,增长3.2%;牛肉产量689万吨,增长2.4%;羊肉产量428万吨,增长4.9%;禽肉产量1751万吨,下降2.7%。禽蛋产量2894万吨,增长0.6%。牛奶产量3725万吨,增长5.5%。年末生猪存栏46583万头,下降1.7%;生猪出栏73510万头,增长2.7%。

全年水产品产量6450万吨,比上年增长4.5%。其中,养殖水产品产量4762万吨,增长4.9%;捕捞水产品产量1688万吨,增长3.5%。

全年木材产量8178万立方米,比上年下降3.1%。

全年新增耕地灌溉面积132万公顷,新增节水灌溉面积223万公顷。

三、工业和建筑业

工业生产平稳增长。全年全部工业增加值227991亿元,比上年增长7.0%。规模以上工业增加值增长8.3%。在规模以上工业中,分经济类型看,国有及国有控股企业增长4.9%;集体企业增长1.7%,股份制企业增长9.7%,外商及港澳台商投资企业增长6.3%;私营企业增长10.2%。分门类看,采矿业增长4.5%,制造业增长9.4%,电力、热力、燃气及水生产和供应业增长3.2%。

图9　2010－2014年全部工业增加值及其增长速度

工业增加值
比上半年增长
300000
250000
200000
150000
100000
50000
0
30
25
20
15
10
5
0
162376
191571
204540
217264
227991
12.6
10.8
7.9
7.6
7.0
2010
2011
2012
2013
2014

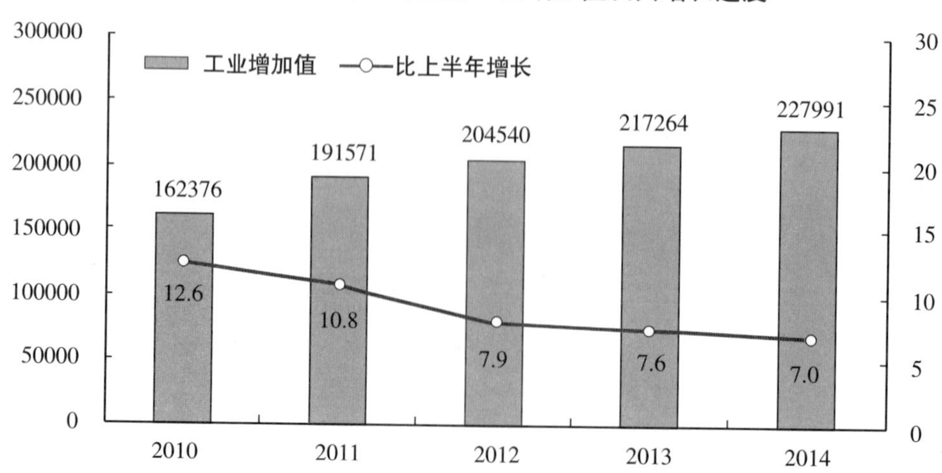

全年规模以上工业中，农副食品加工业增加值比上年增长7.7%，纺织业增长6.7%，通用设备制造业增长9.1%，专用设备制造业增长6.9%，汽车制造业增长11.8%，计算机、通信和其他电子设备制造业增长12.2%，电气机械和器材制造业增长9.4%。六大高耗能行业增加值比上年增长7.5%。其中，非金属矿物制品业增长9.3%，化学原料和化学制品制造业增长10.3%，有色金属冶炼和压延加工业增长12.4%，黑色金属冶炼和压延加工业增长6.2%，电力、热力生产和供应业增长2.2%，石油加工、炼焦和核燃料加工业增长5.4%。高技术制造业[10]增加值比上年增长12.3%，占规模以上工业增加值的比重为10.6%。装备制造业[11]增加值增长10.5%，占规模以上工业增加值的比重为30.4%。

表3　2014年主要工业产品产量及其增长速度[12]

产品名称	单　位	产　量	比上年增长(%)
纱	万吨	3379.2	5.6
布	亿米	893.7	-0.4
化学纤维	万吨	4389.8	5.5
成品糖	万吨	1642.7	3.1
卷　烟	亿支	26098.5	1.9
彩色电视机	万台	14128.9	10.9
其中：液晶电视机	万台	13865.9	13.3
家用电冰箱	万台	8796.1	-5.0
房间空气调节器	万台	14463.3	10.7
一次能源生产总量	亿吨标准煤	36.0	0.5
原　煤	亿吨	38.7	-2.5
原　油	万吨	21142.9	0.7
天然气[13]	亿立方米	1301.6	7.7
发电量	亿千瓦小时	56495.8	4.0
其中：火电	亿千瓦小时	42337.3	-0.3
水电	亿千瓦小时	10643.4	15.7
核电	亿千瓦小时	1325.4	18.8
粗　钢	万吨	82269.8	1.2
钢　材[14]	万吨	112557.2	4.0
十种有色金属	万吨	4380.1	7.4
其中：精炼铜(电解铜)	万吨	764.4	15.0
原铝(电解铝)	万吨	2435.8	10.3
氧化铝	万吨	4777.3	7.3

产品名称	单　位	产　量	比上年增长(%)
水　泥	亿吨	24.8	2.3
硫　酸(折100%)	万吨	8846.3	8.5
纯　碱	万吨	2514.2	3.4
烧　碱(折100%)	万吨	3059.0	4.5
乙　烯	万吨	1696.7	6.1
化　肥(折100%)	万吨	6887.2	-2.0
发电机组(发电设备)	万千瓦	15053.0	6.0
汽　车	万辆	2372.5	7.3
其中:基本型乘用车(轿车)	万辆	1248.3	3.1
大中型拖拉机	万台	64.4	-3.3
集成电路	亿块	1015.5	12.4
程控交换机	万线	3123.1	15.7
移动通信手持机	万台	162719.8	6.8
微型计算机设备	万台	35079.6	-0.8

年末全国发电装机容量136019万千瓦,比上年末增长8.7%。其中[15],火电装机容量91569万千瓦,增长5.9%;水电装机容量30183万千瓦,增长7.9%;核电装机容量1988万千瓦,增长36.1%;并网风电装机容量9581万千瓦,增长25.6%;并网太阳能发电装机容量2652万千瓦,增长67.0%。

全年规模以上工业企业实现利润64715亿元,比上年增长3.3%,其中国有及国有控股企业14007亿元,下降5.7%;集体企业538亿元,增长0.4%,股份制企业42963亿元,增长1.6%,外商及港澳台商投资企业15972亿元,增长9.5%;私营企业22323亿元,增长4.9%。

图10　2010-2014年建筑业增加值及其增长速度

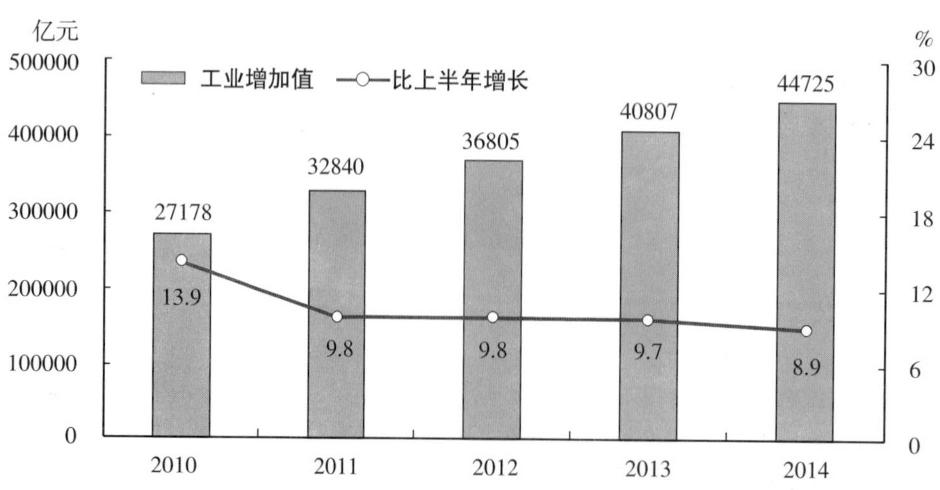

全年全社会建筑业增加值44725亿元，比上年增长8.9%。全国具有资质等级的总承包和专业承包建筑业企业实现利润6913亿元，增长13.7%，其中国有及国有控股企业1639亿元，增长11.7%。

四、固定资产投资

固定资产投资增速放缓。全年全社会固定资产投资512761亿元，比上年增长15.3%[16]，扣除价格因素，实际增长14.7%。其中，固定资产投资（不含农户）502005亿元，增长15.7%，农户投资10756亿元，增长2.0%。东部地区投资[17]206454亿元，比上年增长15.4%；中部地区投资124112亿元，增长17.6%；西部地区投资129171亿元，增长17.2%；东北地区投资46096亿元，增长2.7%。

图11　2010-2014年全社会固定资产投资

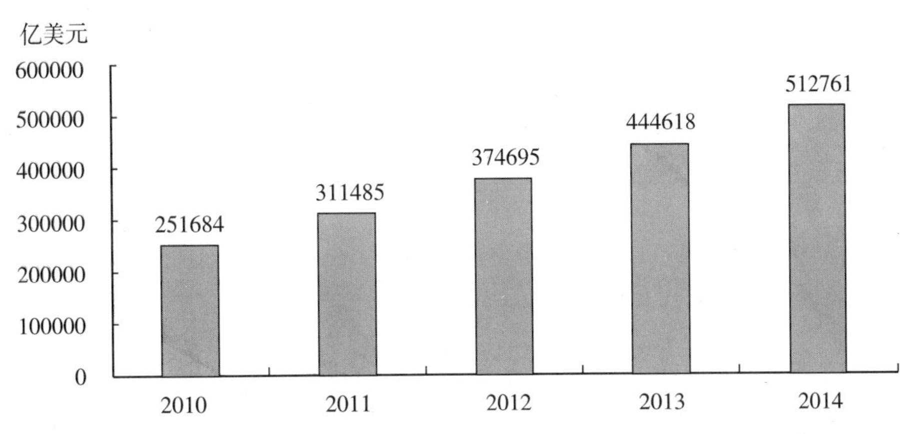

在固定资产投资（不含农户）中，第一产业投资11983亿元，比上年增长33.9%；第二产业投资208107亿元，增长13.2%；第三产业投资281915亿元，增长16.8%。民间固定资产投资[18]321576亿元，增长18.1%，占固定资产投资（不含农户）的比重为64.1%。

表4　2014年分行业固定资产投资（不含农户）及其增长速度

行　　业	投资额（亿元）	比上年增长（%）
总　　计	502005	15.7
农、林、牧、渔业	14697	31.3
采矿业	14681	0.7
制造业	166918	13.5
电力、热力、燃气及水生产和供应业	22916	17.1
建筑业	4450	27.2
批发和零售业	15669	25.7
交通运输、仓储和邮政业	42984	18.6
住宿和餐饮业	6237	4.2

行　　　业	投资额(亿元)	比上年增长(%)
信息传输、软件和信息技术服务业	4187	38.6
金融业	1360	10.5
房地产业[19]	123690	11.1
租赁和商务服务业	7970	36.2
科学研究和技术服务业	4205	34.7
水利、环境和公共设施管理业	46274	23.6
居民服务、修理和其他服务业	2262	14.2
教育	6678	24.0
卫生和社会工作	3983	27.6
文化、体育和娱乐业	6192	18.9
公共管理、社会保障和社会组织	6652	13.6

表5　2014年固定资产投资新增主要生产与运营能力

指　　　标	单　位	绝对数
新增220千伏及以上变电设备	万千伏安	22394
新建铁路投产里程	公里	8427
其中：高速铁路[20]	公里	5491
增、新建铁路复线投产里程	公里	7892
电气化铁路投产里程	公里	8653
新建公路里程	公里	65260
其中：高速公路	公里	7394
港口万吨级码头泊位新增吞吐能力	万吨	43553
新增民用运输机场	个	9
新增光缆线路长度	万公里	301

全年房地产开发投资95036亿元，比上年增长10.5%。其中，住宅投资64352亿元，增长9.2%；办公楼投资5641亿元，增长21.3%；商业营业用房投资14346亿元，增长20.1%。

全年全国城镇保障性安居工程基本建成住房511万套，新开工740万套。

表6　2014年房地产开发和销售主要指标完成情况及其增长速度

指　　标	单位	绝对数	比上年增长(%)
投资额	亿元	95036	10.5
其中：住宅	亿元	64352	9.2
其中：90平方米及以下	亿元	20335	4.6
房屋施工面积	万平方米	726482	9.2
其中：住宅	万平方米	515096	5.9
房屋新开工面积	万平方米	179592	−10.7
其中：住宅	万平方米	124877	−14.4
房屋竣工面积	万平方米	107459	5.9
其中：住宅	万平方米	80868	2.7
商品房销售面积	万平方米	120649	−7.6
其中：住宅	万平方米	105182	−9.1
本年到位资金	亿元	121991	−0.1
其中：国内贷款	亿元	21243	8.0
其中：个人按揭贷款	亿元	13665	−2.6

五、国内贸易

市场销售稳定增长。全年社会消费品零售总额[21]262394亿元，比上年增长12.0%，扣除价格因素，实际增长10.9%。按经营地统计，城镇消费品零售额226368亿元，增长11.8%；乡村消费品零售额36027亿元，增长12.9%。按消费类型统计，商品零售额234534亿元，增长12.2%；餐饮收入额27860亿元，增长9.7%。

图12　2010-2014年社会消费品零售总额

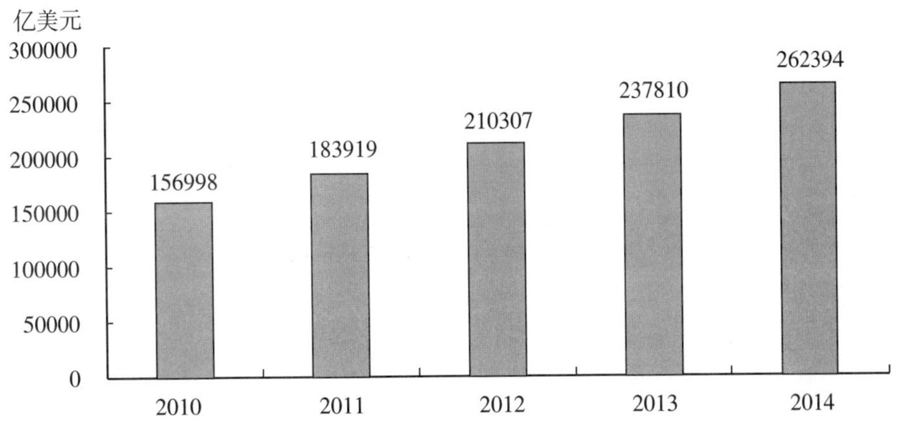

在限额以上企业商品零售额中，粮油、食品、饮料、烟酒类零售额比上年增长11.1%，服装、鞋帽、针纺织品类增长10.9%，化妆品类增长10.0%，金银珠宝类与上年持平，日用品类增长11.6%，家用电器和音像器材类增长9.1%，中西药品类增长15.0%，文化办公用品类增长11.6%，家具类增长13.9%，通讯器材类增长32.7%，石油及制品类增长6.6%，建筑及装潢材料类增长13.9%，汽车类增长7.7%。

全年网上零售额[22]27898亿元，比上年增长49.7%，其中限额以上单位网上零售额4400亿元，增长56.2%。

六、对外经济[23]

全年货物进出口总额264334亿元，比上年增长2.3%。其中，出口143912亿元，增长4.9%；进口120423亿元，下降0.6%。进出口差额(出口减进口)23489亿元，比上年增加7395亿元。

图13　2013-2014货物进出口总额

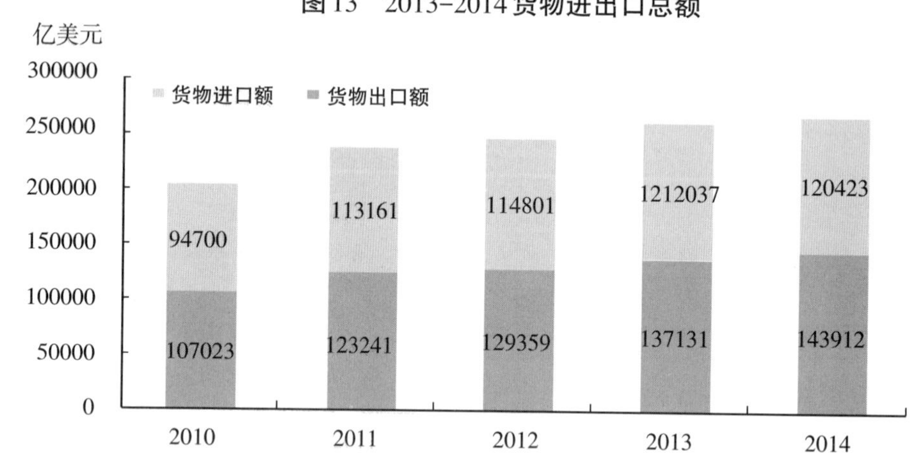

表7　2014年货物进出口总额及其增长速度

指　　标	金额(亿元)	比上年增长(%)
货物进出口总额	264334	2.3
货物出口额	143912	4.9
其中：一般贸易	73944	9.6
加工贸易	54320	1.8
其中：机电产品	80527	2.6
高新技术产品	40570	-1.0
货物进口额	120423	-0.6
其中：一般贸易	68162	-1.0
加工贸易	32211	4.5
其中：机电产品	52509	0.7
高新技术产品	33876	-2.2
进出口差额(出口减进口)	23489	—

表8　2014年主要商品出口数量、金额及其增长速度

商品名称	单位	数量	比上年增长(%)	金额(亿元)	比上年增长(%)
煤(包括褐煤)	万吨	574	-23.5	43	-35.5
钢材	万吨	9378	50.5	4350	31.6
纺织纱线、织物及制品	—	—	—	6888	3.8
服装及衣着附件	—	—	—	11445	4.2
鞋类	—	—	—	3455	9.7
家具及其零件	—	—	—	3195	-0.7
自动数据处理设备及其部件	万台	191836	2.6	11159	-1.3
手持或车载无线电话	万台	131199	10.6	7085	20.2
集装箱	万个	302	12.1	553	13.0
液晶显示板	万个	245080	-25.0	1952	-12.4
汽车	万辆	90	-2.8	770	3.5

表9　2014年主要商品进口数量、金额及其增长速度

商品名称	数量(万吨)	比上年增长(%)	金额(亿元)	比上年增长(%)
谷物及谷物粉	1951	33.8	382	20.7
大豆	7140	12.7	2474	5.0
食用植物油	650	-19.7	364	-27.3
铁矿砂及其精矿	93251	13.8	5748	-12.8
氧化铝	528	37.7	118	35.5
煤(包括褐煤)	29122	-10.9	1366	-24.4
原油	30838	9.5	14017	2.8
成品油	3000	-24.2	1439	-27.7
初级形状的塑料	2535	3.0	3167	4.0
纸浆	1796	6.6	741	4.9
钢材	1443	2.5	1101	4.0
未锻轧铜及铜材	483	7.4	2188	0.8

表10　2014年对主要国家和地区货物进出口额及其增长速度

国家和地区	出口额(亿元)	比上年增长(%)	进口额(亿元)	比上年增长(%)
欧盟	22787	8.3	15031	9.7
美国	24328	6.4	9764	3.1
东盟	16712	10.3	12794	3.3
中国香港	22307	-6.6	792	-21.5
日本	9187	-1.4	10027	-0.5
韩国	6162	8.9	11677	2.8
中国台湾	2843	12.7	9337	-3.9
俄罗斯	3297	7.2	2555	3.7
印度	3331	10.7	1005	-4.6

全年服务进出口[24]总额6043亿美元，比上年增长12.6%。其中，服务出口2222亿美元，增长7.6%；服务进口3821亿美元，增长15.8%。服务进出口逆差1599亿美元。

全年非金融领域新设立外商直接投资企业23778家，比上年增长4.4%。实际使用外商直接投资金额7364亿元，按美元计价为1196亿美元，增长1.7%。

表11　2014年非金融领域外商直接投资及其增长速度

行　　业	企业数(家)	比上年增长(%)	实际使用金额(亿美元)	比上年增长(%)
总　　计	23778	4.4	1195.6	1.7
其中：农、林、牧、渔业	719	-5.0	15.2	-15.4
制造业	5178	-20.4	399.4	-12.3
电力、燃气及水生产和供应业	208	4.0	22.0	-9.3
交通运输、仓储和邮政业	376	-6.2	44.6	5.7
信息传输、计算机服务和软件业	981	23.2	27.6	-4.4
批发和零售业	7978	8.6	94.6	-17.8
房地产业	446	-15.9	346.3	20.2
租赁和商务服务业	3963	18.0	124.9	20.5
居民服务和其他服务业	181	9.0	7.2	9.3

全年非金融领域对外直接投资额6321亿元，按美元计价为1029亿美元，比上年增长14.1%。

表12　2014年非金融领域对外直接投资额及其增长速度

行　　业	对外直接投资金额（亿美元）	比上年增长（%）
总　　计	1028.9	14.1
其中：农、林、牧、渔业	17.4	19.2
采矿业	193.3	-4.1
制造业	69.6	-19.8
电力、热力、燃气及水生产和供应业	18.4	36.3
建筑业	70.2	7.5
批发和零售业	172.7	26.3
交通运输、仓储和邮政业	29.3	17.2
信息传输、软件和信息技术服务业	17.0	100.0
房地产业	30.9	45.8
租赁和商务服务业	372.5	26.5

全年对外承包工程业务完成营业额8748亿元，按美元计价为1424亿美元，比上年增长3.8%。对外劳务合作派出各类劳务人员56.2万人，增长6.6%。

七、交通、邮电和旅游

交通运输平稳增长。全年货物运输总量439亿吨，比上年增长7.1%。货物运输周转量184619亿吨公里，增长9.9%。全年规模以上港口完成货物吞吐量111.6亿吨，比上年增长4.8%，其中外贸货物吞吐量35.2亿吨，增长5.9%。规模以上港口集装箱吞吐量20093万标准箱，增长6.1%。

表13　2014年各种运输方式完成货物运输量及其增长速度

指　　标	单　　位	绝对数	比上年增长（%）
货物运输总量	亿　　吨	439.1	7.1
铁路	亿　　吨	38.1	-3.9
公路	亿　　吨	334.3	8.7
水运	亿　　吨	59.6	6.4
民航	万　　吨	593.3	5.7
管道	亿　　吨	6.9	5.2
货物运输周转量	亿吨公里	184619.2	9.9
铁路	亿吨公里	27530.2	-5.6
公路	亿吨公里	61139.1	9.7

指　　标	单　　位	绝对数	比上年增长(%)
水运	亿吨公里	91881.1	15.7
民航	亿吨公里	186.1	9.3
管道	亿吨公里	3882.7	10.9

全年旅客运输总量221亿人次，比上年增长3.9%。旅客运输周转量29994亿人公里，增长8.8%。

表14　2014年各种运输方式完成旅客运输量及其增长速度

指　　标	单　　位	绝对数	比上年增长(%)
旅客运输总量	亿人次	220.7	3.9
铁路	亿人次	23.6	11.9
公路	亿人次	190.5	2.8
水运	亿人次	2.6	12.3
民航	亿人次	3.9	10.6
旅客运输周转量	亿人公里	29994.2	8.8
铁路	亿人公里	11604.8	9.5
公路	亿人公里	11981.7	6.5
水运	亿人公里	74.4	8.9
民航	亿人公里	6333.3	12.0

年末全国民用汽车保有量达到15447万辆(包括三轮汽车和低速货车972万辆)，比上年末增长12.4%，其中私人汽车保有量12584万辆，增长15.5%。民用轿车保有量8307万辆，增长16.6%，其中私人轿车7590万辆，增长18.4%。

邮电业务快速增长。全年完成邮电业务总量[25]21846亿元，比上年增长19.0%。其中，邮政业务总量3696亿元，增长35.6%；电信业务总量18150亿元，增长16.1%。邮政业全年完成邮政函件业务56.1亿件，包裹业务0.6亿件，快递业务量139.6亿件；快递业务收入2045亿元。电信业全年新增移动电话交换机容量[26]7980万户，达到204537万户。年末全国电话用户总数达到153552万户，其中固定电话用户24943万户，移动电话用户128609万户。固定电话普及率下降至18.3部/百人，移动电话普及率上升至94.5部/百人。固定互联网宽带接入用户[27]20048万户，比上年增加1157万户；移动宽带用户[28]58254万户，增加18093万户。互联网上网人数6.49亿人，增加3117万人，其中手机上网人数[29]5.57亿人，增加5672万人。互联网普及率达到47.9%。

全年国内游客36.1亿人次，比上年增长10.7%，国内旅游收入30312亿元，增长15.4%。入境游客12849万人次，下降0.5%。其中，外国人2636万人次，增长0.3%；香港、澳门和台湾同胞

10213万人次，下降0.6%。在入境游客中，过夜游客5562万人次，与上年基本持平。国际旅游外汇收入569亿美元，增长10.2%。国内居民出境11659万人次，增长18.7%，其中因私出境11003万人次，增长19.6%。

图14 2010-2014年年末固定互联网宽带接入用户和移动宽带用户数

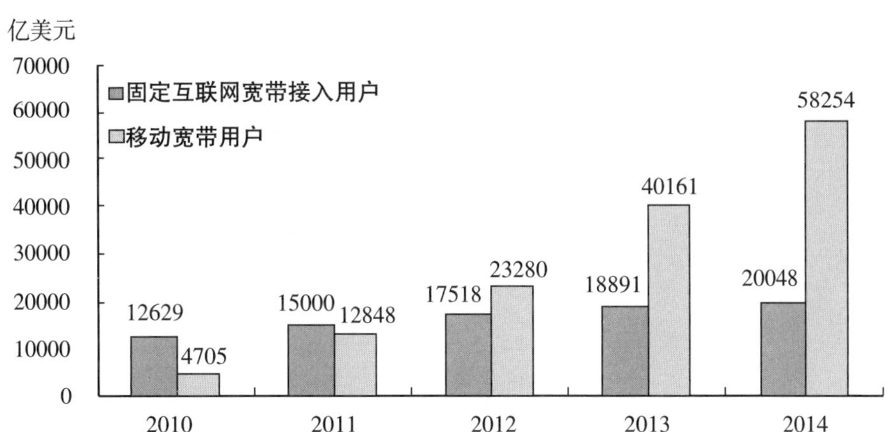

八、金融

金融市场运行总体平稳。年末广义货币供应量(M2)余额为122.8万亿元，比上年末增长12.2%；狭义货币供应量(M1)余额为34.8万亿元，增长3.2%；流通中货币(M0)余额为6.0万亿元，增长2.9%。

全年社会融资规模[30]为16.5万亿元，按可比口径计算，比上年少8598亿元。年末全部金融机构本外币各项存款余额117.4万亿元，比年初增加10.2万亿元，其中人民币各项存款余额113.9万亿元，增加9.5万亿元。全部金融机构本外币各项贷款余额86.8万亿元，增加10.2万亿元，其中人民币各项贷款余额81.7万亿元，增加9.8万亿元。

表15 2014年年末全部金融机构本外币存贷款余额及其增长速度

指　　标	年末数(亿元)	比上年末增长(%)
各项存款余额	1173735	9.6
其中：住户存款	506890	8.9
其中：人民币	502504	8.9
非金融企业存款	400420	5.4
各项贷款余额	867868	13.3
其中：境内短期贷款	336371	7.9
境内中长期贷款	471818	15.0

年末主要农村金融机构(农村信用社、农村合作银行、农村商业银行)人民币贷款余额105742亿元,比年初增加14105亿元。全部金融机构人民币消费贷款余额153660亿元,增加23938亿元。其中,个人短期消费贷款余额32491亿元,增加5902亿元;个人中长期消费贷款余额121169亿元,增加18037亿元。

全年上市公司通过境内市场累计筹资8397亿元,比上年增加1512亿元。其中,首次公开发行A股125只,筹资669亿元;A股再筹资(包括配股、公开增发、非公开增发[31]、认股权证)4165亿元,增加1362亿元;上市公司通过发行可转债、可分离债、公司债、中小企业私募债筹资3563亿元,减少519亿元。全年公开发行创业板股票51只,筹资159亿元。

全年发行公司信用类债券[32]5.15万亿元,比上年增加1.48万亿元。

全年保险公司原保险保费收入[33]20235亿元,比上年增长17.5%。其中,寿险业务原保险保费收入10902亿元,健康险和意外伤害险业务原保险保费收入2130亿元,财产险业务原保险保费收入7203亿元。支付各类赔款及给付7216亿元。其中,寿险业务给付2728亿元,健康险和意外伤害险赔款及给付700亿元,财产险业务赔款3788亿元。

九、人民生活和社会保障

城乡居民收入继续增加。全年全国居民人均可支配收入20167元,比上年增长10.1%,扣除价格因素,实际增长8.0%。按常住地分,城镇居民人均可支配收入[34]28844元,比上年增长9.0%,扣除价格因素,实际增长6.8%;城镇居民人均可支配收入中位数[35]为26635元,增长10.3%。农村居民人均可支配收入10489元,比上年增长11.2%,扣除价格因素,实际增长9.2%;农村居民人均可支配收入中位数为9497元,增长12.7%。全年农村居民人均纯收入为9892元。全国居民人均消费支出14491元,比上年增长9.6%,扣除价格因素,实际增长7.5%。按常住地分,城镇居民人均消费支出19968元,增长8.0%,扣除价格因素,实际增长5.8%;农村居民人均消费支出8383元,增长12.0%,扣除价格因素,实际增长10.0%。

图15　2014年按收入来源分的全国居民人均可支配收入及占比

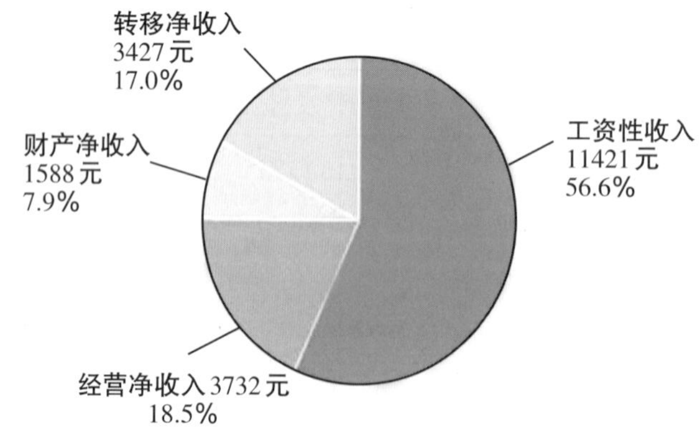

社会保障建设取得新进展。年末全国参加城镇职工基本养老保险人数34115万人,比上年末增加1897万人。参加城乡居民基本养老保险人数50107万人,增加357万人。参加基本医疗保险人数59774万人,增加2702万人。其中,参加职工基本医疗保险人数28325万人,增加882

万人;参加居民基本医疗保险人数31449万人,增加1820万人。参加失业保险人数17043万人,增加626万人。年末全国领取失业保险金人数207万人。参加工伤保险人数20621万人,增加703万人,其中参加工伤保险的农民工7362万人,增加98万人。参加生育保险人数17035万人,增加643万人。按照年人均收入2300元(2010年不变价)的农村扶贫标准计算,2014年农村贫困人口为7017万人,比上年减少1232万人。

十、教育、科学技术和文化体育

教育科技和文化体育事业较快发展。全年研究生招生62.1万人,在学研究生184.8万人,毕业生53.6万人。普通本专科招生721.4万人,在校生2547.7万人,毕业生659.4万人。中等职业教育[36]招生628.9万人,在校生1802.9万人,毕业生633.0万人。普通高中招生796.6万人,在校生2400.5万人,毕业生799.6万人。初中招生1447.8万人,在校生4384.6万人,毕业生1413.5万人。普通小学招生1658.4万人,在校生9451.1万人,毕业生1476.6万人。特殊教育招生7.1万人,在校生39.5万人,毕业生4.9万人。幼儿园在园幼儿4050.7万人。

图16　2010-2014年普通本专科、中等职业教育及普通高中招生人数

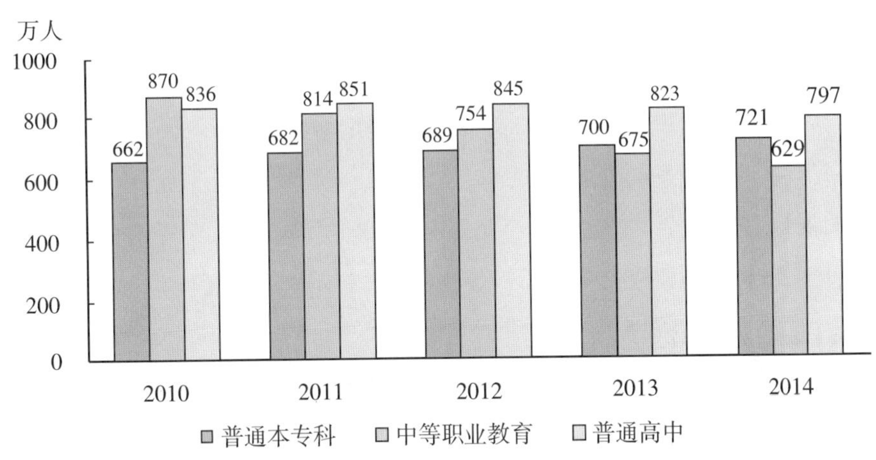

全年研究与试验发展(R&D)经费支出13312亿元,比上年增长12.4%,与国内生产总值之比为2.09%,其中基础研究经费626亿元。全年国家安排了3997项科技支撑计划课题,2129项"863"计划课题。截至年底,累计建设国家工程研究中心132个,国家工程实验室154个,国家认定企业技术中心1098家。全年国家新兴产业创投计划[37]累计支持设立213家创业投资企业,资金总规模574亿元,投资创业企业739家。全年受理境内外专利申请236.1万件,授予专利权130.3万件。截至年底,有效专利464.3万件。全年共签订技术合同29.7万项,技术合同成交金额8577亿元,比上年增长14.8%。

图17　2010-2014年研究与试验发展(R&D)经费支出

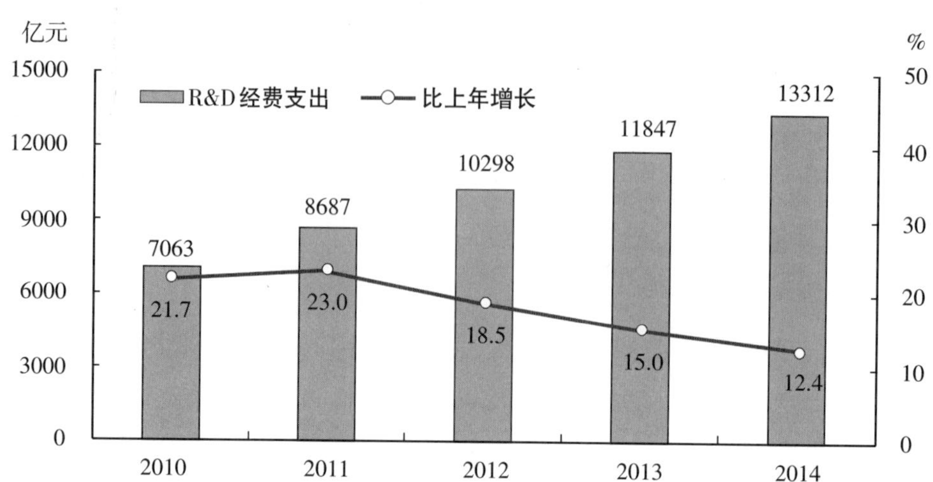

表16　2014年专利申请受理、授权和有效专利情况

指　标	专利数(万件)	比上年增长(%)
专利申请受理数	236.1	-0.7
其中：境内专利申请受理数	218.6	-1.0
其中：发明专利申请受理数	92.8	12.5
其中：境内发明专利	79.0	13.9
专利申请授权数	130.3	-0.8
其中：境内专利授权	119.2	-1.5
其中：发明专利授权	23.3	12.3
其中：境内发明专利	15.8	14.1
年末有效专利数	464.3	10.7
其中：境内有效专利	391.8	11.1
其中：有效发明专利	119.6	15.7
其中：境内有效发明专利	66.3	21.7

全年成功发射卫星16次。探月工程三期再入返回试验圆满完成。高分二号卫星成功发射。

年末全国共有产品检测实验室27051个，其中国家检测中心597个。全国现有产品质量、体系认证机构183个，已累计完成对118354个企业的产品认证。全国共有法定计量技术机构4056个，全年强制检定计量器具6162万台(件)。全年制定、修订国家标准1530项，其中新制定1067项。全国共有地震台站1687个，区域地震台网32个。全国共有海洋观测站79个。测绘地理信息部门公开出版地图1678种。

年末全国文化系统共有艺术表演团体2008个，博物馆2760个。全国共有公共图书馆3110个，总流通[38]52252万人次；文化馆3311个。有线电视用户2.31亿户，有线数字电视用户1.87亿户。年末广播节目综合人口覆盖率为98.0%，电视节目综合人口覆盖率为98.6%。全年生产电视剧429部15983集，电视动画片138496分钟。全年生产故事影片618部，科教、纪录、动画和特种影片[39]140部。出版各类报纸465亿份，各类期刊32亿册，图书84亿册（张），人均图书拥有量[40]6.12册（张）。年末全国共有档案馆4246个，已开放各类档案12835万卷（件）。

根据第六次全国体育场地普查结果[41]，全国共有体育场地169.5万个，场地面积[42]19.9亿平方米。全年我国运动员在22个运动大项中获得98个世界冠军，共创10项世界纪录。全年我国残疾人运动员在19项国际赛事中获得122个世界冠军。

十一、卫生和社会服务

卫生和社会服务事业不断改善。年末全国共有医疗卫生机构982443个，其中医院25865个，乡镇卫生院36899个，社区卫生服务中心（站）34264个，诊所（卫生所、医务室）188415个，村卫生室646044个，疾病预防控制中心3491个，卫生监督所（中心）2975个。卫生技术人员739万人，其中执业医师和执业助理医师282万人，注册护士292万人。医疗卫生机构床位652万张，其中医院484万张，乡镇卫生院117万张。

图18　2010-2014年卫生技术人员人数

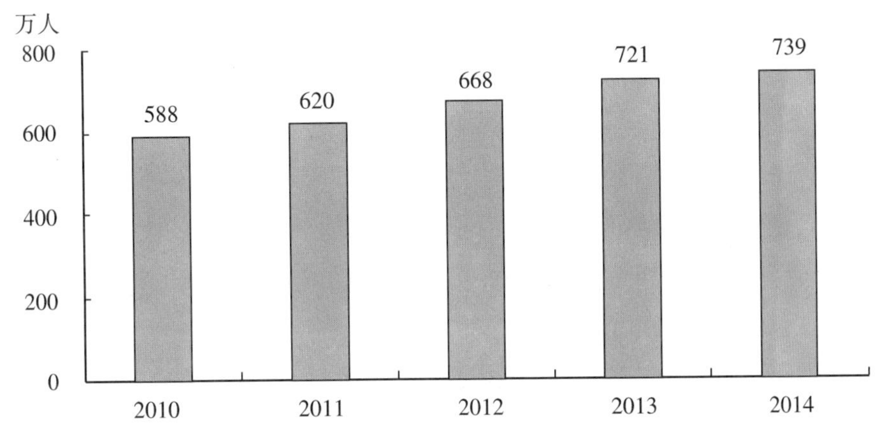

年末全国各类提供住宿的社会服务机构[43]3.8万个，其中养老服务机构3.4万个。社会服务床位[44]586.5万张，其中养老床位551.4万张。收留抚养和救助各类人员304.6万人，其中养老人员288.7万人。年末共有社区服务中心2.2万个，社区服务站11.4万个。年末全国共有1880.2万人享受城市居民最低生活保障，5209.0万人享受农村居民最低生活保障，农村五保供养[45]529.5万人。全年资助1310.9万城市困难群众参加医疗保险，资助4118.9万农村困难群众参加新型农村合作医疗。

十二、资源、环境和安全生产

全年全国国有建设用地供应总量[46]61万公顷，比上年下降16.5%。其中，工矿仓储用地15

万公顷，下降29.9%；房地产用地[47]15万公顷，下降25.5%；基础设施等其他用地31万公顷，下降1.9%。

全年水资源总量28370亿立方米。全年平均降水量648毫米。年末全国监测的609座大型水库蓄水总量3663亿立方米，比上年末蓄水量增加7.0%。全年总用水量6220亿立方米，比上年增长0.6%。其中，生活用水增长2.7%，工业用水增长1.0%，农业用水增长0.1%，生态补水增长0.6%。万元国内生产总值用水量[48]112立方米，比上年下降6.3%。万元工业增加值用水量64立方米，下降5.6%。人均用水量456立方米，比上年增长0.1%。

全年完成造林面积603万公顷，其中人工造林427万公顷。林业重点工程完成造林面积200万公顷，占全部造林面积的33.2%。截至年底，自然保护区达到2729个，其中国家级自然保护区428个。新增水土流失治理面积5.4万平方公里，新增实施水土流失地区封育保护面积2.0万平方公里。

全年平均气温为10.1℃，共有5个台风登陆。

初步核算，全年能源消费总量42.6亿吨标准煤，比上年增长2.2%。煤炭消费量下降2.9%，原油消费量增长5.9%，天然气消费量增长8.6%，电力消费量增长3.8%。煤炭消费量占能源消费总量的66.0%，水电、风电、核电、天然气等清洁能源消费量占能源消费总量的16.9%。全国万元国内生产总值能耗下降4.8%。工业企业吨粗铜综合能耗同比下降3.76%，吨钢综合能耗下降1.65%，单位烧碱综合能耗下降2.33%，吨水泥综合能耗下降1.12%，每千瓦时火力发电标准煤耗下降0.67%。

十大流域[49]的702个水质监测断面中，Ⅰ～Ⅲ类水质断面比例占71.2%，劣Ⅴ类水质断面比例占9.0%。十大流域水质总体为轻度污染，水质保持稳定。

近岸海域301个海水水质监测点中，达到国家一、二类海水水质标准的监测点占66.8%，三类海水占7.0%，四类、劣四类海水占26.2%。

在按照《环境空气质量标准》（GB3095-2012）监测的161个城市中，城市空气质量达标的城市占9.9%，未达标的城市占90.1%。

在监测的319个城市中，城市区域声环境质量好的城市占1.3%，较好的占70.8%，一般的占27.3%，较差的占0.6%。

年末城市污水处理厂日处理能力达到12896万立方米，比上年末增长3.5%，城市污水处理率达到90.2%，提高0.8个百分点。城市集中供热面积59.1亿平方米，增长3.3%。城市建成区绿地率达到35.9%，提高0.2个百分点。

全年农作物受灾面积2489万公顷，其中绝收309万公顷。全年因洪涝和地质灾害造成直接经济损失1030亿元，因旱灾造成直接经济损失836亿元，因低温冷冻和雪灾造成直接经济损失129亿元，因海洋灾害造成直接经济损失136亿元。全年大陆地区共发生5级以上地震30次，成灾10次，造成直接经济损失356亿元。全年共发生森林火灾3703起，森林火灾受害森林面积1.9万公顷。

全年各类生产安全事故共死亡68061人。亿元国内生产总值生产安全事故死亡人数为0.107人，比上年下降13.7%；工矿商贸企业就业人员10万人生产安全事故死亡人数为1.328人，下降12.9%；道路交通事故万车死亡人数为2.22人，下降5.1%；煤矿百万吨死亡人数为0.255人，下降11.5%。

注释：

[1]本公报中数据均为初步统计数。各项统计数据均未包括香港特别行政区、澳门特别行政区和台湾省。部分数据因四舍五入的原因，存在着与分项合计不等的情况。

[2]人户分离的人口是指居住地与户口登记地所在的乡镇街道不一致且离开户口登记地半年以上的人口。

[3]流动人口是指人户分离人口中扣除市辖区内人户分离的人口。市辖区内人户分离的人口是指一个直辖市或地级市所辖区内和区与区之间，居住地和户口登记地不在同一乡镇街道的人口。

[4]2014年年末，0–14岁（含不满15周岁）人口为22558万人，15–59岁（含不满60周岁）人口为92982万人。

[5]国内生产总值、各产业增加值绝对数按现价计算，增长速度按不变价格计算；根据第三次全国经济普查结果和国家统计局2012年制定的《三次产业划分规定》对相关数据进行了修订。

[6]年度农民工数量包括年内在本乡镇以外从业6个月以上的外出农民工和在本乡镇内从事非农产业6个月以上的本地农民工两部分。

[7]国家全员劳动生产率为国内生产总值（以2010年不变价格计算）与全部就业人员的比率。

[8]农产品生产者价格是指农产品生产者直接出售其产品时的价格。

[9]居住类价格包括建房及装修材料、住房租金、自有住房和水电燃料等价格。

[10]高技术制造业包括医药制造业，航空、航天器及设备制造业，电子及通信设备制造业，计算机及办公设备制造业，医疗仪器设备及仪器仪表制造业，信息化学品制造业。

[11]装备制造业包括金属制品业，通用设备制造业，专用设备制造业，汽车制造业，铁路、船舶、航空航天和其他运输设备制造业，电气机械和器材制造业，计算机、通信和其他电子设备制造业，仪器仪表制造业，金属制品、机械和设备修理业。

[12]根据第三次全国经济普查结果对相关数据进行了修订，其中2013年原煤产量由36.8亿吨修订为39.7亿吨。

[13]天然气包括气田天然气、油田天然气（分为油田气层气、油田伴生溶解气）和煤田天然气（也称煤层气）。

[14]钢材产量数据中含企业之间重复加工钢材约33400万吨。

[15]少量发电装机容量(如地热等)文中未列出。

[16]根据第三次全国经济普查结果,对2013年全社会固定资产投资数据进行了修订。

[17固定资产投资按东部、中部、西部和东北地区计算的合计数据小于全国数据,是因为有部分跨地区的投资未计算在地区数据中。其中,东部地区是指北京、天津、河北、上海、江苏、浙江、福建、山东、广东和海南10省(市);中部地区是指山西、安徽、江西、河南、湖北和湖南6省;西部地区是指内蒙古、广西、重庆、四川、贵州、云南、西藏、陕西、甘肃、青海、宁夏和新疆12省(区、市);东北地区是指辽宁、吉林和黑龙江3省。

[18]民间固定资产投资是指具有集体、私营、个人性质的内资企事业单位以及由其控股(包括绝对控股和相对控股)的企业单位建造或购置固定资产的投资。

[19]房地产业投资除房地产开发投资外,还包括建设单位自建房屋以及物业管理、中介服务和其他房地产投资。

[20]高速铁路是指最高营运速度达到200公里/小时及以上的铁路。

[21]2014年社会消费品零售总额及相关数据均为快报数。

[22]网上零售额是指通过公共网络交易平台(包括自建网站和第三方平台)实现的商品和服务零售额。其中,网上零售额包括的服务类商品,以及少部分用于生产经营用或被转卖的商品不统计在社会消费品零售总额中。

[23]根据有关规定,货物贸易改用人民币计价。服务贸易、利用外资、对外投资和对外承包工程由于技术原因仍主要沿用美元计价。

[24]服务进出口按照《国际收支手册(第六版)》标准统计,不含政府服务,增速按可比口径计算。

[25]邮电业务总量按2010年不变价格计算。

[26]移动电话交换机容量是指移动电话交换机根据一定话务模型和交换机处理能力计算出来的最大同时服务用户的数量。

[27]固定互联网宽带接入用户是指报告期末在电信企业登记注册,通过xDSL、FTTx+LAN、FTTH/0以及其他宽带接入方式和普通专线接入公众互联网的用户。

[28]移动宽带用户是指报告期末在计费系统拥有使用信息,占用3G或4G网络资源的在网用户。

[29]手机上网人数是指过去半年通过手机接入并使用互联网的6周岁及以上中国居民数量。

[30]社会融资规模是指一定时期内实体经济从金融体系获得的资金总额,是增量概念。

[31]非公开增发又叫定向增发,不含资产认购部分。

[32]公司信用类债券包括非金融企业债务融资工具、企业债券以及公司债、可转债等。

[33]原保险保费收入是指保险企业确认的原保险合同保费收入。

[34]按一体化住户调查改革前的城镇住户调查老口径推算,全年全国城镇居民人均可支

配收入为29381元。

[35]人均收入中位数是指将所有调查户按人均收入水平从低到高(或从高到低)顺序排列,处于最中间位置调查户的人均收入。

[36]中等职业教育包括普通中专、成人中专、职业高中和技工学校,其中技工学校数据为2013年数据。

[37]国家新兴产业创投计划是指中央财政专项资金通过与地方政府资金、社会资本共同发起设立创业投资企业,或以股权投资模式直接投资创业企业等方式,培育和促进新兴产业发展的活动。

[38]总流通人次是指本年度内到图书馆场馆接受图书馆服务的总人次,包括借阅书刊、咨询问题以及参加各类读者活动等。

[39]特种影片是指那些采用与常规影院放映在技术、设备、节目方面不同的电影展示方式,如巨幕电影、立体电影、立体特效(4D)电影、动感电影、球幕电影等。

[40]人均图书拥有量是指在一年内全国平均每人能拥有的当年出版图书册数。

[41]数据为截至2013年底。

[42]场地面积是指可供训练、比赛、健身活动的场地有效面积,场地除包括比赛规定的尺寸外,还包括必要的安全区、缓冲区和无障碍地带。

[43根据第三次全国经济普查,对提供住宿的社会服务机构、社区服务中心进行归类清理,2014年相应数据有所调整。

[44]社会服务床位数除收养性机构外,还包括救助类机构、社区类机构以及军休所、军供站等机构的床位。

[45]农村五保供养是指老年、残疾和未满16周岁的村民,无劳动能力、无生活来源又无法定赡养、抚养、扶养义务人,或者其法定赡养、抚养、扶养义务人无赡养、抚养、扶养能力的村民,在吃、穿、住、医、葬方面得到的生活照顾和物质帮助。

[46]国有建设用地供应总量是指报告期内市、县人民政府根据年度土地供应计划依法以出让、划拨、租赁等方式将土地使用权提供给单位或个人使用的国有建设用地总量。

[47]房地产用地是指商服用地和住宅用地的总和。

[48]万元国内生产总值用水量、万元工业增加值用水量和万元国内生产总值能耗按2010年不变价格计算。

[49]十大流域包括长江、黄河、珠江、松花江、淮河、海河、辽河、浙闽片河流、西北诸河和西南诸河。

资料来源：本公报中城镇新增就业、登记失业率、社会保障数据来自人力资源社会保障部；财政数据来自财政部；外汇储备、汇率、货币金融、公司信用类债券数据来自人民银行；水产品产量数据来自农业部；木材产量、林业、森林火灾数据来自林业局；灌溉面积、水资源数据来自水利部；发电装机容量、新增220千伏及以上变电设备数据来自中电联；新建铁路投产里程、增新建铁路复线投产里程、电气化铁路投产里程、铁路运输数据来自铁路总公司；新建公路里程、港口万吨级码头泊位新增吞吐能力、公路运输、水运、港口货物吞吐量数据来自交通运输部；新增民用运输机场、民航数据来自民航局；新增光缆线路长度、电话交换机容量、电话用户、宽带用户、上网人数等通信数据来自工业和信息化部；保障性住房、城市污水处理、城市集中供热面积、建成区绿地率数据来自住房城乡建设部；货物进出口数据来自海关总署；服务进出口、外商直接投资、对外直接投资、对外承包工程、对外劳务合作等数据来自商务部；管道数据来自中石油、中石化、中海油；民用汽车、交通事故数据来自公安部；邮政业务数据来自邮政局；旅游数据来自旅游局、公安部；上市公司数据来自证监会；保险业数据来自保监会；教育数据来自教育部；安排科技计划课题、技术合同等数据来自科技部；国家工程研究中心、企业技术中心、新兴产业创投等数据来自发展改革委；专利数据来自知识产权局；发射卫星数据来自国防科工局；质量检验、国家标准制定修订等数据来自质检总局；地震数据来自地震局；海洋观测站、海洋灾害造成直接经济损失数据来自海洋局；测绘数据来自测绘地信局；艺术表演团体、博物馆、公共图书馆、文化馆数据来自文化部；广播电视、电影、报纸、期刊、图书数据来自新闻出版广电总局；档案数据来自档案局；体育数据来自体育总局；残疾人运动员数据来自中国残联；卫生数据来自卫生计生委；社会服务、低保和五保供养数据、农作物受灾面积、洪涝地质灾害造成直接经济损失、旱灾造成直接经济损失、低温冷冻和雪灾造成直接经济损失来自民政部；国有建设用地供应数据来自国土资源部；自然保护区、环境监测数据来自环境保护部；平均气温、登陆台风数据来自气象局；安全生产数据来自安全监管总局；其他数据均来自国家统计局。

2014年甘肃省
国民经济和社会发展统计公报

甘肃省统计局　国家统计局甘肃调查总队

（2015年3月16日）

2014年，面对严峻复杂的国内外经济形势和艰巨繁重的改革发展稳定任务，在省委、省政府的正确领导下，全省上下坚决贯彻落实党中央、国务院的决策部署，牢牢把握稳中求进工作总基调和"三期叠加"的阶段性特征，扎实推进"3341"项目工程建设和"1236"扶贫攻坚行动，统筹推进稳增长、促改革、调结构、惠民生等各项工作，全省经济运行稳中向好，人民生活不断改善，各项社会事业全面进步。

一、综合

经济增长：初步核算，全年实现生产总值6835.27亿元，比上年增长8.9%。其中，第一产业增加值900.80亿元，增长5.6%；第二产业增加值2924.86亿元，增长9.2%；第三产业增加值3009.61亿元，增长9.5%，其中批发和零售贸易业增加值482.65亿元，增长7.8%，金融业增加值355.81亿元，增长19.5%，房地产业增加值234.14亿元，增长5.4%。第一产业增加值占生产总值的比重为13.2%，第二产业增加值比重为42.8%，第三产业增加值比重为44.0%。按常住人口计算，人均生产总值26427元，比上年增长8.6%。

文化产业实现增加值132.91亿元，比上年增长25.65%，占生产总值的1.94%。

就业：年末共有城乡就业人员1519.86万人，其中城镇就业人员539.07万人。全年城镇新增就业人员43.5万人，比上年增长1.16%。年末城镇登记失业率为2.19%，比上年末下降0.16个百分点。下岗失业人员再就业人数为15.8万人。

物价：全年居民消费价格总水平比上年上涨2.1%，其中城市上涨2.2%，农村上涨2.1%。全省商品零售价格总水平比上年上涨1.7%。

表1　2014年甘肃省居民消费价格比上年上涨(%)

指　标	全省	城市	农村
居民消费价格	2.1	2.2	2.1
食品	3.6	3.7	3.6
# 粮食	4.2	4.1	4.4
肉禽及其制品	0.3	−0.3	1.3
油脂	−1.7	−2.2	−1.2

指 标	全省	城市	农村
鲜蛋	9.9	10.8	7.3
鲜菜	2.1	6.0	-6.7
鲜瓜果	19.1	20.4	16.4
烟酒	-0.1	-0.5	0.2
衣着	2.4	2.6	2.0
家庭设备用品及服务	2.2	1.6	3.3
医疗保健及个人用品	1.2	1.0	1.7
交通和通信	持平	-0.4	0.6
娱乐教育文化用品及服务	1.4	1.5	1.2
居住	1.5	1.9	0.7

全年工业生产者出厂价格总水平比上年下降3.3%，工业生产者购进价格总水平下降2.4%，固定资产投资价格总水平上涨0.1%，农产品生产价格总水平上涨2.8%。

表2　2014年甘肃省生产价格比上年上涨(%)

指 标	2014年
工业生产者出厂价格	-3.3
#生产资料	-3.9
# 采掘	-6.7
原料	-2.3
加工	-5.9
生活资料	1.5
# 食品	1.7
衣着	3.2
一般日用品	0.3
耐用消费品	0.4
工业生产者购进价格	-2.4
固定资产投资价格	0.1
农产品生产价格	2.8
# 种植业产品	5.4
畜牧业产品	-1.9
渔业产品	-15.9

二、农业

全年粮食总产量1158.7万吨，比上年增产1.74%。其中，夏粮产量310.1万吨，增产11.39%；秋粮产量848.6万吨，减产1.38%。

粮食作物种植面积284.24万公顷，比上年减少1.63万公顷；棉花种植面积3.81万公顷，减少0.26万公顷；油料种植面积32.90万公顷，减少0.78万公顷；蔬菜种植面积50.69万公顷，增加2.50万公顷，其中设施蔬菜种植面积9.83万公顷，增加1.41万公顷；中药材种植面积25.58万公顷，增加2.22万公顷。

年末大牲畜存栏686.12万头，比上年末增长3.8%；牛存栏522.02万头，增长5.2%；羊存栏2119.41万只，增长7.4%；猪存栏687.79万头，增长1.8%。牛、羊、猪出栏分别为185.12万头、1222.31万只和775.49万头，分别比上年增长5.0%、7.9%和3.7%。

全年肉类总产量99.73万吨，比上年增长4.9%，其中猪肉、牛肉、羊肉分别增长3.7%、5.0%和7.9%。牛奶产量54.22万吨，增长3.6%；绵羊毛产量3.19万吨，增长6.3%。全年水产品产量1.43万吨，增长3.0%。

主要经济作物中，棉花产量6.44万吨，比上年减产8.6%；烟叶产量0.99万吨，减产31.6%；油料产量72.42万吨，增产3.9%；园林水果产量425.23万吨，增产8.7%；蔬菜产量1705.19万吨，增产8.0%，其中设施蔬菜产量513.44万吨，增产13.4%；中草药材产量99.37万吨，增产14.7%。

表3 2014年甘肃省主要农产品产量情况

单位：万吨、%

产品名称	产量	比上年增长
粮食	1158.7	1.74
# 夏粮	310.1	11.39
秋粮	848.6	-1.38
# 小麦	271.6	15.13
玉米	564.5	-1.23
薯类	237.9	-2.74
油料	72.42	3.9
# 油菜籽	34.53	4.1
棉花	6.44	-8.6
甜菜	26.41	6.8
烟叶	0.99	-31.6
# 烤烟	0.78	-38.6
中草药材	99.37	14.7
园林水果	425.23	8.7

产品名称	产量	比上年增长
蔬菜	1705.19	8.0
#设施蔬菜	513.44	13.4
肉类	99.73	4.9
#猪肉	54.74	3.7
牛肉	19.34	5.0
羊肉	19.31	7.9
禽肉	4.16	4.2
牛奶	54.22	3.6
绵羊毛	3.19	6.3
鲜蛋	11.10	0.3
水产品	1.43	3.0

全年农业机械总动力2545.71万千瓦，比上年增长5.3%。农村用电量51.26亿千瓦小时，增长1.8%。农用化肥施用量(折纯)97.60万吨，增长3.1%。

三、工业

全年完成全部工业增加值2263.2亿元，比上年增长8.7%。规模以上工业企业完成工业增加值2070.0亿元，比上年增长8.4%。规模以上工业企业产品销售率94.3%，比上年提高0.8个百分点。

规模以上工业增加值中，国有及国有控股企业完成工业增加值1544.6亿元，比上年增长7.1%。集体企业完成工业增加值22.7亿元，下降6.7%；股份制企业完成工业增加值1335.1亿元，增长8.0%；外商及港澳台投资企业完成工业增加值32.2亿元，增长10.4%。

轻工业完成增加值328.1亿元，比上年增长8.1%；重工业完成增加值1741.9亿元，增长8.5%。

非公有制企业完成工业增加值458.2亿元，比上年增长13.7%，占全省规模以上工业增加值的22.1%。

高技术产业完成工业增加值52.0亿元，比上年增长15.6%，占全省规模以上工业增加值的2.5%。

全年发电量1241.1亿千瓦小时，比上年增长3.3%；天然原油772.0万吨，增长8.7%；原油加工量1446.4万吨，下降6.9%；粗钢产量1074.0万吨，增长4.8%；钢材1108.1万吨，增长8.5%；水泥4925.5万吨，增长11.6%；十种有色金属347.7万吨，增长7.4%；汽车6998辆，下降67.4%。

表4　2014年甘肃省主要工业产品产量情况

产品名称	单位	产量	比上年增长(%)
原煤	万吨	4753.0	5.1
天然原油	万吨	772.0	8.7
天然气	万立方米	12973	15.5
原油加工量	万吨	1446.4	-6.9
焦炭	万吨	583.3	27.3
发电量	亿千瓦小时	1241.1	3.3
# 火力发电量	亿千瓦小时	731.0	-0.5
水力发电量	亿千瓦小时	354.7	6.5
风力发电量	亿千瓦小时	114.8	-2.8
铁矿石原矿	万吨	1962.6	12.6
小麦粉	万吨	141.8	-3.5
饮料、酒	万千升	77.8	-2.3
软饮料	万吨	225.4	6.1
卷烟	万箱	100.0	6.4
硫酸	万吨	347.6	26.0
烧碱	万吨	20.1	-10.2
纯碱	万吨	16.1	-22.6
电石	万吨	150.1	20.0
乙烯	万吨	63.0	-0.3
农用化肥	万吨	49.2	-16.2
化学农药	万吨	0.3	33.0
塑料制品	万吨	30.0	-23.3
水泥	万吨	4925.5	11.6
平板玻璃	万重量箱	538.3	-10.3
生铁	万吨	898.8	-0.5
粗钢	万吨	1074.0	4.8
钢材	万吨	1108.1	8.5
铁合金	万吨	118.2	-11.2
十种有色金属	万吨	347.7	7.4
# 铜	万吨	89.2	14.5
铅	万吨	2.4	-23.3
锌	万吨	27.4	-0.4
镍	万吨	14.8	3.0
铝	万吨	213.9	6.7
汽车	辆	6998	-67.4
发电设备	万千瓦小时	0.2	-97.7
变压器	万千伏安	360.8	-10.7
集成电路	亿块	115.7	26.3

全年规模以上工业企业实现利润总额233.2亿元，比上年下降18.6%，其中国有及国有控股企业实现利润167.2亿元，下降21.1%。规模以上工业亏损企业亏损额119.5亿元，比上年增长42.1%，其中国有及国有控股亏损企业亏损额93.3亿元，增长46.7%。

石化、有色、食品、电力、冶金、机械和煤炭等重点支柱行业完成工业增加值1821.1亿元，比上年增长8.3%，占规模以上工业的88.0%；实现利润182.3亿元，下降19.9%，占规模以上工业的78.2%。

表5　2014年甘肃省重点支柱行业主要经济指标

单位：亿元、%

支柱行业	工业增加值		利润总额	
	绝对数	比上年增长	绝对数	比上年增长
石化工业	639.9	8.3	108.0	-17.0
有色工业	301.1	10.8	1.5	-90.7
食品工业	255.1	8.7	42.0	18.3
电力工业	205.3	3.0	20.9	-35.8
冶金工业	164.0	12.0	-9.2	/
机械工业	146.5	13.7	16.2	52.8
煤炭工业	109.2	0.0	2.9	-72.3

建筑业：全年建筑业实现增加值679.75亿元，比上年增长11.6%。全省具有建筑业资质等级的总承包和专业承包建筑业企业实现利润总额70亿元，增长22.30%。

四、固定资产投资

固定资产投资：全年完成固定资产投资7759.62亿元，比上年增长21.11%。其中，项目投资7038.15亿元，增长23.86%。按三次产业分，第一产业投资409.09亿元，增长75.85%；第二产业投资3531.53亿元，增长8.83%，其中工业投资2665.98亿元，增长14.21%；第三产业投资3819.01亿元，增长30.36%。

项目投资中，制造业投资1358.90亿元，增长22.24%；电力、热力、燃气及水的生产和供应业投资905.66亿元，增长17.57%；建筑业投资865.55亿元，下降4.97%；交通运输、仓储和邮政业投资787.51亿元，增长102.11%；水利、环境和公共设施管理业投资608.13亿元，增长26.43%。

表6 2014年甘肃省分行业项目投资及其增长速度

单位：亿元、%

行　　业	投资额	比上年增长
农林牧渔业	409.09	75.85
采矿业	401.42	-11.23

行　　业	投资额	比上年增长
制造业	1358.90	22.24
电力、热力、燃气及水的生产和供应业	905.66	17.57
建筑业	865.55	-4.97
批发和零售业	282.51	28.19
交通运输、仓储和邮政业	787.51	102.11
住宿和餐饮业	105.32	33.88
信息传输、计算机服务和软件业	54.10	8.74
金融业	16.64	73.67
房地产业	377.78	3.27
租赁和商务服务业	77.56	33.75
科学研究、技术服务和地质勘查业	70.83	81.34
水利、环境和公共设施管理业	608.13	26.43
居民服务和其他服务业	81.27	21.23
教育	107.19	15.75
卫生、社会保障和社会福利业	69.25	32.24
文化、体育和娱乐业	142.80	17.70
公共管理和社会组织	316.64	76.25

房地产开发投资：全年完成房地产开发投资721.47亿元，比上年下降0.44%，其中住宅投资496.37亿元，下降8.05%。房屋施工面积7660.30万平方米，增长11.86%；房屋竣工面积813.22万平方米，下降11.18%。商品房销售面积1325.51万平方米，增长8.65%；商品房销售额602.34亿元，增长27.06%。

五、交通、邮电和旅游

全年交通运输、仓储和邮政业实现增加值280.73亿元，比上年增长4.6%。

交通运输：全年各种运输方式完成货物周转量2516.82亿吨公里，比上年增长5.76%；旅客周转量624.31亿人公里，增长1.84%。其中：铁路运输完成货运周转量1524.05亿吨公里，下降2.82%，旅客周转量377.87亿人公里，下降1.40%；公路运输完成货运周转量992.60亿吨公里，增长22.36%，旅客周转量229.02亿人公里，增长8.02%。

表7　2014年甘肃省主要运输方式完成货物、旅客运输量及其增长速度

指标	单位	绝对数	比上年增长(%)
货运量	亿吨	5.72	11.20
铁路	亿吨	0.65	0.88
公路	亿吨	5.08	12.67
货物周转量	亿吨公里	2516.82	5.76
铁路	亿吨公里	1524.05	-2.82
公路	亿吨公里	992.60	22.36
航空	亿吨公里	0.17	-16.77
客运量	亿人次	3.99	7.90
铁路	亿人次	0.27	5.96
公路	亿人次	3.62	7.95
航空	亿人次	0.09	12.36
旅客周转量	亿人公里	624.31	1.84
铁路	亿人公里	377.87	-1.40
公路	亿人公里	229.02	8.02
航空	亿人公里	17.26	-1.91

年末全省民用汽车拥有量185.30万辆，比上年末增长18.49%。其中，私人汽车拥有量163.35万辆，增长20.38%。本年新注册汽车31.30万辆，增长10.06%。年末民用轿车保有量87.59万辆，增长20.68%。其中，私人轿车保有量73.26万辆，增长24.87%。

邮电通讯：按2010年价格计算，全年完成邮电业务总量277.53亿元，比上年增长18.04%。其中：电信业务总量264.02亿元，增长18.0%；邮政业务总量13.51亿元，增长18.72%。年末局用电话交换机总容量达到360.5万门，比上年末下降31.27%；移动电话交换机容量2618.8万户，与上年末持平。年末固定电话用户341.30万户，本年减少23.03万户，其中：城市260.36万户，减少9.40万户；农村80.94万户，减少13.63万户。年末移动电话用户2058.62万户，本年新增82.38万户，其中，3G移动电话用户835.82万户。固定电话普及率13.2部/百人，减少0.9部/百人；移动电话普及率79.7部/百人，增加3.0部/百人。年末固定互联网宽带接入用户数达213.90万户，增长11.32%；互联网宽带接入端口470万个，增长2.17%。

旅游：全年接待国内外游客12660.2万人次，比上年增长25.6%。其中，接待国内游客

12655.3万人次，增长25.7%；创收779.6亿元，增长26.0%；接待外国游客2.9万人次，下降53.9%。全年国际旅游外汇收入1017万美元，下降50%。

六、国内贸易

全年实现社会消费品零售总额2410.4亿元，比上年增长12.6%。按销售单位所在地统计，城镇实现社会消费品零售总额1927.9亿元，增长12.5%，其中城区实现社会消费品零售总额1427.4亿元，增长13.4%；乡村实现社会消费品零售总额482.4亿元，增长13.1%。

全年限额以上企业实现商品零售额1085.87亿元，比上年增长12.94%。其中，石油及制品类零售额403.54亿元，增长11.44%；汽车类零售额255.70亿元，增长3.46%；粮油、食品类零售额109.07亿元，增长72.83%；服装、鞋帽、针纺织品类零售额66.93亿元，增长3.99%；烟酒类零售额34.23亿元，增长12.86%；中西药类零售额27.45亿元，增长2.08%；家用电器和音像器材类零售额27.17亿元，增长5.47%；日用品类零售额20.99亿元，增长11.18%。

七、对外经济

对外贸易：全年外贸进出口总值为86.5亿美元，比上年下降15.4%。其中，出口总值为53.3亿美元，增长14.2%；进口总值为33.2亿美元，下降40.3%。一般贸易出口49.7亿美元，增长15.4%；加工贸易出口3.4亿美元，增长44.9%。机电产品出口17.2亿美元，下降2.5%。

表8　2014年甘肃省进出口总值及其增长速度

单位：亿美元、%

指　标	金额	比上年增长
海关进出口总值	86.5	-15.4
出口值	53.3	14.2
# 一般贸易出口	49.7	15.4
加工贸易出口	3.4	44.9
# 机电产品出口	17.2	-2.5
# 高新技术产品出口	0.3	-10.1
进口值	33.2	-40.3
# 一般贸易进口	19.2	-58.7
加工贸易进口	12.2	55.3
# 机电产品进口	2.7	25.1
# 高新技术产品进口	0.1	-15.7

表9　2014年甘肃省对主要国家和地区进出口总值及其增长速度

单位:亿美元、%

国家和地区	出口值		进口值	
	绝对数	比上年增长	绝对数	比上年增长
澳大利亚	0.53	27.48	6.72	-38.54
美国	6.64	38.34	0.36	-57.71
哈萨克斯坦	0.10	-10.25	6.90	-7.83
马来西亚	3.80	-17.73	1.25	4403.03
蒙古	0.07	59.05	4.76	9.47
越南	3.70	232.35	0.94	752.97
香港	3.56	63.09	0.05	92.64
印尼	2.10	-16.91	0.82	-15.68
韩国	2.34	95.02	0.37	232.17
德国	1.84	30.65	0.37	2.53
新加坡	1.62	-27.97	0.45	142.17
英国	1.71	54.91	0.36	1202.36

利用外资:全年外商直接投资合同项目65个。实际使用外商直接投资1.0亿美元,比上年增长40.7%。对外承包工程和劳务合作合同金额2.9亿美元,下降44.2%;完成营业额3.4亿美元,增长9.7%。

八、财政、金融、证券和保险业

财政:全年全省大口径财政收入为1234.54亿元,比上年同口径增长11.59%。公共财政预算收入为672.15亿元,增长13.63%,其中税收收入489.95亿元,增长17.29%。从主体税种看,国内增值税88.14亿元,增长38.47%;营业税194.98亿元,增长10.41%;企业所得税45.95亿元,增长14.61%;个人所得税15.81亿元,增长6.97%。公共财政预算支出为2538.41亿元,增长9.91%。

金融:年末全省金融机构本外币各项存款余额13957.98亿元,比上年末增长15.64%。其中,单位存款余额6669.40亿元,增长18.05%;个人存款余额6886.02亿元,增长13.42%。年末全省金融机构本外币各项贷款余额11075.78亿元,增长25.54%。其中,农村合作金融机构贷款余额2108.05亿元,增长25.89%。

表10 2014年甘肃省金融机构本外币各项存贷款余额

单位:亿元、%

指标	年末数	比上年末增长
金融机构本外币各项存款余额	13957.98	15.64
# 单位存款	6669.40	18.05
个人存款	6886.02	13.42
# 储蓄存款	6696.24	13.48
金融机构本外币各项贷款余额	11075.78	25.54
# 短期贷款	3913.44	19.58
# 个人贷款与透支	1185.43	28.56
中长期贷款	6454.35	26.40
# 个人贷款	1715.04	26.34
# 农村合作金融机构	2108.05	25.89

证券:年末全省共有境内上市公司26家,比上年末增加1家。年末股票总市值为2698.70亿元,比上年末增长72.05%。创业板股票筹集资金4.10亿元。

保险:全年原保险保费收入208.44亿元,比上年增长15.70%。其中,财产险业务原保险保费收入80.00亿元,增长17.05%;人身险业务原保险保费收入128.44亿元,增长14.88%。全年赔付额84.42亿元,比上年增长25.74%。其中,财产险赔款38.92亿元,增长19.18%;人身险给付45.50亿元,增长31.62%。

九、科学技术、教育

科学技术:全年全省省级以上科技成果459项;其中,基础理论成果50项,应用技术成果344项,软科学成果65项。全年获得奖励150项,与上年持平。专利申请受理12020件,比上年增长9.51%;授权专利5097件,增长7.60%;授予发明专利权812件,增长3.44%。全年共签订技术合同3367项,减少414项;技术合同成交金额115.23亿元,增长15.1%。

教育:全省研究生教育招生0.98万人,在学研究生2.91万人,毕业生0.86万人;普通高等教育招生13.06万人,在校学生45.23万人,毕业生11.87万人;中等职业教育招生10.36万人,普通高中招生20.81万人,初中学校招生30.99万人,普通小学招生28.06万人,特殊教育招生0.13万人;幼儿园在园幼儿62.01万人。

表11　2014年甘肃省各类教育招生和在校生情况

单位:万人

指　标	招生数	在校生数	毕业生数
研究生教育	0.98	2.91	0.86
普通高等教育	13.06	45.23	11.87
中等职业教育	10.36	31.51	11.84
普通高中	20.81	65.44	22.38
初中学校	30.99	97.09	35.16
普通小学	28.06	180.23	31.93

十、文化、卫生、体育

文化:年末全省共有文化馆103个,公共图书馆103个,博物馆(含纪念馆)166个,艺术表演团体69个。广播和电视综合人口覆盖率分别为97.89%和98.35%,分别比上年提高0.20和0.31个百分点。有线电视用户208万户,有线数字电视用户197万户。省级报纸出版4.74亿份,期刊出版1.10亿册,图书出版6592万册(张)。

卫生:年末全省共有卫生机构27900个,其中医院、卫生院1805个,妇幼保健院(所、站)100个,专科疾病防治院(所、站)7个,社区卫生服务中心(站)597个。医院、卫生院拥有床位11.43万张。卫生技术人员12.50万人,其中执业医师和执业助理医师4.32万人,注册护士4.53万人。全省共有疾病预防控制中心(防疫站)103个,疾病预防控制中心(防疫站)卫生技术人员3613人。卫生监督检验机构92个,卫生监督检验机构卫生技术人员1409人。

体育:全年获得各类奖牌111枚,比上年增加10枚。

十一、人口、人民生活和社会保障

人口:年末全省常住人口为2590.78万人,比上年末增加8.60万人。其中,城镇人口1079.84万人,占41.68%,比重比上年提高1.55个百分点;乡村人口1510.94万人,占58.32%。按年龄分,0-14岁人口440.59万人,占常住人口的17.01%,比重比上年末下降0.07个百分点;15-64岁人口1928.68万人,占常住人口的74.44%,比重提高0.02个百分点;65周岁及以上人口221.51万人,占常住人口的8.55%,比重提高0.05个百分点。按性别分,男性人口1322.85万人,占51.06%;女性人口1267.93万人,占48.94%。

全年出生人口31.62万人,人口出生率为12.21‰,比上年上升0.05个千分点;死亡人口15.83万人,人口死亡率为6.11‰,上升0.03个千分点;人口自然增长率为6.10‰,上升0.02个千分点。

人民生活:全年城镇居民人均可支配收入20804元,比上年增长9.7%;城镇居民人均消费性支出15507元,增长10.6%;城镇居民家庭恩格尔系数(即居民家庭食品消费支出占家庭消费支出的比重)为36.8%,与上年持平。农村居民人均纯收入5736元,增长12.3%;农村居民人均生活消费支出5272元，增长8.7%；农村居民家庭恩格尔系数为37.6%，比上年提高0.5个百分点。

社会保障：年末全省参加城镇基本养老保险人数为298.85万人，比上年末增长3.62%；参加城镇居民基本医疗保险人数为328.05万人，增长0.72%；参加失业保险人数为162.35万人，下降0.40%；参加工伤保险人数为175.14万人，增长4.42%；参加生育保险人数为143.7万人，增长6.40%。86个县（市、区）开展了新型农村合作医疗工作，年末参加新型农村合作医疗农民人数为1925.92万人，参合率为98.26%。全年新型农村合作医疗基金支出总额为73.22亿元，累计受益3627万人次。全年农村医疗救助216万人次。民政部门资助农村合作医疗的人数达164万人。

十二、安全生产与自然灾害

安全生产：全年生产安全事故死亡1542人，亿元生产总值生产安全事故死亡人数为0.23人。全年发生道路交通事故3038起，造成1432人死亡、3575人受伤，直接经济损失0.13亿元；道路交通万车死亡人数为4.89人。

全年平均气温8.7℃，平均降水量420.2毫米。

全省地震台站291个，地震遥测台网55个，其中有人值守的地震监测台5个，无人值守的地震监测台50个。

自然灾害：全年农作物受灾面积68.48万公顷，比上年下降29.95%，其中成灾面积38.50万公顷，下降35.14%。

注：

1.本公报各项数据均为初步统计数，正式数据以《甘肃发展年鉴2015》为准。部分数据因四舍五入的原因，存在着总计与分项合计不等的情况。

2.公报中生产总值、各产业增加值绝对数按当年价格计算，增长速度按可比价格计算。生产总值核算执行国家统计局2012年制定的《三次产业划分规定》。

3.文化产业增加值为年快报数据，增长速度按现价计算。

4.工业增加值和利润含长庆油田甘肃境内部分。

5.社会消费品零售总额及相关数据均为快报数。

6.万元生产总值能源消耗、化学需氧量排放总量、二氧化硫排放总量等数据将由有关部门进一步核实后于近期公布。

7.艺术表演团体数为国营单位数，不含民营单位数。

8.本公报中城镇登记失业率、失业人员再就业人数来自甘肃省人力资源和社会保障厅，社会保障数据来自甘肃省人力资源和社会保障厅、甘肃省卫生和计划生育委员会，财政数据来自甘肃省财政厅，金融数据来自中国人民银行兰州中心支行，保险数据来自中国保监会甘肃监管局，证券数据来自中国证监会甘肃监管局，外贸数据和利用外资数据来自甘肃省商务厅，旅游数据来自甘肃省旅游局，交通运输数据来自甘肃省交通运输厅、甘肃省公安厅交警总队、兰州铁路局、东航甘肃分公司和海航甘肃分公司，通信数据来自甘肃省通信管理局，邮政数据来自甘肃省邮政管理局，教育数据来自甘肃省教育厅，专利数据来自甘肃省专利局，气象数据来自甘肃省气象局，文化数据来自甘肃省文化厅，广播、电视数据来自甘肃省新闻出版广电局，卫生数据来自甘肃省卫生和计划生育委员会，体育数据来自甘肃省体育局，地震数据来自甘肃省地震局，安全生产数据来自甘肃省安全生产监督管理局。

2014年兰州市
国民经济和社会发展统计公报

兰州市统计局　国家统计局兰州调查队

（2015年3月27日）

2014年，面对错综复杂的国内外发展环境，在市委、市政府的坚强领导下，全市上下按照"明地位、强责任、做表率、出大力"的新要求，全力实施"3341"项目工程，统筹做好稳增长、调结构、促改革、治污染、畅交通、惠民生等重点工作，加快建设全国有影响力的区域性特大城市，全市经济社会发展呈现持续较快增长的良好态势。

一、综合

经济增长：初步核算，全年完成生产总值1913.52亿元，比上年增长10.4%。其中，第一产业增加值53.6亿元，增长6.3%；第二产业增加值829.2亿元，增长9.1%；第三产业增加值1030.7亿元，增长11.8%。

文化产业完成增加值51.3亿元，比上年增长25.5 %，占生产总值的2.68%。

按常住人口计算，人均生产总值52378元，比上年增长9.9%。三次产业结构由上年的2.76:46.19:51.05调整为2.80:43.34:53.86，与上年相比，第一产业所占比重上升0.04个百分点，第二产业所占比重下降2.85个百分点，第三产业所占比重上升2.81个百分点。

图1　2010–2014年生产总值与增长速度

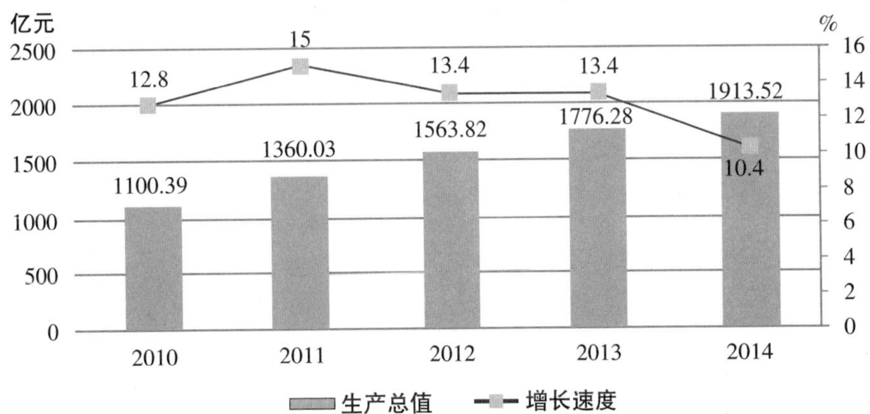

物价：全年居民消费价格总水平比上年上涨2.2%，全市商品零售价格总水平比上年上涨1.8%。

表1　2014年兰州市居民消费价格比上年上涨

类别	累计比(%)
居民消费价格总指数	102.2
商品零售价格总指数	101.8
服务项目价格指数	101.3
食品	104.4
其中：粮食	104. 0
油脂	97.9
肉禽及其制品	100.6
蛋	111.7
水产品	101.8
菜	105.1
糖	102.7
干鲜瓜果	116.5
液体乳及乳制品	112.9
在外用膳食品	102.0

二、农业

全年粮食总产量47.23万吨，比上年增产0.8%。其中，夏粮产量17.99万吨，增产2.61%；秋粮产量29.24万吨，减产0.3%。

图2　2010-2014年粮食产量与增长速度

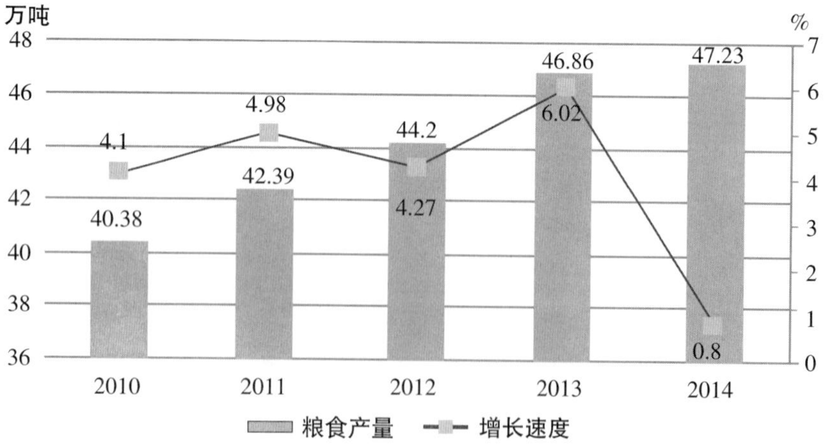

粮食作物种植面积23.34万公顷，比上年增加0.33万公顷；蔬菜种植面积6.25万公顷，增加0.36万公顷，其中设施蔬菜种植面积0.74万公顷，增加0.07万公顷；中药材种植面积1.1万公顷，增加0.32万公顷。

图3　2010-2014年蔬菜产量与增长速度

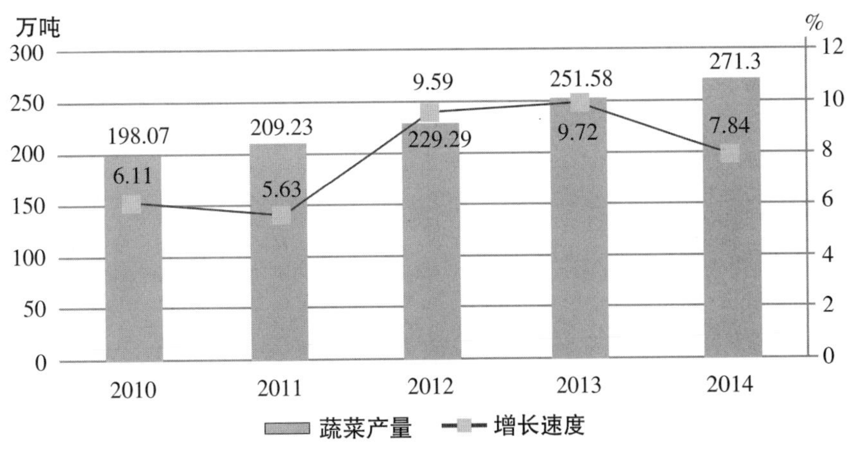

年末大牲畜存栏9.07万头（只），比上年末下降3.03%；牛存栏5.01万头，增长0.53%；羊存栏67.3万只，增长8.64%；猪存栏37.2万头，增长1.91%。牛、羊、猪出栏分别为0.82万头、28.68万只和36.18万头，分别比上年增长8.53%、10.16%和4.06%。

主要经济作物中，蔬菜产量271.3万吨，增产7.84%，其中设施蔬菜产量44.12万吨，增产13.87%；中药材产量2.89万吨，增产70.39%；园林水果产量15.35万吨，增产5.93%。

表2　2014年兰州市主要农产品产量情况

产品名称	产量（万吨）	比上年增长（%）
粮食	47.23	0.8
油料	2.04	-19.4
#油菜籽	0.5	-6.08
甜菜	0.26	-52.12
中药材	2.89	70.39
园林水果	15.35	5.93
蔬菜	271.3	7.84
#设施蔬菜	44.12	13.87

三、工业和建筑业

全年完成全部工业增加值594.3亿元，比上年增长8.2%。规模以上工业企业完成工业增加值565亿元，比上年增长8.1%。规模以上市属工业完成增加值125.9亿元，增长14.5%。规模以上工业企业产品销售率93.8 %，比上年下降0.7个百分点。

图4 2010-2014年全部工业增加值与增长速度

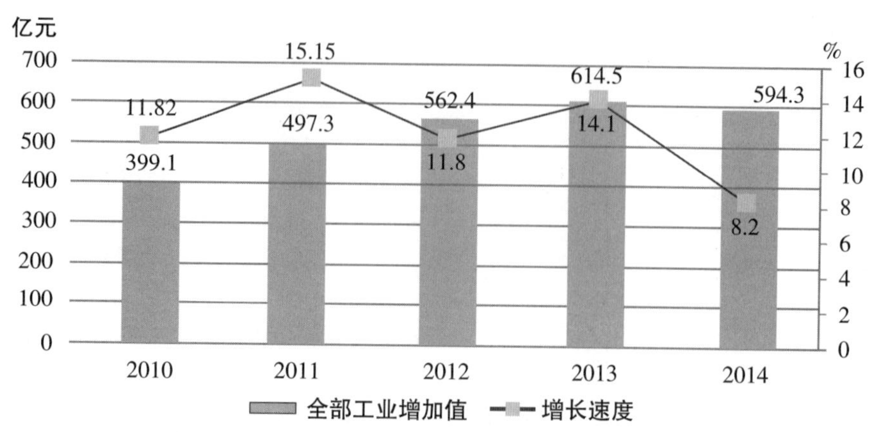

表3 2014年规模以上工业增加值

指标	总量(亿元)	比上年增长(%)
规模以上工业增加值	565	8.1
#轻工业	155.1	8.0
重工业	409.9	8.1
#国有经济	66.8	2.7
集体经济	8.8	10.9
股份合作	0.5	28.3
股份制	454.1	8.1
外商及港澳台	18.8	16.3
其他	16.0	12.2
#国有控股	433.5	6.5
#大中型企业	482.5	5.8
#国有企业	64.0	4.5

表4 2014年主要工业产品产量

产品名称	单位	产量	比上年增长(%)
啤酒	万升	40882	-10.5
卷烟	亿支	3344568	4.6
原油加工量	万吨	916.0	-12.76
汽油	万吨	201.98	-8.57
水泥	万吨	1104.31	11.6
平板玻璃	万重量箱	538.32	-10.3

产品名称	单位	产量	比上年增长(%)
钢材	万吨	432.08	13.6
发电量	亿千瓦小时	185.92	-8.85
铁合金	万吨	41.56	-3.1

规模以上工业增加值中，国有及国有控股企业完成工业增加值433.5亿元，同比增长6.5%；集体企业完成工业增加值8.8亿元，同比增长10.9%；股份制企业完成工业增加值454.1亿元，同比增长8.1%；外商及港澳台投资企业完成工业增加值18.8亿元，同比增长16.3%。

轻工业完成增加值155.1亿元，同比增长8.0%；重工业完成增加值409.9亿元，增长8.1%。

战略新兴产业增加值153亿元，比上年增长11.0%，占全市规模以上工业增加值的27%。

全年发电量185.92亿千瓦小时，比上年下降8.85%；原油加工量916万吨，下降12.76%；粗钢产量383.42万吨，增长6.1%；钢材432.08万吨，增长13.6%；水泥1104.31万吨，增长11.6%。

全年规模以上工业企业完成利润总额-10.31亿元，比上年减少28.67亿元，其中国有及国有控股企业完成利润-18.79亿元，比上年增亏17.39亿元。规模以上工业亏损企业亏损额80.78亿元，同比增长63.72%，其中国有及国有控股亏损企业亏损额75.10亿元，增长63.69%。

石化、有色、电力、冶金、食品、煤炭和装备制造业等重点支柱行业完成工业增加值471.9亿元，比上年增长7.9%，占规模以上工业的83.5%；完成利润-25.93亿元，比上年增亏17.91亿元。其中，装备制造业完成工业增加值51.9亿元，增长16.0%；完成利润8.72亿元，增长63.60%。

表5　2014年兰州市重点支柱行业主要经济指标

支柱行业	工业增加值		利润总额	
	总量(亿元)	比上年增长(%)	总量(亿元)	比上年增长(%)
石化工业	144.94	-5.3	-39.64	—
有色冶炼工业	39.85	37.2	-14.88	—
农副产品加工业	130.5	8.1	21.12	8.75
黑色冶炼工业	28.60	26.2	-7.94	—
电力工业	61.56	8.1	9.48	249.82
装备制造业	51.9	16.0	8.72	63.60
煤炭工业	14.55	8.7	-2.79	—

建筑业：全年建筑业完成增加值234.96亿元，比上年增长11.6%。全市具有建筑业资质等级的总承包和专业承包建筑业企业完成总产值845.28亿元，增长11.7%。

四、固定资产投资

固定资产投资：全年完成固定资产投资1610.68亿元，比上年增长22.31%。其中，项目投资1274.14亿元，增长23.70%。按三次产业分，第一产业投资19.24亿元，增长79.71%；第二产业投资409.40亿元，增长12.76％，其中工业投资405.31亿元，增长13.69％；第三产业投资1182.04亿元，增长25.34％。

图5　2010–2014年固定资产投资额与增长速度

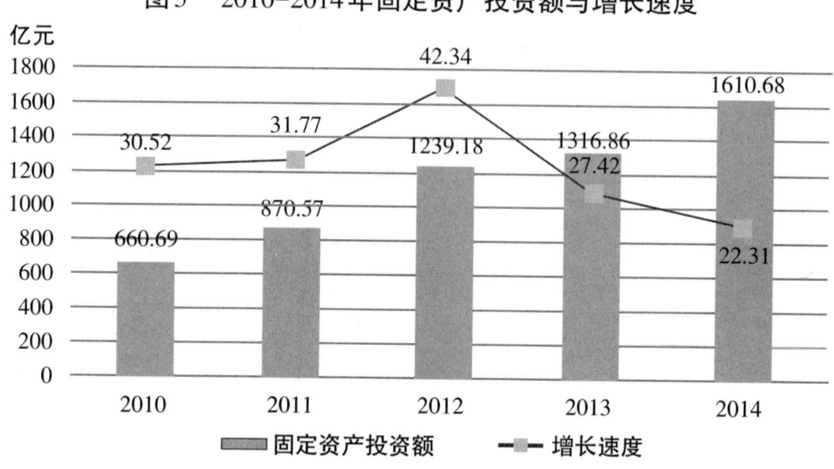

表6　2014年兰州市分行业项目投资及其增长速度

行业	总量（亿元）	比上年增长（%）
农、林、牧、渔业	19.24	79.71
采矿业	15.40	-20.34
制造业	327.67	12.94
电力、热力、燃气及水的生产和供应业	62.24	32.32
建筑业	4.09	-37.90
批发和零售业	68.29	67.03
交通运输、仓储和邮政业	209.56	120.76
住宿和餐饮业	21.71	-3.64
信息传输、软件和信息技术服务业	25.63	-23.63
金融业	8.21	100.12
房地产业	145.39	-7.45
租赁和商务服务业	24.78	4.95
科学研究和技术服务业	6.62	54.69
水利、环境和公共设施管理业	263.74	22.58
居民服务、修理和其他服务业	2.96	82.03
教育	21.34	63.38
卫生和社会工作	18.16	-0.59
文化、体育和娱乐业	12.11	22.48
公共管理、社会保障和社会组织	17.01	-1.64

房地产开发投资:完成房地产开发投资336.54亿元,比上年增长17.34%,其中住宅投资223.97亿元,增长17.13%。房屋施工面积3643.12万平方米,比上年增长22.61%;房屋竣工面积158.26万平方米,下降13.58%。商品房销售面积510.28万平方米,增长74.62%;商品房销售额318.52亿元,增长97.83%,其中期房销售额285.96亿元,增长129.80%。

五、交通、邮电和旅游

全年交通运输、仓储和邮政业完成增加值140.77亿元,比上年增长2.7%。

交通运输:全年各种运输方式完成货物周转量1737.67亿吨公里,旅客周转量436.56亿人公里。其中:铁路运输完成货运周转量1634.31亿吨公里,旅客周转量377.27亿人公里;公路运输完成货运周转量103.36亿吨公里,旅客周转量59.29亿人公里。

表7　2014年兰州市主要运输方式完成货物和旅客运输量

指 标	单位	总量
货运量	亿吨	2.01
铁路	亿吨	0.98
公路	亿吨	1.02
航空	亿吨	0.00047
货物周转量	亿吨公里	1737.67
铁路	亿吨公里	1634.31
公路	亿吨公里	103.36
航空	亿吨公里	—
客运量	亿人次	0.76
铁路	亿人次	0.30
公路	亿人次	0.39
航空	亿人次	0.07
旅客周转量	亿人公里	436.56
铁路	亿人公里	377.27
公路	亿人公里	59.29
航空	亿人公里	—

年末全市民用汽车保有量61.48万辆,比上年末增长21.16%。其中,轿车26.25万辆,增长22.65%;本年新注册汽车9.76万辆,增长36.1%。

邮电通讯:按2010年价格计算,全年完成邮电业务总量69.34亿元,比上年增长29.9%。其中:电信业务总量64.5亿元;邮政业务总量4.84亿元。年末固定电话用户76.72万户。其中:城市56.92万户;农村5.57万户。本年减少固定电话用户6.85万户。年末移动电话用户527.37万户,本年新增35.47万户。其中,3G移动电话用户275.3万户。年末固定互联网宽带接入用户数达73.72万户,互联网宽带接入端口149.7万个。

旅游:全年接待国内旅游人数3030.77万人次,比上年增长24.37%;入境旅游人数2.71万人次,比上年下降22.13%。国内旅游收入232.28亿元,比上年增长25.34%。

六、国内贸易

全年完成社会消费品零售总额944.86亿元,比上年增长12.7%。按销售单位所在地统计,城镇完成社会消费品零售总额825.67亿元,增长12.5%,其中城区完成社会消费品零售总额661.65亿元,增长16.8%;乡村完成社会消费品零售总额119.19亿元,增长13.8%。

图6　2010-2014年社会消费品零售总额与增长速度

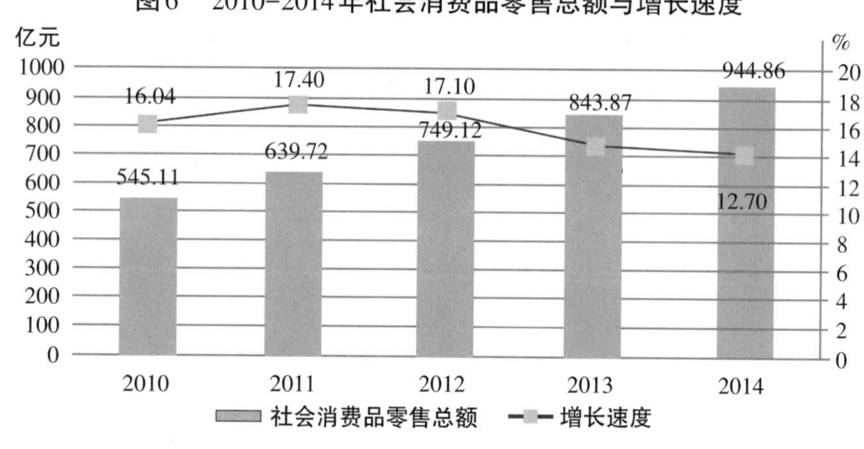

全年限额以上企业完成商品零售额536.03亿元,比上年增长16.8%。其中,石油及制品类零售额118.66亿元,增长5.0%;汽车类零售额148.78亿元,增长1.1%;粮油、食品、饮料、烟酒类零售额30.12亿元,下降0.3%;服装鞋帽、针纺织品类零售额43.32亿元,增长2.4%;中西药类零售额16.41亿元,下降0.4%;家用电器和音像器材类零售额14.36亿元,增长12.5%;金银珠宝类零售额11.32亿元,下降24.5%。

七、对外经济

对外贸易:全年外贸进出口总值为45.6亿美元,比上年增长12.2%。其中,出口总值为40.07亿美元,增长11.4%;进口总值为5.53亿美元,增长17.6%。

利用外资:全年对外承包工程合同项目57个,合同金额2.9亿美元,比上年下降43.6%,完成营业额3.16亿美元,同比增长7.9%。

八、财政、金融、证券和保险业

财政:全年全市地区性财政收入为467.48亿元,比上年同口径增长18.40%。公共财政预算收入为152.33亿元,同比增长22.36%。其中,增值税20.04亿元,增长59.23%;营业税38.19亿元,增长11.36%;企业所得税9.91亿元,增长24.46%;个人所得税3.83亿元,增长27.03%。公共财政预算支出为280.10亿元,同比增长15.61%。

金融:全市年末金融机构本外币各项存款余额6639.67亿元,比上年末增长20.22%。全市金融机构人民币各项存款余额6617.51亿元,同比增长20.34%。其中,单位存款余额3996.22亿元,增长24.16%;城乡居民储蓄存款余额2262.94亿元,增长11.94%。年末全市金融机构本外币各项贷款余额5932.48亿元,比上年末增长25.75%。全市金融机构人民币各项贷款余额5612.72亿元,同比增长27.33%。

表8 2014年兰州市金融机构各项存贷款余额

指标	总量(亿元)	比上年末增长(%)
金融机构本外币各项存款余额	6639.67	20.22
金融机构人民币各项存款余额	6617.51	20.34
#单位存款	3996.22	24.16
城乡居民储蓄存款	2262.94	11.94
金融机构本外币各项贷款余额	5932.48	25.75
金融机构人民币各项贷款余额	5612.72	27.33
#短期贷款	1542.07	19.25
中长期贷款	3457.83	26.01
#农村信用社贷款	532.37	34.15
#个人消费贷款	413.06	45.52
#个人住房贷款	247.49	46.91

证券:2014年年末全市共有境内股票上市公司16家,比上年增加1家。年末股票市价总值为1868.77亿元,比上年末增长92.65%。发行、配售股票筹集资金37.74亿元,比上年下降36.7%。

保险:2014年全年保费收入74.52亿元,比上年增长13.61%。其中,财产险收入28.3亿元,增长21.93%;寿险收入38.68亿元,增长5.34%;健康险和意外伤害险收入7.54亿元,增长33.22%。全年赔付额29.93亿元,比上年增长28.73%。

九、科学技术、教育

科学技术:全年全市科技成果478项,比上年减少1项。其中,基础理论成果77项,应用技术成果339项,软科学成果62项。全年获得奖励184项,比上年增加8项。专利申请受理4288件,比上年增长9.8%;授权专利2139件,增长9.0%;授予发明专利权589件,增长4.1%。全年共签订技术合同2605项,减少14.28 %;技术合同成交金额37.95亿元,增长18.4%。

教育:全市研究生教育招生0.99万人,比上年增长2.39%,在学研究生2.91万人,增长3.52%;普通高等教育招生8.94万人,增长6.91%,在校学生31.63万人,增长1.51%;中等职业教育招生2.08万人,下降13.47%;普通高中招生2.31万人,下降1.65%;初中学校招生3.46万人,下降1.77%;普通小学招生3.54万人,下降0.29%;特殊教育招生0.0036万人,下降33.33%;幼儿园在园幼儿7.34万人,增长9.31%。

表9　2014年兰州市各类教育招生和在校生情况

指标	招生数		在校生数		毕业生数	
	总量（万人）	比上年增长（%）	总量（万人）	比上年增长（%）	总量（万人）	比上年增长（%）
研究生教育	0.99	2.39	2.91	3.52	0.86	4.10
普通高等教育	8.94	6.91	31.63	1.51	8.26	7.36
中等职业教育	2.08	−13.47	6.96	−10.24	2.73	−3.72
普通高中	2.31	−1.65	7.29	−2.43	2.57	1.99
初中学校	3.46	−1.77	10.54	−0.51	3.38	−5.03
普通小学	3.54	−0.29	20.35	0.36	3.48	−1.71

十、文化、卫生、体育

文化：年末全市共有文化馆9个（不含省级），公共图书馆8个（不含省级），博物馆（含纪念馆）22个（不含省级），国有艺术表演团体4个（不含省级）。广播和电视综合人口覆盖率分别为99.64%和99.70%，分别比上年提高0.25和0.3个百分点。有线电视用户69.7万户，增长5%；有线数字电视用户64万户，增长9%。市级报纸出版4.74亿份，比上年下降8.05%；期刊出版1.10亿册，下降0.43%；图书出版1540万册（张），增长1.32%。

卫生：年末全市共有卫生机构2394个，其中医院、卫生院167个，妇幼保健院（所、站）10个，专科疾病防治院（所、站）2个，社区卫生服务中心（站）228个。医院、卫生院拥有床位2.27万张，比上年增长5.72%。卫生技术人员3.09万人，增长7.68%。其中执业医师和执业助理医师1.23万人，增长7.37%；注册护士1.3万人，增长10.58%。

体育：全年获得各类奖牌247.5枚，比上年增加121.5枚。

十一、人口、人民生活和社会保障

人口：年末全市常住人口为366.49万人，比上年末增加2.33万人。其中，城镇人口294.44万人，占80.34%，比重比上年提高0.63个百分点；乡村人口72.05万人，占19.66%。按年龄分，0–14岁人口43.76万人，占常住人口的11.94%，比重比上年末下降0.31个百分点；15–64岁人口289.49万人，占常住人口的78.99%，比重提高0.27个百分点；65周岁及以上人口33.24万人，占常住人口的9.07%，比重提高0.05个百分点。按性别分，男性人口187.57万人，占常住人口的51.18%；女性人口178.92万人，占常住人口的48.82%。

全年出生人口3.52万人，人口出生率为9.64‰，比上年上升0.02个千分点；死亡人口1.71万人，人口死亡率为4.67‰，上升0.01个千分点；人口自然增长率为4.97‰，上升0.01个千分点。

人民生活：全年城镇居民人均可支配收入23030元，比上年增长10.9%；城镇居民人均消费性支出17236元，比上年增长9.5%；城镇居民家庭恩格尔系数（即居民家庭食品消费支出占家庭消费支出的比重）为35%。农村居民人均纯收入8067元，比上年增长13.4%；农村居民人均生活消费支出7297元，同比增长18%；农村居民家庭恩格尔系数为37%。

图7　2010-2014年城镇居民人均可支配收入与增长速度

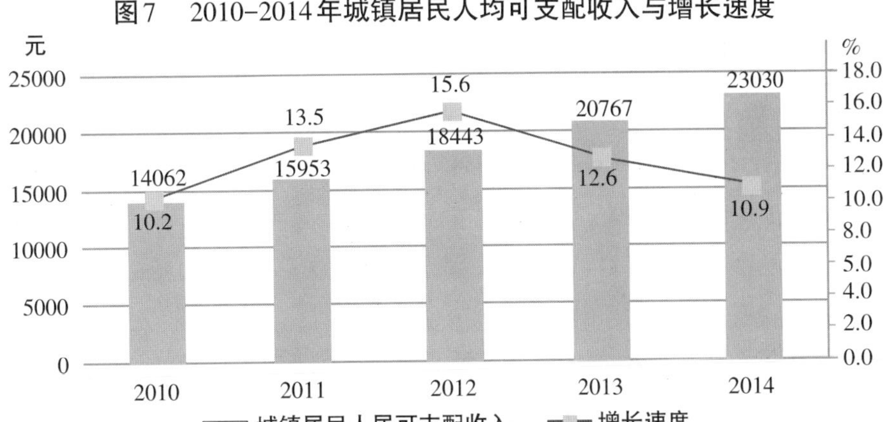

图8　2010-2014年农民人均纯收入与增长速度

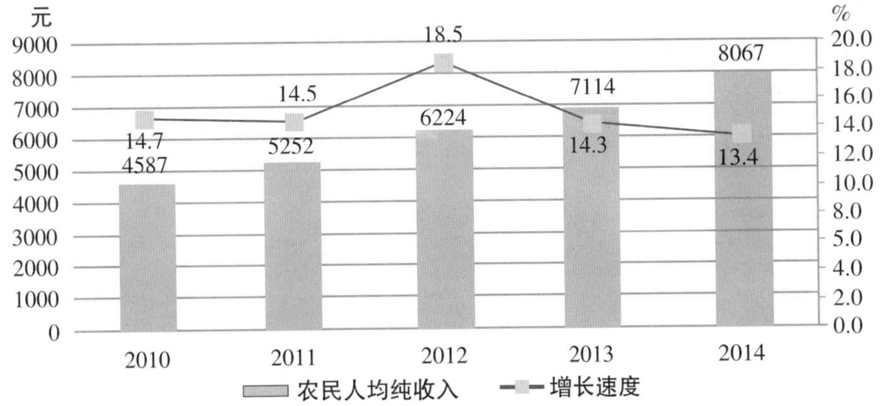

元　%
9000　8000　7000　6000　5000　4000　3000　2000　1000　0
20.0　18.0　16.0　14.0　12.0　10.0　8.0　5.0　4.0　2.0　0.0
14.7　4587　14.5　5252　18.5　6224　7114　14.3　8067　13.4
2010　2011　2012　2013　2014
农民人均纯收入　增长速度

社会保障:年末全市参加城镇职工基本养老保险人数为66.16万人,比上年末增长10.41%;参加城镇职工基本医疗保险人数为84.45万人,增长2.69%;参加城镇居民医疗保险人数为106.84万人,增长3.11%;参加失业保险人数为57.27万人,下降0.16%;参加工伤保险人数为46.18万人,下降0.22%;参加生育保险人数为45.52万人,下降0.2%;城乡居民社会养老保险参保续保人数为74.05万人。年末参加新型农村合作医疗农民人数为113.98万人,参合率为97.99%。全年新型农村合作医疗基金支出总额为4.67亿元,比上年增长11.99%;累计受益128.74万人次。

十二、安全生产与自然灾害

安全生产:全年生产安全事故死亡127人,比上年下降52.79%。亿元生产总值生产安全事故死亡人数为0.067人,下降125.37%。煤矿百万吨死亡人数为0.58人,上升1.72%。全年发生道路交通事故715起,造成225人死亡(其中:生产经营性道路事故死亡93人)、803人受伤,直接经济损失0.025亿元;道路交通万车死亡人数为3.17人,下降28.39%。

全年平均气温11℃,平均降水量200毫米。

自然灾害:全年农作物累计受灾面积1.3036万公顷,比上年减少8.4947万公顷。其中累计成灾面积1.0721万公顷,比上年减少4.7844万公顷。

注：

1.本公报各项统计数据为初步统计数。统计范围为兰州行政辖区内全部社会经济活动。部分数据因四舍五入的原因，存在着与分项合计不等的情况。

2.生产总值、各产业增加值绝对数按现价计算，增长速度按不变价计算。

3.文化产业增加值为年快报数据，增长速度按现价计算。

4.固定资产投资2010年及以前为全社会固定资产投资口径，2010年以后为500万元以上项目及房地产开发投资口径，但比上年增长按可比口径计算。

5、本公报中安全生产数据来自兰州市安全生产监督管理局，外贸数据来自兰州市商务局，合同投资数据来自兰州市经济合作服务局，旅游数据来自兰州市旅游局，财政收入数据来自兰州市财政局，金融数据来自中国人民银行兰州中心支行，保险数据来自中国保险监督管理委员会甘肃监管局，文教数据来自兰州市文化广播影视新闻出版局、兰州市教育局，医疗数据来自兰州市卫生局，户籍人口数据来自兰州市公安局，城镇就业人员、失业率、社会保障数据来自兰州市人力资源与社会保障局，交通运输数据来自兰州市铁路局、兰州市交通运输局、兰州中川机场管理有限公司，电信数据来自中国电信有限公司兰州分公司、中国联合网络通信有限公司兰州分公司、中国移动通信集团兰州分公司。

一、综合

1－1 行政区划

	镇数	乡数	街道办事处数	社区居委会数	村民委员会数
全市	**37**	**24**	**53**	**405**	**730**
市区	9	7	53	386	151
城关区			25	154	18
七里河区	4	2	9	78	59
西固区	2	4	7	73	40
安宁区			8	59	
红古区	3	1	4	22	34
各县	28	17		19	579
永登县	13	5		12	240
皋兰县	7			3	71
榆中县	8	12		4	268

1-2 气象

	市区	榆中县	皋兰县	永登县
平均气温(摄氏度)	**10.8**	**7.4**	**7.7**	**6.3**
冬季(12-2)	-2.1	-5.2	-6.6	-6
春季(3-5)	12.7	9.2	9.9	7.7
夏季(6-8)	21.6	18	19.3	16.7
秋季(9-11)	10.9	7.8	7.9	6.7
年降水量(毫米)	**443**	**411.3**	**356.6**	**384.4**
冬季	8.1	13.5	8.6	6.5
春季	105	113.1	78.9	84
夏季	221.1	172	159	191.9
秋季	108.8	112.7	110.1	102

1－3 县区所辖街道办事处、乡、镇名称

	街道办事处、镇	乡
城关区	临夏路街道、张掖路街道、白银路街道、伏龙坪街道、酒泉路街道、广武门街道、东岗西路街道、皋兰路街道、渭源路街道、雁南街道、雁北街道、盐场路街道、草场街街道、靖远路街道、团结新村街道、铁路东村街道、铁路西村街道、五泉街道、火车站街道、拱星墩街道、嘉峪关路街道、焦家湾街道、东岗街道、青白石街道、高新区街道	
七里河区	秀川街道、土门墩街道、西站街道、西园街道、西湖街道、建兰路街道、龚家湾街道、晏家坪街道、敦煌路街道、西果园镇、阿干镇、八里镇、彭家坪镇	黄峪乡、魏岭乡
西固区	西固城街道、先锋路街道、福利路街道、四季青街道、陈坪街道、西柳沟街道、临洮街街道、东川镇、新城镇	金沟乡、达川乡、河口乡、柳泉乡
安宁区	培黎街道、安宁西路街道、银滩路街道、刘家堡街道、孔家崖街道、十里店街道、安宁堡街道、沙井驿街道	
红古区	窑街街道、下窑街道、矿区街道、海石湾镇、花庄镇、平安镇、华龙街道	红古乡
永登县	城关镇、武胜驿镇、中堡镇、中川镇、连城镇、河桥镇、红城镇、上川镇、树屏镇、大同镇、苦水镇、秦川镇、龙泉寺镇	坪城乡、民乐乡、通远乡、七山乡、柳树乡
皋兰县	九合镇、西岔镇、什川镇、忠和镇、石洞镇、黑石川镇、水阜镇	
榆中县	甘草店镇、夏官营镇、城关镇、高崖镇、青城镇、金崖镇、定远镇、和平镇	小康营乡、清水驿乡、中连川乡、园子岔乡、上花岔乡、哈岘乡、连搭乡、马坡乡、新营乡、龙泉乡、韦营乡、贡井乡

1－4 各部门机构数和人数

	机构数(个)							
	2006	2008	2009	2010	2011	2012	2013	2014
基层组织								
镇政府	34	34	34	34	35	35	35	37
乡政府	27	27	27	26	26	26	26	24
街道	51	52	52	52	52	52	53	53
社区居委会	353	390	390	390	399	399	399	405
村民委员会	785	749	749	749	731	731	731	730
居民总户数(万户)	91.16	96.31	98.35	100.18	102.00	103.17	104.93	106.33
规模以上工业企业	**546**	**553**	**504**	**480**	**342**	**344**	**390**	**374**
国有及国有控股企业	148	129	128	121	106	90	94	87
集体企业	111	100	57	49	28	24	21	12
建筑施工企业	**294**	**346**	**343**	**329**	**327**	**464**	**493**	**492**
国有经济	53	49	41	41	41	44	27	23
集体经济	40	38	37	34	36	40	31	30
其他经济	201	259	265	254	250	380	435	439
卫生								
医院、卫生院	168	160	159	163	167	166	165	167
卫生防疫站	12	11	11	11	11	11	11	11
妇幼保健站、所	10	10	10	10	10	10	10	10
教育								
高等院校(含成人教育)	18	19	19	19	19	19	25	24
中等专业学校	34	36	38	40	40	41	42	44
普通中学	249	224	221	219	211	206	205	204
小学	870	786	733	697	676	616	607	570
幼儿园	239	247	294	281	295	324	324	456
文化事业机构								
图书馆	8	9	9	8	8	8	8	8
群众艺术馆	9	9	9	9	9	9	9	9

1－5 国民经济和社会发展总量与速度指标

	总量指标					
	1995	2005	2006	2007	2008	2009
人口						
户籍总人口(万人)	270.84	311.74	313.64	319.28	322.28	323.59
非农业人口	142.99	183.93	185.69	198.53	201.63	202.77
农业人口	127.85	127.81	127.95	120.75	120.65	120.82
男女性别比(以女性为100)	107.18		105.40	105.20	105.03	104.30
人口自增率(‰)	9.78		5.84	7.64	6.27	4.35
就业						
从业人员(万人)	161.22	150.75	150.63	153.98	157.15	162.72
单位从业人员	87.39	57.06	56.71	56.41	53.15	54.68
在岗职工		52.70	55.60	54.19	50.96	52.18
城镇登记失业人数(万人)	1.70	1.85	2.26	2.20	1.89	2.12
宏观经济						
地区生产总值(亿元)	210.43	567.04	638.47	732.76	847.47	925.98
第一产业增加值	11.83	22.13	22.73	26.09	28.10	30.55
第二产业增加值	120.85	249.99	290.38	336.08	408.59	433.62
第三产业增加值	77.75	294.92	325.36	370.59	410.85	461.81
非公有制经济增加值		171.57	194.99	236.40	287.62	351.96
支出法地区生产总值	210.43	567.04	638.47	732.76	847.47	925.98
最终消费	109.72	273.87	300.66	330.82	364.45	395.49
居民消费	85.18	219.97	238.58	258.59	280.90	302.35
政府消费	24.54	53.90	62.08	72.23	83.54	93.14
资本形成总额	83.04	283.02	328.48	396.85	488.48	543.96
固定资本形成	66.02	259.59	298.21	358.61	429.58	502.15
存货增加	17.01	23.44	30.27	38.24	58.90	41.81
固定资产投资						
固定资产投资总额(亿元)	66.02	259.59	298.21	358.61	431.98	506.18
房地产投资	10.52	52.57	53.81	74.54	92.51	98.61
财政						
地区财政收入(亿元)			106.19	134.06	152.44	254.80
公共财政预算收入	10.09	28.93	33.14	46.63	50.86	57.04
公共财政预算支出	11.77	50.22	63.13	83.30	99.56	119.83
物价总指数(上年=100)						
商品零售价格指数(%)	115.5	98.8	100.3	103.1	107.2	100.5
居民消费价格总指数(%)	119.0	100.6	101.7	105.3	107.2	99.6
利用外资						
合同投资总额(亿美元)	1.88		0.96	3.10	1.87	1.79
合同外资额(亿美元)	0.97			0.82	0.95	0.78
实际使用外资额(亿美元)		2.22	0.38		0.39	0.43

总量指标					年平均增长速度(%)			比上年增长(%)
2010	2011	2012	2013	2014	1996-2000	2001-2005	2006-2010	
323.54	323.30	321.52	321.43	321.64	1.42	1.41	0.75	0.07
202.92	202.67	202.50	201.41	200.99	2.24	2.86	1.98	-0.21
120.62	120.63	119.02	120.02	120.65	0.48	0.48	-1.15	0.52
104.20	103.40	102.86	102.55	102.10				-0.44
3.06	5.95	4.28	6.99	8.14				
176.48	179.72	181.95	196.26	205.05	-2.00	0.68	3.20	4.48
55.74	56.76	58.32	69.60	71.37	-6.02	-2.29	-0.47	2.54
53.14	53.39	56.44	64.93	65.29	-1.58	-3.10	0.17	0.55
2.37	2.15	1.44	1.44	1.52	11.73	-8.97	5.08	5.56
1100.39	1360.03	1564.41	1828.98	2000.94	8.86	11.18	11.92	10.4
33.79	40.00	44.55	48.06	52.44	4.99	4.48	4.73	6.3
529.18	656.55	744.70	777.71	824.89	8.06	11.75	13.21	9.1
537.42	663.48	774.57	1003.21	1123.61	10.11	11.30	11.26	11.8
433.40	521.16	579.99	738.76	835.09	17.29	17.27	20.36	14.11
1100.39	1360.03	1563.82	1828.98	2000.94	8.86	11.18	11.92	10.4
441.27	545.71	605.57	676.85	742.96	6.27	10.87	9.6	9.3
332.22	427.36	466.18	524.71	584.68	6.34	10.99	8.6	10.5
109.04	118.35	139.39	152.14	158.28	6.06	10.49	14.49	5.0
662.58	826.86	983.71	1187.62	1315.51	16.43	10.45	14.86	13.3
611.49	899.14	1004.16	1142.52	1270.33	21.62	9.31	15.03	14.0
51.09	-72.28	-20.45	45.10	45.18	-30.79	43.94	18.68	3.1
660.69	950.57	1239.18	1316.86	1610.68	18.42	11.05	20.54	22.3
118.28	159.67	223.31	286.81	336.54	13.75	21.29	17.61	17.34
304.13	350.63	406.08	394.82	467.48				18.40
72.76	86.49	103.73	124.52	152.33	10.48	11.74	20.26	22.36
146.93	175.48	202.43	242.32	280.10	12.56	18.75	23.95	15.61
103.9	105.4	102.4	102.7	101.8	0.40	-0.62	1.01	1.8
103.8	105.4	102.4	103.5	102.2	1.80	0.79	0.63	2.2
0.97	1.06	0.79	1.14	2.90	1.75			43.6
0.33	0.40	0.46	0.62		2.55	15.08		
0.20	0.17	0.75	0.21					

1-5续表1

	总量指标					
	1995	2005	2006	2007	2008	2009
农业						
耕地面积(万亩)	328. 36	316. 85	316. 37	315. 23	314. 79	314. 51
农林牧渔业劳动力(万人)	43. 61	43. 51	42. 46	41. 67	41. 43	40. 77
农林牧渔业增加值(亿元)	11. 83	22. 13	22. 73	26. 09	28. 10	30. 55
主要农产品产量(万吨)						
粮食	29. 57	32. 30	30. 01	37. 17	38. 75	38. 79
油料	1. 20	2. 39	2. 17	2. 23	2. 11	1. 98
甜菜	1. 78	0. 61	0. 55	0. 67	0. 70	0. 45
水果	9. 22	10. 58	11. 85	12. 47	12. 34	12. 65
肉类	3. 81	4. 18	4. 37	4. 00	2. 81	2. 92
猪牛羊肉	3. 79	3. 90	4. 04	3. 71	2. 54	2. 65
工业						
规模以上工业增加值(亿元)		181. 39	212. 39	247. 92	296. 59	308. 17
轻工业		22. 18	41. 00	43. 55	53. 67	59. 67
重工业		159. 21	171. 39	204. 38	242. 92	248. 50
主要工业产品产量						
呢绒(万米)	411. 00	558. 57	554. 25	556. 64	553. 70	451. 75
卷烟(万支)	817500	1525845	1944414	2285550	2425481	2265221
发电量(亿千瓦时)	45. 81	125. 69	121. 06	128. 60	121. 51	164. 41
原煤(万吨)	147. 38	510. 99	553. 12	575. 50	464. 83	452. 76
水泥(万吨)	151. 09	402. 15	409. 61	441. 84	487. 21	516. 05
建筑业						
建筑业增加值(亿元)	17. 85	52. 29	59. 50	68. 20	79. 32	102. 40
房屋施工面积(万平方米)	622. 00	1048. 74	1162. 07	1205. 57	1403. 85	1593. 00
房屋竣工面积(万平方米)	278. 00	428. 93	462. 81	447. 94	528. 85	464. 00
交通运输						
货运量(万吨)		5972. 19	6263. 85	6839. 45	7206. 66	7358. 37
铁路	724. 00	820. 55	903. 10	1234. 50	1318. 65	1202. 33
公路		5151. 00	5360. 00	5604. 00	5887. 00	6155. 00
空运	0. 40	0. 64	0. 75	0. 95	1. 01	1. 04
客运量(万人)		2545. 68	2731. 67	2925. 50	3150. 41	3373. 04
铁路	448. 00	586. 77	635. 90	672. 53	777. 16	874. 19
公路	904. 00	1896. 00	1995. 62	2112. 37	2253. 18	2346. 24
空运	28. 50	62. 91	100. 15	140. 60	120. 07	152. 61
邮电通信业						
邮电业务总量(亿元)	3. 42	24. 07	25. 23	29. 75	28. 50	29. 36
国内商业						
社会消费品零售总额(亿元)	96. 67	256. 67	289. 72	337. 57	395. 04	469. 77
旅游						
国内旅游者(万人次)			348. 20	435. 00	522. 00	700. 01
入境旅游者(万人次)			5. 82	6. 53	4. 60	2. 39
旅游总收入(亿元)			21. 84	26. 70	31. 00	37. 20
对外经济贸易(亿美元)						
进出口总额	4. 47	7. 16	7. 88	7. 15	7. 15	4. 88
进口额	0. 86	2. 16	2. 08		1. 29	1. 82
出口额	3. 61	5. 00	5. 80	5. 66	5. 86	3. 06

总量指标					年平均增长速度(%)			比上年增长(%)
2010	2011	2012	2013	2014	1996—2000	2001—2005	2006-2010	
314. 22	314. 01	314. 44	314. 44	318. 80	-0. 39	-0. 32	-0. 17	1. 39
40. 34	40. 88	39. 85	38. 20	37. 71	0. 82	-0. 86	-1. 50	-1. 28
33. 79	40. 00	44. 55	49. 12	53. 64	4. 99	4. 48	8. 83	9. 20
40. 38	42. 39	44. 20	46. 80	47. 23	2. 50	-0. 70	4. 57	0. 92
2. 26	2. 23	2. 56	2. 53	2. 04	5. 66	8. 63	-1. 11	-19. 37
0. 53	0. 51	0. 44	0. 53	0. 26	9. 01	-25. 95	-2. 77	-50. 94
12. 90	13. 10	13. 56	14. 50	15. 35	1. 62	1. 15	4. 04	5. 86
3. 14	3. 06	3. 20	3. 31	3. 49	1. 40	3. 32	-5. 56	5. 44
2. 84	2. 73	2. 86	2. 98	3. 13	-2. 38	3. 03	-6. 15	5. 03
372. 67	465. 03	538. 15	575. 10	565. 00		13. 14	15. 49	8. 10
76. 19	97. 27	128. 83	148. 80	164. 37		11. 83	27. 99	10. 46
296. 48	367. 76	409. 32	426. 30	429. 90		12. 89	13. 24	0. 84
490. 40	491. 60	459. 00	386. 20	405. 80	-3. 16	0. 98	-2. 57	5. 10
2395810	2602713	2771520	3197600	3344568	10. 96	8. 82	9. 44	4. 60
169. 27	182. 13	203. 74	210. 38	185. 92	-3. 19	18. 91	6. 13	-8. 85
486. 03	511. 37	716. 32	714. 57	629. 18	-7. 19	-1. 30	-1. 00	12. 85
548. 06	568. 56	847. 17	966. 90	1104. 30	4. 17	8. 03	6. 39	11. 60
130. 12	159. 30	182. 28	205. 97	234. 90	13. 66	9. 13	20. 00	11. 60
1842. 00	2709. 00	4815. 33	4409. 92	5508. 88	0. 39	10. 59	11. 92	24. 92
458. 00	720. 00	1108. 43	1136. 51	1372. 34	2. 62	6. 28	1. 32	20. 75
8054. 29	8907. 70	9671. 89	10509. 61	11139. 69	9. 75	2. 94	6. 16	6. 00
1221. 15	1214. 52	1003. 95	474. 43	936. 11	2. 40	0. 14	8. 28	-3. 93
6832. 00	7663. 50	8664. 34	9531. 00	10198. 88	11. 53	3. 43	5. 81	7. 01
1. 14	2. 68	3. 60	4. 18	4. 70	5. 79	3. 84	12. 24	12. 44
3802. 30	4388. 82	4829. 07	5326. 85	5655. 52	7. 66	5. 02	8. 35	6. 17
975. 81	1042. 06	996. 95	1042. 03	1084. 23	1. 22	4. 27	10. 71	4. 05
2627. 00	2965. 86	3373. 82	3219. 86	3871. 29	10. 41	5. 04	6. 74	4. 07
199. 49	380. 90	458. 30	564. 96	700. 00	5. 29	13. 77	25. 96	23. 90
36. 05	44. 27	48. 90	53. 38	69. 34	41. 01	4. 77	8. 41	29. 90
545. 11	639. 72	749. 16	843. 87	944. 86	10. 61	9. 91	16. 26	12. 70
887. 50	1403. 60	2101. 51	2602. 52	3030. 77				24. 37
3. 20	3. 80	3. 90	3. 48	2. 71				-22. 13
63. 50	102. 30	154. 35	206. 50	232. 28				25. 34
10. 60	18. 80	33. 94	40. 57	45. 60	2. 00	12. 13	8. 16	12. 20
1. 90	6. 50	7. 02	4. 69	5. 53	7. 59	11. 74		17. 60
8. 70	12. 30	26. 92	35. 88	40. 07	4. 95	12. 30	11. 71	11. 40

1-5续表2

	总量指标					
	1995	2005	2006	2007	2008	2009
金融保险						
金融机构各项存款(亿元)	263.29	1421.92	1615.51	1791.12	2156.29	2621.20
金融机构各项贷款(亿元)	223.79	1089.42	1188.90	1346.58	1520.26	2007.19
中外资保险公司保险金额(亿元)	276.00	1667.93	1748.03	2403.70	2652.02	3141.01
中外资保险公司保费(亿元)	2.32	18.17	21.29	24.11	35.45	35.85
中外资保险公司赔款及给付(亿元)	0.80	3.05	3.22	4.53	4.92	5.76
教育						
在校学生数(万人)	53.94	76.40	80.51	84.13	91.10	92.86
普通高等学校	3.87	17.98	16.79	17.14	20.07	21.82
中等专业学校	2.28	3.60	4.04	4.92	5.78	6.18
普通中学	12.99	22.02	22.20	21.56	20.80	20.35
小学	27.61	25.10	25.11	24.92	23.46	22.16
地方财政用于教育支出(万元)	20994	108284	129103	181881	230436	269714
文化						
图书(万册)	6181	7521	7571	7591	7593	8890
家庭、生活、环境						
家庭						
家庭总户数(万户)	72.09	89.99	91.16	94.33	96.31	98.35
城镇居民平均每户家庭人口(人)	3.14	2.79	2.78	2.74	2.67	2.65
农村居民平均每户家庭人口(人)	4.86	4.23	4.20	4.15	4.18	4.14
婚姻						
结婚数(万对)	2.16	2.03	4.74	2.36		2.65
离婚数(万对)	0.12	0.22	0.44	0.45	0.41	0.48
居住						
城镇居民人均居住面积(平方米)	8.81	16.69	17.98	17.00	17.60	17.76
农村居民人均居住面积(平方米)	17.21	22.32	21.94	22.37	22.90	24.26
生活						
城市居民人均可支配收入(元)	3539	8529	9418	10271	11677	12761
农村居民人均纯收入(元)	1142	2713	2898	3103	3503	4001
城乡居民储蓄存款余额(亿元)	137.16	581.71	687.75	710.52	907.10	1089.97
工资						
单位从业人员劳动报酬总额(亿元)	50.69	87.15	98.79	115.20	133.16	147.12
单位从业人员平均劳动报酬(元)	5564	16609	18822	22152	25849	28569
卫生						
卫生机构数	957	285	290	1646	1456	1534
医院、卫生院个数	250	170	168	160	160	159
卫生机构床位数	14098	148825	15658	17045	31461	21873
医院、卫生院床位数	14322	13954	14854	15884	21220	14841
卫生技术人员	21344	18738	20651	20573	20721	22372
医生	9585	7951	8801	8890	8971	9440
市政建设						
自来水供应量(万吨)	38345	23105	21437	21770	28670	27891
道路面积(万平方米)	868	1805	2214	2318	1635	1974
园林绿地面积(公顷)	1911	4977	4770	3920	4593	4651
环境						
工业废水排放量(万吨)			4029	3725	3737.12	2945.18
工业废气排放量(亿标立方米)			1342.00	1766.00	1869.68	2070.00

2010	2011	2012	2013	2014	年平均增长速度(%) 1996-2000	2001-2005	2006-2010	比上年增长(%)
3235.84	3833.55	4589.26	5499.15	6617.51	20.61	16.18	17.88	20.34
2359.28	2917.88	3672.85	4407.71	5612.72	21.35	13.10	16.71	27.34
12335.43	13319.38	11462.40	13759.57	15917.50	42.13	0.82	49.21	15.68
58.12	52.43	59.66	65.90	74.52	24.36	21.36	26.18	13.08
11.12	13.84	16.34	23.25	29.93	18.00	10.76	29.53	28.73
94.76	94.60	92.90	100.02	100.73	3.19	3.89	4.40	-6.83
22.76	23.85	24.75	46.28	41.42	13.31	19.99	4.83	-10.50
6.22	6.31	6.29	7.76	6.50	10.93	1.23	11.56	-16.24
19.89	18.74	18.42	18.06	17.82	5.55	5.29	-2.01	-1.33
21.76	20.88	20.38	20.28	20.35	1.06	2.92	-2.82	0.35
295364	339636	403815	429489	514802	15.81	19.87	22.22	19.86
9260	9502	9350		1085	2.55	1.42	4.25	
100.18	102.00	103.17	104.93	106.33	2.49	1.99	2.17	1.33
2.60	2.73	2.73			0.13	2.21	-1.40	
4.14	3.97	3.95	4.03	4.11	1.79	0.96	-0.43	1.99
2.47	2.81	2.50	2.87	2.73	2.43	1.22		-4.88
0.50	0.60	0.55	0.65	0.65	5.92	6.58	17.84	平
18.46	18.42	19.08	22.45	33.50	6.55	6.64	2.04	49.22
25.00	24.00	31.00	33.99	30.95	0.73	6.11	2.29	-8.94
14062	15953	18443	20767	23030	12.28	7.83	10.52	10.90
4587	5252	6224	7114	8067	11.92	6.24	11.07	13.40
1295.95	1480.16	1743.18	2021.56	2262.94	16.79	14.31	17.38	11.94
171.78	198.37	239.77	307.61	354.39	4.22	6.93	14.54	15.21
33340	37754	43658	46621	51928	10.45	12.67	14.95	11.38
2257	2362	2359	2288	2288	6.97	3.41	51.26	平
163	167	166	165	167	0.60	平	-0.84	1.21
25498	25411	27545	23614	23614	0.09	0.91	-29.73	平
16916	18444	19936	21441	22753	165.00	3.47	3.92	6.12
24388	26363	27914	28489	30859	4.85	2.39	5.41	8.32
10060	10745	11308	11349	12252	6.54	2.99	4.82	7.96
24276	29401	26828	26772	23903	2.96	6.88	0.99	9.56
2162	2168	2219	2129.40	3545.53	1.71	17.77	3.67	21.82
4441	4471	5495	6040	7201.62	5.37	27.97	-2.25	9.38
2529.10	4097.28	4624.55	4909.07		3.18	11.76	-9.42	
1805.00	3183.02	3954.42	4068.37					

1-6 地区生产总值

单位:亿元

	地区生产总值	第一产业	第二产业			第三产业			人均GDP(元)(按常住人口计算)
				工业	建筑业		交通运输仓储及邮政业	批发和零售业	
“一五”时期									
1953	1.46	0.20	0.36	0.24	0.12	0.90	0.38	0.32	179
1954	1.76	0.21	0.46	0.32	0.14	1.09	0.39	0.38	202
1955	2.43	0.23	0.85	0.59	0.26	1.35	0.46	0.44	255
1956	3.31	0.24	1.52	0.93	0.59	1.55	0.49	0.51	308
1957	3.72	0.26	1.70	1.06	0.64	1.76	0.50	0.57	313
“二五”时期									
1958	4.99	0.25	2.65	2.01	0.64		0.78	0.58	388
1959	7.69	0.25	5.23	4.39	0.84	2.21	0.86	0.66	548
1960	8.09	0.25	5.88	4.89	0.99	1.96	0.64	0.61	553
1961	4.52	0.25	2.62	2.45	0.17	1.65	0.47	0.47	314
1962	4.32	0.24	2.37	2.24	0.13	1.71	0.43	0.54	314
三年调整期									
1963	5.82	0.29	3.67	3.42	0.25	1.86	0.43	0.63	421
1964	7.94	0.34	5.39	5.07	0.32	2.21	0.48	0.64	544
1965	10.01	0.39	7.09	6.48	0.61	2.53	0.65	0.59	647
“三五”时期									
1966	9.85	0.40	6.91	6.69	0.22	2.54	0.62	0.59	609
1967	11.70	0.41	8.80	8.52	0.28	2.49	0.57	0.57	702
1968	12.92	0.43	10.15	9.82	0.33	2.34	0.50	0.51	759
1969	13.55	0.46	10.68	10.40	0.28	2.41	0.54	0.54	786
1970	14.99	0.52	11.92	11.51	0.41	2.55	0.60	0.59	856
“四五”时期									
1971	16.22	0.53	13.03	12.78	0.25	2.66	0.62	0.60	896
1972	17.96	0.53	14.34	13.89	0.45	3.09	0.67	0.79	958
1973	18.91	0.53	14.91	14.26	0.65	3.47	0.73	0.98	981
1974	20.84	0.66	16.40	15.82	0.58	3.78	0.79	1.11	1063
1975	22.70	0.67	17.89	17.23	0.66	4.14	0.85	1.26	1143
“五五”时期									
1976	22.69	0.69	17.76	17.10	0.66	4.24	0.88	1.32	1130
1977	21.82	0.70	16.78	16.21	0.57	4.34	0.91	1.38	1077
1978	21.80	0.74	16.56	15.85	0.71	4.50	0.94	1.44	1067
1979	24.54	0.78	18.60	17.72	0.88	5.16	0.95	1.63	1180
1980	25.68	0.94	18.80	17.64	1.16	5.94	0.98	1.96	1209

注:人均GDP自2007年后按常住人口计算,2007年以前数据按户籍人口计算。

1-6续表

	地区生产总值	第一产业	第二产业			第三产业			人均GDP(元)(按常住人口计算)
				工业	建筑业		交通运输仓储及邮政业	批发和零售业	
“六五”时期									
1981	24.01	0.80	16.75	15.61	1.14	6.46	10.60	2.27	1116
1982	25.82	0.84	18.09	16.67	1.42	6.89	1.28	2.27	1179
1983	29.49	1.12	20.89	19.25	1.64	7.48	1.51	2.39	1326
1984	35.40	1.40	23.74	21.80	1.94	10.26	1.90	4.00	1579
1985	43.50	1.90	28.16	25.46	2.70	13.44	2.72	5.17	1915
“七五”时期									
1986	50.79	2.20	32.01	28.66	3.35	16.58	3.87	6.18	2198
1987	56.11	2.33	33.95	29.68	4.27	19.83	4.27	7.23	2383
1988	64.30	3.06	36.77	32.15	4.62	24.47	4.74	9.76	2682
1989	73.69	3.80	42.60	38.52	4.08	27.29	5.31	10.03	3015
1990	77.89	4.26	45.05	40.13	4.92	28.58	5.21	10.09	3126
“八五”时期									
1991	85.23	5.01	45.50	40.17	5.33	34.72	5.49	11.20	3364
1992	100.57	5.53	52.52	46.11	6.41	42.52	6.41	13.37	3918
1993	126.72	6.54	73.65	64.64	9.01	46.53	7.55	14.87	4878
1994	172.49	9.57	100.92	87.69	13.23	62.00	9.22	20.75	6548
1995	210.43	11.83	120.85	103.01	17.82	77.75	10.25	26.82	7844
“九五”时期									
1996	225.01	13.72	119.25	96.82	22.43	92.04	12.58	31.98	8228
1997	237.42	14.08	119.36	94.04	25.32	103.98	17.31	35.79	8532
1998	252.55	15.24	121.06	92.09	28.97	116.25	21.11	39.29	8949
1999	267.46	15.61	125.65	94.42	31.23	126.19	23.57	42.21	9360
2000	300.32	15.89	140.71	107.04	33.67	143.72	29.60	45.66	10387
“十五”时期									
2001	341.68	16.89	156.38	116.37	37.01	171.42	37.10	49.27	11638
2002	381.41	17.68	166.87	126.38	40.49	196.85	45.45	53.39	12768
2003	433.65	18.38	188.70	143.19	45.51	226.57	50.54	58.47	14328
2004	500.25	20.61	218.30	167.70	50.60	261.34	54.97	65.65	16335
2005	567.04	22.13	249.99	197.70	52.29	294.92	48.47	55.70	18296
“十一五”时期									
2006	638.47	22.73	290.38	230.88	59.50	325.36	52.68	61.56	20419
2007	732.76	26.09	336.08	267.88	68.2	370.59	59.78	70.02	23155
2008	847.47	28.10	408.52	318.93	89.59	410.85	63.90	76.38	25664
2009	925.98	30.55	433.62	331.22	102.40	461.81	64.37	90.29	27904
2010	1100.39	33.79	529.18	399.06	130.12	537.42	71.53	108.4	30672
“十二五”时期									
2011	1360.03	40.00	656.55	497.25	159.30	663.48	89.01	133.95	37570
2012	1564.41	45.14	744.7	562.42	182.28	774.57	108.56	148.66	43175
2013	1828.98	48.06	777.71	572.59	209.97	1003.21	114.03	175.9	50301
2014	2000.94	52.44	824.89	594.27	234.96	1123.61	119.45	194.93	54771

1－7 地区生产总值构成

单位：%

	地区生产总值	第一产业	第二产业	工业	建筑业	第三产业	交通运输仓储及邮政业	批发和零售业
“一五”时期								
1953	100.00	13.62	24.39	16.44	8.22	61.99	26.03	21.92
1954	100.00	11.93	26.14	18.18	7.95	61.93	22.16	21.59
1955	100.00	9.34	34.95	24.28	10.70	55.71	18.93	18.11
1956	100.00	7.32	45.91	28.10	17.82	46.77	14.80	15.41
1957	100.00	6.99	45.70	28.49	17.20	47.31	13.44	15.32
“二五”时期								
1958	100.00	5.14	53.04	40.28	12.83	41.82	15.63	11.62
1959	100.00	3.25	68.01	57.09	10.92	28.74	11.18	8.58
1960	100.00	3.09	72.68	60.44	12.24	24.23	7.91	7.54
1961	100.00	5.53	57.96	54.20	3.76	36.50	10.40	10.40
1962	100.00	5.56	54.86	51.85	3.01	39.58	9.95	12.50
三年调整期								
1963	100.00	5.01	62.99	58.76	4.30	32.00	7.39	10.82
1964	100.00	4.28	67.88	63.85	4.03	27.83	6.05	8.06
1965	100.00	3.90	70.83	64.74	6.09	25.27	6.49	5.89
“三五”时期								
1966	100.00	4.06	70.15	67.92	2.23	25.79	6.29	5.99
1967	100.00	3.50	75.21	72.82	2.39	21.28	4.87	4.87
1968	100.00	3.37	78.55	76.01	2.55	18.08	3.87	3.95
1969	100.00	3.39	78.82	76.75	2.07	17.79	3.99	3.99
1970	100.00	3.48	79.55	76.78	2.74	16.97	4.00	3.94
“四五”时期								
1971	100.00	3.23	80.34	78.79	1.54	16.43	3.82	3.70
1972	100.00	2.95	79.84	77.34	2.51	17.20	3.73	4.40
1973	100.00	2.80	78.85	75.41	3.44	18.35	3.86	5.18
1974	100.00	3.17	78.69	75.91	2.78	18.14	3.79	5.33
1975	100.00	2.93	78.83	75.90	2.91	18.24	3.74	5.55
“五五”时期								
1976	100.00	3.04	78.27	75.36	2.91	18.69	3.88	5.82
1977	100.00	3.18	76.93	74.29	2.61	19.89	4.17	6.32
1978	100.00	3.39	75.96	72.71	3.26	20.64	4.31	6.61
1979	100.00	3.18	75.79	72.21	3.59	21.03	3.87	6.64
1980	100.00	3.66	73.21	68.69	4.52	23.13	3.82	7.63

1-7续表 单位:%

	地区生产总值	第一产业	第二产业			第三产业		
				工业	建筑业		交通运输仓储及邮政业	批发和零售业
"六五"时期								
1981		3.33	69.77	65.01	4.75	26.90	4.41	9.45
1982		3.25	70.06	64.56	5.50	26.68	4.96	8.79
1983		3.80	70.85	65.28	5.56	25.35	5.12	8.10
1984		3.96	67.06	61.58	5.48	28.98	5.37	11.30
1985		4.37	64.74	58.53	6.21	30.90	6.25	11.89
"七五"时期								
1986		4.33	63.02	56.43	6.60	32.64	7.62	12.17
1987		4.15	60.51	52.90	7.61	35.34	7.61	12.89
1988		4.76	57.19	50.00	7.19	38.06	7.37	15.18
1989		5.16	57.81	52.27	5.54	37.03	7.21	13.61
1990		5.46	57.85	51.52	6.32	36.69	6.69	12.95
"八五"时期								
1991		5.88	53.38	47.13	6.25	40.74	6.44	13.14
1992		5.49	52.23	45.85	6.37	42.28	6.37	13.29
1993		5.16	58.12	51.01	7.11	36.72	5.96	11.74
1994		5.55	58.51	50.84	7.67	35.94	5.34	12.03
1995		5.62	57.43	48.95	8.48	36.95	4.87	12.74
"九五"时期								
1996		6.10	53.00	43.03	9.97	40.91	5.59	14.21
1997		5.93	50.27	39.61	10.66	43.80	7.29	15.07
1998		6.04	47.93	36.46	11.47	46.03	8.36	15.56
1999		5.84	46.98	35.30	11.68	47.18	8.81	15.78
2000		5.29	46.85	35.64	11.21	47.86	9.86	15.20
"十五"时期								
2001		4.94	44.89	34.06	10.83	50.17	10.86	14.42
2002		4.64	43.75	33.14	10.62	51.61	11.92	14.00
2003		4.24	43.51	33.02	10.49	55.25	11.66	13.48
2004		4.12	43.64	33.52	10.11	52.24	10.99	13.12
2005		3.90	44.10	34.87	9.22	52.00	10.90	12.77
"十一五"时期								
2006		3.56	45.48	36.16	9.32	50.96	8.25	9.64
2007		3.56	45.87	36.56	9.31	50.57	8.16	9.56
2008		3.32	48.20	37.63	10.57	48.48	7.54	9.01
2009		3.30	46.83	35.77	11.06	49.87	6.95	9.75
2010		3.07	48.09	36.27	11.82	48.84	6.5	9.85
"十二五"时期								
2011		2.94	48.27	36.56	11.71	48.79	6.54	9.85
2012		2.85	47.63	35.96	11.66	49.53	6.94	9.51
2013		2.63	42.52	31.31	11.48	54.85	6.23	9.62
2014		2.62	41.23	29.70	11.74	56.15	5.97	9.74

1－8 地区生产总值指数

上年=100

单位:%

年份	地区生产总值	第一产业	第二产业	工业	建筑业	第三产业	交通运输仓储及邮政业	批发和零售业	人均GDP（按常住人口计算）
1955	119.70	103.30	125.20	124.10	120.60	122.80			109.30
1956	119.60	104.20	135.60	126.50	162.70	114.30			106.20
1957	116.00	105.10	124.60	130.20	111.60	112.70			105.10
“二五”年均	**104.12**	**96.01**	**112.02**	**117.02**	**90.33**	**97.98**			**101.15**
1958	128	92.4	150.9	163.9	115.8	118.4			118.30
1959	128.5	82.4	156.7	168.8	110.4	108.9			117.80
1960	111.9	100.1	128.8	135.8	88	89.7			107.30
1961	61.9	99.2	50.1	48.6	63.8	80.5			63.00
1962	107.4	107.9	115.6	120.2	83.8	97			112.40
三年调整期	**122.79**	**119.1**	**127.91**	**125.82**	**145.77**	**114.99**			**118.06**
1963	120.6	118.6	128.6	125	164.3	108.9			119.90
1964	122.9	119.8	124.4	124.4	124.1	120.9			116.30
1965	124.9	118.9	130.8	128.1	151.9	115.5			118.00
“三五”年均	**103.02**	**103.54**	**103.69**	**104.86**	**94.73**	**101.54**			**100.48**
1966	102.3	102.9	100.7	107.2	59.4	105.6			97.60
1967	92.4	103	87.6	86	106.1	99.6			89.90
1968	102.3	103.3	107.1	107.4	104.5	93.9			100.10
1969	108.1	103.7	111.2	113.1	93.5	103			106.70
1970	111	104.8	114.1	113.2	123.9	106.1			109.30
“四五”年均	**109.27**	**104.32**	**109.75**	**110.6**	**98.63**	**109.38**			**106.59**
1971	107.5	100.6	109.4	113.7	64.2	104.7			104.00
1972	110.3	100.6	110.8	110.3	120	111.5			106.40
1973	105.9	97.1	103.9	103.5	110.5	112.9			103.10
1974	109.4	124	108.5	108.8	104.1	108.8			107.60
1975	113.4	101.4	116.5	117.2	105.3	109.2			112.10
“五五”年均	**102.56**	**100.54**	**101.86**	**101.68**	**105.16**	**106.2**			
1976	100.5	100.6	99.6	99.6	99.5	102.7			99.40
1977	100.2	100.7	98.9	99	98.1	102.8			99.30
1978	102.2	95.6	102.5	102.1	110.4	102.7			101.30
1979	109.7	102.1	108.6	108.5	109.5	113.6			107.80
1980	100.5	103.9	100	99.5	109	109.7			101.00

注:人均GDP自2007年后按常住人口计算,2007年以前数据按户籍人口计算

上年=100　　单位:%

年份	地区生产总值	第一产业	第二产业			第三产业			人均GDP(按常住人口计算)
				工业	建筑业		交通运输仓储及邮政业	批发和零售业	
"六五"年均	**109**	**111**	**106.5**	**105**	**114.2**	**112.5**			**107.5**
1981	96.70	80.80	92.60	87.50	109.00	106.80			95.5
1982	106.90	110.10	107.50	106.50	120.60	105.50			105.1
1983	111.40	124.90	112.20	113.00	103.50	108.50			109.7
1984	117.00	117.80	110.90	111.00	110.00	127.00			116.1
1985	113.50	128.50	110.60	109.00	130.00	115.90			112.1
"七五"年均	**106**	**105.5**	**107.8**	**107.3**	**112**	**104.6**			**104.5**
1986	112.30	109.90	109.60	108.00	125.90	116.30			110.4
1987	107.80	97.50	108.10	106.00	126.30	108.90			105.8
1988	103.80	100.50	108.00	108.00	108.10	98.70			101.9
1989	103.80	109.60	106.40	107.50	98.30	99.30			101.8
1990	104.60	110.90	106.70	107.00	104.20	100.70			102.6
"八五"年均	**109**	**104.9**	**110.6**	**110**	**115.2**	**108.7**			**108.6**
1991	102.20	112.50	98.80	98.00	105.20	106.30			101.20
1992	110.30	107.20	110.40	109.80	114.80	110.70			108.90
1993	111.60	102.70	114.90	115.30	113.97	107.90			110.30
1994	114.49	101.20	119.60	118.80	125.90	110.90	114.47	113.80	110.27
1995	109.20	101.20	110.30	109.30	117.30	108.90	113.21	111.30	107.24
"九五"年均									
1996	109.18	105.80	109.30	108.40	114.80	109.45	112.00	112.20	107.10
1997	108.88	103.60	108.80	107.00	119.70	109.50	125.60	109.60	107.00
1998	108.74	107.10	106.60	105.00	115.00	111.30	117.10	111.40	107.23
1999	108.24	104.50	107.40	107.00	109.50	109.47	109.90	109.00	106.89
2000	109.24	104.00	108.20	107.90	109.60	110.83	113.70	108.20	107.24
"十五"年均									
2001	110.54	105.50	109.90	110.10	109.40	111.56	113.90	108.30	108.86
2002	110.79	104.80	110.81	110.84	110.70	111.36	116.70	108.60	108.89
2003	110.99	104.80	111.60	111.90	110.90	111.01	108.90	108.50	109.55
2004	111.58	103.27	112.70	113.56	109.80	111.40	110.87	109.40	110.28
2005	112.00	104.05	113.78	116.46	105.00	111.17	108.00	112.30	109.65
"十一五"年均									
2006	112.01	103.11	115.01	116.60	109.01	110.13	108.63	110.20	111.02
2007	112.50	103.69	115.78	117.12	110.30	110.22	110.39	111.57	111.16
2008	111.51	105.71	111.43	113.16	104.02	111.96	107.67	109.19	110.83
2009	110.80	106.17	110.23	109.42	113.56	111.64	101.10	115.10	110.21
2010	112.80	105.01	113.72	111.82	121.28	112.39	107.79	114.85	111.30
"十二五"年均									
2011	115.00	105.20	116.30	115.20	119.60	114.30	116.30	113.40	114.90
2012	113.40	106.70	112.20	111.80	113.40	114.80	119.30	108.80	113.24
2013	113.40	105.80	113.50	114.10	111.90	113.60	120.70	112.20	113.05
2014	110.40	106.18	109.23	108.20	111.55	111.65	102.70	108.97	109.92

1－9 各县区生产总值

单位:万元

	生产总值	第一产业	第二产业			第三产业			人均GDP(元)(按常住人口计算)
				工业	建筑业		交通运输仓储及邮政业	批发和零售业	
兰州市	**20009389**	**524407**	**8248834**	**5942700**	**2349564**	**11236148**	**1194462**	**1949347**	**54771**
城关区	7057167	16709	1115787	522224	599100	5924671	394220	1128036	54420
七里河区	3849038	45913	1833991	1484830	362400	1969134	306538	315407	67646
西固区	3119025	39056	1932500	1622600	309900	1147469	161434	266579	84941
安宁区	1443261	3225	728839	532000	199900	711197	3006	84997	51416
红古区	1071697	86300	683780	595683	98100	301617	80393	31102	77323
永登县	1037030	100739	486017	399445	86700	450274	177798	49046	30461
皋兰县	442760	55318	237353	192953	44400	150089	35649	18052	33980
榆中县	970128	140148	429468	346755	83100	400512	39326	62730	21973
兰州新区	963653	36998	749900	184000	565900	176755	56579	14710	65555

1－10 各县区生产总值构成

单位:%

	生产总值	第一产业	第二产业			第三产业		
				工业	建筑业		交通运输仓储及邮政业	批发和零售业
兰州市	**100.00**	**2.62**	**41.22**	**29.70**	**11.74**	**56.15**	**5.97**	**9.74**
城关区	100.00	0.24	15.81	7.40	8.49	83.95	5.59	15.98
七里河区	100.00	1.19	47.65	38.58	9.42	51.16	7.96	8.19
西固区	100.00	1.25	61.96	52.02	9.94	36.79	5.18	8.55
安宁区	100.00	0.22	50.5	36.86	13.85	49.28	0.21	5.89
红古区	100.00	8.05	63.81	55.58	9.15	28.14	7.50	2.90
永登县	100.00	9.71	46.87	38.52	8.36	43.42	17.14	4.73
皋兰县	100.00	12.49	53.61	43.58	10.03	33.90	8.05	4.08
榆中县	100.00	14.45	44.27	35.74	8.57	41.28	4.05	6.47
兰州新区	100.00	3.84	77.82	19.09	58.72	18.34	5.87	1.53

1－11 各县区生产总值指数

（上年=100）

	生产总值	第一产业	第二产业			第三产业			人均GDP(元)（按常住人口计算）
				工业	建筑业		交通运输仓储及邮政业	批发和零售业	
兰州市	**110.40**	**106.30**	**109.10**	**108.20**	**111.60**	**111.80**	**102.70**	**109.00**	**109.90**
城关区	109.94	106.21	108.18	106.52	110.16	110.33	109.44	108.45	109.24
七里河区	111.70	106.40	112.10	111.00	111.10	111.40	101.00	118.30	110.80
西固区	102.31	106.77	97.26	95.32	110.16	112.76	101.50	116.04	102.08
安宁区	111.69	106.35	109.10	108.67	110.65	114.30	110.74	108.87	111.37
红古区	116.19	106.55	118.10	119.09	109.07	112.83	103.40	110.59	107.87
永登县	113.06	106.41	117.18	118.27	111.10	109.50	110.30	108.40	112.41
皋兰县	117.68	106.28	121.77	123.82	112.10	114.56	116.40	111.50	116.91
榆中县	116.46	106.65	119.74	121.19	111.61	115.59	109.38	112.88	105.88
兰州新区	133.12	103.34	134.16	316.68	114.86	136.4	111.66	110.26	121.89

主要统计指标解释

行政区划　指国家对行政区域的划分。根据宪法规定，我国的行政区域划分如下：(1)全国分为省、县、自治区、直辖市；(2)省、自治区分为自治州、县、自治县、市；(3)自治州分为县、自治县、市；(4)县、自治县分为乡、民族乡、镇；(5)直辖市和较大的市区分为区、县；(6)国家在必要时设立的特别行政区。

耕地面积　指经过开垦用以种植农作物并经常进行耕耘的土地面积。包括种有作物的土地面积、休闲地、新开荒地和抛荒未满三年的土地面积。

林业面积　指成品种植乔木、竹类、灌木、沿海红树林等林木的土地面积，包括有林地、灌木林、疏林地、未成林造林地、迹地、苗圃等。

草地面积　指牧区和农区用于放牧牲畜或割草，植被盖度在5%以上的草原、草坡、草山等面积。包括天然的和人工种植或改良的草地面积。

气　　温　指空气的温度，我国一般以摄氏度(℃)为单位表示。气象观测的温度表是放在离地面约1.5米处通风良好的百叶箱里测量的，因此，通常说的气温指的是离地面1.5米处百叶箱中的温度。其统计计算方法为：

月平均气温　是将全月各日的平均气温相加，除以该月的天数而得。

年平均气温　是将12个月的平均气温累加后除以12而得。

降水量　指从天空降落到地面的液态或固态(经融化后)水、未经蒸发、渗透、流失而在地面上积聚的深度。其统计计算方法为：

月降水量是将全月各日的降水量累加而得。

年降水量是将12个月的月降水量累加而得。

日照时数　指太阳实际照射地面的时间。其统计方法与降水量相同。

可比价格　指计算各种总量指标所采用的扣除了价格变动因素的价格，可进行不同时期总量指标的对比。按可比价格计算总量指标有两种方法：一种是直接用产品产量乘某一年的不变价格计算；另一种是用价格指数进行缩减。

平均增长速度　我国计算平均增长速度有两种方法：一种是习惯上经常使用的“水平法”，又称几何平均法，是以间隔期最后一年的水平同基期水平对比来计算平均每年增长(或下降)速度；另一种是“累计法”，又称代数平均法或方程法，是以间隔期内各年水平的总和同基期水平对比来计算平均每年增长(或下降)速度。

在一般正常情况下，两种方法计算的平均每年增长速度比较接近；但在经济发展不平衡、出现大起大落时，两种方法计算的结果差别较大。

企业(单位)登记注册类型　是以在工商行政管理机关登记注册的各类企业为划分对

象，以工商行政管理部门对企业登记注册的类型为依据，将企业登记注册类型分为内资企业、港澳台商投资企业和外商投资企业三大类。内资企业包括国有企业、集体企业、股份合作企业、联营企业、有限责任公司、股份有限公司、私营公司和其他企业；港澳台商投资企业和外商投资企业分别包括合资经营企业、合作经营企业、独资经营企业和股份有限公司。对不在工商行政管理部门进行登记注册的行政机关、事业单位和社会团体，主要按其经费来源和管理方式进行划分。

国有企业　指企业全部资产归国家所有，并按《中华人民共和国企业法人登记管理条例》规定登记注册的非公司制的经济组织。不包括有限责任公司中的国有独资公司。

集体企业　指企业资产归集体所有，并按《中华人民共和国企业法人登记管理条例》规定登记注册的经济组织。

股份合作企业　指以合作制为基础，由企业职工共同出资入股，吸收一定比例的社会资产投资组建，实行自主经营，自负盈亏，共同劳动，民主管理，按劳分配与按股分红相结合的一种集体经济组织。

联营企业　指两个及两个以上相同或不同所有制性质的企业法人或事业单位法人，按自愿、平等、互利的原则，共同投资组成经济组织。联营企业包括国有联营企业、集体联营企业、国有与集体联营企业和其他联营企业。

有限责任公司　指根据《中华人民共和国公司登记管理条例》规定登记注册，由两个以上、五十个以下的股东共同出资，每个股东以其所认缴的出资额对公司承担有限责任，公司以其全部资产对其债务承担责任的经济组织。有限责任公司包括国有独资公司以及其他有限责任公司。

股份有限公司　指根据《中华人民共和国公司登记管理条例》规定登记注册，其全部注册资本由等额股份构成并通过发行股票筹集资本，股东以其认购的股份对公司承担有限责任，公司以其全部资产对其债务承担责任的经济组织。

私营企业　指由自然人投资设立或由自然人控投，以雇佣劳动为基础的营利性经济组织。包括按照《公司法》、《合伙企业法》、《私营企业暂行条例》规定登记注册的私营有限责任公司、私营股份有限公司、私营合伙企业和私营独资企业。

其他企业　指上述企业之外的其他内资经济组织。

与港澳台商合资经营企业　指港澳台地区投资企业与内地企业依照《中华人民共和国中外合资经营企业法》及有关法律的规定，按合同规定的比例投资设立、分享利润和分担风险的企业。

与港澳台商合作经营企业　指港澳台地区投资者与内地企业依照《中华人民共和国中外合作经营企业法》及有关法律的规定，依照合作合同的约定进行投资或提供条件设立、分配利润和分担风险的企业。

港澳台商独资经营企业　指依照《中华人民共和国外资企业法》及有关法律的规定，在内地由港澳台地区投资者全额投资设立的企业。

港澳台商投资股份有限公司　指根据国家有关规定，经外贸部依法批准设立，其中港、澳、台商的股本占公司注册资本的比例达25%以上的股份有限公司。凡其中港、澳、台商的股本占公司注册资本的比例小于25%的，属于内资企业中的股份有限公司。

中外合资经营企业　指外国企业或外国人与中国内地企业依照《中华人民共和国中外合资企业法》及有关法律的规定，按合同规定的比例投资设立、分享利润和分担风险的企业。

中外合作经营企业　指外国企业或外国人与中国内地企业依照《中华人民共和国中外合作经营企业法》及有关法律的规定，依照合作合同的约定进行投资或提供条件设立、分配利润和分担风险的企业。

外资企业　指依照《中华人民共和国外资企业法》及有关法律的规定，在中国内地由外国投资者全额投资设立的企业。

外商投资股份有限公司　指根据国家有关规定，经外经贸部部依法批准设立，其中外资的股本占公司注册资本的比例达25%以上的股份有限公司。凡其中外资股本占公司注册资本的比例小于25%的，属于内资企业中的股份有限公司。

行政机关、事业单位和社会团体　参照企业登记注册类型，主要按其经费来源和管理方式划分。具体规定如下：

（1）行政机关：包括国家机关和政党机关，原则上均列为“国有”。但有特殊规定的，如供销社等，则列为“集体”。

（2）事业单位：包括经国家机构编制部门和有关业务主管部门批准成立的各类事业单位，不包括实行企业化管理的事业单位。事业单位的划分办法如下：

①由国家财政预算拨款或列入财政预算外资金管理以及经费主要来源于国有主管部门或国有上级单位的事业单位，列为“国有”。

②经费主要来源于集体单位的事业单位，列为“集体”。

③公民个人（或个人合伙）开办的事业单位，列为“私营”。

④上述以外的其他事业单位，如果其经费来源不明确，按管理方式进行归类。

（3）社会团体：包括经民政部门批准成立以及未纳入社会团体管理条例范围的工会、妇联等各类社会团体。社会团体的划分办法如下：

①未纳入民政部社会团体管理条例范围的工会、妇联、共青团、青联、工商联、科协、侨联等社会团体，国家拨款设立的基金会或基金管理组织以及经费主要来源于国有业务主管部门或国有上级单位的社会团体，列为“国有”。

②经费主要来源于集体单位的社会团体，列为“集体”。

③公民个人（或个人合伙）开办的社会团体，划为“私营”。

④上述以外的其他社会团体,如果其经费来源不明确,改按管理方式进行归类。

进出口总额　海关进出口总额指实际进出我国国境的货物总金额。包括对外贸易实际进出口货物,来料加工装配进出口货物,国家间、联合国及国际组织无偿援助物资和赠送品,华侨、港澳台同胞和外籍华人捐赠品,租赁期满归承租人所有的租赁货物,进料加工进出口货物,边境地方贸易及边境地区小额贸易进出口货物(边民互市贸易除外),中外合资企业、中外合作经营企业、外商独资经营企业进出口货物和公用物品,到、离岸价格在规定限额以上的进出口货样和广告品(无商业价值、无使用价值和免费提供出口的除外),从保税仓库提取在中国境内销售的进口货物,以及其他进出口货物。进出口总额用以观察一个国家在对外贸易方面的总规模。我国规定出口货物按离岸价格统计,进口货物按到岸价格统计。

国际旅游(外汇)收入　指入境旅游的外国人、华侨、港澳同胞和台湾同胞在中国大陆旅游过程中发生的一切旅游支出,对于国家来说就是国际旅游(外汇)收入。

地区生产总值(GDP)　指一个国家(或地区)所有常住单位在一定时期内生产活动的最终成果。地区生产总值有三种表现形态,即价值形态、收入形态和产品形态。从价值形态看,它是所有常住单位在一定时期内生产的全部货物和服务价值超过同期中间投入的全部非固定资产货物和服务价值的差额、即所有常住单位的增加值之和;从产品形态看,它是所有常住单位在一定时期内最终使用的货物和服务价值与货物和服务净出口价值之和。在实际核算中,地区生产总值有三种计算方法,即生产法、收入法和支出法。三种方法分别从不同的方面反映地区生产总值及其构成。

三次产业是根据社会生产活动历史发展的顺序对产业结构的划分,产品直接取自自然界的部门称为第二产业,为生产和消费提供各种服务的部门称为第三产业。它是世界上较为通用的产业结构分类,但各国的划分不尽一致。

我国的三次产业划分是:

第一产业:农业(包括种植业、林业、牧业和渔业)。

第二产业:工业(包括采掘业、制造业、电力、煤气及水的生产和供应业)和建筑业。

第三产业:除第一、第二产业以外的其他各业。由于第三产业包括的行业多、范围广、根据我国的实际情况,第三产业可分为两大部分:一是流通部门,二是服务部门。具体又可分为四个层次:

第一层次:流通部门,包括交通运输、仓储及邮电通信业、批发和零售贸易、餐饮业。

第二层次:为生产和生活服务的部门,包括金融、保险业、地质勘查业、水利管理业,记地产业,社会服务业、农、林、牧、渔服务业,交通运输辅助业,综合技术服务业等。

第三层次:为提高科学文化水平和居民素质服务的部门,包括教育、文化艺术及广播电影电视业,卫生、体育和社会福利业,科学研究业等。

第四层次:为社会公共需要服务的部门,包括国家机关、政党机关和社会团体以及军队、警察等。

支出法国内生产总值　指一个国家(或地区)所有常住单位在一定时期内用于最终消费,资本形成总额,以及货物和服务的净出口总额,它反映本期生产的国内生产总值的使用及构成。

最终消费　指常住单位在一定时期内对于货物和服务的全部最终消费支出,也就是常住单位为满足物质、文化和精神生活的需要,从本国经济领土和国外购买的货物和服务的支出;不包括非常住单位在本国经济领土内的消费支出。最终消费分为居民消费和政府消费。

居民消费　指常住住户对货物和服务的全部最终消费支出。居民消费按市场价格计算,即按居民支付的购买者价格计算。购买者价格是购买者取得货物所支付的价格,包括购买者支付的运输和商业费用。居民消费除了直接以货币形式购买货物和服务的消费之外,还包括以其他方式获得的货物和服务的消费支出,即所谓的虚拟消费支出。居民虚拟消费支出包括以下几种类型:单位以实物报酬及实物转移的形式提供给劳动者的货物和服务;住户生产并由本住户消费了的货物和服务,其中的服务仅指住户的自有住房服务;金融机构提供的金融媒介服务;保险公司提供的保险服务。

政府消费　指政府部门为全社会提供公共服务的消费支出和免费或以较低价格向住户提供的货物和服务的净支出。前者等于政府服务的产出价值减去政府单位所获得的经营收入的价值,政府服务的产出价值等于它的经常性业务支出加上固定资产折旧;后者等于政府部门免费或以较低价格向往户提供的货物和服务的市场价值减去向住户收取的价值。

资本形成总额　指常住单位在一定时期内获得的减去处置的固定资产加存货的变动,包括固定资本形成总额和存货增加。

固定资本形成总额　指常住单位购置、转入和自产自用的固定资产,扣除固定资产的销售和转出后的价值,分有形固定资产形成总额和无形固定资产形成总额。有形固定资产形成总额包括一定时期内完成的建筑工程、安装工程和设备工器购置(减处置)价值,以及土地改良、新增役、种、奶、毛、娱乐用牲畜和新增经济林木价值。无形固定资产形成总额包括矿藏的勘探,计算机软件、娱乐和文学艺术品原件等获得减处置。

存货增加　指常住单位存货实物最变动的市场价值,即期末价值减去期初价值的差额。存货增加可以是正值,也可是负值;正值表示存货上升,负值表示存货下降。它包括生产单位购进的原材料、燃料和储备物资等存货,以及生产单位生产的产成品、在制品等。

货物和服务净出口　指货物和服务出口减货物和服务进口的差额。出口包括常住单位向非常住单位出售或无偿转让的各种货物和服务的价值;进口包括常住单位从常住单位购买或无偿得到的各种货物和服务的价值。由于服务活动的提供与使用同时发生,因此服务的进出口业务并不发生出入境现象,一般把常住单位从国外得到的服务作为进口,非常住单位从本国得到的服务作为出口。货物的出口和进口都按离岸价格计算。

劳动者报酬　指劳动者因从事生产活动所获得的全部报酬。包括劳动者获得的各种形式的工资、奖金和津贴,既包括货币形式的,也包括实物形式的;还包括劳动者所享受的公费医疗和医药卫生费、上下班交通补贴和单位支付的社会保险费等。对于个体经济来说,其所有者所获得的劳动报酬和经营利润不易区分,这两部分统一作为劳动者报酬处理。

生产税净额　指生产税减生产补贴后的余额。生产税指政府对生产单位生产、销售和从事经营活动以及因从事生产活动使用某些生产要素(如固定资产、土地、劳动力)所征收的各种税、附加费和规费。生产补贴与生产税相反,指政府对生产单位的单方面收入转移,因此视为负生产税,包括政策亏损补贴、粮食系统价格补贴、外贸企业出口退税收等。

固定资产折旧　指一定时期内为弥补固定资产损耗按照核定的固定资产折旧率提取的固定资产折旧,或按国民经济核算统一规定的折旧率虚拟计算的固定资产折旧。它反映了固定资产在当期生产中的转移价值。各类企业和企业化管理的事业单位的固定资产折旧是指实际计提并计入成本费中的折旧费;不计提折旧的政府机关、非企业化管理的事业单位和居民住房的固定资产折旧是按照统一规定的折旧率和固定资产原值计算的虚拟折旧。原则上,固定资产折旧应按固定资产的重置价值计算,但是目前我国尚不具备对全社会固定资产进行重估价的基础,所以暂时只能采用上述办法。

营业盈余　指常住单位创造的增加值扣除劳动者报酬、生产税净额和固定资产折旧后的余额。它相当于企业的营业利润加上生产补贴,但要扣除从利润中开支的工资和福利等。

二、人口

2－1 人口数及构成(户籍数)

单位:万人、%

年份	年末户籍总人口	按性别分				按城乡分			
		男		女		非农业人口		农业人口	
		人口数	比重	人口数	比重	人口数	比重	人口数	比重
1979	210.35	110.72	52.64	99.63	47.36	97.75	46.47	112.60	53.53
1980	214.50	112.68	52.53	101.82	47.47	100.17	46.70	114.33	53.30
1981	215.98	113.53	52.57	102.45	47.43	102.42	47.42	113.56	52.58
1982	221.96	116.09	52.30	105.87	47.70	103.56	46.66	118.40	53.34
1983	222.84	116.74	52.39	106.10	47.61	107.63	48.30	115.21	51.70
1984	225.59	118.09	52.35	107.50	47.65	109.68	48.62	115.91	51.38
1985	228.71	119.60	52.29	109.11	47.71	112.69	49.27	116.02	50.73
1986	233.40	121.73	52.16	111.67	47.84	116.53	49.93	116.87	50.07
1987	237.49	123.55	52.02	113.94	47.98	119.24	50.21	118.25	49.79
1988	241.98	126.00	52.07	115.98	47.93	122.66	50.69	119.32	49.31
1989	246.74	128.27	51.99	118.47	48.01	125.56	50.89	121.18	49.11
1990	251.69	131.54	52.26	120.15	47.74	127.10	50.50	124.59	49.50
1991	255.01	132.70	52.04	122.31	47.96	129.85	50.92	125.16	49.08
1992	258.38	134.10	51.90	124.28	48.10	132.20	51.16	126.18	48.84
1993	261.21	135.43	51.85	125.78	48.15	133.87	51.25	127.34	48.75
1994	265.67	137.73	51.84	127.94	48.16	138.70	52.21	126.97	47.79
1995	270.84	140.11	51.73	130.73	48.27	142.99	52.80	127.85	47.20
1996	276.09	142.41	51.58	133.68	48.42	147.54	53.44	128.55	46.56
1997	280.46	144.57	51.55	135.89	48.45	150.65	53.72	129.81	46.28
1998	283.93	146.22	51.50	137.71	48.50	153.75	54.15	130.18	45.85
1999	287.19	148.08	51.56	139.11	48.44	156.58	54.52	130.61	45.48
2000	290.68	149.62	51.47	141.06	48.53	159.75	54.96	130.93	45.04
2001	296.51	152.47	51.42	144.04	48.58	164.87	55.60	131.64	44.40
2002	300.95	154.67	51.39	146.28	48.61	170.09	56.52	130.86	43.48
2003	304.36	156.53	51.43	147.83	48.57	175.54	57.68	128.82	42.32
2004	308.11	158.53	51.45	149.58	48.55	180.27	58.51	127.84	41.49
2005	311.74	160.29	51.42	151.45	48.58	183.93	59.00	127.81	41.00
2006	313.64	160.94	51.31	152.70	48.69	185.69	59.20	127.95	40.80
2007	319.28	163.68	51.27	155.6	48.73	198.53	62.18	120.75	37.82
2008	322.28	165.09	51.23	157.19	48.77	201.63	62.56	120.65	37.44
2009	323.59	165.2	51.05	158.39	48.95	202.77	62.66	120.82	37.34
2010	323.54	165.09	51.03	158.44	48.97	202.92	62.72	120.62	37.28
2011	323.30	164.35	50.84	158.95	49.16	202.67	62.69	120.63	37.31
2012	321.52	163.03	50.71	158.49	49.29	202.5	62.98	119.02	37.02
2013	321.43	162.74	50.63	158.69	49.37	201.41	62.66	120.02	37.34
2014	321.64	162.50	50.52	159.14	49.48	200.99	62.49	120.65	37.51

2－2人口自然变动情况

年份	出生人口(人)	出生率(‰)	死亡人口(人)	死亡率(‰)	自然增长率(‰)
1979	30212	14. 36	9410	4. 73	9. 63
1980	23621	11. 01	9702	4. 85	6. 16
1981	35132	16. 27	9940	4. 82	11. 45
1982	36541	16. 46	10409	4. 70	11. 76
1983	34831	15. 63	10403	4. 68	10. 95
1984	33714	14. 91	10441	4. 62	10. 29
1985	31721	13. 87	10430	4. 55	9. 32
1986	37634	16. 12	10430	4. 46	11. 66
1987	39136	16. 48	10400	4. 69	11. 79
1988	39024	16. 13	10411	4. 67	11. 46
1989	35728	14. 48	9549	3. 87	10. 61
1990	32518	12. 92	9539	3. 79	9. 13
1991	34554	13. 55	12546	4. 92	8. 63
1992	33693	13. 04	13229	5. 12	7. 92
1993	33905	12. 98	10762	4. 12	8. 86
1994	31987	12. 04	10228	3. 85	8. 19
1995	38621	14. 40	12398	4. 62	9. 78
1996	41756	15. 27	12428	4. 54	10. 73
1997	34588	12. 34	14824	5. 28	7. 06
1998	31938	11. 24	15842	5. 56	5. 68
1999	26837	9. 39	11002	3. 85	5. 54
2000	39386	13. 62	19904	6. 88	6. 74
2001	32626	11. 00	10324	3. 48	7. 52
2002	28276	9. 40	12730	4. 22	5. 18
2003	26083	8. 62	12399	4. 10	4. 52
2004	30509	9. 96	18249	5. 96	4. 00
2005	32817	10. 59	11202	3. 61	6. 98
2006	31249	9. 99	12962	4. 15	5. 84
2007	36346	11. 49	12180	3. 85	7. 64
2008	33596	10. 47	13462	4. 20	6. 27
2009	31660	9. 81	17641	5. 46	4. 35
2010	35785	11. 06	25904	8. 00	3. 06
2011	30598	9. 46	11342	3. 51	5. 95
2012	34178	10. 60	20381	6. 32	4. 28
2013	34295	10. 67	11817	3. 68	6. 99
2014	40861	12. 71	14698	4. 57	8. 14

2－3各县区人口情况

	行政区划面积（平方公里）	建成区面积（平方公里）	常住人口（万人）	户籍人口			
				年末总户数（万户）	年末总人口（万人）	非农业人口	人口密度（人/平方公里）
兰州市	**13192.31**	**310.85**	**366.49**	**106.33**	**321.64**	**200.99**	**244**
城关区	207.84	72.27	130.11	31.96	92.79	91.31	4464
七里河区	394.47	40.92	57.04	16.17	46.71	38.97	1184
西固区	358.32	40.18	36.79	11.45	32.25	26.60	900
安宁区	82.33	26.10	28.12	6.35	18.72	18.72	2274
红古区	531.14	11.87	13.90	5.26	14.41	9.69	271
永登县	5846.73	51.70	42.81	16.31	53.50	7.54	92
皋兰县	2476.78	29.62	13.56	6.15	18.76	3.28	76
榆中县	3294.70	38.19	44.15	12.68	44.50	4.88	135

2－4就业基本情况

单位:万人

	1995	2000	2008	2009	2010	2011	2012	2013	2014
从业人员合计	**161.22**	**145.67**	**157.15**	**162.72**	**176.48**	**179.72**	**181.95**	**196.26**	**205.05**
第一产业	43.61	45.43	41.75	41.08	40.78	41.19	40.75	39.64	39.51
第二产业	61.96	43.88	42.37	44.72	47.16	47.25	47.16	52.50	53.73
第三产业	55.64	56.36	73.03	76.92	88.54	91.28	94.04	104.12	111.81
从业人员构成	**100.00**	**100.00**	**100.00**	**100.00**	**100.00**	**100.00**	**100.00**	**100.00**	**100.00**
第一产业	27.05	31.39	26.57	25.25	23.11	22.92	22.40	20.20	19.27
第二产业	38.43	30.12	26.96	27.48	26.72	26.29	25.92	26.75	26.20
第三产业	34.52	38.69	46.47	47.27	50.17	50.79	51.68	53.05	54.53
按城乡分从业人员	**161.22**	**145.67**	**157.15**	**162.72**	**176.48**	**179.72**	**181.95**	**196.26**	**205.05**
城镇从业人员	87.40	64.06	86.59	92.03	105.33	108.99	110.93	127.01	136.03
国有单位	70.03	51.78	34.32	37.33	40.43	38.80	39.13	36.46	36.26
城镇集体单位	15.20	9.06	1.76	1.74	1.91	1.92	2.02	2.55	2.08
股份合作单位	2.16	3.22	0.33	0.22	0.23	0.19	0.19	0.13	0.08
联营单位			0.03	0.04	0.25	0.04	0.03	0.20	0.19
有限责任公司			11.52	10.56	8.19	11.00	11.63	20.06	22.72
股份有限公司			4.52	3.80	3.83	4.09	4.48	8.10	8.13
私营企业	1.69	6.38	18.57	20.17	30.67	31.48	29.07	31.66	35.89
港澳台商投资单位			0.31	0.31	0.27	0.05	0.13	0.66	0.61
外商投资单位			0.21	0.43	0.36	0.40	0.50	1.04	1.08
其他			0.15	0.25	0.27	0.27	0.21	0.40	0.23
个体	6.14	6.44	14.87	17.18	18.92	20.75	23.54	25.75	28.76
乡村从业人员	65.99	68.79	70.56	70.69	71.15	70.73	71.02	69.25	69.02
城镇单位从业人数	**87.39**	**64.06**	**53.15**	**54.68**	**55.74**	**56.76**	**58.32**	**69.60**	**71.37**
国有单位	70.03	51.78	34.32	37.33	37.63	38.80	39.13	36.46	36.26
城镇集体单位	15.20	9.06	1.76	1.74	1.91	1.92	2.02	2.55	2.08
其他单位	2.16	3.22	17.07	15.61	16.20	16.04	17.17	30.59	33.03
城镇单位女性从业人员			**18.21**	**18.13**	**18.28**	**18.17**	**19.96**	**23.14**	**24.19**
城镇登记失业人数	**1.70**	**2.96**	**1.89**	**2.12**	**2.37**	**2.15**	**1.44**	**1.44**	**1.52**
城镇登记失业率(%)		**2.60**	**2.80**	**3.09**	**3.12**	**2.94**	**1.63**	**1.71**	**1.77**
下岗失业人员再就业人数		**0.96**	**2.49**	**2.03**	**1.00**	**2.72**	**3.17**	**1.41**	**2.19**

2－5 城乡劳动力资源配置情况

单位：万人

	合计	城镇	乡村
年末劳动力资源总数	295.87	205.89	89.98
当年新增加的劳动力资源	3.33	2.01	1.32
年末16岁以上全部人数	314.40	221.11	93.29
不计入劳动力资源的人数	18.53	15.22	3.31
经济活动人口	208.90	139.88	69.02
从业人员	205.05	136.03	69.02
按就业身份分			
在岗职工	65.29	65.29	
私营业主	12.35	10.41	1.94
个体户主	16.05	13.17	2.88
私营企业和个体从业人员	48.97	41.08	7.89
农村劳动力	56.31		56.31
其他从业人员	6.08	6.08	
按经济类型分			
国有经济	36.26	36.26	
集体经济	58.39	2.08	56.31
私营经济	43.87	35.89	7.98
个体经济	33.49	28.76	4.73
联营经济	0.19	0.19	
股份制经济	31.14	31.14	
外商投资经济	1.08	1.08	
港、澳、台投资经济	0.61	0.61	
其他经济	0.02	0.02	
按国民经济行业分			
农林牧渔业	39.51	1.79	37.72
采矿业	2.73	1.44	1.29
制造业	20.07	14.46	5.61
电力、燃气及水的生产和供应业	2.74	2.74	
建筑业	28.19	19.02	9.17
批发和零售业	45.13	40.06	5.07
交通运输、仓储和邮政业	10.19	6.51	3.68
住宿和餐饮业	11.42	8.63	2.79
信息传输、计算机服务和软件业	2.66	2.34	0.32
金融业	2.57	2.44	0.13
房地产业	3.15	3.15	
租赁和商务服务业	6.52	5.30	1.22
科学研究、技术服务和地质勘查业	4.47	4.29	0.18
水利、环境和公共设施管理	2.28	1.83	0.45
居民服务和其他服务业	4.65	4.37	0.28
教育	7.18	6.71	0.47
卫生、社会保障和社会福利业	3.69	3.44	0.25
文化、体育和娱乐业	1.97	1.66	0.31
公共管理和社会组织	5.93	5.85	0.08
非经济活动人口	86.97	66.01	20.96
16岁以上在校学生	43.61	39.96	3.65

2－6 从业人员

单位：万人

年份	从业人员合计	单位从业人员	国有单位	集体单位	其他单位	城镇私营企业及个体劳动者	农村劳动者
1979	103.23	61.66	53.11	8.55		0.05	41.52
1980	106.56	59.93	53.12	6.81		0.20	44.43
1981	108.90	63.00	55.84	7.16		0.72	45.18
1982	115.51	64.20	56.75	7.45		0.53	50.78
1983	118.74	66.22	58.05	8.17		0.87	51.65
1984	123.35	67.01	58.61	8.40	0.02	1.98	54.36
1985	127.98	71.05	61.68	9.37	0.03	2.57	54.36
1986	132.58	73.38	63.33	9.96	0.09	2.52	56.68
1987	135.35	75.47	65.45	9.91	0.11	2.31	57.55
1988	138.54	76.36	66.25	9.97	0.14	3.50	58.68
1989	140.17	76.37	65.94	10.30	0.14	3.40	60.40
1990	143.97	79.34	67.36	11.85	0.14	2.86	61.77
1991	151.47	84.86	68.87	15.81	0.19	3.84	62.78
1992	157.36	87.58	69.47	17.68	0.44	5.91	63.86
1993	160.12	87.30	69.58	17.18	0.53	8.13	64.89
1994	160.89	88.14	70.33	16.67	1.14	7.29	65.46
1995	161.22	87.40	70.03	15.20	2.16	7.82	65.99
1996	162.27	86.26	68.93	15.31	2.02	9.44	66.57
1997	160.26	82.64	67.83	13.00	1.81	10.39	67.23
1998	160.37	82.53	67.22	10.11	5.21	13.23	67.48
1999	152.32	65.17	51.12	9.00	5.06	19.53	67.61
2000	145.70	64.06	51.78	9.06	3.22	12.82	68.79
2001	141.40	59.04	47.17	5.28	6.59	13.19	69.17
2002	153.36	59.42	46.06	4.83	8.53	13.87	80.07
2003	154.23	60.01	45.18	4.13	10.90	15.85	78.25
2004	150.04	59.34	44.75	3.52	11.06	23.80	66.90
2005	150.75	57.06	43.87	3.11	10.08	23.33	70.36
2006	150.63	56.71	35.35	2.69	18.67	23.09	70.83
2007	153.98	56.46	35.35	2.69	18.42	26.98	70.54
2008	157.15	53.15	34.32	1.76	17.07	33.44	70.56
2009	162.72	54.68	37.33	1.74	15.61	37.35	70.69
2010	176.48	55.74	37.63	1.91	16.20	49.59	71.15
2011	179.72	56.76	38.80	1.92	16.04	52.23	70.73
2012	181.95	58.32	39.13	2.02	17.17	52.61	71.02
2013	196.26	69.60	36.46	2.55	30.59	57.41	69.25
2014	205.05	71.37	36.26	2.08	33.03	64.66	69.02

2-6续表

单位:万人、%

年份	从业人员				构成(%)		
		第一产业	第二产业	第三产业	第一产业	第二产业	第三产业
1979	103.23						
1980	106.56						
1981	108.90						
1982	115.51						
1983	118.74						
1984	123.35						
1985	127.98						
1986	132.58	38.80	56.39	37.79	29.27	42.53	28.50
1987	135.35	41.60	56.40	37.35	30.74	41.67	27.60
1988	138.54	43.76	58.13	37.64	31.59	41.96	27.17
1989	140.17	43.56	57.86	38.76	31.08	41.28	27.65
1990	143.97	44.99	58.54	40.44	31.25	40.66	28.09
1991	151.47	45.80	61.31	44.36	30.24	40.48	29.29
1992	157.36	46.46	63.86	47.03	29.52	40.58	29.89
1993	160.12	43.43	64.83	51.86	27.12	40.49	32.39
1994	160.89	43.53	61.48	55.88	27.06	38.21	34.73
1995	161.22	43.61	61.96	55.64	27.05	38.43	34.51
1996	162.27	43.57	60.48	58.23	26.85	37.27	35.88
1997	160.26	44.44	58.16	57.66	27.73	36.29	35.98
1998	160.37	44.80	55.49	60.08	27.94	34.40	37.46
1999	152.32	44.60	45.91	61.80	29.28	30.14	40.57
2000	145.70	45.43	43.88	56.36	31.18	30.12	38.70
2001	141.40	45.56	39.88	55.91	32.22	28.20	39.58
2002	142.96	45.04	40.09	57.83	31.51	28.04	45.45
2003	145.63	44.72	42.78	58.13	30.71	29.73	39.92
2004	150.04	41.65	48.09	59.00	27.75	32.93	39.32
2005	150.75	44.68	43.18	62.89	29.64	28.64	41.72
2006	150.63	42.81	44.92	62.90	28.42	29.82	41.76
2007	153.98	42.04	45.86	66.08	27.26	29.73	43.01
2008	157.15	41.75	42.37	73.03	26.57	26.96	46.47
2009	162.72	41.08	44.72	76.92	25.25	27.48	47.27
2010	176.48	40.78	47.16	88.54	23.11	26.72	50.17
2011	179.72	41.19	47.25	91.28	22.92	26.29	50.79
2012	181.95	40.75	47.16	94.04	22.40	25.92	51.68
2013	196.26	39.64	52.50	104.12	20.20	26.75	53.05
2014	205.05	39.51	53.73	111.81	19.27	26.20	54.53

2－7 全市分行业从业人员

单位:万人%

	从业人员	单位从业人员	城镇私营企业	城镇个体劳动者	农村劳动者
合计	205.05	71.37	34.97	29.69	69.02
农、林、牧、渔业	39.51	0.07	1.01	0.71	37.72
采矿业	2.73	1.32	0.12		1.29
制造业	20.07	11.60	1.91	0.95	5.61
电力、煤气和水生产和供应业	2.74	2.65	0.09		
建筑业	28.19	15.66	3.31	0.05	9.17
批发和零售业	45.13	3.01	18.43	18.62	5.07
交通、仓储和邮政业	10.19	5.52	0.31	0.68	3.68
住宿和餐饮业	11.42	1.61	2.38	4.64	2.79
信息传输、计算机服务和软件	2.66	0.90	1.36	0.08	0.32
金融业	2.57	2.28	0.16		0.13
房地产业	3.15	2.64	0.51		
租赁和商务服务业	6.52	2.30	2.59	0.41	1.22
科学研究技术服务和地质勘探业	4.47	3.56	0.71	0.02	0.18
水利、环境和公共设施管理	2.28	1.65	0.18		0.45
居民服务和其他服务业	4.65	0.11	1.23	3.03	0.28
教育	7.18	6.63	0.08		0.47
卫生、社会保障和社会福利业	3.69	3.03	0.14	0.27	0.25
文化、体育和娱乐业	1.97	0.98	0.45	0.23	0.31
公共管理和社会组织	5.93	5.85			0.08
按三次产业分					
第一产业	39.51	0.07	1.01	0.71	37.72
第二产业	53.73	31.23	5.43	1.00	16.07
第三产业	111.81	40.07	28.53	27.98	15.23

2－8 全市城镇非私营单位从业人员

单位：人

	合计	在岗职工	国有单位	城镇集体单位	其他单位
合计	713749	**600340**	**362602**	**20784**	**330363**
按执行会计标准类别分组					
企业	516857	425975	167276	19680	329901
事业	142104	126487	140890	990	224
机关	53243	47518	53237		6
民间非营利组织					
其他	1545	360	1199	114	232
按国民经济行业分					
农、林、牧、渔业	677	596	563	65	49
农业	18	18		18	
林业	285	261	236		49
畜牧业	190	187	143	47	
渔业					
农、林、牧、渔服务业	184	130	184		
采矿业	13220	13220	194		13026
制造业		107654	14932	2887	98243
电力、热力、燃气及水生产和供应业	26476	23998	18344	57	8075
电力、热力生产和供应业	22512	20216	18108	57	4347
燃气生产和供应业	1648	1476			1648
水的生产和供应业	2316	2306	236		2080
建筑业		103600	47513	8840	100207
房屋建筑业	90024	56692	29610	5362	55052
土木工程建筑业	44472	30369	6152	2257	36063
建筑安装业	12426	8307	6918	1041	4467
建筑装饰和其他建筑业	9638	8232	4833	180	4625
批发和零售业	30156	26453	3493	1705	24958
批发业	11485	10083	1913	705	8867
零售业	18671	16370	1580	1000	16091
交通运输、仓储和邮政业	55176	52424	39417	497	15262
铁路运输业	30585	30411	29859	65	661
道路运输业	13888	13157	2015	432	11441
水上运输业	24	24	24		
航空运输业	2580	2249	1566		1014
管道运输业					
装卸搬运和运输代理业	2411	2388	2038		373
仓 储 业	2345	2027	863		1482
邮政业	3343	2168	3052		291
住宿和餐饮业	16186	13528	4953	537	10696
住宿业	9605	9095	4398	527	4680
餐饮业	6581	4433	555	10	6016
信息传输、软件和信息技术服务业	8960	6140	2861		6099
电信、广播电视和卫星传输服务	8116	5353	2727		5389
互联网和相关服务					
软件和信息技术服务业	844	787	134		710

2-8续表

单位:人

	合计	在岗职工	国有单位	城镇集体单位	其他单位
金融业	22807	21628	6826	1677	14304
货币金融服务业	17335	16566	6694	1677	8964
资本市场服务业					
保险业	5382	4976	42		5340
其他金融业	90	86	90		
房地产业	26397	22061	4682	158	21557
房地产开发经营	13424	12675	3050	82	10292
物业管理	11716	8139	375	76	11265
房地产中介服务	28	18	28		
租赁和商务服务业	22984	14162	15132	3082	4770
租赁业	61	61	1	60	
商务服务业	22923	14101	15131	3022	4770
科学研究、技术服务业	35683	32859	26828	113	8742
研究和试验发展	10995	10222	10238		757
专业技术服务业	21810	19845	13785	113	7912
科技推广和应用服务业	2878	2792	2805		73
水利、环境和公共设施管理业	16506	14098	16018		488
水利管理业	3343	2899	3223		120
生态保护和环境治理业	1148	941	1148		
公共设施管理业	12015	10258	11647		368
居民服务、修理和其他服务业	1121	1083	425	17	679
居民服务业	1071	1033	425	17	629
机动车、电子产品和日用产品修理业	50	50	0		50
其他服务业					
教育	66297	62007	65529	64	704
卫生和社会工作	30252	22664	28593	789	870
卫生	29265	21752	27606	789	870
社会工作	987	912	987		
文化、体育和娱乐业	9777	8883	7853	296	1628
新闻和出版业	2863	2838	1403	296	1164
广播、电视、电影和影视录音制作业	2965	2386	2858		107
文化艺术业	2781	2501	2667		114
体育	779	779	779		
娱乐业	389	379	146		243
公共管理、社会保障和社会组织	58452	53050	58446		6
中国共产党机关	2245	2039	2245		
国家机构	53672	48571	53672		
人民政协、民主党派	696	686	696		
社会保障	225	202	225		
群众社团、社会团体和其他成员组织	1614	1552	1608		6

2－9 按登记注册类型分的其他单位从业人员

单位:万人

	2007	2008	2009	2010	2011	2012	2013	2014
城镇单位从业人员	**18.42**	**17.03**	**15.61**	**16.20**	**16.04**	**17.17**	**30.59**	**33.03**
内资	17.70	16.41	14.88	15.57	15.95	16.54	28.89	31.34
股份合作	0.34	0.32	0.22	0.23	0.19	0.19	0.13	0.08
联营	0.04	0.03	0.04	0.25	0.04	0.03	0.20	0.19
国有联营				0.21			0.15	0.14
集体联营	0.04						0.02	0.01
有限责任公司	11.80	10.52	10.57	10.99	11.36	11.63	20.07	22.72
国有独资	2.90	3.05	3.42	2.80	3.55	3.70	3.43	3.96
股份有限公司	5.36	5.34	3.80	3.83	4.09	4.49	8.09	8.13
其他	0.16	0.21	0.25	0.27	0.27	0.21	0.40	0.22
港、澳、台商投资	0.35	0.31	0.31	0.27	0.05	0.13	0.66	0.61
外商投资	0.38	0.31	0.42	0.36	0.40	0.50	1.04	1.08

主要统计指标解释

人口数　指一定时点、一定地区范围内的有生命的个人的总和。

出生率　(又称粗出生率)指在一定时期内(通常为一年)一定地区的出生人数与同期内平均人数(或期中人数)之比。一般用于千分率表示。本资料中的出生率指年出生率,其计算公式为:

出生率=出生人数/年平均人数*1000

式中:出生人数指活产婴儿,即胎儿脱离母体时(不管怀孕月数),有过呼吸或其他生命现象。年平均人数指年初、年底人口数的平均数,也可用年中人口数代替。

死亡率　(又称粗死亡率)指在一定时期内(通常为一年)一定地区的死亡人数与同期内平均人数(或期中人数)之比,一般用千分率表示。本资料中的死亡率指年死亡率,其计算公式为:

死亡率=年死亡人数/年平均人数*1000

人口自然增长率　指在一定时期内(通常为一年)人口自然增加数(出生人数减死亡人数)与该时期内平均人数(或期中人数)之比,一般用于千分率表示。计算公式为:

人口自然增长率=(本年出生人数-本年死亡人数)/年平均人数*1000

社会劳动者人数　指在16岁以上,有劳动能力,参加或要求参加社会经济活动的人口;包括就业人员和失业人员。

就业人员　指从事一定社会劳动并取得劳动报酬或经营收入的人员,包括在岗职工、劳务派遣人员、再就业的离退休人员、私营业主、个体户主、私营和个体业人员、乡镇就业人员、农村就业人员、其他就业人员(包括民办教师、宗教职业者、现役军人等)。这一指标反映了一定时期内全部劳动力资源的实际利用情况,是研究我国基本国情国力的重要指标。

单位从业人员　指在各级国家机关、政党机关、社会团体及企业、事业单位中工作,取得工资或其他形式的劳动报酬的全部人员。包括在岗职工、劳务派遣人员、再就业的离退休人员、民办教师以及在各单位中工作的外方人员和港澳台方人员、兼职人员、借用的外单位人员和第二职业者。不包括离开本单位仍保留劳动关系的职工。各单位的就业人员反映了各单位实际参加生产或工作的全部劳动力。

城镇私营和个体就业人员　城镇私营就业人员指在工商管理部门注册登记,其经营地址设在县城关镇(含城关镇)以上的私营企业就业人员;包括私营企业投资者和雇工。城镇个体就业人员指在工商管理部门注册登记,并持有城镇户口或在城镇长期居住,经批准从事个体工商经营的就业人员;包括个体经营者和在个体工商户劳动的家庭帮工和雇工。

城镇登记失业人员　指有非农业户口,在一定的劳动年龄内,有劳动能力,无业而要求就业，并在当地就业服务机构进行求职登记的人员。

城镇登记失业率　指城镇登记失业人数同城镇单位就业人数、城镇私营企业及个体就业人数和城外地登记失业人数之和的比。计算公式为：

城镇登记失业率=城镇登记失业人数/(城镇单位就业人数+城镇私营企业及个体就业人数+城镇登记失业人数)*100%

职工　指在国有经济、城镇集体经济、联营经济、股份制经济、外商和港、澳、台投资经济、其他经济单位及其附属机构工作，并由其支付工资的各类人员，不包括返聘的离休人员、民办教师、在国有经济单位工作的外方人员和港、澳、台人员(1998年以后的数据无均为在岗职工数据，其他相关指标如职工工资总额，职工平均工资等指标也从1998年按此口径进行了相应调整)。

国有单位职工　指在国有经济单位及其附属机构工作，并由其支付工资的各类人员。

城镇集体单位职工　指在城镇集体经济单位及其管理部门工作，并由其支付工资的各类人员。

其他单位职工　指在联营经济、股份制经济、外商投资经济、港、澳、台投资经济单位工作，并由其支付工资的各类人员。

在岗职工　指在本单位工作并由单位支付工资的人员，以及有工作岗位，但由于学习、病伤产假等原因暂未工作，仍由单位支付工资的人员。

三、工业、能源

3－1 工业总产值

单位：万元

	工业总产值	规模以上工业总产值			规模以下工业总产值
			轻工业	重工业	
1979	387180	382146	68279	313867	5034
1980	393214	388655	82644	306011	4559
1981	393634	368655	83879	284776	24979
1982	402933	397848	94511	303337	5085
1983	452318	446016	100809	345207	6302
1984	506286	497314	119696	377618	8972
1985	650997	636937	170041	466896	14060
1986	736686	716432	183217	533215	20254
1987	814390	788055	199186	588869	26335
1988	974522	935277	255726	679551	39245
1989	1236599	1137169	296794	840375	99430
1990	1337530	1266043	310566	955477	71487
1991	1412200	1337000	320200	1016800	75200
1992	1624700	1526000	353200	1172800	98700
1993	2148400	1979800	362000	1617800	168600
1994	2813500	2536700	424500	2112200	276800
1995	3063300	2719400	487600	2231800	343900
1996	3337100	2880400	514600	2365800	456700
1997	3633400	3026500	612500	2414000	606900
1998	3458292	2874587	540416	2334171	583705
1999	3525637	2994886	510166	2484720	530751
2000	4151708	3822717	633789	3188928	328991
2001	4465245	4119243	717486	3401757	346002
2002	4855780	4501780	826553	3675227	354000
2003	5615352	5266652	924420	4342232	348700
2004	6963369	6553669	1017456	5536213	409700
2005	8324634	7883023	943905	6939118	441611
2006	10121752	9531331	1076998	8454333	590421
2007	12466174	11806174	1295577	10510597	660000
2008	14266389	13556379	1275307	12281072	710010
2009	14096146	13315146	1437491	11877655	781000
2010	16843587	15914704	1750149	14164555	928833
2011	19738858	18913058	2020394	16892664	825800
2012	21236242	20554242	2534796	18019446	682000
2013	25008485	24161985	2997312	21164673	846500
2014	26380000	25482000	3178000	22304000	898000

注:2000年以前工业总产值划分为乡及乡以上和乡以下。

3-2 工业总产值指数

（上年=100）

	工业总产值	规模以上工业总产值	轻工业	重工业	规模以下工业总产值
1979	105.46	105.33	87.34	109.91	124.23
1980	99.65	100.43	116.58	97.17	90.56
1981	94.05	94.01	55.92	103.24	99.30
1982	107.26	107.30	143.71	102.52	102.12
1983	111.47	111.38	160.03	102.43	123.92
1984	110.68	110.42	110.64	110.35	142.36
1985	117.13	116.89	145.79	108.55	140.03
1986	108.32	107.86	92.42	113.84	144.03
1987	109.35	109.06	114.74	107.28	125.90
1988	111.10	110.36	113.50	109.31	148.84
1989	106.90	105.75	105.27	105.91	150.30
1990	108.09	106.22	105.79	106.37	157.71
1991	103.27	103.16	101.95	103.58	105.14
1992	110.48	109.20	106.61	110.08	133.03
1993	109.55	106.77	101.37	108.39	149.61
1994	111.00	109.74	104.62	111.48	123.97
1995	109.10	105.10	108.10	101.78	148.58
1996	109.62	104.90	101.90	107.61	138.01
1997	116.40	110.90	126.73	103.74	141.96
1998	105.10	102.66	92.27	106.34	113.93
1999	106.00	106.20	105.30	106.70	105.21
2000	109.88	107.10	106.45	107.30	
2001	112.00	111.70	114.30	110.90	
2002	113.60	113.38	114.66	113.00	
2003	112.60	112.94	109.95	113.89	
2004	114.90	114.73	109.82	115.32	104.75
2005	114.65	114.82	108.43	115.98	112.17
2006	114.88	114.98	111.60	115.07	114.72
2007	121.43	122.02	113.59	123.09	110.91
2008	115.19	116.02	116.41	115.83	102.51
2009	110.10	110.50	119.60	108.50	108.74
2010	112.35	112.62	118.54	111.98	110.09
2011	116.31	116.18	110.64	116.73	118.40
2012	109.50	109.40	125.00	107.50	110.10
2013	115.20	116.80	117.80	116.60	112.40
2014	108.50	108.60	108.90	108.50	106.10

3－3 工业增加值

单位:万元、%

	工业增加值	比上年增长	按轻重工业分		规模以上工业增加值	比上年增长
			轻工业	重工业		
1979	177174	8. 50	31705	145469		
1980	176356	-0. 50	37475	138881		
1981	156142	-12. 50	42255	113887		
1982	166653	6. 50	39510	127143		
1983	192461	13. 00	43430	149031		
1984	218007	11. 00	52314	165693		
1985	254647	9. 00	67614	187033		
1986	286571	8. 00	72847	213724		
1987	296764	6. 00	74503	222261		
1988	321494	8. 00	86969	234525		
1989	385201	7. 50	96481	288720		
1990	401259	7. 00	97461	303798		
1991	401739	-2. 00	95368	306371		
1992	461109	9. 80	95378	365731		
1993	646352	15. 30	119053	527299		
1994	876935	13. 20	175387	701548		
1995	1030058	9. 20	206012	824046		
1996	968213	8. 40	193643	774570		
1997	940371	7. 00	188074	752297		
1998	920899	5. 00	184180	736719	828299	3. 66
1999	944221	7. 00	188844	755377	846121	5. 80
2000	1070358	7. 90	214072	856286	963358	7. 70
2001	1163695	10. 10	232739	930956	1049095	10. 00
2002	1263817	10. 90	252764	1011053	1137817	10. 86
2003	1431915	11. 90	286383	1145532	1295515	12. 12
2004	1677000	13. 57	335400	1341600	1517200	14. 58
2005	1977008	16. 46	359940	1617068	1813854	18. 36
2006	2308800	16. 60	445669	1816131	2123855	17. 17
2007	2678794	17. 12	485481	2193313	2479248	17. 98
2008	3189304	13. 16	581414	2607886	2965904	13. 50
2009	3312200	9. 42	665850	2646350	3081700	9. 83
2010	3990648	11. 82	841902	3148746	3726746	12. 30
2011	4967190	15. 15	1067720	3899470	4650000	15. 00
2012	5624200	11. 80	1208922	4415278	5381538	11. 50
2013	6144500	14. 10	1731500	4413000	5751291	14. 20
2014	5942700	8. 20	1643700	4299000	5650000	8. 10

3－4 全市及市属工业增加值

单位:万元、%

	全市		市属	
	工业增加值	比上年增长	工业增加值	比上年增长
总计	**5942700**	**8. 2**	**1551700**	**13. 8**
规模以上工业	**5650000**	**8. 10**	**1259000**	**14. 5**
#国有企业	668000	2. 70	9100	-0. 1
集体企业	8800	10. 90	8700	14. 3
股份合作企业	5000	28. 30	5000	28. 30
股份制	4541000	8. 10	772000	16. 1
港澳台及外商商投资企业	188000	16. 30	150000	17. 0
其他经济类型	160000	12. 20	153000	13. 2
#轻工业	1551000	8. 00	304000	6. 2
重工业	4099000	8. 10	955000	17. 4

3－5 工业单位数及工业总产值

单位:个、万元

	全市		市属	
	企业单位数	工业总产值	企业单位数	工业总产值
总计	**3466**	**26380000**	**3399**	**8358000**
规模以上工业	**374**	**25482000**	**307**	**7460000**
#国有企业	19	3092000	4	372000
集体企业	12	632000	11	628000
股份合作企业	1	31000	1	31000
股份制	311	19450000	264	4519000
港澳台及外商商投资企业	17	1202000	13	908000
其他经济类型	14	1075000	14	1003000
#轻工业		3181000		1392000
重工业		2230000		6068000

3－6 规模以上工业企业单位数和工业总产值、销售产值

单位：个、万元

	企业单位数	工业总产值	工业销售产值
总计	**374**	**25482000**	**23911000**
国有控股企业	87	18112000	17503000
按登记注册类型分			
国有企业	19	3092000	3032000
集体企业	12	632000	383000
股份合作企业	1	31000	30000
股份制企业	311	19450000	18446000
外商及港澳台商投资企业	17	1202000	1140000
其他企业	14	1075000	881000
按轻重工业			
轻工业		3181000	3166000
重工业		22300000	20745000
按工业行业大类分			
采掘业			
煤炭开采和洗选业	9	352884. 5	648881
非金属矿采选业	2	25939. 3	25269
制造业			
农副食品加工业	22	352045	347690
食品制造业	7	163403. 4	134554
酒、饮料和精制茶制造业	9	555034. 7	536107
烟草制品业	2	1359675. 9	1355801
纺织业	4	83719. 8	62541
纺织服装、服饰业			
皮革、毛皮、羽毛及其制品和制鞋业	1	8677	27784
木材加工和木、竹、藤、棕、草制品业	1	4802	2446

3－6 规模以上工业企业单位数和工业总产值、销售产值(续一)

单位:个、万元

	企业单位数	工业总产值	工业销售产值
家具制造业	1	1169	1169
造纸和纸制品业	3	20067	14933
印刷和记录媒介复制业	8	40266	44661
石油加工、炼焦和核燃料加工业	10	5649653	6811485
化学原料和化学制品制造业	45	2643736	1170217
医药制造业	14	384738	401985
化学纤维制造业			
橡胶和塑料制品业	24	289010	263536
非金属矿物制品业	62	1884780	1416566
黑色金属冶炼和压延加工业	27	2143237	2122436
有色金属冶炼和压延加工业	16	3262585	3398874
金属制品业	20	1014758	616069
通用设备制造业	15	527345	322313
专用设备制造业	21	725657	929823
汽车制造业	2	28580	49892
铁路、船舶、航空航天和其他运输设备制造业			
电气机械和器材制造业	17	535072	380095
计算机、通信和其他电子设备制造业	5	47284	23306
仪器仪表制造业	4	25855	14291
其他制造业			
废弃资源综合利用业	1	18631	22857
金属制品、机械和设备修理业	3	132881	171766
电力、热力的生产和供应业	15	2638951	2198515
燃气生产和供应业	2	344446	342583
水的生产和供应业	2	53814	51824

3－7 市属规模以上工业企业单位数和工业总产值、销售产值

单位：个、万元

	企业单位数	工业总产值	工业销售产值
总计	**307**	**7460225**	**6510000**
国有控股企业	29	986000	968000
按登记注册类型分			
国有企业	4	372000	372000
集体企业	11	628000	379000
股份合作企业	1	31000	30000
股份制企业	264	4519000	4069000
外商及港澳台商投资企业	13	908000	838000
其他企业	14	1003000	822000
按轻重工业分			
轻工业		1392000	1340000
重工业		6068000	5170000
按工业行业类型分			
煤炭开采和洗选业	8	122447	103514
非金属矿采选业	2	25939	25269
农副食品加工业	21	239795	211324
食品制造业	7	163403	134554
酒、饮料和精制茶制造业	8	490072	493915
纺织业	3	60597	37112
纺织服装、服饰业			
木材加工和木、竹、藤、棕、草制品业	1	4802	2446
家具制造业	1	1169	1169
造纸和纸制品业	3	20067	14933

3－7 市属规模以上工业企业单位数和工业总产值、销售产值(续一)

单位:个、万元

	企业单位数	工业总产值	工业销售产值
印刷和记录媒介复制业	4	7897	13575
石油加工、炼焦和核燃料加工业	7	310023	112382
化学原料和化学制品制造业	36	720119	745599
医药制造业	12	215714	228439
化学纤维制造业			
橡胶和塑料制品业	23	280406	258432
非金属矿物制品业	55	1049087	856555
黑色金属冶炼和压延加工业	24	624703	593735
有色金属冶炼和压延加工业	12	1176685	1056549
金属制品业	17	274369	229011
通用设备制造业	11	155631	119588
专用设备制造业	16	260945	246758
汽车制造业	1	24892	49892
铁路、船舶、航空航天和其他运输设备制造业			
电气机械和器材制造业	13	414477	266928
计算机、通信和其他电子设备制造业	4	44178	20580
仪器仪表制造业	3	22984	11420
其他制造业			
废弃资源综合利用业	1	18631	22857
金属制品、机械和设备修理业	1	9610	9610
电力、热力的生产和供应业	8	238963	238963
燃气生产和供应业	2	342583	342583
水的生产和供应业	2	48798	51824

3－8 规模以上工业增加值

单位:万元、%

	工业增加值	比上年增长
总计	5650000	8.1
国有控股企业	4335000	6.5
按登记注册类型分		
国有企业	668000	2.7
集体企业	88000	10.9
股份合作企业	5000	28.3
股份制企业	4541000	8.1
外商及港澳台商投资企业	188000	16.3
其他企业	160000	12.2
按隶属关系分		
中央企业	3606000	4.5
省属企业	785000	16.4
市及市以下属企业	1259000	14.5
按轻重工业分		
轻工业	1551000	8.0
重工业	4099000	8.1
按工业行业分		
煤炭开采和洗选业	145494	5.5
非金属矿采选业	9281	6.5
开采辅助活动	13952	-80.1
农副食品加工业	52861	6.2
食品制造业	30013	22.1
酒、饮料和精制茶制造业	106245	13.0
烟草制品业	1113936	35.1
纺织业	23654	62.2

3-8 规模以上工业增加值(续一)

单位:万元、%

	工业增加值	比上年增长
纺织服装、服饰业	5633	-30.5
皮革、毛皮、羽毛及其制品和制鞋业	2245	-46.5
木材加工和木、竹、藤、棕、草制品业	316	-38.5
家具制造业	223	-0.2
造纸和纸制品业	4280	-10.4
印刷和记录媒介复制业	19338	-14.7
石油加工、炼焦和核燃料加工业	1099987	-13.6
化学原料和化学制品制造业	349406	4.1
医药制造业	137680	-7.5
化学纤维制造业	2908	28.8
橡胶和塑料制品业	53843	25.9
非金属矿物制品业	304624	44.7
黑色金属冶炼和压延加工业	286011	60.3
有色金属冶炼和压延加工业	398541	25.2
金属制品业	162774	-6.5
通用设备制造业	114665	-42.9
专用设备制造业	150381	-21.8
汽车制造业	2531	-78.8
铁路、船舶、航空航天和其他运输设备制造业		
电气机械和器材制造业	73239	-9.4
计算机、通信和其他电子设备制造业	9495	176.3
仪器仪表制造业	6280	-31.6
其他制造业		
废弃资源综合利用业	2010	-32.2
金属制品、机械和设备修理业	29478	16.2
电力、热力的生产和供应业	615593	0.4
燃气生产和供应业	83597	-6.4
水的生产和供应业	28127	3.7

3－9 市属规模以上工业增加值

单位：万元、%

	工业增加值	比上年增长
总计	**1259000**	**14.5**
国有控股企业	248000	0.3
按登记注册类型分		
国有企业	91000	-0.1
集体企业	87000	14.3
股份合作企业	5000	28.3
股份制企业	772000	16.1
外商及港澳台商投资企业	150000	17
其他企业	153000	13.2
按轻重工业分		
轻工业	304000	6.2
重工业	955000	17.4
按工业行业分		
煤炭开采和洗选业	50485	12.8
非金属矿采选业	9281	13.6
农副食品加工业	42031	16.8
食品制造业	30013	-2.9
酒、饮料和精制茶制造业	89478	-1.3
纺织业	16096	47
纺织服装、服饰业		
木材加工和木、竹、藤、棕、草制品业	316	-14.6
家具制造业	223	-44.3
造纸和纸制品业	4280	46.5
印刷和记录媒介复制业	2978	13.6
石油加工、炼焦和核燃料加工业	60362	4.6
化学原料和化学制品制造业	93742	3.4
医药制造业	68768	1.2
化学纤维制造业	2908	27.3
橡胶和塑料制品业	52240	13.4
非金属矿物制品业	169187	14.4
黑色金属冶炼和压延加工业	79451	18.6
有色金属冶炼和压延加工业	91093	365.8
金属制品业	37176	29.6
通用设备制造业	35255	-9.6
专用设备制造业	54782	-7.3
汽车制造业	1994	-58.5
铁路、船舶、航空航天和其他运输设备制造业		
电气机械和器材制造业	48456	27.3
计算机、通信和其他电子设备制造业	8859	214.2
仪器仪表制造业	5386	48.7
其他制造业		
废弃资源综合利用业	2010	19.8
电力、热力的生产和供应业	63844	-4.5
燃气生产和供应业	83145	8.2
水的生产和供应业	25358	-6.4

3－10 规模以上独立核算工业企业效益指标

	工业经济效益指数(%)	总资产贡献率(%)	资本保值增值率(%)
总计	**354.67**	**13.33**	**109.99**
国有控股企业	368.22	16.06	110.62
按登记注册类型分			
国有企业	599.58	17.99	109.69
集体企业	306.85	7.92	111.83
股份合作企业	222.64	3.45	94.44
股份制企业	312.73	13.34	110.15
外商和港澳台商投资企业	247.73	9.14	108.98
其他企业	353.73	3.77	104.01
按工业行业分			
煤炭开采和洗选业	100.86	3.34	99.33
非金属矿采选业	635.64	9.60	93.89
开采辅助活动			
农副食品加工业	239.19	6.83	111.94
食品制造业	241.36	9.05	170.32
酒、饮料和精制茶制造业	273.83	14.30	96.98
烟草制品业	2429.68	108.32	110.38
纺织业	106.55	-0.58	103.98
纺织服装、服饰业			
皮革、毛皮、羽毛及其制品和制鞋业	137.41	7.54	113.48
木材加工和木、竹、藤、棕、草制品业	50.33		154.13
家具制造业			100.00
造纸和纸制品业	202.74		450.00
印刷和记录媒介复制业	171.54	10.53	106.32
石油加工、炼焦和核燃料加工业	552.74	24.43	91.69
化学原料和化学制品制造业	236.91	1.19	96.59
医药制造业	389.67	17.44	112.72
化学纤维制造业			
橡胶和塑料制品业	191.10	6.24	98.66
非金属矿物制品业	200.52	5.44	102.75
黑色金属冶炼和压延加工业	289.47	-5.28	358.24
有色金属冶炼和压延加工业	310.24	-3.78	104.96
金属制品业	366.09	6.85	96.24
通用设备制造业	222.38	4.13	108.86
专用设备制造业	170.83	4.21	123.06
汽车制造业	-88.45	-4.94	90.19
铁路、船舶、航空航天和其他运输设备制造业			
电气机械和器材制造业	126.31	2.51	112.94
计算机、通信和其他电子设备制造业	155.07	1.97	110.23
仪器仪表制造业	165.85	2.37	162.35
其他制造业			
废弃资源综合利用业	228.52	7.66	105.47
金属制品、机械和设备修理业	136.12	5.64	153.41
电力、热力的生产和供应业	673.01	12.94	115.42
燃气生产和供应业	373.22	7.68	114.61
水的生产和供应业	163.77	1.08	93.25

3-10续表

资产负债率(%)	流动资产周转次数(次/年)	工业成本费用利润率(%)	全员劳动生产率(元/人、年)	产品销售率(%)
63. 40	2. 04	-0. 58	399293	93. 83
66. 23	2. 33	-1. 40	452978	96. 64
66. 11	4. 09	11. 88	710638	98. 06
64. 65	3. 61	1. 14	352000	60. 60
70. 69	2. 18	0. 00	250000	96. 77
64. 65	2. 04	-1. 89	381918	94. 84
33. 37	2. 17	4. 47	261111	94. 84
53. 06	1. 88	-0. 35	484848	81. 95
78. 58	1. 43	-6. 56	87647	183. 88
1. 60	2. 19	2. 00	928108	97. 42
56. 57	2. 41	2. 76	251720	98. 76
63. 21	0. 87	10. 10	214375	82. 34
35. 66	1. 58	8. 82	272423	96. 59
28. 18	1. 76	34. 51	3375564	99. 72
48. 25	1. 16	-4. 52	131414	74. 70
49. 52	1. 69	7. 13	18710	320. 20
2. 89	0. 32		31644	50. 94
5. 56	0. 75			100. 03
82. 69	3. 04	-1. 26	142674	74. 42
33. 37	1. 33	10. 92	101777	110. 91
74. 49	3. 58	-6. 15	714277	120. 56
59. 08	3. 01	-2. 19	301212	44. 26
32. 22	0. 94	37. 61	280980	104. 48
54. 09	2. 08	1. 60	192295	91. 19
49. 93	0. 88	2. 93	225647	75. 16
69. 01	3. 54	-4. 47	332571	99. 03
62. 42	3. 44	-6. 41	437957	104. 18
46. 47	1. 35	7. 35	465068	60. 71
73. 32	0. 64	3. 31	254811	61. 12
65. 68	0. 89	5. 98	137964	128. 14
54. 61	0. 18	-38. 33	28120	174. 57
63. 53	0. 84	1. 68	114435	71. 04
74. 46	0. 37	3. 77	158250	49. 29
24. 88	0. 39	15. 91	104667	55. 27
39. 19	4. 12	3. 49	201030	122. 68
76. 43	1. 01	1. 61	92117	129. 26
107. 49	6. 83	6. 34	724227	83. 31
65. 41	2. 67	5. 22	439984	99. 46
24. 10	2. 18	0. 90	175797	96. 30

3－11 规模以上独立核算工业企业经济指标

单位:个、万元、人

	企业单位数	#亏损企业	从事工业生产活动的从业人员平均人数	流动资产合计
总计	374	105	141500	9385700
#国有控股企业	87	24	95700	6374800
按登记注册类型分				
国有企业	19	4	9400	355100
集体企业	12	0	2500	54700
股份合作企业	1	1	200	3400
股份制企业	311	92	118900	8458200
外商和港澳台商投资企业	17	4	7200	424300
其他企业	14	4	3300	90100
按轻重工业				
轻工业	95	9	28300	2005900
重工业	279	96	113200	7379900
按工业行业分				
煤炭开采和洗选业	9	3	16600	282900
黑色金属矿采选业				
有色金属矿采选业				
非金属矿采选业	2		100	9400
农副食品加工业	22	3	2100	126000
食品制造业	7	2	1400	149200
饮料制造业	9	3	3900	198200
烟草制品业	2	1	3300	879100
纺织业	4	2	1800	48200
纺织服装、鞋、帽制造业				
皮革、毛皮、羽毛(绒)及其制品业	1		1200	29100
木材加工及木、竹、藤、棕、草制品业	1		100	8200
家具制造业	1			1600
造纸及纸制品业	3	1	300	5200
印刷业和记录媒介的复制	8		1900	46900
石油加工、炼焦及核燃料加工业	10	1	15400	1818300
化学原料及化学制品制造业	45	18	11600	431400
医药制造业	14		4900	397200
化学纤维制造业				
橡胶和塑料制品业	24	3	2800	119100
非金属矿物制品业	62	19	13500	1089300
黑色金属冶炼及压延加工业	27	14	8600	455900
有色金属冶炼及压延加工业	16	9	9100	637800
金属制品业	20	2	3500	206900
通用设备制造业	15	7	4500	272400
专用设备制造业	21	7	10900	1038900
交通运输设备制造业	2	1	900	41100
电气机械及器材制造业	17	2	6400	370400
通信设备、计算机及其他电子设备制造业	5	1	600	133400
仪器仪表及文化、办公用机械制造业	4		600	35900
金属制品、机械和设备修理业	3		3200	174800
电力、热力的生产和供应业	15	5	8500	232900
燃气生产和供应业	2		1900	119300
水的生产和供应业	2	1	1600	20400

年末负债合计	主营业务收入	主营业务税金及附加	营业费用	管理费用	利润总额（亏损为负）	利税总额
12663200	19145300	1779300	369200	895700	-103100	2324500
9928800	14382700	1749800	206300	736300	-187900	2127000
766100	1438000	5000	30700	43600	153800	204900
103700	162800	1900	2100	6400	2200	9400
4100	7400			700		300
11451500	16464300	1757400	278900	799800	-297600	2035300
267500	904000	14400	54900	36900	39200	71000
70300	168800	600	2600	8300	-600	3600
1219300	3046600	927000	136100	144600	330300	1486200
11443900	16098700	852300	233100	751100	-433300	838300
759200	356200	5300	7300	56100	-27900	5600
200	20600	0	400	500	400	1200
97700	303100	200	7700	8400	8200	9400
139000	126100	400	11000	5400	12000	16200
129900	301000	15600	47200	12200	24900	50700
327000	1541500	906100	16900	37500	162800	1254300
41400	55100	700	2200	5600	-2600	-400
25600	49000		1300	3800	3300	3500
500	2600		300	300		
100	1200		100			
8600	15700		600	1100	-200	
32000	56800	900	5200	11500	6400	9900
2323900	6484500	816900	40700	339600	-371900	658400
650900	980800	4200	17800	52600	-24500	-2200
232200	369900	2200	32700	33700	101800	122500
86700	247600	1100	4600	7300	3900	8300
913100	939700	6400	47200	58800	27100	71500
880600	1504600	700	43500	44000	-79400	-73700
1219700	2163200	3100	26700	36500	-148800	-120200
204300	275800	2300	7900	10100	20100	27100
347600	167200	1000	8500	19600	5500	10900
1559900	791500	3400	15000	77400	57100	73500
50900	6900			5000	-4600	-4600
387800	296000	1100	13000	20500	5200	11500
113100	48900	100	2800	1700	1800	2600
35700	13800	100	800	3400	2100	2500
211400	172300	800	1100	12600	2800	9800
1611400	1514200	5500	300	4800	94800	150600
201800	268900	700	6500	14800	15300	22000
62300	43900	200	0	10100	400	2400

3－12 市属规模以上独立核算工业企业效益指标

	工业经济效益指数(%)	总资产贡献率(%)	资本保值增值率(%)
总计	221.90	5.83	114.75
国有控股企业	189.84	7.26	115.17
按登记注册类型分			
国有企业	674.23	2.14	124.13
集体企业	310.02	7.64	112.31
股份合作企业	222.64	3.45	94.44
股份制企业	178.06	5.39	115.93
外商和港澳台商投资企业	246.72	9.68	110.71
其他企业	340.88	3.77	104.01
按工业行业分			
煤炭开采和洗选业	256.66	10.98	92.00
非金属矿采选业	635.64	9.60	93.89
农副食品加工业	215.20	3.39	102.84
食品制造业	241.36	9.05	170.32
酒、饮料和精制茶制造业	267.64	16.38	164.97
烟草制品业			
纺织业	322.69	11.45	103.97
纺织服装、服饰业			
皮革、毛皮、羽毛及其制品和制鞋业			
木材加工和木、竹、藤、棕、草制品业	50.33		154.13
家具制造业			
造纸和纸制品业	202.74		450.00
印刷和记录媒介复制业	187.18	6.61	81.08
石油加工、炼焦和核燃料加工业	1063.89	28.52	130.97
化学原料和化学制品制造业	160.69	5.08	103.85
医药制造业	285.58	15.13	115.73
化学纤维制造业			
橡胶和塑料制品业	204.70	6.56	96.86
非金属矿物制品业	154.70	4.65	104.38
黑色金属冶炼和压延加工业	280.99	1.19	214.82
有色金属冶炼和压延加工业	358.43	1.96	161.29
金属制品业	193.70	6.31	127.99
通用设备制造业	182.03	5.48	110.26
专用设备制造业	264.69	5.08	96.94
汽车制造业	-111.61	-10.36	88.92
铁路、船舶、航空航天和其他运输设备制造业			
电气机械和器材制造业	162.34	2.40	121.04
计算机、通信和其他电子设备制造业	166.79	1.95	110.64
仪器仪表制造业	223.14	2.35	165.20
其他制造业			
废弃资源综合利用业	228.52	7.66	105.47
金属制品、机械和设备修理业	79.92	12.87	104.44
电力、热力的生产和供应业	211.53	5.83	113.36
燃气生产和供应业	371.82	7.68	114.61
水的生产和供应业	154.62	1.08	93.25

3-12续表

资产负债率(%)	流动资产周转次数(次/年)	工业成本费用利润率(%)	全员劳动生产率(元/人、年)	产品销售率(%)
56.81	1.53	2.57	218576	87.27
65.24	1.49	4.88	165333	98.17
55.35	1.08	1.49	1011111	100.00
62.24	3.55	1.06	362500	60.35
70.69	2.18		250000	96.77
59.64	1.61	2.21	171938	90.04
35.03	1.90	5.71	254237	92.29
53.06	1.88	-0.35	463636	81.95
68.43	2.57	2.30	265709	84.54
1.60	2.19	2.00	928108	97.42
59.93	1.86	0.80	247243	88.13
63.21	0.87	10.10	214375	82.34
27.46	1.94	9.03	235469	100.78
5.42	2.57	2.35	402392	61.24
2.89	0.32		31644	50.94
82.69	3.04	-1.26	142674	74.42
75.21	1.73	4.13	148908	171.91
20.70	5.55	3.89	1509039	36.25
67.64	3.90	0.01	115731	103.54
34.88	0.91	26.22	185860	105.90
56.60	2.44	1.33	208959	92.16
48.59	0.76	2.10	158119	81.65
64.79	3.28	-0.84	317803	95.04
63.84	5.54	-0.06	414061	89.79
57.28	2.45	2.81	177030	83.47
63.82	0.77	6.27	167879	76.84
59.59	0.72	4.00	322248	94.56
16.89	0.89	-46.00	49847	200.43
59.36	1.14	1.31	173058	64.40
75.54	0.35	3.77	177186	46.58
25.28	0.35	19.27	179517	49.69
39.19	4.12	3.49	201030	122.68
53.47	0.80	2.60		100.00
117.86	2.01	-0.81	212815	100.00
65.41	2.67	5.22	437605	100.00
24.10	2.18	0.90	158487	106.20

3－13 市属规模以上独立核算工业企业经济指标

单位:个、万元、人

	企业单位数	#亏损企业	从事工业生产活动的从业人员平均人数	流动资产合计
总计	**307**	**83**	**57600**	**3486600**
#国有控股企业	29	6	15000	688500
按登记注册类型分				
国有企业	4	1	900	38100
集体企业	11		2400	54300
股份合作企业	1	1	200	3400
股份制企业	264	74	44900	2957800
外商和港澳台商投资企业	13	3	5900	342900
其他企业	14	4	3300	90100
按轻重工业				
轻工业	80	8	16400	731900
重工业	227	75	41200	2754700
按工业行业分				
煤炭开采和洗选业	8	2	1900	34700
黑色金属矿采选业				
有色金属矿采选业				
非金属矿采选业	2		100	9400
农副食品加工业	21	3	1700	107400
食品制造业	7	2	1400	149200
饮料制造业	8	3	3800	157400
烟草制品业	1	1	400	3400
纺织业	3	1	400	12200
纺织服装、鞋、帽制造业				
木材加工及木、竹、藤、棕、草制品业	1		100	8200
家具制造业	1			1600
造纸及纸制品业	3	1	300	5200
印刷业和记录媒介的复制	4		200	7300
文教体育用品制造业				
石油加工、炼焦及核燃料加工业	7		400	19100
化学原料及化学制品制造业	36	13	8100	224500
医药制造业	12		3700	212200
化学纤维制造业				
橡胶和塑料制品业	23	3	2500	94100
非金属矿物制品业	55	18	10700	1000100
黑色金属冶炼及压延加工业	24	11	2500	163000
有色金属冶炼及压延加工业	12	6	2200	154600
金属制品业	17	1	2100	70000
通用设备制造业	11	5	2100	142800
专用设备制造业	16	6	1700	226400
交通运输设备制造业	1	1	400	6200
电气机械及器材制造业	13	1	2800	208300
通信设备、计算机及其他电子设备制造业	4	1	500	131800
仪器仪表及文化、办公用机械制造业	3	0	300	33900
金属制品、机械和设备修理业	1	0	600	10000
电力、热力的生产和供应业	8	3	3000	147500
燃气生产和供应业	2	0	1900	119300
水的生产和供应业	2	1	1600	20400

年末负债合计	主营业务收入	主营业务税金及附加	营业费用	管理费用	利润总额（亏损为负）	利税总额
3575400	5347800	35600	172000	206200	134800	289100
1056100	913000	6800	22800	61500	47200	93100
44000	41000	100	500	2800	600	1200
87200	158400	1800	2100	6300	2000	8400
4100	7400			700		300
3128000	4338300	18900	116300	162200	98000	211200
241800	633900	14200	50500	25900	34800	64400
70300	168800	600	2600	8300	-600	3600
609700	1065500	18300	78100	59900	90700	137600
2965700	4282300	17300	93900	146300	44100	151500
34900	89100	500	2000	5900	2000	5300
200	20600	0	400	500	400	1200
86600	198900	200	3500	4400	1600	2700
139000	126100	400	11000	5400	12000	16200
87200	293000	15600	46200	10600	24800	50600
1200	9500	100	400	1500		1200
900	30900	400	600	1400	700	1900
500	2600		300	300		
100	1200		100			
8600	15700		600	1100	-200	
9100	12600	100	300	500	500	700
5300	106100	1000	1400	1200	3900	7200
338200	573900	3300	9900	21600	100	16400
119400	191900	1000	10100	15300	41300	50100
72500	229300	1000	3500	5800	3000	7200
755000	747500	4800	40400	39500	15600	48500
157300	534400	400	3700	5300	-4500	-1100
123600	856800	400	2500	4900	-500	2200
88900	171100	1600	3400	5400	4700	9200
142200	104800	700	7800	11300	6300	10700
228900	163100	800	5500	16500	6300	15800
7500	4800			4600	-4600	-4600
210000	225500	600	8400	8900	3100	6600
112400	46200	100	2400	1700	1700	2500
35500	11600	100	800	3300	2100	2500
5400	8000	200		300	200	1300
531900	232900	1400	300	3300	-2400	9000
201800	268900	700	6500	14800	15300	22000
62300	43900	200		10100	400	2400

3－14 规模以上工业企业分行业主要指标构成

单位:%

	工业总产值	工业增加值	工业销售产值
总计	**100.00**	**100.00**	**100.00**
煤炭开采和洗选业	1.38	2.58	2.71
非金属矿采选业	0.10	0.16	0.11
农副食品加工业	1.38	0.94	1.45
食品制造业	0.64	0.53	0.56
酒、饮料和精制茶制造业	2.18	1.88	2.24
烟草制品业	5.34	19.72	5.67
纺织业	0.33	0.42	0.26
纺织服装、服饰业		0.10	
皮革、毛皮、羽毛(绒)及其制品业	0.03	0.04	0.12
木材加工及木、竹、藤、棕、草制品业	0.02	0.01	0.01
家具制造业			
造纸及纸制品业	0.08	0.08	0.06
印刷和记录媒介复制业	0.16	0.34	0.19
石油加工、炼焦及核燃料加工业	22.17	19.47	28.49
化学原料及化学制品制造业	10.37	6.18	4.89
医药制造业	1.51	2.44	1.68
化学纤维制造业		0.05	
橡胶和塑料制品业	1.13	0.95	1.10
非金属矿物制品业	7.40	5.39	5.92
黑色金属冶炼及压延加工业	8.41	5.06	8.88
有色金属冶炼及压延加工业	12.80	7.05	14.21
金属制品业	3.98	2.88	2.58
通用设备制造业	2.07	2.03	1.35
专用设备制造业	2.85	2.66	3.89
汽车制造业	0.11	0.04	0.21
铁路、船舶、航空航天和其他运输设备制造业			
电气机械及器材制造业	2.10	1.30	1.59
计算机、通信和其他电子设备制造业	0.19	0.17	0.10
仪器仪表制造业	0.10	0.11	0.06
金属制品、机械和设备修理业	0.52	0.52	0.72
电力、热力的生产和供应业	10.36	10.90	9.19
燃气生产和供应业	1.35	1.48	1.43
水的生产和供应业	0.21	0.50	0.22

3-14续表

年末资产总计	年末负债总计	产品销售收入	应交增值税
100.00	100.00	100.00	100.00
4.84	6.00	1.86	4.35
0.06	0.00	0.11	0.12
0.86	0.77	1.58	0.15
1.10	1.10	0.66	0.59
1.82	1.03	1.57	1.57
5.81	2.58	8.05	28.60
0.43	0.33	0.29	0.22
0.00	0.00	0.00	0.00
0.26	0.20	0.26	0.02
0.09	0.00	0.01	0.00
0.01	0.00	0.01	0.00
0.05	0.07	0.08	0.03
0.48	0.25	0.30	0.40
15.62	18.35	33.87	32.95
5.52	5.14	5.12	2.79
3.61	1.83	1.93	2.85
0.00	0.00	0.00	0.00
0.80	0.68	1.29	0.51
9.16	7.21	4.91	5.86
6.39	6.95	7.86	0.77
9.78	9.63	11.30	3.93
2.20	1.61	1.44	0.72
2.37	2.74	0.87	0.68
11.89	12.32	4.13	1.99
0.47	0.40	0.04	0.00
3.06	3.06	1.55	0.80
0.76	0.89	0.26	0.11
0.72	0.28	0.07	0.06
1.38	1.67	0.90	0.96
7.51	12.73	7.91	7.76
1.54	1.59	1.40	0.93
1.29	0.49	0.23	0.28

3－15 各县区规模以上工业企业主要经济指标

单位：万元

	城关区	七里河区	西固区
企业及单位数(个)	49	54	66
亏损企业	10	9	15
工业销售产值	1662000	2860048	8465890
出口交货值	9000	44724	
全部从业人员年平均人数	17900	27734	34800
年末资产总计	2325800	4336594	4911400
产成品	70600	82031	164800
流动资产合计	1030500	2444678	2646300
固定资产合计	826800	955014	2265100
年末负债合计	1333600	2478107	3532800
年末所有者权益	992200	1858487	1378600
主营业务收入	1107900	2813478	7906100
主营业务销售税金及附加	5300	916815	826400
管理费用	90100	146778	422500
利润总额	89700	229817	-382400
利税总额	131800	1340776	695300
工业经济效益综合指数(%)	162. 07	156. 20	356. 42
总资产贡献率(%)	6. 70	32. 09	17. 03
资产负债率(%)	57. 33	57. 14	71. 93
流动资产周转次数(次/年)	1. 61	1. 15	2. 99
工业成本费用利润率(%)	8. 17	13. 09	-5. 02
全员劳动生产率(元/人、年)	128928	535996	459224
产品销售率(%)	97. 63	95. 10	96. 90

3-15续表

安宁区	红古区	永登县	皋兰县	榆中县	兰州新区
50	22	51	38	30	14
11	8	24	13	12	3
248100	2782000	2120004	1092827	1866869	516621
1000	77300	690	8049	6182	93221
9775	23000	11500	4433	11405	2000
1420820	2658200	1414000	494692	2151307	281221
36337	92700	76900	33130	91575	1
593891	1022200	489100	245173	771113	159067
677651	1209800	924900	249519	1380195	122154
991537	1547900	1107100	309075	1213139	167179
429283	1110300	306900	185617	938168	114042
1719478	1295600	1609200	993301	1382898	332214
13929	9300	3500	1625	2259	190
24242	84400	42300	19330	62591	8904
170244	-64700	-97800	14316	-54078	-4419
227536	200	-65800	27126	-37261	-4609
194	203	64. 83	342. 81	2. 03	64. 69
16. 94	2. 51	-1. 78	7. 50	-1. 34	-0. 99
69. 79	59. 52	78. 30	62. 48	56. 39	59. 44
2. 90	1. 28	3. 29	4. 05	1. 79	2. 09
8. 60	-4. 73	-5. 78	1. 47	-3. 72	-1. 31
520716	289300	313865	395337	261274	44655
92. 60	94. 01	81. 50	90. 30	96. 33	83. 05

3－16 规模以上工业企业主要工业产品产量

	1995	2010	2011	2012	2013	2014	比上年增长（%）
原煤（万吨）	147. 38	486. 03	511. 37	716. 32	714. 57	629. 18	12. 85
原油加工（万吨）	106. 15	1033. 72	1053. 36	1002. 12	1050. 02	916	-12. 76
汽油（万吨）	82. 90	201. 7	221. 55	209. 86	220. 93	201. 98	-8. 57
煤油（万吨）	33. 87	29. 48	28. 75	34. 27	68. 06	46. 49	-31. 69
柴油（万吨）	115. 60	457. 62	477. 32	444. 42	429. 49	392. 52	-8. 61
润滑油（万吨）	35. 52	23. 93	25. 23	24. 82	41. 21	36. 45	-11. 56
燃料油（万吨）	84. 14	16. 35	12. 52	15. 63	19. 12	23. 94	25. 22
焦炭（万吨）	0. 60	44, 99	44. 92	42. 18	38. 96	44. 63	14. 55
发电量总（万千瓦时）	458103	1692679	1821306		2103773	1859200	-8. 85
啤酒（千升）	75593	470152	432683	447037	456851	408818	-10. 5
合成洗涤剂（万吨）	3. 26	1. 74	1. 39	0. 05	0. 05		
卷烟（万支）	817500	2395810	2602713	2771520	3197558	3344568	4. 6
纱（万吨）	0. 79	0. 32	0. 32	0. 11			
绒线（毛线）（吨）	4236						
毛机织物（呢绒）（万米）	411. 00	490. 4	491. 6	459	386. 2	405. 8	5. 1
合成橡胶（万吨）	5. 19	18. 64	18. 35	17. 79	16. 54	12. 73	-23. 1
合成纤维单体（万吨）	2. 07	2. 40	2. 38	2. 46	2. 15	2. 1	-2
塑料制品（万吨）	2. 01	5. 25	4. 53	7. 91	10. 97	8. 24	-30. 9
塑料薄膜（万吨）	1. 04	1. 80	1. 72	1. 31	1. 59	2. 1	10. 8
机制纸板（万吨）	0. 64						
合成氨（万吨）	16. 51	30. 02	25. 36	28. 11	15. 04		
农用化肥（万吨）	11. 28	21. 61	16. 35	18. 12	9. 51		
氮肥（万吨）	9. 98	21. 61	16. 35	18. 12	9. 51		
磷肥（万吨）	6. 40						
乙烯（万吨）	7. 27	69. 48	69. 39	64. 67	63. 16	62. 99	-0. 3
聚丙烯树脂（万吨）	5. 75	38. 93	40. 06	40. 07	39. 62	35. 69	-9. 9
水泥（万吨）	151. 09	548. 06	568. 56	847. 17	966. 9	1104. 3	11. 6
平板玻璃（万重量箱）	258. 25	653. 89	577. 14	496. 79	600. 07	538. 32	-10. 3
钢材（万吨）	1. 38	138. 62	163. 17	212. 98	380. 42	432. 08	13. 6
铁合金（万吨）	11. 54	45. 54	44. 93	38. 5	49. 84	41. 56	-3. 1
原铝（电解铝）（万吨）	17. 66	79. 71	61. 73	84. 89	87. 84	79. 81	-9. 1
变压器（万千伏安）	34. 51	227. 76	224. 99	294. 02	261. 29	233. 49	-23. 4
家用洗衣机（万台）	30. 32	8. 34	6. 47	5. 97	4. 08		

3－17 各县区规模以上工业增加值

单位:亿元、%

	规模以工业增加值	比上年增长
兰州市	565.00	8.1
城关区	42.42	5.0
七里河区	144.18	11.0
西固区	159.18	-4.9
安宁区	50.90	8.6
红古区	59.27	19.2
永登县	36.09	18.4
皋兰县	17.52	25.0
榆中县	30.18	22.0
兰州新区	13.20	360.0

3－18 工业企业主要能源消费与库存

	年初库存量	本年消费量			年末库存量
			工业生产消费量	非工业生产消费量	
原煤(万吨)	88.41	1249.06	1235.94	13.12	117.00
焦炭(万吨)	10.59	245.14	244.93	0.21	9.87
原油(万吨)	12.36	916.71	916.71		8.26
汽油(万吨)	0.02	0.86	0.38	0.48	0.01
煤油(万吨)	0.01	0.02	0.02		
柴油(万吨)	0.24	3.17	2.55	0.62	0.19
燃料油(万吨)		1.16	1.16		
天然气(亿立方米)	0.01	7.39	7.10	0.29	0.01
热力(万百万千焦)		1990.79	1925.19	65.60	
电力(亿千瓦小时)		306.13	295.54	10.59	

3－19 规模以上工业企业主要能源品种消费量

	煤炭(万吨)	焦炭(万吨)	天然气(亿立方米)	原油(万吨)
规模以上工业企业	1325.37	245.14	7.39	916.71
轻工业	4.67		0.68	
重工业	1320.69	245.14	6.71	916.71
采掘业	140.76	1.33		
煤炭开采和洗选业	140.71	1.33		
黑色金属矿采选业				
非金属矿采选业	0.05			
制造业	605.15	243.81	7.30	916.71
农副食品加工业	0.39		0.02	
食品制造业	1.34			
饮料制造业	1.25		0.23	
烟草制品业			0.06	
纺织业				
纺织服装、鞋、帽制造业				
皮革、毛皮、羽毛(绒)等			0.03	
木材加工及木、竹、藤等				
家具制造业				
造纸及纸制品业			0.02	
印刷业和记录媒介的复制			0.01	
文教体育用品制造业				
石油加工炼焦及核燃料	19.15		2.55	916.71
化学原料及化学制品制造	29.83	46.22	1.48	
医药制造业	1.20		0.16	
化学纤维制造业				
橡胶和塑料制品业	0.03	0.04		
非金属矿物制品业	148.79	4.93	1.27	
黑色金属冶炼及压延	135.86	176.25		
有色金属冶炼及压延	265.31	16.30	0.97	
金属制品业	0.67		0.03	
通用设备制造业	0.02	0.01	0.12	
专用设备制造业		0.05	0.18	
汽车制造业	0.97			
铁路、船舶、航空航天和其他运输设备制造业				
电气机械及器材制造业	0.04	0.01	0.10	
通信设备、计算机及其他	0.03		0.01	
仪器仪表及文化、办公用				
电力、煤气及水的生产等	579.46		0.09	
电力、热力的生产和供应	579.35		0.09	
燃气生产和供应业				
水的生产和供应业	0.11			

3-19续表

汽油(万吨)	柴油(万吨)	燃料油(万吨)	炼厂干气(万吨)	其他石油制品(万吨)	热力(万百万千焦)	电力(亿千瓦时)
0.86	3.17	1.16	65.66	45.52	1990.79	306.13
0.14	0.11				32.77	4.88
0.72	3.07	1.16	65.66	45.52	1958.02	301.25
0.08	0.35					5.09
0.08	0.33					5.08
0.69	2.72	1.16	65.66	45.52	1984.75	280.10
0.03	0.01					0.22
	0.01					0.26
0.03	0.04					0.97
						0.28
0.01	0.01				26.74	0.18
						0.05
						0.03
						0.01
	0.01					0.04
0.01						0.09
0.05	0.15	1.13	65.48	45.51	1782.08	19.53
0.14	0.27		0.18		120.02	39.87
0.02	0.01					0.55
0.04	0.01				2.05	1.35
0.04	1.56			0.01	12.11	22.00
0.04	0.03				34.57	54.90
0.07	0.42	0.03				137.21
0.10	0.01					0.39
0.01	0.01					0.39
0.05	0.02				7.18	0.65
						0.05
0.02	0.01					0.87
						0.06
						0.04
0.09	0.10				6.03	20.95
0.06	0.09					19.34
0.02	0.01					0.55
0.01					6.03	1.06

主要统计指标解释

工业　指从事自然资源的开采，对采掘品和农产品进行加工和再加工的物质部门。具体包括：(1)对自然资源的开采，如采矿、晒盐、森林采伐等（但不包括禽兽捕猎和水产捕捞）；(2)对农副产品的加工、再加工、如粮油加工、食品加工、轧花、缫丝、纺织、制革等；(3)对采掘品的加工、再加工、如炼铁、炼钢、化工生产、石油加工、机器制造、木材加工等，以及电力、自来水、煤气的生产和供应等；(4)对工业品的修理、翻新，如机器设备的修理、交通运输工具（包括小卧车）的修理等。

1984年以前农村的村及村以下办工业归属农业，1984年以后划归工业。

工业统计调查单位　工业统计调查单位分为两类：独立核算法人工业企业和工业活动单位。

(1)独立核算法人工业企业　是指从事工业生产经营活动的单位。独立核算法人工业企业应同时具备以下条件：①依法成立，有自己的名称、组织机构和场所，能够承担民事责任；②独立拥有和使用资产、承担负债，有权与其他单位签订合同；③独立核算盈亏，并能够编制资产负债表。

(2)工业活动单位　是指在一个场所从事一种或主要从事一种工业生产活动的经济单位。它包括独立核算工业企业按主营业务活动（即工业生产活动）划分的主营业务活动单位和非工业企业所属的工业生产活动单位（即原非独立核算工业生产单位）。工业活动单位，一般应同时具备以下三个条件：①具有一个场所，从事一种或主要从事一种工业活动；②单独组织工业生产、经营或业务活动；③单独核算收入和支出。

本年鉴中涉及的企业登记注册类型：

(1)国有及国有控股企业　指国有企业加上国有控股企业。国有企业（即过去的全民所有制工业或国营工业）是指企业全部资产归国家所有，并按《中华人民共和国企业法人登记管理条例》规定登记注册的非公司制的经济组织。包括国有企业、国有独资公司和国有联营企业。1957年以前的公私合营和私营工业，后均改造为国营工业，1992年改为国有工业，这部分工业的资料不单独分列时，均包括在国有企业内。国有控股企业是对混合所有制经济的企业进行的“国有控股”分类。它是指这些企业的全部资产中国有资产（股份）相对其他所有者中的任何一个所有者占资（股）最多的企业。该分组反映了国有经济控股情况。

(2)集体企业　指企业资产归集体所有，并按《中华人民共和国企业法人登记管理条例》规定登记注册的经济组织。是社会主义公有制经济的组成部分。包括城乡所有使用集体投资举办的企业，以及部分个人通过集资自愿放弃所有权并依法经工商行政管理机关认定为集体所有制的企业。

(3)股份合作企业　指以合作制为基础，由企业职工共同出资入股，吸收一定比例的社会资产投资组建，实行自主经营，自负盈亏，共同劳动，民主管理，按劳分配与按股分红相结合的一种集体经济组织。

(4)联营企业　指两个及两个以上相同或不同所有制性质的企业法人或事业单位法人，按自愿、平等、互利的原则，共同投资组成的经济组织。联营企业包括：

国有联营企业指国有企业与国有企业间的联营；

集体联营企业指集体企业与集体企业间的联营；

国有与集体联营企业指国有企业与集体企业间的联营。

(5)有限责任公司　指根据《中华人民共和国公司登记管理条例》规定登记注册，由两个以上，五十个以下的股东共同出资，每个股东以其所认缴的出资额对公司承担有限责任，公司以其全部资产对其债务承担责任的经济组织。

有限责任公司包括国有独资公司以及其他有限责任公司。

(6)股份有限公司　指根据《中华人民共和国企业法人登记管理条例》规定登记注册，其全部注册资本由等额股份构成并通过发行股票筹集资本，股东以其认购的股份对公司承担的有限责任，公司以其全部资产对其债务承担责任的经济组织。

(7)私营企业　指由自然人投资设立或由自然人控股，以雇佣劳动为基础的营利性经济组织。包括按照《公司法》、《合伙企业法》、《私营企业暂行条例》规定登记注册的私营有限责任公司、私营股份有限公司、私营合伙企业和私营独资企业。

(8)港、澳、台商投资企业　指企业注册登记类型中的港、澳、台资合资、合作、独资经营企业和股份有限公司之和。

(9)外商投资企业　指企业注册登记类型中的中外合资、合作经营企业、外资企业和外商投资股份有限公司之和。

"三资"企业系指港、澳、台商投资企业和外资企业的简称。

规模以上工业企业　规模以上工业为年主营业务收入2000万元以上的企业。

轻工业　指主要提供生活消费品和制作手工工具的工业。按其所使用的原料不同，可分为两大类：(1)以农产品为原料的轻工业，是指直接或间接以农产品为基本原料的轻工业。主要包括食品制造、饮料制造、烟草加工、纺织、缝纫、皮革和毛皮制作、造纸以及印刷等工业；(2)以非农产品为原料的轻工业，是指以工业品为原料的轻工业。主要包括文教体育用品、化学药品制造、合成纤维制造、日用化学制品、日用玻璃制品、日用金属制品、手工工具制造、医疗器械制造、文化和办公用机械制造等工业。

重工业　是指为国民经济各部门提供物质技术基础的主要生产资料的工业。按其生产性质和产品用途，可以分为下列三类：(1)采掘(伐)工业，是指对自然资源的开采，包括石油开采、煤炭开采、金属矿开采、非金属矿开采和木材采伐等工业；(2)原材料工业，指向国民经济各部门提供基本材料、动力和燃料的工业。包括金属冶炼及加工、炼焦及焦炭、化学、化工原料、水泥、人造板以及电力、石油和煤炭加工等工业;(3)加工工业,是指对工业原材料进行再加工制造的工业。包括装备国民经济各部门的机械设备制造工业、金属结构、水泥制品等工业,以及为农业提供的生产资料如化肥、农药等工业。

根据上述划分原则,修理业中以重工业产品为修理作业对象的划为重工业,反之划为轻工业。

工业总产值　是以货币表现的工业企业在一定时期内生产的已出售或可供出售工业产品总量,它反映一定时间内工业生产的总规模和总水平。它包括:在本企业内不再进行加工,经检验,包装入库(规定不需包装的产品除外)的成品价值,对外加工费收入,自制半成品、在产品期末初差额价值。工业总产值采用"工厂法"计算,即以工业企业作为一个整体,按企业工业生产活动的最终成果来计算,企业内部不允许重复计算,不能把企业内部各个车间(分厂)生产的成果相加。但在企业之间、行业之间、地区之间存在着重复计算。

轻重工业总产值的划分是按"工厂法"计算的,即一个工业企业生产的主要产品性质属于轻工业,则该企业的全部总产值作为轻工业总产值;如它的主要产品性质属于重工业,则该企业的全部总产值作为重工业总产值。

工业增加值　是指工业行业在报告期内以货币表现的工业生产活动的最终成果。

实收资本　指企业实际收到的投资人投入的资本。按投资主体可分为国家资本、集体资本、法人资本、个人资本、港澳台资本和外商资本等。

资产合计　指企业拥有或控制的能以货币计量的经济资源。包括各种财产、债权和其他权利。资产按其流动性划分为流动资产、长期投资、固定资产、无形及递延资产和其他资产。

(1)流动资产　指企业可以在一年内或者超过一年的一个生产周期内变现或耗用的资产合计。包括现金及各种存款、短期投资、应收及预付款项、存货等。

(2)固定资产　指企业固定资产净值、固定资产清理、在建工程、待处理固定资产损失所占用的资金合计。

(3)无形资产　指企业长期使用而没有实物形态的资产。包括专利权、非专利技术、商标权、著作权、土地使用权、商誉等。

负债合计　指企业承担能以货币计量,将以资产或劳务偿付的债务。负债一般按偿还期长短分为流动负债和长期负债、递延税项等。

(1)流动负债　指企业在一年内或者超过一年的一个营周期内需要偿还的债务合计,其中包括短期借款、应付及预收款项、应付工资、应交税金和应交利润等。

(2)长期负债　指企业在一年以上或者超过一年的一个营业周期以上需要偿还的债务合计,其中包括长期借款、应付债务、长期应付款项等。

所有者权益　指企业投资人对企业净资产的所有权。企业净资产等于企业全部资产减去全部负债后的余额,其中包括投资者对企业的最初投入,以及资本公积金、盈余公积金和未分配利润,对股份制企业即为股东权益。

固定资产原价 指企业在建造、购置、安装、改建、扩建、技术改造某项固定资产时所支出的全部货币总额。它一般包括买价、包装费、运杂费和安装费等。

固定资产净值 是指固定资产原价减去历年已提折旧额后的净额。

流动资产 是指可以在一年或者超过一年的一个营业周期内变现或者耗用的资产,包括现金及各种存款、短期投资、应收及预付货款、存货等。

产品销售收入 指企业销售产品和提供劳务等主要经营业务取得的收入总额。

产品销售成本 指企业销售品和提供劳务等主要经营业务的实际成本。

产品销售税金及附加 指企业销售产品和提供工业性劳务等主要经营业务应负担的城市维护建设税、消费税、资源税和教育费附加。

产品销售利润 指企业销售产品和提供工业性劳务等主要经营业务收入扣除其成本、费用、税金后的利润。

利润总额 指企业实现的利润。

应交增值税 指企业在报告期内应交纳的增值税额。

总资产贡献率 反映企业全部资产的获利能力,是企业经营业绩和管理水平的集中表现,是评价和考核企业盈利能力的核心指标。计算公式为:

总资产贡献率=(利润总额+税金总额+利息支出)/平均资产总额*100%

资产负债率 该指标既反映企业经营风险的大小,也反映企业利用债权人提供的资金从事经营活动的能力。计算公式为:

产负债率=负债总额/资产总额*100%

工业成本费用利润率 指在一定时期内实现的利润与成本费用之比,是反映工业生产成本及费用投入的经济效益指标,同时也是反映降低成本的经济效益的指标。计算公式为:

工业成本费用利润率(%)=利润总额/成本及费用总额*100%

工业增加值率 指在一定时期内工业增加值占同期工业总产值的比重,反映降低中间消耗的经济效益。计算公式为:

工业增加值率(%)=工业增加值(现价)/工业总产值*100%

流动资产周转次数 指在一定时期内流动资产完成的周转次数,反映流动资产的周转速度。计算公式为:

流动资产周转次数=产品销售收入/全部流动资产平均余额

产品销售率 指报告期工业销售产值与同期全部工业总产值之比,是反映工业产品已实现销售的程度,分析工业产销衔接情况,研究工业产品满足社会需求程度的指标。计算公式为:

产品销售率(%)=工业销售产值/工业总产值(现价)*100%

全员劳动生产率　指根据产品的价值量指标计算的平均每一个从业人员在单位时间内的产品生产量。是考核企业经济活动的重要指标,是企业生产技术水平、经营管理水平、职工技术熟练程度和劳动积极性的综合表现。目前我国的全员劳动生产率是将工业企业的工业增加值除以同一时期全部从业人员的平均人数来计算的。计算公式为:

全员劳动生产率(%)=工业增加值/全部从业人员平均人数*100%

四、交通运输业

4－1 交通运输业基本情况

	2008	2009	2010	2011	2012	2013	2014	比上年增长(%)
客运量总计(万人)	**3150.41**	**3373.04**	**3802.30**	**4388.82**	**4829.07**	**5326.85**	**5655.52**	**6.17**
铁路	777.16	874.19	975.81	1042.06	996.95	1042.03	1084.23	4.05
公路	2253.18	2346.24	2627.00	2965.86	3373.82	3719.86	3871.29	4.07
民用航空	120.07	152.61	199.49	380.90	458.30	564.96	700.00	23.90
货运量总计(万吨)	**7206.66**	**7358.37**	**8054.29**	**8907.70**	**9671.89**	**10509.61**	**11139.69**	**6.00**
铁路	1318.65	1202.33	1221.15	1214.52	1003.95	974.43	936.11	-3.93
公路	5887.00	6155.00	6832.00	7663.50	8664.34	9531.00	10198.88	7.01
民用航空	1.01	1.04	1.14	2.68	3.60	4.18	4.70	12.44
公路货运周转量(万吨公里)	**268812**	**299187**	**348553**	**408905**	**575369**	**822779**	**1033571**	**25.62**
公路旅客周转量(万人公里)	**236636**	**247188**	**286738**	**331490**	**481164**	**544721**	**582882**	**7.01**

4－2 客运量和货运量

年份	客运量合计(万人)	铁路	公路	民航	货运量合计(万吨)	铁路	公路	民航
1983	833	389	444		1616	1007	609	
1984	1165	452	709	5	1721	1040	681	0. 11
1985	1000	466	527	7	1541	817	724	0. 17
1986	1121	503	606	12	1723	942	781	0. 17
1987	1167	517	638	12	1977	1073	904	0. 20
1988								
1989	1273	510	753	10	2075	905	1170	0. 23
1990	1037	405	620	12	2282	892	1390	0. 18
1991	1163	409	736	18	2529	896	1633	0. 25
1992	1250	434	790	26	3015	1191	1824	0. 30
1993	1303	447	828	29	2701	703	1998	0. 30
1994	1342	460	863	19	2849	599	2249	0. 35
1995	1381	448	904	29	3245	724	2521	0. 40
1996	1477	416	1003	59	3559	725	2833	0. 32
1997	1569	431	1082	55	3932	742	3190	0. 34
1998	1693	443	1224	26	4273	698	3574	0. 35
1999	1832	459	1345	28	4749	764	3985	0. 41
2000	2002	476	1483	43	5167	815	4351	0. 53
2001	2141	499	1608	33	5401	758	4642	0. 60
2002	2253	556	1662	35	5634	824	4809	0. 99
2003	2209	474	1695	40	5581	653	4927	0. 80
2004	2416	567	1798	51	5786	783	5002	0. 88
2005	2546	587	1896	63	5972	821	5151	0. 64
2006	2732	636	1996	100	6264	903	5360	0. 75
2007	2926	673	2112	141	6839	1235	5604	0. 95
2008	3150	777	2253	120	7207	1319	5887	1. 01
2009	3373	847	2346	153	7358	1202	6155	1. 04
2010	3802	976	2627	199	8054	1221	6832	1. 14
2011	4389	1042	2966	381	8908	1215	7664	2. 68
2012	4829	997	3374	458	9672	1004	8664	3. 60
2013	5327	1042	3720	565	10510	974	9531	4. 18
2014	5656	1084	3871	700	11140	936	10199	4. 70

4－3 邮电业务基本情况

	2008	2009	2010	2011	2012	2013	2014
邮电业务总量(亿元)	28.50	29.36	36.05	44.27	48.90	53.38	69.34
电信业务总量(亿元)	26.58	27.64	34.35	42.43	47.14	51.40	64.50
邮政业务总量(亿元)	1.92	1.72	1.70	1.84	1.76	1.98	4.84
快递企业业务量(万件)				1098.07	1360.15	1110.80	1703.92
函件(万件)	1122.21	1301.93	1182.71	1129.56	1548.69	1573.58	1320.33
普通包件(万件)	29.93	27.86	9.14	8.94	9.99	9.41	7.70
代办特快专递(万件)	79.19	66.18	71.00	72.42	68.24	61.61	51.30
报刊期发数(万份)				5750.71	6458.60	6497.37	61.33
固定长途电话(万分)				27084.31	23156.38	18791.68	15693.23
本地电话年末用户(万户)	113.92	98.38	104.66	105.45	94.39	92.57	76.72
普通电话	45.56	74.98	88.29	89.15	51.85	53.16	59.44
公用电话	14.00	23.40	16.37	16.30	15.78	16.63	14.18
年末移动电话用户(万户)	263.90	293.54	349.25	390.04	418.93	469.36	527.37
国际互联网用户(万户)	29.69	38.2	50.04	46.86	49.69	54	73.72
邮电局所(处)	164	165	165	145	147	146	150
集邮业务(万枚)	817.72	822.31	650.83	1159.35	921.52	862.54	726.00

注:1. 由于邮政报刊期发数由原来的期末数变为累计数。
2. 2014年邮政业务总量包括邮政企业业务总量和快递企业业务总量两部分。

主要统计指标解释

货(客)运量 指在一定时期内,各种运输工具实际运送的货物(旅客)数量。它是反映运输业为国民经济和人民生活服务的数量指标,也是制定和检查运输生产计划、研究运输发展规模和速度的重要指标。货运按吨计算,客运按人计算。货物不论运输距离长短、货物类别,均按实际重量统计。旅客不论行程远近或票价多少,均按一人一次客运量统计;半价票、小孩票也按一人统计。

邮电业务总量 指以价值量形式表现的邮电通信企业为社会提供各类邮电通信服务的总数量。邮电业务量按专业分类包括函件、包件、汇票、报刊发行、邮政快件、特快专递、邮政储蓄、集邮、公众电报、用户电报、传真、长途电话、出租电路、移动电话、分组交换数据通信、出租代维等。计算方法为各类产品乘以相应的平均单价(不变价)之和,再加上出租电路和设备、代用户维护电话交换机和线路等的服务收入。它综合反映了一定时期邮电业务发展的总成果,是研究邮电业务量构成和发展趋势的重要指标。计算公式为:

邮电业务总量=Σ(各类邮电业务量×不变单价)+出租代维及其他业务收入

移动电话用户 是指通过移动电话交换机进入移动电话网、占用移动电话号码的电话用户。用户数量以报告期末在移动电话营业部门实际办理登记手续进入移动电话网的户数进行计算,一部移动电话统计为一户。

电话用户 指接入国家公众固定电话网,并按固定电话业务进行经营管理的电话用户。1997年以前,电话用户分为市内电话用户和农村电话用户。"市内电话用户"是指接入县城及县以上城市的电话网上的电话用户;"农村电话用户"是指接入县邮电局农话台及县以下农村电话交换点,以县城为中心(除市话用户外)联通县、乡(镇)、行政村、村民小组的用户。从1997年起,电话用户数分组调整为以用户所在区域划分为"城市电话用户"和"乡村电话用户",与过去的按市内电话和农村电话划分方法不同。而电话用户总数、电话机总部数统计范围不变。

城市电话用户 指直辖市、省辖市、地级市、县级市的市区、市郊区及县城(包括县人民政府所在地的县城关区或行政建制相当于县人民政府所在地的镇)范围内接入局用交换机的电话用户数,包括分布在农村地区的独立工矿区、林区、驻军等接入局用交换机的电话用户数。

乡村电话用户 指县城关区以下的集镇和农村接入局用交换机的电话用户数。

住宅电话用户 是指安装在居民住宅或农民家里并按照住宅电话登记注册和收费的电话用户。包括私人付费、单位付费和按规定免费安装的住宅电话用户。

局用交换机容量 是指安装在本地电信运营商内用于接结续本地固定电话的电话交换机容量,有倍增设备按倍增后的数量计算。包括现用和备用的人工或自动交换机的全部容量。

五、农业

5－1各县区农村基本情况

	乡镇数(个)	镇	村民委员会(个)	乡村户数(万户)	乡村人口(万人)
兰州市	**61**	**36**	**757**	**33.10**	**126.24**
城关区			33	1.16	4.07
七里河区	6	4	62	2.22	9.25
西固区	6	2	49	2.40	8.02
安宁区					
红古区	4	3	34	1.40	5.80
永登县	16	11	200	9.13	35.79
皋兰县	6	5	57	3.32	11.49
榆中县	20	8	268	9.97	38.19
兰州新区	3	3	54	3.50	13.63

5－2各县区农村劳动力情况

单位:万人

	农村劳动力	乡村从业人员	农林牧渔业	工业	建筑业	交通运输仓储及邮政业	批发零售贸易业	住宿和餐饮业
兰州市	80.00	69.02	37.71	5.59	5.17	3.66	2.44	1.98
城关区	2.34	2.05	0.78	0.15	0.01	0.19	0.24	0.11
七里河区	5.75	5.20	3.13	0.58	0.17	0.23	0.21	0.14
西固区	4.98	4.50	1.82	0.70	0.32	0.37	0.23	0.19
安宁区								
红古区	3.91	3.13	1.88	0.25	0.24	0.24	0.18	0.11
永登县	23.81	20.66	10.79	1.60	1.45	1.28	0.70	0.57
皋兰县	7.09	6.34	3.50	0.46	0.47	0.40	0.25	0.23
榆中县	24.64	20.43	12.31	1.16	2.06	0.67	0.42	0.44
兰州新区	7.48	6.71	3.50	0.69	0.45	0.28	0.21	0.19

5－3 农林牧渔业增加值

单位:万人

年份	农林牧渔业增加值	农业	林业	牧业	渔业	服务业
1979	7788.36	6638.07	110.88	1038.06	1.38	
1980	9392.15	8045.01	132.86	1213.24	1.04	
1981	7994.08	6504.60	193.21	1295.24	1.03	
1982	8420.08	6584.56	455.83	1378.05	2.00	
1983	11178.75	8947.76	676.09	1553.05	1.85	
1984	14017.15	11046.91	994.06	1974.45	1.73	
1985	18976.08	15294.47	1041.19	2635.64	4.78	
1986	22036.67	17611.67	911.00	3492.48	21.52	
1987	23296.91	18423.25	746.92	4077.74	49.00	
1988	30603.00	22452.91	741.23	7239.48	169.38	
1989	38054.41	27624.39	716.71	9578.27	135.05	
1990	42605.00	31278.31	1198.86	9800.29	327.54	
1991	50054.63	36455.46	1287.62	11901.63	409.92	
1992	55261.00	41527.47	968.69	12226.92	537.92	
1993	65390.76	49687.61	1320.88	13853.49	528.78	
1994	95391.00	67546.45	2431.70	24568.40	844.45	
1995	118296.96	89095.33	2856.17	25149.63	1195.83	
1996	137205.13	103602.91	3229..78	29073.27	1299.17	
1997	140826.62	101431.00	3262.37	34891.39	1240.97	
1998	152430.54	116295.29	3248.73	31399.17	1487.35	
1999	156129.94	119674.18	2851.99	31506.43	2097.34	
2000	158915.80	121106.04	3299.07	33007.61	1503.08	
2001	168914.30	129533.55	2800.48	34706.09	1874.18	
2002	176821.31	135578.93	2300.11	37217.84	1724.43	
2003	185709.77	140560.98	2754.87	38760.00	1700.40	
2004	206062.21	147959.34	2409.67	51800.50	1665.82	2226.83
2005	221299.01	162258.36	1174.17	53642.65	1880.66	2343.17
2006	227335.06	165709.78	1634.15	55151.49	2141.87	2697.77
2007	260863.43	198151.39	1425.23	56178.84	2177.63	2930.35
2008	281007.69	223506.73	1756.52	47491.08	2732.45	5520.91
2009	305453.65	248499.34	1911.75	46525.01	2669.97	5847.58
2010	337891.83	275887.33	2861.70	52621.57	496.06	6025.21
2011	400073.13	324875.17	3864.68	62003.54	640.14	8689.60
2012	445480.50	363945.30	3845.21	67444.56	676.85	9568.58
2013	491187.84	403270.68	3544.58	72682.30	1104.16	10586.12
2014	536429.14	443085.82	3567.76	76774.59	978.48	12022.49

注:1. 自2003年起农林牧渔业增加值为新行业口径,新增农林牧渔服务业;包括农业、林业、牧业、渔业和农林牧渔服务业增加值;

2. 2008年农林牧渔业有关数据为农普口径统计数据,增速为可比速度。

5－4 农林牧渔业增加值指数

（上年=100）

年份	农林牧渔业增加值	农业	林业	牧业	渔业	服务业
1979	91.22	90.94	97.74	91.90	120.64	
1980	116.38	116.52	100.82	117.47	76.63	
1981	80.78	77.28	140.01	92.49	84.28	
1982	110.09	105.85	240.79	108.59	193.66	
1983	124.86	128.12	140.26	106.71	93.45	
1984	117.78	114.97	140.86	121.65	92.58	
1985	128.48	131.52	85.46	135.44	358.13	
1986	109.90	108.54	87.89	122.57	198.01	
1987	97.50	97.07	81.89	101.32	394.66	
1988	100.60	101.82	85.77	98.42	113.07	
1989	109.64	107.26	79.81	129.21	119.04	
1990	110.88	110.45	115.30	106.56	129.05	
1991	112.49	116.61	74.64	102.90	98.43	
1992	107.23	108.74	96.52	102.31	106.62	
1993	102.74	92.72	169.67	137.29	159.33	
1994	101.18	101.96	104.93	98.72	101.45	
1995	101.20	102.73	97.83	96.67	120.55	
1996	105.83	107.53	102.31	101.04	106.33	
1997	103.60	100.78	97.72	113.47	95.79	
1998	107.10	112.87	101.33	90.94	114.79	
1999	120.42	119.27	121.58	127.15	107.02	
2000	107.60	107.09	116.48	107.45	90.42	
2001	105.50	105.60	98.00	106.00	105.80	
2002	104.80	105.40	70.70	105.70	107.80	
2003	104.90	104.84	130.00	104.87	100.00	
2004	103.27	100.94	96.61	111.90	96.76	115.17
2005	104.05	104.88	42.69	104.20	112.90	105.22
2006	103.11	101.97	135.51	104.92	113.92	115.13
2007	103.69	107.59	79.45	92.52	101.67	108.62
2008	105.71	103.96	123.90	115.74	103.87	103.32
2009	106.17	106.39	105.00	104.80	116.99	103.74
2010	105.01	104.89	138.64	109.08	34.11	99.46
2011	105.20	104.37	119.38	104.65	118.54	139.21
2012	106.70	107.26	95.30	104.56	100.37	106.29
2013	105.80	106.35	88.06	103.19	155.96	107.01
2014	106.28	106.81	97.46	103.31	89.60	111.23

5－5 农林牧渔业增加值及构成

	绝对数(万元)		构成(%)		比上年增长(%)
	2013	2014	2013	2014	
农林牧渔业增加值	**491187.84**	**536429.14**	**100.00**	**100.00**	**6.28**
农业	403270.68	443085.82	82.10	82.60	6.81
林业	3544.58	3567.76	0.72	0.67	-2.54
牧业	72682.30	76774.59	14.80	14.31	3.31
渔业	1104.16	978.48	0.22	0.18	-10.40
农林牧渔服务业	10586.12	12022.49	2.16	2.24	11.23

5－6 各县区农林牧渔业增加值

单位:万元、%

	农林牧渔业增加值	农业	林业	牧业	渔业	服务业	比上年增长
兰州市	536429.14	443085.82	3567.76	76774.59	978.48	12022.49	6.28
城关区	17529.96	15089.80	873.57	746.76		819.83	6.25
七里河区	48879.40	33212.47	17.41	12683.83		2965.69	6.35
西固区	39254.96	33516.89	51.61	5340.98	146.96	198.52	6.75
安宁区	3382.23	2128.70	362.67	733.30		157.56	5.99
红古区	86675.08	78347.60	110.65	7757.88	83.77	375.18	6.60
永登县	101146.69	78661.59	375.86	21012.81	688.23	408.20	6.41
皋兰县	56825.82	47990.18	927.58	6399.03	0.75	1508.28	6.21
榆中县	144644.74	124665.30	202.11	15221.86	58.77	4496.70	6.69
兰州新区	38090.26	29473.29	646.30	6878.14		1092.53	3.34

5－7 农林牧渔业总产值

单位:万元、%

	农林牧渔业总产值		构成	
	2013	2014	2013	2014
农林牧渔业总产值	797047. 49	870092. 48	100. 00	100. 00
农业产值	636353. 61	696390. 44	79. 84	80. 04
谷物	78687. 15	83790. 94	9. 87	9. 63
豆类	8788. 71	7930. 28	1. 10	0. 91
油料	12557. 47	10266. 68	1. 58	1. 18
麻类				
薯类	36965. 22	37397. 97	4. 64	4. 30
蔬菜	412688. 85	453037. 92	51. 78	52. 07
瓜类	20042. 45	21084. 10	2. 51	2. 42
中药材	12007. 27	25920. 31	1. 51	2. 98
林业产值	7775. 75	8785. 83	0. 98	1. 01
林木的培育和种植	7751. 72	8782. 69	0. 97	1. 01
木材采运	22. 75	1. 20		
林产品的采集	1. 28	1. 94		
牧业产值	110664. 84	117287. 28	13. 88	13. 48
牲畜	41535. 32	46882. 28	5. 21	5. 39
猪	48664. 00	48842. 29	6. 11	5. 61
羊	13205. 70	14267. 39	1. 66	1. 64
家禽饲养	19597. 85	21050. 24	2. 46	2. 42
渔业产值	1537. 45	1388. 70	0. 19	0. 16
农林牧渔服务业产值	40715. 84	46240. 23	5. 11	5. 31

5－8 农作物播种面积

	1995	2005	2007	2008	2009	2010	2011	2012	2013	2014
总播种面积(万亩)	**319.95**	**304.16**	**309.46**	**309.66**	**319.89**	**320.03**	**328.63**	**333.36**	**345.19**	**350.12**
谷物及其它作物播种面积		**237.81**	**235.84**	**231.25**	**238.2**	**236.83**	**238.93**	**234.88**	**236.93**	**231.45**
粮食作物	256.29	187.18	186.08	188.69	199.50	194.94	197.12	195.25	196.26	191.51
夏粮	200.80	119.30	107.78	101.52	103.80	96.20	93.63	89.58	86.82	78.89
秋粮	55.49	67.88	78.30	87.17	95.70	98.74	103.49	105.67	109.44	112.62
谷物	182.74	112.82	115.97	119.90	131.68	127.20	128.30	127.38	126.47	120.66
小麦	159.81	75.67	70.73	68.00	73.24	68.58	67.41	66.26	65.16	60.62
玉米	8.75	14.32	24.04	34.48	41.55	47.81	51.43	52.00	52.62	54.22
豆类	40.56	32.45	24.37	20.78	18.74	19.94	19.26	17.18	15.74	14.22
大豆	0.87	0.62	0.29	0.59	0.18	0.22	0.24	0.19	0.15	0.15
薯类	32.99	41.91	45.74	48.01	49.08	47.80	49.56	50.69	54.05	56.63
油料	22.66	29.88	27.59	24.71	25.09	25.14	24.39	22.71	20.64	17.95
甜菜	1.58	0.53	0.64	0.69	0.57	0.56	0.52	0.44	0.46	0.20
蔬菜园艺播种面积		**57.95**	**65.22**	**68.81**	**71.96**	**73.43**	**75.72**	**82.08**	**88.74**	**94.06**
蔬菜	20.66	57.73	65.01	68.61	71.65	73.17	75.47	81.85	88.49	93.77
花卉		0.22	0.21	0.2	0.31	0.26	0.25	0.23	0.25	0.29
瓜果播种面积		**5.54**	**6.12**	**6.83**	**6.84**	**7.01**	**7.22**	**7.65**	**7.81**	**8.15**
瓜类	2.73	5.03	5.81	6.56	6.53	6.76	6.97	7.43	7.62	7.96
草莓		0.51	0.31	0.27	0.31	0.25	0.25	0.2	0.19	0.19
药材播种面积	**0.64**	**2.86**	**2.28**	**2.77**	**2.89**	**2.76**	**6.76**	**8.75**	**11.71**	**16.46**
占总播种面积比重(%)	**100**	**100**	**100**	**100**	**100**	**100**	**100**	**100**	**100**	**100**
谷物及其它作物播种面积		**78.19**	**76.21**	**74.68**	**74.46**	**74.00**	**72.70**	**70.46**	**68.64**	**66.11**
粮食作物	80.1	61.54	60.13	60.93	62.37	60.91	59.98	58.57	56.86	54.54
夏粮	62.76	39.22	34.83	32.78	32.45	30.06	28.49	26.87	25.15	22.4
秋粮	17.34	22.32	25.30	28.15	29.92	30.85	31.49	31.7	31.7	31.89
谷物	57.12	37.09	37.47	38.72	41.16	39.75	39.04	38.21	36.64	34.07
小麦	49.95	24.88	22.86	21.96	22.90	21.43	20.51	19.88	18.88	17.07
玉米	2.73	4.71	7.77	11.13	12.99	14.94	15.65	15.6	15.24	15.23
豆类	12.68	10.67	7.88	6.71	5.86	6.23	5.86	5.15	4.56	3.98
大豆	0.27	0.2	0.09	0.19	0.06	0.07	0.07	0.06	0.04	0.04
薯类	10.31	13.78	14.78	15.5	15.34	14.94	15.08	15.21	15.66	15.77
油料	7.08	9.82	8.92	7.98	7.84	7.86	7.42	6.81	5.98	4.98
甜菜	0.49	0.17	0.21	0.22	0.18	0.17	0.16	0.13	0.13	0.06
蔬菜园艺播种面积		**19.05**	**21.08**	**22.22**	**22.50**	**22.94**	**23.04**	**24.62**	**25.71**	**26.87**
蔬菜	6.46	18.98	21.01	22.16	22.40	22.86	22.97	24.55	25.64	26.79
花卉		0.07	0.07	0.06	0.10	0.08	0.08	0.07	0.07	0.08
瓜果播种面积		**1.82**	**1.98**	**2.21**	**2.14**	**2.19**	**2.20**	**2.29**	**2.26**	**2.32**
瓜类	0.85	1.65	1.88	2.12	2.04	2.11	2.12	2.23	2.21	2.27
草莓		0.17	0.10	0.09	0.10	0.08	0.08	0.06	0.06	0.05
药材播种面积	**0.2**	**0.94**	**0.74**	**0.89**	**0.90**	**0.86**	**2.06**	**2.62**	**3.39**	**4.70**

注：自2003年起其他农作物、经济作物的划分有变化。

5－9 各县区农作物播种面积

单位:万亩

	农作物播种面积	粮食			油料	药材	蔬菜	果园面积
			小麦	玉米				
兰州市	350.13	191.51	60.62	54.22	17.95	16.46	93.77	16.83
城关区	2.97	0.23	0.01	0.22			2.52	0.73
七里河区	15.97	3.00	0.38	2.57	0.06	0.12	12.77	1.07
西固区	8.54	1.05	0.36	0.63	0.06	0.04	7.24	1.52
安宁区	0.44						0.43	0.32
红古区	12.38	2.41	0.59	1.79	0.15		9.12	2.00
永登县	112.52	75.47	28.17	15.29	7.77	2.20	12.12	2.79
皋兰县	31.66	12.64	2.90	3.06	2.28		9.87	6.14
榆中县	131.21	78.02	18.26	29.60	4.44	13.74	33.69	0.50
兰州新区	34.44	18.69	9.95	1.06	3.19	0.36	6.01	1.76

5－10 耕地面积

	兰州市	城关区	七里河区	西固区	安宁区	红古区	永登县	皋兰县	榆中县	兰州新区
年初耕地面积(万亩)	313.80	1.64	15.14	5.45	0.29	7.41	112.17	28.81	103.89	39.00
当年增加耕地面积(万亩)	0.99				0.01	0.42		0.51	0.05	
新开荒地面积	0.41				0.01	0.40				
治河造田面积										
当年减少的耕地面积(万亩)	4.38					0.02			0.84	3.52
国家基建占地(亩)	32725.84					180.00			2433.17	30112.67
乡村基建占地(亩)	20.00				20.00					
农民庄基占地(亩)										
因灾废弃(亩)										
还林还牧(亩)										
其他(亩)	11047.00								5958.00	5089
年末耕地面积(万亩)	310.40	1.64	15.14	5.45	0.29	7.81	112.17	29.32	103.10	35.48
水田	0.10								0.10	
旱地	310.30	1.64	15.14	5.45	0.29	7.81	112.17	29.32	103.00	35.48
在册耕地退耕造林面积(亩)										
在册耕地退耕种草面积(亩)										

5－11 主要农产品产量

	1995	2005	2007	2008	2009	2010	2011	2012	2013	2014
主要农产品产量(万吨)										
粮食	29.57	32.30	37.17	38.75	38.79	40.38	42.39	44.20	46.80	47.23
夏粮	19.47	18.65	18.73	18.38	16.52	18.08	16.97	17.14	17.50	17.99
秋粮	10.10	13.64	18.44	20.37	22.27	22.30	25.42	27.06	29.30	
谷物	21.72	20.97	26.11	27.46	27.91	29.58	31.45	32.03	33.70	33.99
稻谷	0.01	0.06	0.06	0.06	0.01	0.02	0.05	0.04	0.04	0.04
小麦	16.92	12.23	12.47	12.30	11.75	12.44	12.25	11.99	12.71	14.63
玉米	3.94	5.46	10.13	11.55	13.75	14.32	16.97	17.65	18.59	18.10
豆类	2.85	4.35	3.44	2.83	2.58	3.22	2.67	2.95	2.67	2.31
薯类	5.00	7.00	7.61	8.46	8.30	7.59	8.28	9.21	10.52	10.92
油料	1.20	2.39	2.23	2.11	1.98	2.26	2.23	2.56	2.53	2.04
胡麻子油	0.73	1.79	1.64	1.64	1.56	1.77	1.63	2.04	1.89	1.51
油菜籽	0.46	0.60	0.54	0.42	0.36	0.45	0.53	0.47	0.53	0.50
甜菜	1.78	0.61	0.67	0.70	0.45	0.53	0.51	0.44	0.53	0.26
烟叶	0.07	0.07	0.04		0.02		0.01	0.02	0.01	0.01
百合	1.43	3.45	3.11	3.03						
药材	0.06	0.70	0.70	0.62	0.76	0.63	0.99	1.26	1.69	2.89
蔬菜	65.63	152.86	163.70	172.30	186.66	198.09	209.23	22.93	251.58	271.30
水果	9.22	10.58	12.47	12.34	12.65	12.90	13.10	13.56	14.50	15.35
农产品单位面积产量(公斤/亩)										
粮食	115.40	172.56	199.74	205.35	194.45	187.91	215.07	226.36	238.75	246.62
谷物	118.87	185.85	225.18	229.02	211.93	232.51	245.10	251.45	266.22	281.72
油菜籽	83.84	81.17	63.71	79.25	64.19	83.75	81.56	85.82	91.58	92.72
甜菜	1128.26	1151.89	1045.16	1016.00	782.11	953.57	986.54	1002.27	1160.43	1278.00
烟叶	113.05	428.56	221.15	178.08	131.46	204.57	219.10	263.13	176.83	160.74

5-12 分县区农产品产量

单位:吨

	粮食			蔬菜	油料
		小麦	玉米		
兰州市	47.23	14.63	18.10	271.29	2.04
城关区	0.07		0.07	9.01	
七里河区	1.22	0.06	1.16	23.60	
西固区	0.46	0.09	0.36	28.34	0.01
安宁区				1.09	
红古区	1.44	0.24	1.18	62.25	0.03
永登县	16.39	5.78	5.01	34.02	0.79
皋兰县	3.95	0.59	1.57	24.27	0.46
榆中县	19.02	4.89	8.34	80.16	0.49
兰州新区	4.68	2.98	0.41	8.55	0.26

5-13 水果、水产品生产情况

	1995	2005	2010	2011	2012	2013	2014
水果产量(吨)	92180.62	105806.98	128975.81	131001.07	135606.01	144929.77	153528.46
苹果	39148.16	46944.60	60267.45	62926.84	64873.99	69017.84	72590.22
梨	30049.93	21352.58	22912.88	23136.23	23027.55	24714.53	24369.95
葡萄	822.67	2499.60	3152.70	3310.00	4447.60	4661.50	6560.50
红枣	1406.10	3584.55	5087.00	4112.70	4672.90	5208.90	5929.40
杏子	1253.78	2348.93	5919.88	3898.10	3921.15	4652.84	4777.02
桃子	17892.60	27994.8	29964.00	31276.90	32980.50	35083.96	36431.98
草莓	1607.38	8570	4161.52			3075.80	3155.61
果园面积(万亩)	19.39	15.35	16.09	16.35	16.46	16.81	16.83
苹果园	9.25	5.24	5.18	5.09	5.10	5.20	5.20
梨园	5.00	4.10	3.67	3.63	3.61	3.63	3.62
桃园	3.80	4.23	3.82	3.73	3.71	3.68	3.69
杏园	0.63	0.86	1.60	1.53	1.70	1.73	1.66
水产品产量(吨)	1196	1627	1162	1263	1256	1690	1543
水产品养殖面积(亩)	7806	6934	7295	7318	7301	7464	7161

5－14 分县区水果、水产品生产情况

	水果产量(吨)			水产品产量(吨)	水产品养殖面积(亩)
		苹果	桃子		
兰州市	153528	72590	36432	1543	7161
城关区	19961	16459	1342		
七里河区	14097	4993	6101		
西固区	20872	8290	2030	272	464
安宁区	3755	30	3257		
红古区	49841	27876	11663	149	375
永登县	8525	2195	335	980	4212
皋兰县	29310	9868	11461	30	30
榆中县	4671	2401	243	112	2080
兰州新区	2496	479			

5－15 林业生产

	1995	2005	2007	2008	2009	2010	2011	2012	2013	2014
当年造林面积(万亩)	5. 79	5. 22	7. 38	6. 15	4. 28	6. 62	4. 8	4. 76	6. 04	8. 16
人工造林	5. 79	5. 22	7. 38	6. 15	4. 28	6. 62	4. 80	4. 76	5. 04	5. 01
飞机播种造林										
防护林	2. 04	4. 85	7. 05	3. 92	2. 02	2. 22	2. 20	2. 89	2. 70	4. 75
用材林	0. 40			0. 06	0. 06			0. 01	0. 01	0. 08
经济林	1. 24	0. 37	0. 33	2. 17	1. 22	4. 40	2. 60	1. 86	3. 23	3. 40
幼林抚育作业面积(万亩)	11. 09	8. 65	29. 88	28. 86	32. 88	37. 05	18. 04	16. 86	10. 90	11. 33
成林抚育作业面积(万亩)	4. 40	18. 91	19. 94	20. 31	18. 05	17. 54	33. 41	34. 93	36. 75	39. 25
迹地更新(万亩)	0. 01									0. 10
当年零星(四旁)植树(万株)	294. 63	285. 72	266. 06	248. 52	250. 54	223. 59	236. 19	206. 04	230. 93	81. 25
年末实有育苗面积(万亩)	0. 36	0. 91	0. 73	0. 68	0. 80	0. 69	1. 27	2. 01	1. 84	2. 28
本年新育面积(万亩)	0. 15	0. 21	0. 17	0. 18	0. 18	0. 16	0. 17	0. 75	0. 51	0. 34
林产品产量(吨)										
核桃	25. 40	10. 00	8. 00	9. 00	192. 00	195. 00			601. 60	2762. 17
花椒	56. 80	80. 40	73. 56	81. 20	98. 64	82. 54			60. 30	53. 96

5－16 牲畜存栏及畜产品产量

	1995	2005	2007	2008	2009	2010	2011	2012	2013	2014
大牲畜年末头数(万头)	14.59	14.68	14.45	10.44	10.51	10.66	10.28	9.82	9.34	9.07
牛	2.78	5.22	5.72	4.44	4.69	4.86	4.91	4.79	4.98	5.01
良种乳牛	0.67	2.58	2.72	1.80	2.41	2.48	2.49	2.55	2.64	2.74
马	1.09	0.72	0.72	0.16	0.16	0.22	0.20	0.19	0.25	0.23
骡	5.76	4.81	4.47	3.34	3.25	3.09	2.94	2.74	2.22	2.07
驴	4.94	3.93	3.54	2.50	2.41	2.49	2.24	2.10	1.89	1.76
肉猪出栏头数(万头)	45.52	46.43	43.33	29.23	31.08	33.32	31.72	33.41	34.76	36.18
猪年末头数(万头)	45.84	41.03	34.24	28.94	31.44	34.39	34.55	35.53	36.50	37.20
羊年末只数(万只)	53.78	63.02	60.30	53.15	55.04	60.46	61.79	60.62	61.93	67.30
山羊	6.76	7.93	7.80	6.86	7.04	8.82	10.61	9.20	8.79	9.23
绵羊	47.02	55.09	52.50	46.29	48.00	51.64	51.18	51.42	53.14	58.07
肉类产品(万吨)	4.30	4.19	4.00	2.81	2.92	3.14	3.06	3.20	3.31	3.49
猪牛羊肉(吨)	37939.79	38983.00	37051.10	25391.10	26450.50	28436.90	27346.20	27929.80	29781.70	31345.24
猪肉(吨)	32911.54	33458.40	31213.80	21045.60	22377.60	23990.40	22838.40	24055.20	25027.20	25797.54
牛肉(吨)	524.39	462.50	638.50	555.00	576.00	633.00	806.50	700.50	786.50	869.14
羊肉(吨)	4503.86	5062.10	5198.80	3790.50	3496.90	3813.50	3701.30	3804.10	3968.00	4698.56
牛奶产量(吨)	40320.39	85368.10	84435.80	52750.80	61601.00	64993.30	65380.80	66569.50	68865.30	74268.85
羊奶产量(吨)	114.14	124.00	174.00	153.00	99.00	141.00	387.00	256.00	274.00	260.33
绵羊毛(吨)	1306.50	966.68	905.45	798.98	852.40	926.93	945.64	942.81	973.02	1024.83
山羊毛(吨)	68.10	39.77	39.30	34.56	35.34	44.24	53.23	46.18	44.13	50.73
羊绒(吨)	16.46	10.72	10.21	9.13	9.69	12.68	15.73	13.46	12.63	13.41
禽蛋产量(万吨)	1.32	1.50	1.61	1.46	1.61	1.73	1.89	1.94	1.90	2.00
蜂蜜产量(吨)	13.12				0.90					

5－17 分县区畜牧业生产情况

	大牲畜存栏（万头）	羊存栏数（万只）	牛出栏数（万头）	猪出栏数（万头）	羊出栏数（万只）	绵羊毛产量（吨）	猪牛羊肉总产量（吨）
兰州市	9.07	67.30	0.82	36.18	28.68	1024.83	31345.24
城关区	0.17	0.53	0.03	0.66	0.27	7.15	553.77
七里河区	1.27	2.40	0.15	2.23	0.78	36.92	1886.86
西固区	0.40	1.79	0.04	1.61	0.96	25.99	1357.41
安宁区	0.06	0.21	0.00	0.35	0.25	4.24	295.35
红古区	0.78	4.50	0.08	3.16	1.77	65.14	2673.76
永登县	2.30	32.26	0.16	11.69	10.13	565.13	10108.37
皋兰县	0.18	8.92	0.02	3.47	5.61	155.79	3355.53
榆中县	3.54	13.69	0.32	10.94	7.43	139.70	9311.48
兰州新区	0.37	3.00	0.02	2.07	1.48	24.77	1802.71

5－18 受灾面积和成灾面积

单位：万亩、%

年份	受灾面积	成灾面积	成灾面积占受灾面积比重	水灾		旱灾	
				受灾面积	成灾面积	受灾面积	成灾面积
1992	124.90	92.62	74.16	5.59	3.22	81.62	64.32
1993	94.84	60.86	64.17	0.03	0.03	27.85	19.51
1994	88.65	71.92	81.13	2.34	2.24	64.04	51.61
1995	217.71	192.91	88.61	2.47	2.02	188.66	171.63
1996	39.66	26.00	65.56	0.79	0.73	6.03	5.14
1997	137.75	99.55	72.27	21.01	20.80	89.77	57.62
1998	52.03	37.75	72.55	12.10	7.75	21.49	18.10
1999	133.22	97.84	73.44	8.69	6.36	95.52	68.71
2000	191.45	153.75	80.31	1.96	1.93	172.37	138.94
2001	120.35	92.78	77.09	1.17	0.98	101.61	77.68
2002	54.96	39.53	71.93	3.50	2.26	17.99	14.62
2003	77.81	58.62	75.34	1.41	0.82	44.81	34.53
2004	148.35	123.37	83.16	3.78	3.77	116.67	104.04
2005	122.87	100.36	81.68	5.84	5.06	110.21	91.62
2006	153.78	118.81	77.26	2.23	2.08	137.08	104.79
2007	128.05	98.71	77.09	5.00	3.77	110.85	87.60
2008	100.76	67.50	67.00	0.68	0.54	80.82	53.58
2009	124.49	91.64	73.61	0.02	0.02	111.79	82.20
2010	159.92	106.48	66.58	5.05	3.93	107.57	69.24
2011	151.06	112.56	74.51	1.59	1.07	130.28	99.57
2012	122.51	84.82	69.24	18.14	16.41	86.44	53.72
2013	136.79	72.03	52.66	7.14	6.41	111.41	50.77
2014	46.42	29.06	62.60	1.65	1.19	1.17	2.29

5－19 农业现代化

	1995	2005	2010	2011	2012	2013	2014
农业机械化							
当年机耕地面积(万亩)	101.95	145.67	146.75	161.28	174.66	191.39	204.84
占总耕地地面积(%)	31.05	47.89	45.86	51.36		60.99	65.99
当年机播面积(万亩)	31.00	47.65	90.14	102.17	111.57	121.40	134.57
占总播种面积(%)	9.69	15.67	28.17	31.09		35.17	38.44
农业水利化							
有效灌溉面积(万亩)	105.14	116.20	119.08	114.61	122.13	121.72	120.11
占总播种面积(%)	32.86	38.20	37.21	34.88	36.64	35.26	34.31
水平梯田面积(万亩)	63.94	91.99	97.21	101.89	111.39	114.57	115.27
占总播种面积(%)	19.98	30.24	30.38	31.00	33.41	33.19	32.92
条田面积(万亩)	51.04	53.51	54.33	54.29	39.48	39.44	39.32
农业电气化							
农村用电量(万千瓦时)	58608	36761	41883	42920	42697	45037	37643
农村生产用电(万千瓦时)	51179	27886	30080	30367	29847	31046	23624
农民生活用电(万千瓦时)	7429	8875	11802	12553	12850	13990	14019
农村水电站(个)	2.00	9.00	14.00	14.00	14.00	15.00	18.00
已通电村(个)	790.00	782.00	785.00	786.00	779.00	764.00	756.00
占全市总数(%)	98.26	96.66	99.49	99.62	99.87	99.87	99.87
农业化学化							
农用化肥施用量(实物量)(吨)	84683	137212	137957	139492	142677	145841	146723
农用化肥施用量(折纯量)(吨)	23252	45045	42725	43931	45307	48191	47697
农用塑料薄膜使用量(吨)	2349	5106	8266	8726	9099	11189	9812

5－20 农用机械、用电、化肥、水利情况

	合计	城关区	七里河区	西固区
农业机械化程度				
机耕面积(千公顷)	136.56	0.61	2.30	2.53
占总耕地面积比重(%)	65.99	55.79	22.79	69.63
机播面积(千公顷)	89.71	0.30	1.02	0.48
机收面积(千公顷)	53.30		0.08	0.15
农业机械拥有量				
农业机械总动力(千瓦)	1638443	38856	181000	145300
大中型拖拉机(混合台)	36220	329	1481	1013
大中型拖拉机(千瓦)	385395	3832	13418	11870
小型拖拉机(混合台)	33221	328	1450	963
小型拖拉机(千瓦)	319098	2816	12789	10761
农用排灌动力机械(混合台)	5605	197	892	289
农用排灌动力机械(千瓦)	284192	14930	30475	11580
农用水泵(台)	3928	197	892	215
收获机械(混合部)	1751		11	2
牧业机械(混合部)	6060	132	858	1
渔业机械(部)	34			
农产品初加工机械(混合部)	3980		43	127
农村电气化(万千瓦时)				
农村生产用量	23625	1448	1755	2808
农民生活用电	14019	1057	858	1132
农村化肥施用量				
按实物价值量计算(吨)	146723	1424	6953	5445
按折纯法计算(吨)	47697	375	2569	2093
农村水利情况				
年末有效灌溉面积(万亩)	120.11	1.72	6.03	4.02
机电灌溉面积(万亩)	56.97	1.16	1.66	3.54
保证灌溉面积(万亩)	102.70	1.16	4.88	3.54
本年新增(万亩)	0.66		0.07	
水平梯田(万亩)	115.27	0.75	7.33	1.95
本年新增(万亩)	0.85		0.06	
条田(万亩)	39.32	0.11	0.15	0.85
本年新增(万亩)				
机电井达到数(眼)	1271	9	50	
已配套机电井合计(眼)	1248	9	50	
水窖(眼)	260274	3754	8980	3779

5-20续表

安宁区	红古区	永登县	皋兰县	榆中县	兰州新区
	3. 66	58. 66	22. 80	46. 00	
	70. 20	64. 79	83. 11	66. 93	
	1. 47	37. 21	14. 30	34. 93	
	1. 47	20. 67	10. 60	20. 33	
	146544	396569	323000	406142	
	5066	14496	3425	10410	
	55574	159003	52922	91775	
	4795	12633	3320	9750	
	45687	124826	47499	74721	
	126	686	2159	1214	
	9572	14047	100568	102390	
	133	1290	287	672	
	56	234	192	1333	
	258	2057	934	1787	
		34			
	213	1155	921	1521	
1184	3048	6721	2148	3037	1476
1353	1567	3045	825	2752	1431
1216	11479	27385	13623	69831	9369
382	4513	8787	4608	21481	2890
0. 29	6. 24	31. 16	15. 27	29. 55	25. 83
0. 29	2. 43	7. 89	15. 09	17. 59	7. 32
0. 29	5. 75	26. 75	13. 99	22. 82	23. 52
0. 01	0. 11	0. 00	0. 41	0. 06	
	0. 85	38. 71	1. 66	60. 09	3. 93
				0. 79	
	0. 35	26. 15		9. 74	1. 97
1		566	19	545	81
1		566	17	524	81
	4826	45636	32504	139149	21646

5－21 农业机械拥有量

	1995	2007	2008	2009	2010	2011	2012	2013	2014
农业机械总动力合计(万千瓦)	95.36	135.54	139.82	136.82	140.54	145.12	153.42	159.53	163.84
柴油发动机动力(万千瓦)	44.06	88.31	92.58	95.46	99.16	103.95	110.00	114.04	115.93
汽油发动机动力(万千瓦)	16.77	12.64	12.94	6.01	6.16	6.08	6.09	6.05	6.62
电动机动力(万千瓦)	34.53	34.59	34.30	35.35	35.21	35.09	37.33	39.45	41.28
农业机械原值(亿元)	3.83	6.98	7.11	8.95	7.26	7.01	8.48	8.84	8.26
农业机械净值(亿元)	2.68	4.53	4.64	5.45	4.58	4.46	5.24	5.56	5.06
农用大中型拖拉机(台)	962	241	592	736	875	1764	2302	2769	2999
大中型拖拉机(万千瓦)	3.33	1.23	1.88	1.92	2.24	3.83	5.35	5.90	6.63
小型拖拉机(台)	22187	11852	14245	19070	20944	25546	29439	33224	33221
小型拖拉机(万千瓦)	20.67	10.93	13.32	19.33	20.92	25.04	28.05	31.63	31.90
大中型拖拉机配套农具(部)	306	241	357	1051	1169	3119	3770	4683	5500
小型拖拉机配套农具(部)	15140	23233	24462	29180	33359	56517	71900	81261	84525
农用排灌动力机械动力(万千瓦)	27.83	26.93	26.49	28.9	29.02	28.54	28.28	28.33	28.41
联合收获机(台)	2	10	25	26	34	44	43	52	80
机动脱粒机(台)	366	607	628	457	732	717	1298	1452	3031
机动喷雾机(部)	122	154	187	126	332	480	528	348	2134
农用运输车(辆)	17790	56335	56964	58121	58490	58755	58911	59432	58039

5－22 水库、灌溉情况

	1995	2005	2007	2008	2009	2010	2011	2012	2013	2014
水库数(座)	15	11	11	11	11	11	14	14	24	24
大型水库										
中型水库	1	1	1	1	1	1	1	1	5	5
小型水库	14	10	10	10	10	10	13	13	19	19
水库库容量(万立方米)	1727	1591	1591	1591	1591	1591	12951	12951	15105	15105
大型水库										
中型水库	1034	1034	1034	1034	1034	1034	7594	7594	12520	12520
小型水库	693	557	557	557	557	557	5357	5357	2585	2585
灌溉面积(万亩)	120.38	152.99	103.30	155.57	158.73	158.73	160.92	163.47	156.95	157.41
有效灌溉面积(万亩)	111.23	130.47	117.06	132.59	133.86	135.00	136.05	137.05	133.50	134.19
旱涝保收面积(万亩)	90.54	110.64	85.99	112.76	114.03	115.50	82.28	86.91	120.11	120.53
机电灌溉面积(千公顷)	70.46	76.55	51.10	77.38	67.72	67.06	57.28	53.66	51.39	47.95
机电提灌面积(万亩)	63.53	67.20	44.71	67.56	60.66	61.22	92.58	70.18	77.08	55.58
水利工程年供水量(万立方米)	60713	75068	51150	48420	140004	138770	138447	180898	117833	121089
为水利发电年供水量(万立方米)								5567		
为农业年供水量(万立方米)	57102	65891	46620	46248	43850	44841	44928	69188	62759	53663
为工业年供水量(万立方米)	1527	5270	2194	779	74012	70909	71092	57559	28211	44861
为城乡生活年供水量(万立方米)	2084	3907	2336	1393	19193	19991	19617	25108	15113	18650

注:此表为水利部门数据

主要统计指标解释

农林牧渔业总产值　指以货币表现的农、林、牧、渔业全部产品的总量，它反映一定时期内农业生产总规模和总成果。农林牧渔业总产值的计算方法通常是按农、林、牧、渔业产品及其副产品的产量分别乘以各自单位产品价格求得分项产品产值，产量不易统计的，则采用间接方法匡算其产值；然后将四业产品产值相加即为农林牧渔业总产值。

粮食产量　指全社会的产量。包括国有经济经营的、集体统一的和农民家庭经营的粮食产量，还包括工矿企业办的农场和其他生产单位的产量。粮食除包括稻谷、小麦、玉米、高粱、谷子及其他杂粮外，还包括薯类和豆类。其产量计算方法，豆类按去豆荚后的干豆计算；薯类（包括甘薯和马铃薯，不包括芋头和木薯）1963年以前按每4公斤鲜薯折1公斤粮食计算，从1964年开始改为按5公斤鲜薯折1公斤粮食计算。大中城市（50万以上和省会城市）郊区作为蔬菜的薯类（如马铃薯等）按鲜品计算，并且不作粮食统计。其他粮食一律按脱粒后的原粮计算。

油料产量　指全部油料作物的生产量。包括花生、油菜籽、芝麻、向日葵籽、胡麻籽（亚麻籽）和其他油料。不包括大豆油、木本油料和野生油料。花生以带壳干花生计算。

水产品产量 指人工养殖的水产品和天然生长的水产品的捕捞量。包括海水的鱼类、虾蟹类、贝类和藻类以及内陆水域的鱼类、虾蟹类和贝类，不包括淡水生植物。

猪、牛、羊肉产量　指当年出栏并已屠宰、除去头蹄下水后带骨肉（即胴体重）的重量。

期初（末）畜禽存栏头（只）数 指报告期初（末）农村各种合作经济组织和国营农场、农民个人、机关、团体、学校、工矿企业、部队等单位以及城镇居民饲养的大牲畜、猪、羊、家禽等畜禽的存栏数。

常用耕地　是指耕地总资源中专门种植农作物并经常进行耕种、能够正常收获的土地。包括当年实际耕种的熟地；弃耕、休闲不满三年，随时可以复耕的地；开荒利用三年以上的地。不包括临时种植农作物的坡度在25度以上的陡坡地；在河套、湖畔、库区临时开发的成片或零星土地；也不包括已列为国家和省（区、市）退耕计划但临时耕种的土地。

农作物播种面积　指实际播种或移植有农作物的面积。凡是实际种植有农作物的面积，不论种植在耕地上还是种植在非耕地上，均包括在农作物播种面积中。在播种季节基本结束后，因遭灾而重新改种和补种的农作物面积，也包括在内。

有效灌溉面积　指具有一定的水源，地块比较平整，灌溉工程或设备已经配套、在一般年景下当年能够进行正常灌溉的耕地面积。在一般情况下，有效灌溉面积应等于灌溉工程或设备已经配备，能够进行正常灌溉的水田和水浇地面积之和。

农用化肥施用量　指本年内实际用于农业生产的化肥数量，包括氮肥、磷肥、钾肥和复合肥。化肥施用量要求按实物量及折纯量两种方法统计。折纯量是指把氮肥、磷肥、钾肥分别按含氮、含五氧化二磷、含氧化钾的百分之一百成份进行折算后的数量。复合肥按其所含主要成分折算。实物量统计，就是按化肥实际施用的重量计算，即不论何种化肥，均按固有的实物形态计算，有一斤算一斤。

农业机械总动力　指主要用于农、林、牧、渔业的各种动力机械的的动力总和。包括耕地机械、排灌机械、收获机械、农用运输机械、植物保护机械、牧业机械、林业机械、渔业机械和其他农业机械内燃机按引擎马力折成瓦特计算、电动机按功率折成瓦特计算。不包括专门用于乡、镇、村、组办工业、基本建设、非农业运输、科学试验和教学等非农业生产方面用的动力机械与作业机械。

农林牧渔业劳动力　指农村社会直接参加农林牧渔业生产活动的劳动力。

六、投资、建筑

6－1 固定资产投资

单位:万元

年份	固定资产投资总额	国有经济	集体经济	个体经济	其他经济	市属固定资产投资总额
1979	30970	30970				8875
1980	45515	45189				8629
1981	49608	46869	2739			14099
1982	65863	54724	11139			17282
1983	68185	63869	4316			18693
1984	80607	73520	7087			24117
1985	106617	92987	11230	2401		32386
1986	135289	120540	10166	4583		40495
1987	170828	155704	9647	5477		49620
1988	184714	161854	14337	8523		50458
1989	163592	142486	13312	7794		50598
1990	203301	186193	8878	8230		60796
1991	205313	188241	8505	8567		57760
1992	255004	231065	15316	8623		79856
1993	362019	275363	42470	10629	33557	130755
1994	545365	405267	46822	18178	75098	174739
1995	660237	528561	40131	16630	74915	179779
1996	902797	732937	57879	16140	95841	186265
1997	1036486	841993	59069	18058	117366	209781
1998	1248269	993449	62958	21496	170366	322432
1999	1391029	1080780	60885	44423	204941	429830
2000	1537434	1188921	69891	33154	245468	596366
2001	1724216	1230185	46631	50677	396723	667010
2002	1945440	1389500	68088	48789	439063	807061
2003	2106367	1420813	41905	46482	597167	908420
2004	2319181	1469824	50025	42277	757055	1024253
2005	2595851	1520212	96180	48942	930517	1237937
2006	2982056	1572539	82446	40928	1286143	1607977
2007	3586085	1726413	98337	46380	1714955	2099459
2008	4319841	2084418	152440	81385	2001598	2626370
2009	5061847	2736103	151086	85631	2089027	2961185
2010	6606877	3432545	191678	64072	2918582	3683399
2011	8705683	3815066	249850	19436	4621331	5701293
2012	12391809	5089519	321357	259869	6721064	9525441
2013	13168629	5679060	241479		7248090	9708727
2014	16106818	5178419	198120	12240	10718039	12045301

2012年起国有经济投资专业发生变化

6－2 固定资产投资

单位:万元

	2005	2010	2011	2012	2013	2014
固定资产投资总额	2595851	6606877	8705683	12391809	13168629	16106818
住宅投资	576824	1547943	1996932	2136540	3003148	3228692
按登记注册类型分						
内资	2430819	6419861	8407629	11957652	13085506	15948993
国有	1520212	3432545	3815066	4704132	5679060	5178419
集体	96180	191678	249850	316407	241479	198120
股份合作	39589	5743	15775	11380	43600	56044
国有联营		6152	5000	38035	1900	1000
集体联营	6861	4080	9600	9400	10	5755
国有与集体联营	316			2880	2500	
其他联营	3860	35689	34461	176204	74100	9740
国有独资公司	11492	240963	368896	427712	628555	2191192
其他有限责任公司	381900	1216608	2113314	3085940	2627389	3704650
股份有限公司	170545	397625	756635	935587	1065762	869434
私营	126953	716384	897206	1983551	2362713	3289299
其他	23969	108322	122390	266424	358438	445340
个体经济	48942	64072	19436	259869		12240
港澳台商投资	121639	36708	162783	58029	15255	122603
外商投资经济	43393	150308	135271	116259	67868	22982
按隶属关系分						
中央	827500	2076401	1728107	1255081	1368482	1305945
省级	530414	847077	1276283	1611287	2091420	2755572
市属	1237937	3683399	5701293	9525441	9708727	12045301
按产业分						
第一产业	27330	45359	53421	249364	107072	192422
第二产业	896659	2181756	2722631	3878839	3630735	4093952
工业	811582	2052830	2579495	3468329	3564878	4053056
第三产业	1671862	4379762	5929631	8263606	9430822	11820444
按管理渠道分						
城镇固定资产投资	2500073	5919779	8563531	12150671	13010065	16106818
城镇项目投资	1972324	4736964	6966807	9917578	10142011	12741436
房地产开发	525726	1182815	1596724	2233093	2868054	3365382
农村固定资产投资	95778	229098	142152	241138	158564	
非农户(500万元以上)	45963	177152	142152	241138	158564	
非农户(50万元以下)	7396					
农村私人	42419	51946				
按构成分						
建筑安装工程	1625761	4253694	5505621	8176695	9049208	12164670
设备工具器具购置	670684	1436852	1990412	2851986	2056397	2065511
其他费用	299406	916331	1209650	1363128	2063024	1876637
房屋建筑面积(万平方米)						
施工面积	1965.46	2909.99	3579.98	4815.33	5924.38	6958.10
住宅	1236.98	1875.76	2408.35	2789.87	3274.74	3653.89
竣工面积	571.29	600.59	479.25	1108.43	714.01	1186.78
住宅	365.21	303.84	258.71	404.96	320.72	542.53
本年资金来源	2618400	7295779	8843760	12931318	15664947	16307003
国家预算内资金	71301	487965	589405	584292	671531	457190
国内贷款	457786	1126580	1730257	2609199	2917933	3155978
债券	23353				3620	200000
利用外资	10369	10587	5808	9600		2000
自筹资金	1567497	4539803	5586572	8268508	10049700	10414050
其他资金	488094	1130844	931718	1459719	2022163	2077785
本年新增固定资产	1270302	3756514	4100138	9512818	6647819	7886476

6－3 市属固定资产投资

单位:万元、万平方米

	2005	2010	2011	2012	2013	2014
投资总额	1237937	3683399	5701293	9525441	9708727	12045301
住宅投资	420720	1081354	1542309	1638734	2232634	2535894
按登记注册类型分						
内资	1087905	3534871	5525924	9099485	9625604	11887476
国有	291123	1107761	1887557	2976394	3211868	2753354
集体	81686	190778	235912	312752	223604	180862
股份合作	35789		10135	11380	43600	49744
国有联营		6152		7705	1900	1000
集体联营	6861	4080	9600	9400	10	5755
国有与集体联营	316			2880	2500	
其他联营	3310	35689	32761	160204	74100	9740
国有独资公司	9926	28465	118712	185450	354661	1297246
其他有限责任公司	374516	1031383	1834959	2685686	2350037	3302698
股份有限公司	101313	244652	365791	499365	650673	552438
私营	117197	716384	897206	1983551	2362713	3289299
其他	16926	105455	113855	264718	349938	445340
个体经济	48942	64072	19436	259869		12240
港澳台商投资	121639	36708	49498	55628	15255	122603
外商投资经济	28393	111820	125871	110459	67868	22982
按产业分						
第一产业	26380	44487	48621	227474	107072	192422
第二产业	267319	876779	1143793	2790695	2372490	2756634
工业	209250	828918	1058242	2496218	2349620	2733978
第三产业	944238	2762133	4508879	6507272	7229165	9096245
按管理渠道分						
城镇固定资产投资	1146549	3454301	5561641	9284653	9550163	12045301
城镇项目投资	669850	2444603	4265357	7424857	7180043	9102590
房地产开发	474676	1009698	1296284	1859796	2370120	2942711
农村固定资产投资	91388	229098	139652	240788	158564	
非农户(500万元以上)	41573	177152	139652	240788	158564	
非农户(50万元以下)	7396					
农村私人	42419	51946				
按构成分						
建筑安装工程	944293	2429457	3884407	6547256	6885246	9255627
设备工具器具购置	98490	514619	838952	1803359	1226806	1183409
其他费用	195154	739323	977934	1174826	1596675	1606265
房屋建筑面积						
施工面积	1341.83	2160.54	2694.94	3828.84	4744.02	5713.21
住宅	870.52	1450.98	1908.12	2245.24	2674.00	672.38
竣工面积	435.55	428.24	329.00	911.50	532.55	880.43
住宅	279.78	225.39	159.13	330.17	242.97	268.40
本年资金来源	1268321	4222495	5829950	1E+07	1.2E+07	12474394
国家预算内资金	43004	170626	255612	313563	237044	289926
国内贷款	210185	771795	1185606	2421610	2610507	2598719
债券	5353				3620	
利用外资	10369	10010	5808	9000		2000
自筹资金	653308	2491927	3640096	6103126	7377607	7687116
其他资金	346102	778137	742828	1267012	1694584	1896633
本年新增固定资产	706475	2017970	2662048	7263303	4526724	5583 841

6－4 国有经济固定资产投资(国有企业、国有联营、国有独资)

单位:万元、万平方米

	2005	2010	2011	2012	2013	2014
投资总额	**1520212**	**3432545**	**3815066**	**5169879**	**6309515**	**7370611**
住宅投资	191866	630780	710386	747552	1096580	910427
按隶属关系分						
中央	815600	1794146	1320656	999477	1147402	1106667
省级	412550	530638	606853	1000853	1593684	2212344
市属	292062	1107761	1887557	3169549	3568429	4051600
按构成分						
建筑安装工程	840932	2213366	2472919	3666124	4449433	5677472
设备工具器具购置	555376	836271	836269	927025	811640	751684
其他费用	123904	382908	505878	576730	1048442	941455
按产业分						
第一产业	12106	11773	8294	49656	17479	25944
第二产业	606629	1221747	1035555	1044570	1368856	1338786
第三产业	901477	2199025	2771217	4075653	4923180	6005881
按管理渠道分						
城镇固定资产投资	1520212	2930898	3794404	5137674	6299891	7370611
城镇项目投资	1501288	2766107	3521347	4752287	5805460	6909565
房地产开发	18924	164791	273057	385387	494431	461046
农村固定资产投资		43647	20662	32205	9624	
非农户(500万元以上)		43647	20662	32205	9624	
非农户(50万元以下)						
农村私人						
本年新增固定资产	656925	2001337	1919870	4568679	3116323	3578462
固定资产交付使用率(%)	43.21	58.30	50.32	88.37	49.39	48.55
房屋建筑面积(万平方米)						
施工面积	782.68	1021.08	1252.59	1581.23	1998.82	1673.43
住宅	437.55	663.65	872.75	903.72	1054.32	616.44
竣工面积	197.65	241.65	178.20	479.51	281.80	521.19
住宅	133.07	124.99	107.05	187.19	144.58	308.81
本年资金来源	1472994	3476067	3727006	5127881	6871944	6906515
国家预算内资金	66590	444520	562941	560543	662811	442192
国内贷款	311204	637345	1109253	1708648	1759375	2237689
债券	18353				3620	200000
利用外资	2658	5887	4608	9600		1000
自筹资金	873332	1970539	1833894	2586125	3994993	3652286
其他资金	200857	417776	216310	262965	451145	373348

2012年起国有经济投资专业发生变化

2014年统计口径发生变化,房地产、国有也包括国有独资。

6－5 各县区固定资产投资

单位:万元、%

	固定资产投资	增长	房地产投资	增长
兰州市	**16106818**	**22.31**	**3365382**	**17.34**
城关区	3324313	13.00	1538304	-6.34
七里河区	2058328	16.00	384721	4.68
西固区	2013889	14.00	142921	-23.59
安宁区	1795656	15.00	297401	-39.84
红古区	631550	20.00	80745	-34.81
永登县	621199	21.00	105453	354.50
皋兰县	349462	23.00	56313	3323.28
榆中县	962324	22.00	387218	1282.43
兰州新区	4350097	44.44	372306	

6－6 500万元以上项目投资汇总表(不含房地产开发)

单位:万元、平方米

	总计	按隶属关系			其中:总投资亿元以上项目
		中央	省级	市及市以下	
计划总投资	33810141	2972512	5733281	25104348	30744636
本年新开工项目	11288017	681306	1466696	9140015	9480301
自开始建设累计完成投资	20221623	1948582	3814422	14458619	17693204
自年初累计完成投资	12741436	1161744	2477102	9102590	10818813
住宅	989025	197446	249200	542379	890361
按建设性质分					
新建	10554175	786489	1930379	7837307	9173082
扩建	829079	109192	166281	553606	613077
改建和技术改造	744049	174561	251690	317798	554710
按构成分					
建筑工程	8606943	596357	1695649	6314937	7399900
安装工程	594504	84631	136130	373743	487843
设备工器具购置	2021832	437255	442058	1142519	1558317
用于更新的设备	251910	70220	94155	87535	180963
其他费用	1518157	43501	203265	1271391	1372753
新增固定资产	7427363	1074842	1164017	5188504	5304329
按经济类型分					
内资企业	12592604	1161744	2477102	8953758	10695132
国有企业	4908647	1022380	1316005	2570262	4311176
集体企业	189210		17258	171952	125190
股份合作企业	56044		6300	49744	39704
联营企业	16495			16495	8000
有限责任公司	4007203	33192	940461	3033550	3647090
股份有限公司	809343	106172	197078	506093	726140
私营企业	2203200			2203200	1573352
其他企业	402462			402462	264480
港澳台商投资企业	117601			117601	116071
外商投资企业	18991			18991	7610
个体经营	12240			12240	
按行业分					
农、林、牧、渔业	192422			192422	67954
农业	58115			58115	23425
林业	38868			38868	15126
畜牧业	79543			79543	25803
渔业					
农、林、牧、渔服务业	15896			15896	3600

6－6 500万元以上项目投资汇总表(不含房地产开发)(续一)

	总计	按隶属关系			其中:总投资亿元以上项目
		中央	省级	市及市以下	
采矿业	154005		106665	47340	124420
煤炭开采和洗选业	132205		106665	25540	119120
石油和天然气开采业	5300			5300	5300
黑色金属矿采选业					
有色金属矿采选业					
非金属矿采选业	15500			15500	
开采辅助活动	1000			1000	
其他采矿业					
制造业	3276675	249475	695407	2331793	2618762
农副食品加工业	75420			75420	47880
食品制造业	21600			21600	13000
酒、饮料和精制茶制造业	45911			45911	41000
烟草制品业	19862	19862			15298
纺织业	27000		27000		27000
纺织服装、服饰业	11420			11420	11420
皮革、毛皮、羽毛及其制品和制鞋业	1100		1100		
木材加工和木、竹、藤、棕、草制品	31200			31200	18660
家具制造业					
造纸和纸制品业	7629			7629	3000
印刷和记录媒介复制业	20584			20584	
文教、工美、体育和娱乐用品制造业	2500			2500	
石油加工、炼焦和核燃料加工业	255509	204064		51445	233564
化学原料和化学制品制造业	316805			316805	281490
医药制造业	141306	9757	8000	123549	115456
化学纤维制造业					
橡胶和塑料制品业	97365			97365	71250
非金属矿物制品业	501737		71524	430213	259671
黑色金属冶炼和压延加工业	48594		9000	39594	41980
有色金属冶炼和压延加工业	249438	7638		241800	211918
金属制品业	187098		104600	82498	141750
通用设备制造业	319935			319935	293830
专用设备制造业	455670		371202	84468	435445
汽车制造业	8314			8314	1240
铁路、船舶、航空航天和运输设备	7890	7190		700	6700
电气机械和器材制造业	179010	964	90102	87944	161046
计算机、通信和其他电子设备制造	105644		3879	101765	102644
仪器仪表制造业	10575			10575	
其他制造业	44324			44324	26700
废弃资源综合利用业	71135			71135	47820
金属制品、机械和设备修理业	12100		9000	3100	9000
电力、热力、燃气及水生产和供应业	622376	219520	48011	354845	525906
电力、热力生产和供应业	463254	214126	28442	220686	412441
燃气生产和供应业	75236	5394	16364	53478	56972
水的生产和供应业	83886		3205	80681	56493
建筑业	40896		18240	22656	23060
房屋建筑业	14250		13240	1010	13240
土木工程建筑业	18816		5000	13816	9820
建筑安装业					
建筑装饰和其他建筑业	7830			7830	

6-6 500万元以上项目投资汇总表(不含房地产开发)(续二)

	总计	按隶属关系			其中:总投资亿元以上项目
		中央	省级	市及市以下	
批发和零售业	682900	1667	7200	674033	514305
批发业	222643	1667	7200	213776	111043
零售业	460257			460257	403262
交通运输、仓储和邮政业	2095604	229386	966196	900022	2018095
铁路运输业	712165	228641	460964	22560	712165
道路运输业	957605		365927	591678	941541
水上运输业	4542			4542	
航空运输业	37296		37296		37296
管道运输业					
装卸搬运和运输代理业	3500			3500	
仓储业	379751		102009	277742	327093
邮政业	745	745			
住宿和餐饮业	217138			217138	181587
住宿业	95743			95743	87717
餐饮业	121395			121395	93870
信息传输、软件和信息服务	256314	71721	104935	79658	223329
电信、广电和卫星传输服务	176656	71721	104935		159825
互联网和相关服务	27000			27000	25000
软件和信息技术服务业	52658			52658	38504
金融业	82121	34718	18000	29403	70630
货币金融服务	81121	34718	18000	28403	70630
资本市场服务					
保险业					
其他金融业	1000			1000	
房地产业	1453902	205213	285311	963378	1313855
房地产业	1453902	205213	285311	963378	1313855
租赁和商务服务业	247801	7500		240301	219729
租赁业	21546			21546	12360
商务服务业	226255	7500		218755	207369
科学研究和技术服务业	66175	11560	25887	28728	39350
研究和试验发展	27358	200	16168	10990	19450
专业技术服务业	14549	4830	9719		
科技推广和应用服务业	24268	6530		17738	19900
水利、环境和公共设施管理业	2637352			2637352	2377970
水利管理业	30700			30700	17861
生态保护和环境治理业	12270			12270	
公共设施管理业	2594382			2594382	2360109
居民服务、修理和其他服务业	29580			29580	2950
居民服务业	10650			10650	750
机动车、电子和日用品修理业	9130			9130	2200
其他服务业	9800			9800	

6－6 500万元以上项目投资汇总表(不含房地产开发)(续三)

	总计	按隶属关系			其中:总投资亿元以上项目
		中央	省级	市及市以下	
教育	213413	30638	82122	100653	116281
教育	213413	30638	82122	100653	116281
卫生和社会工作	181632	85221	57751	38660	160811
卫生	162192	85221	54671	22300	143871
社会工作	19440		3080	16360	16940
文化、体育和娱乐业	121074		23300	97774	87659
新闻和出版业					
广播、电视、电影和录音制作					
文化艺术业	89268		23300	65968	65168
体育	7218			7218	6018
娱乐业	24588			24588	16473
公共管理、社会保障和社会组织	170056	15125	38077	116854	132160
中国共产党机关					
国家机构	90131		38077	52054	74135
人民政协、民主党派					
社会保障					
群众团体、社会团体和其他组织	61525	15125		46400	41125
基层群众自治组织	18400			18400	16900
国际组织					
国际组织					
房屋建筑面积					
施工面积	33174771	2445072	5061892	25667807	29143734
住宅	9694191	1212463	1757953	6723775	8672034
竣工面积	10285193	953924	1831508	7499761	7925844
住宅	4218279	576623	957636	2684020	3674975
本年资金来源合计	12353890	1160525	2314324	8879041	10450069
上年末结余资金	223441	16430	62501	144510	206734
本年资金来源小计	12130449	1144095	2251823	8734531	10243335
国家预算内资金	457190	44827	122437	289926	323240
国内贷款	2429289	82136	379761	1967392	2322932
债券	200000		200000		200000
利用外资	2000			2000	1000
自筹资金	8760697	1000528	1471107	6289062	7197812
企、事业单位自有资金	963425	143050	144118	676257	615319
其他资金来源	281273	16604	78518	186151	198351
各项应付款合计	602360	46612	218347	337401	559368
工程款	475237	40989	184466	249782	442470

6－7 房地产开发企业投资、资金来源和土地开发情况汇总表

单位:万元、平方米

	总计	按经济类型分组			按隶属关系分组		
		国有	集体	其他	中央	省属	市及市以下级
计划总投资	19540618	1639220	81000	17820398	760312	1758317	17021989
自开始建设累计完成投资	11923769	940337	16100	10967332	621315	1190586	10111868
本年完成投资	3365382	269772	8910	3086700	144201	278470	2942711
配套工程投资							
按构成分组							
建筑工程	2387266	177345	8164	2201757	116318	199106	2071842
安装工程	575957	42317		533640	11836	69016	495105
设备工器具购置	43679			43679		2789	40890
其他费用	358480	50110	746	307624	16047	7559	334874
#旧建筑物购置费	3554			3554			3554
土地购置费	212717	17525	746	194446	10388		202329
按工程用途分							
商品住宅	2239667	109553	5062	2125052	109049	137103	1993515
#90平方米以下	945850	42407	3195	900248	34611	56124	855115
#140平方米以上住房	241768	8818		232950	7203	13721	220844
#别墅、高档公寓	85215	8630		76585			85215
办公楼	203564	53638		149926	15513	17955	170096
商业营业用房	558720	68096	3275	487349	13609	40092	505019
其他	363431	38485	573	324373	6030	83320	274081
本年新增固定资产	459113	35881	11000	412232	29781	33995	395337
本年资金来源合计	6081797	340666	8910	5732221	143981	319899	5617917
上年末结余资金	1905243	65002		1840241	1670	25519	1878054
本年资金来源小计	4176554	275664	8910	3891980	142311	294380	3739863
国内贷款	726689	16500		710189		95362	631327
银行贷款	658487	1500		656987		75362	583125
非银行金融机构贷款	68202	15000		53202		20000	48202
自筹资金	1653353	98717	8910	1545726	109955	145344	1398054
#自有资金	685590	46837	7410	631343	96209	10363	579018
其他资金来源	1796512	160447		1636065	32356	53674	1710482
#定金及预收款	1330464	91379		1239085	32356	48193	1249915
个人按揭贷款	396720	15377		381343		5481	391239
本年各项应付款合计	942890	11903		930987	12850	80906	849134
#工程款	593222	7353		585869	12830	36860	543532
待开发土地面积	1149462	1473		1147989			1149462
本年购置土地面积	3878893	201820	26078	3650995			3878893
本年土地成交价款	393305	10882	4019	378404			393305
拆迁补偿费	11118			11118			11118
土地使用权出让金	235465	10880	4019	220566			235465
契税	3194			3194			3194

6-7 房地产开发企业投资、资金来源和土地开发情况汇总表(续一)

单位:万元、平方米

	总计	按资质等级分					
		一级	二级	三级	四级	暂定	其他
计划总投资	1954618	480000	4862964	7261256	188176	6703187	45035
自开始建设累计完成投资	11923769	234420	3564963	4267880	110319	3701152	45035
本年完成投资	3365382	20078	814008	984968	50600	1487693	8035
配套工程投资							
按构成分							
建筑工程	2387266	20063	618385	699306	28504	1016128	4880
安装工程	575957	15	132970	184718	15054	240045	3155
设备工器具购置	43679		1099	17447	60	25073	
其他费用	358480		61554	83497	6982	206447	
#旧建筑物购置费	3554		1	1643		1910	
土地购置费	212717		54803	25225	6949	125740	
按工程用途分							
商品住宅	2239667	208	555910	628898	44910	1002706	7035
#90平方米以下	945850	12	177320	289883	41288	430312	7035
#140平方米以上住房	241768	16	46717	54807	2	140226	
#别墅、高档公寓	85215		10	13700		71505	
办公楼	203564		36044	77251	97	90172	
商业营业用房	558720	6	153931	184426	1467	218890	
其他	363431	19864	68123	94393	4126	175925	1000
本年新增固定资产	459113		173068	178867	15755	91423	
本年资金来源合计	6081797	104482	1298993	1876355	66360	2730772	4835
上年末结余资金	1905243	11232	464739	731920	8252	688900	200
本年资金来源小计	4176554	93250	834254	1144435	58108	2041872	4635
国内贷款	726689	29862	238461	179755	4220	274391	
银行贷款	658487	29862	218461	144482	4220	261462	
非银行金融机构贷款	68202		20000	35273		12929	
自筹资金	1653353		235778	476148	43406	893386	4635
#自有资金	685590		180454	182826	9048	308627	4635
其他资金来源	1796512	63388	360015	488532	10482	874095	
#定金及预收款	1330464	63388	284084	341286	6899	634807	
个人按揭贷款	396720		75931	99441	3570	217778	
本年各项应付款合计	942890		137866	281699	15396	504729	3200
#工程款	593222		124602	155035	1580	308805	3200
待开发土地面积	1149462		130874	542221	57333	419034	
本年购置土地面积	3878893		121843	355663	54624	3346763	
本年土地成交价款	393305		29616	45320	5349	313020	
拆迁补偿费	11118		800	1769	400	8149	
土地使用权出让金	235465		26884	27111	4949	176521	
契税	3194		278	734	119	2063	

6－8 房地产开发企业(单位)财务状况汇总表

单位:万元、人

	总计	按经济类型分组			按隶属关系分组		
		国有	集体	其他	中央	省级	市及市以下级
期初存货(年初存货)	**61308284**	**2277178**	**47915**	**58983191**	**1413846**	**5618744**	**54275694**
期末资产负债							
流动资产合计	14625529	382725	17336	14225468	297483	1165795	13162252
#存货	8400638	259288	7173	8134176	204460	731560	7464618
固定资产原价	466595	4526	3141	458927	38702	25444	402450
累计折旧	127554	1723	1473	124359	1710	3240	122604
其中:本年折旧	27452	368	97	26987	36	923	26494
资产总计	16727971	586086	20627	16121258	404709	1403309	14919952
负债合计	11302025	382868	17244	10901913	283563	994058	10024404
所有者权益合计	2889943	187006	3383	2699554	121146	234092	2534705
#实收资本	1859779	70622	7010	1782148	97869	110008	1651902
损益及分配							
主营业务收入	1902078	243646	3505	1654927	150165	185084	1566829
土地转让收入	523			523			523
商品房屋销售收入	1819899	241350	2440	1576109	147172	178718	1494009
房屋出租收入	32479	2274	128	30077	2810	1287	28383
其他收入	49177	22	937	48218	184	5080	43914
主营业务成本	1449637	205643	3460	1240534	128010	150387	1171240
主营业税金及附加	142174	15848	113	125913	9248	10692	122234
其他业务利润	5387	40		5347		177	5210
销售费用	62820	2899	1	59920	1289	1781	59750
管理费用	135388	12979	649	121760	2499	8338	124551
#税金	6470	300	90	6081	363	378	5730
财务费用	61810	272	122	6081	799	2483	58528
#利息收入	6115	282	43	6081	59	810	5247
利息支出	44269	552	157	6081	814	3275	40180
投资收益	3901	4		6081	4	-91	3988
营业利润	41745	6134	-1894	6081	8209	12021	21515
营业外收入	7959	1892	33	6081	535	126	7298
营业外支出	6921	307	8	6081	18	156	6747
利润总额	42655	7719	-1869	6081	8725	11991	21939
应交所得税	35602	1615	2	6081	1262	2768	31573
人工成本				6082			
应付职工薪酬	89285	4691	247	6082	3247	8097	77941

6－8 房地产开发企业(单位)财务状况汇总表(续一)

单位:万元、人

	合计	按企业资质等级分组					
		一级	二级	三级	四级	暂定	其他
期初存货	**61308284**	**2365268**	**20598481**	**21551220**	**1006323**	**15729934**	**57058**
期末资产负债							
流动资产合计	14625529	770543	4416217	4664440	268339	4445679	60311
#存货	8400638	305149	2889692	2666214	107297	2401202	31084
固定资产原价	466595	5109	238092	157676	13636	50716	1366
累计折旧	127554	2287	59136	47247	3718	14524	643
其中:本年折旧	27452	467	12535	10318	508	3364	260
资产总计	16727971	976826	5347845	5198171	296276	4764767	144086
负债合计	113225	546842	3255803	3701900	209670	3502498	85313
所有者权益合计	2889943	210640	1133822	833030	69257	639560	3633
#实收资本	1859779	86175	481543	607275	78445	600167	6174
损益及分配							
主营业务收入	1902078	74436	642403	692266	48932	444040	1
土地转让收入	523			520		3	
商品房屋销售收入	1819899	74391	619737	672088	47988	405695	
房屋出租收入	32479	45	18336	10439	831	2828	
其他收入	49177		4331	9219	113	35514	1
主营业务成本	1449637	47722	492802	571877	36515	300721	1
主营业税金及附加	142174	4527	44668	52329	4904	35747	1
其他业务利润	5387		3099	1853	12	423	
销售费用	62820	6712	11999	13822	481	29789	17
管理费用	135388	5827	38834	55135	4166	30526	901
#税金	6470	225	2217	2430	95	1490	14
财务费用	61810	2061	25354	29068	507	4886	-67
#利息收入	6115	661	2362	1201	44	1758	89
利息支出	44269	2522	14318	22099	360	4969	1
投资收益	3901	1599	2110	51	11	130	
营业利润	41745	9234	34752	-15079	2383	12032	-1578
营业外收入	7959	179	3527	3342	70	661	180
营业外支出	6921	812	1761	2119	29	2171	30
利润总额	42655	8602	36390	-13855	2424	10522	-1428
应交所得税	35602	4011	10575	5140	1507	14369	
人工成本							
应付职工薪酬	89285	7108	25723	27799	2643	25500	511

6－9 房地产开发企业施工、销售和空置情况汇总表

单位:万元、平方米

	总计	按经济类型分组			按隶属关系分组		
		国有	集体	其他	中央	省属	市及市以下级
房屋施工面积合计	36406239	3117218	149785	33139236	1970863	2971076	31464300
住宅	26844726	2032909	80260	24731557	1518263	1823399	23503064
#90平方米以下住宅	9376158	1189334	54880	8131944	1217143	576489	7582526
#140平米以上住宅	2266312	128271		2138041	63534	121038	2081740
#别墅、高档公寓	382084	83109		298975			382084
办公楼	1320504	293965		1026539	76342	169677	1074485
商业营业用房	4265740	277013	55203	3933524	56034	329595	3880111
其他	3975269	513331	14322	3447616	320224	648405	3006640
房屋竣工面积合计	1582647	129211	52182	1401254	108897	169211	1304539
住宅	1207018	116773	25380	1064865	96459	133837	976722
#90平方米以下住宅	456764	96459		360305	96459	102274	258031
#140平米以上住宅	13786			13786			13786
#别墅、高档公寓	20314	20314					20314
办公楼	64121			64121			64121
商业营业用房	170539	3196	26802	140541	3196	25462	141881
其他	140969	9242		131727	9242	9912	121815
商品房销售面积	5102837	286666	25380	4790791	300517	278868	4523452
住宅	4674736	248857	25380	4400499	300517	250838	4123381
#90平方米以下住宅	1437680	100634		1337046	205137	41296	1191247
#140平米以上住宅	493104	2985		490119	2802	20052	470250
#别墅、高档公寓	71018			71018			71018
办公楼	113555	24690		88865			113555
商业营业用房用房	263696	13119		250577		28030	235666
其他	50850			50850			50850
商品房销售额	3185276	175168	5810	3004298	130862	158187	2896227
住宅	2648120	127770	5810	2514540	130862	124043	2393215
#90平方米以下住宅	701516	29723		671793	68078	22123	611315
#140平米以上住宅	322538	1957		320581	1891	15401	305246
#别墅、高档公寓	104484			104484			104484
办公楼	105985	25542		80443			105985
商业营业用房	395598	21856		373742		34144	361454
其他	35573			35573			35573
空置面积	1775351	30458	26802	1718091	4000	38748	1732603
住宅	1175281	23061		1152220	4000	38451	1132830
#90平方米以下住宅	347195	4563		342632	4000	2300	340895
#140平米以上住宅	184255			184255		820	183435
#别墅、高档公寓							
办公楼	61823			61823			61823
商业营业用房	445842	7397	26802	411643		297	445545
其他	92405			92405			92405

6－9 房地产开发企业施工、销售和空置情况汇总表(续一)

单位:万元、平方米

	总计	按资质等级分					
		一级	二级	三级	四级	暂定	其他
房屋施工面积合计	36406239	525174	9271749	13333374	294430	12855377	126135
商品住宅	26844726	333100	7082289	9794014	235228	9311233	88862
90平方米以下住宅	9376158	4173	1653494	4414177	148513	3066939	88862
140平米以上住宅	2266312	77264	899921	808558	843	479726	
别墅、高档公寓	382084		20000	16000		346084	
办公楼	1320504		269122	524534	10157	516691	
商业营业用房	4265740	29515	850551	1519502	31126	1835046	
其他	3975269	162559	1069787	1495324	17919	1192407	37273
房屋竣工面积合计	1582647		529378	685705	55124	312440	
商品住宅	1207018		400257	519355	50583	236823	
90平方米以下住宅	456764		134809	246791	31567	43597	
140平米以上住宅	13786			5034	843	7909	
别墅、高档公寓	20314					20314	
办公楼	64121		28609			35512	
商业营业用房	170539		63883	80355	1658	24643	
其他	140969		36629	85995	2883	15462	
商品房销售面积	5102837	60796	1008770	1419626	52592	2561053	
商品住宅	4674736	60796	979723	1313941	52592	2267684	
90平方米以下住宅	1437680	675	241795	630060	31177	533973	
140平米以上住宅	493104		94590	75389	160	322965	
别墅、高档公寓	71018					71018	
办公楼	113555		8645	34670		70240	
商业营业用房	263696		20402	32964		210330	
其他	50850			38051		12799	
商品房销售额	3185276	58885	583291	754955	37546	1750599	
商品住宅	2648120	58885	551434	657545	37546	1342710	
90平方米以下住宅	701516	652	114705	288084	26381	271694	
140平米以上住宅	322538		54725	51247	32	216534	
别墅、高档公寓	104484					104484	
办公楼	105985		10521	33091		62373	
商业营业用房	395598		21336	44913		329349	
其他	35573			19406		16167	
空置面积合计	1775351		697697	734135	34686	308833	
商品住宅	1175281		443068	513327	29280	189606	
90平方米以下住宅	347195		129241	162267	7473	48214	
140平米以上住宅	184255		125930	56530	923	872	
别墅、高档公寓							
办公楼	61823		24881	36642	300		
商业营业用房	445842		177445	149272	4786	114339	
其他	92405		52303	34894	320	4888	

6－10 建筑企业生产汇总表(总承包和专业承包)

单位:万元、平方米

	企业个数			合同情况		
	建筑业企业个数	有工作量的建筑业企业个数	亏损企业个数	签订的合同额	上年结转合同额	本年新签合同额
总计	492	454	144	16334878	7536755	8798123
国有及国有控股企业	69	66	8	11586250	5018658	6567592
按登记注册类型分						
内资企业	489	451	142	16325214	7527644	8797570
国有企业	23	23	3	4907945	2268848	2639097
集体企业	30	29	11	197122	39619	157503
其他企业	436	399	128	11220147	5219177	6000970
港、澳、台商投资企业	2	2	1	9511	9111	400
外商投资企业	1	1	1	153		153
按国民经济行业分						
房屋建筑业	120	108	32	9777304	3820818	5956486
土木工程建筑业	119	107	20	5250438	3312674	1937764
建筑安装业	98	96	43	1080024	357586	722438
建筑装饰和其他建筑业	155	143	49	227112	45678	181435
按隶属关系分						
中央	20	19	3	4414098	2542984	1871114
省(自治区、直辖市)	71	68	13	8397220	3409233	4987987
市级市以下	401	367	128	3523560	1584538	1939022
按企业资质等级分						
施工总承包	204	186	43	15657694	7306498	8351197
专业承包	288	268	101	677184	230257	446926
按地区分						
城关区	341	313	105	9155095	4684721	4470374
七里河区	69	63	15	4984081	2167185	2816896
西固区	41	41	16	1098214	216607	881607
安宁区	13	12	5	824879	393197	431682
红古区	10	8		59322	17874	41448
永登县	9	8	2	62464	28619	33844
皋兰县	4	4		52767	10280	42487
榆中县	5	5	1	98056	18272	79785
按营业状态分						
营业	490	453	144	16334858	7536752	8798105
停业(歇业)	2	1		20	3	17
按控股情况分						
国有控股	69	66	8	11586250	5018658	6567592
集体控股	53	49	18	326293	78154	248140
私人控股	346	317	112	3244573	1531232	1713340
港澳台商控股						
其他	24	22	6	1177762	908711	269051

单位:万元、平方米

承包工程完成情况				建筑业总产值		
直接从建设单位承揽工程完成的产值	自行完成施工产值	分包出去工程的产值	从建设单位以外承揽工程完成的产值	建筑业总产值	其中:装饰装修产值	其中:在外省完成的产值
8418743	8355007	63736	97813	8452820	229837	1739199
6058470	6010600	47871	63921	6074521	85084	1264995
8412995	8349259	63736	97813	8447072	229684	1739199
2115433	2093853	21580	19297	2113150	73163	432341
166830	162965	3865	5650	168616	6850	3439
6130732	6092441	38291	72866	6165306	149671	1303419
5595	5595			5595		
153	153			153	153	
5110665	5101922	8743	14153	5116075	135550	597369
2383956	2364501	19456	40100	2404601	1	888998
723729	689187	34542	36034	725221	5804	230809
200394	199398	996	7526	206924	88482	22023
1914596	1893016	21580	34191	1927207		822325
4549728	4523437	26290	29730	4553168	90632	585210
1954419	1938554	15865	33892	1972445	139205	331664
7912733	7851028	61705	83408	7934436	134851	1686931
506010	503979	2031	14405	518384	94986	52268
4606889	4600941	5948	39331	4640272	113438	1346066
2048210	2046709	1501	6235	2052944	84917	197510
1026961	984163	42798	38678	1022841	29125	163968
528809	515470	13339	13519	528989	896	31655
48291	48291			48291		
44942	44792	150	50	44842	800	
42832	42832			42832		
71809	71809			71809	661	
8418734	8355000	63734	97813	8452812	229837	1739199
9	8	2		8		
6058470	6010600	47871	63921	6074521	85084	1264995
264462	260597	3865	5650	266247	11275	6143
1715042	1707441	7600	23842	1731283	106346	345607
380769	376369	4400	4400	380769	27132	122454

6－10 建筑企业生产汇总表(总承包和专业承包)(续一)

	建筑业总产值(万元)		
	建筑工程产值	安装工程产值	其他产值
总计	**7377549**	**852724**	**222547**
国有及国有控股企业	5248028	694036	132457
按登记注册类型分			
内资企业	7371831	852694	222547
国有企业	1623744	418411	70995
集体企业	134673	20194	13749
其他企业	5613414	414089	137803
港、澳、台商投资企业	5595		
外商投资企业	123	30	
按国民经济行业分			
房屋建筑业	4818639	248072	49364
土木工程建筑业	2125155	203694	75753
建筑安装业	286862	368858	69501
建筑装饰和其他建筑业	146893	32100	27930
按隶属关系分			
中央	1576177	262216	88813
省(自治区、直辖市)	4089605	419078	44485
市级市以下	13043331	1534018	355846
按企业资质等级分			
施工总承包	7040858	713196	180382
专业承包	336690	139528	42165
按地区分			
城关区	4262281	230398	147593
七里河区	1803858	220615	28472
西固区	699665	291318	31857
安宁区	422137	100490	6362
红古区	41839	5452	1000
永登县	35795	3517	5530
皋兰县	42832		
榆中县	69142	934	1733
按营业状态分			
营业	7377544	852723	222546
停业(歇业)	5	1	1
按控股情况分			
国有控股	5248028	694036	132457
集体控股	227358	24244	14645
私人控股	1548039	109359	73885
港澳台商控股			
其他	354124	25085	1560

竣工产值	房屋建筑施工面积	其中:本年新开工面积	实行投标承包面积	其中:本年新开工
3549242	**55088818**	**19498857**	**43344929**	**13521292**
2443637	36871098	13059869	30004940	9937525
3545306	55088818	19498857	43344929	13521292
1183365	16770651	6479149	15612117	5994932
69396	346094	287537	306869	284908
2292545	37972073	12732171	27425943	7241452
3783				
153				
2699337	53774399	18884390	42526039	13187620
362558	648002	207620	604601	192676
366455	617917	358347	201789	128496
120892	48500	48500	12500	12500
395039	1823513	430090	1811183	417760
2124864	40856361	12777117	33875506	9649773
6069145	97768692	32706064	79031618	23588825
3320830	54706369	19136027	43234029	13411292
228412	382449	362830	110900	110000
1604196	19878824	6672470	17158739	4994762
1182568	19180817	8280046	16075138	6161508
433480	6370058	2277421	707792	173835
196004	3417546	1550419	3358046	1550418
28372	218841	119512	120280	41780
37148	5256262	157687	5250537	157687
18879	116143	101153	101153	101153
48597	650327	340149	573244	340149
3549242	55088818	19498857	43344929	13521292
2443637	36871098	13059869	30004940	9937525
119068	636576	461126	577351	438497
859039	16508590	5655843	12000271	2975914
127498	1072554	322019	762367	169356

6－10 建筑企业生产汇总表(总承包和专业承包)(续二)

	房屋建筑竣工面积(平方米)			
	合计	住宅房屋	商业及服务用房屋	办公用房屋
总计	13723416	10206781	905210	582271
国有及国有控股企业	9962332	7130906	757487	436246
按登记注册类型分				
内资企业	13723416	10206781	905210	582271
国有企业	4013125	3304466	353513	99345
集体企业	28081	7122	11461	4779
其他企业	9682210	6895193	540236	478147
港、澳、台商投资企业				
外商投资企业				
按国民经济行业分				
房屋建筑业	13253561	9916356	842015	563824
土木工程建筑业	222609	158107	36095	18447
建筑安装业	211246	120318	3100	
建筑装饰和其他建筑业	36000	12000	24000	
按隶属关系分				
中央	670459	601688		
省(自治区、直辖市)	9619470	6849907	767344	438377
市级市以下	9682210	6895193	540236	478147
按企业资质等级分				
施工总承包	13673097	10192799	878110	582271
专业承包	50319	13982	27100	
按地区分				
城关区	4803465	2962549	382718	494040
七里河区	5205527	4580641	277062	39473
西固区	2322710	1697224	87286	2131
安宁区	784454	530153	109925	12128
红古区	38843	21338		
永登县	186514	158107		18447
皋兰县	72992	45000		5432
榆中县	308911	211769	48219	10620
按营业状态分				
营业	13723416	10206781	905210	582271
停业(歇业)				
按控股情况分				
国有控股	9962332	7130906	757487	436246
集体控股	184069	112222	18318	27130
私人控股	3024929	2489184	105405	103228
港澳台商控股				
其他	552086	474469	24000	15667

房屋建筑竣工面积(平方米)				其他未列明的房屋建筑物
科研、教育、医疗用房屋	文化、体育、娱乐用房屋	厂房及建筑物	仓库	
577345	124322	1099918	28603	198966
431347	100368	892887	23322	189769
577345	124322	1099918	28603	198966
156185	20022	74326	5268	
2574	2145			
418586	102155	1025592	23335	
570694	122177	1012090	27439	198966
6651	2145		1164	
		87828		
			18054	50717
421267	100368	892887	5268	144052
418586	102155	1025592	23335	4197
577345	124322	1090681	28603	198966
		9237		
224615	79322	537382	26091	96748
159661		145316	268	3106
134947		303101		98021
17956	37600	76692		
667		16838		
6651	2145		1164	
3999	4515	14046		
28849	740	6543	1080	1091
577345	124322	1099918	28603	198966
431347	100368	892887	23322	189769
21343	2885		1080	1091
113869	21069	181031	3037	8106
10786		26000	1164	

6－11 劳务分包建筑业企业汇总表(劳务分包)

	企业个数	企业个数(有工作量)	建筑业总产值(万元)		资产负债(万元)		
				装饰装修产值	固定资产原价	资产总计	负债合计
总计	3	2	367	18	96	1248	1103
国有及国有控股							
按登记注册类型分							
内资企业	3	2	367	18	96	1248	1103
港、澳、台商投资企业							
外商投资企业							
按国民经济行业分							
房屋建筑业	1						
土木工程建筑业							
建筑安装业	1	1	349		60	1090	1019
建筑装饰和其他建筑业	1	1	18	18	36	158	84
按隶属关系分							
中央							
省(自治区、直辖市)							
地区(州、盟、省辖市)							
市级市以下	3	2	367	18	96	1248	1103
按企业资质等级分							
劳务分包	3	2	367	18	96	1248	1103
按营业状态分							
营业	3	2	367	18	96	1248	1103
停业(歇业)							
按控股情况分							
集体控股	1	1	349		60	1090	1019
私人控股	2	1	18	18	36	158	84

损益及分配(万元)						
营业收入合计	营业成本	营业税金及附加	管理费用	财务费用	营业利润	利润总额
366	313	13	48	−5	−2	−2
366	313	13	48	−5	−2	−2
348	301		40		1	1
18	12		8		−3	−3
366	313	13	48	−5	−2	−2
366	313	13	48	−5	−2	−2
366	313	13	48	−5	−2	−2
348	301		40		1	1
18	12		8		−3	−3

6－12 建筑业企业财务情况汇总表(总承包和专业承包)

	年初存货	年末资产负债(万元)					
		流动资产合计	应收工程款	存货	固定资产合计	固定资产减值准备
总计	**1125849**	**6833329**	**2445451**	**1233161**	**803352**	**4123**
国有及国有控股企业	662442	3652256	1326761	760399	512150	2967
按登记注册类型分						
内资企业	1125781	6828684	2444752	1233057	803195	4123
国有企业	133796	1048854	389738	237181	190127	464
集体企业	23717	120203	45142	32233	12631	10
其他企业	968268	5659627	2009872	963643	600437	3649
港、澳、台商投资企业	67	3342	610	83	157	
外商投资企业	1	1304	89	22	0	
按国民经济行业分						
房屋建筑业	427026	2852157	1256746	538829	446377	2539
土木工程建筑业	566873	3065106	970137	531453	202476	588
建筑安装业	103364	644376	155644	123941	114275	325
建筑装饰和其他建筑业	28586	271690	62924	38939	40224	672
按隶属关系分						
中央	294326	1532450	522494	269525	91450	2511
省(自治区、直辖市)	419082	2522981	968284	556934	440988	456
市级市以下	412441	2777898	954673	406702	270914	1156
按企业资质等级分						
施工总承包	1023340	6075758	2241034	1126903	720834	2857
专业承包	102509	757571	204417	106258	82518	1266
按地区分						
城关区	723830	4536561	1667876	688626	523067	3627
七里河区	155327	1206174	481385	253772	124601	438
西固区	113898	531379	219795	139016	109535	40
安宁区	98633	292799	42301	122069	21656	
红古区	15047	44560	14390	18792	4455	18
永登县	17255	185466	8740	8952	6459	
皋兰县	647	9372	6345	794	5072	
榆中县	1212	27018	4619	1140	8507	
按营业状态分						
营业	1124535	6830856	2445451	1233161	803330	4123
停业(歇业)	1314	2472			22	
按控股情况分						
国有控股	662442	3652256	1326761	760399	512150	2967
集体控股	61970	460385	93112	62785	32278	10
私人控股	337316	2332929	946520	349976	233661	1142
港澳台商控股						
外商控股						
其他	64121	387759	79058	60001	25263	4

年末资产负债(万元)								
固定资产原价	累计折旧		在建工程	资产合计	流动负债合计		非流动负债合计	负债合计
		本年折旧				应付账款		
968469	**373295**	**47885**	**64322**	**8673116**	**5794490**	**2049625**	**566046**	**6505916**
576134	203902	26785	29271	4894002	3783492	1312628	195804	3983963
968024	373008	47859	64322	8665101	5793457	2049295	572665	6511502
216959	88749	11011	9176	1390127	1066535	385962	99191	1166232
21076	9039	585	190	134418	86944	29382	1087	90478
729989	275220	36263	54956	7140556	4639978	1633951	472387	5254792
381	223	26		6440	864	286	−6619	−5756
64	64			1574	169	44		169
426568	122217	15013	23111	3621066	2487668	995645	153885	2766566
335620	168488	22406	14578	3883708	2602964	821653	360069	2974190
145944	56222	6789	24237	833961	567217	180311	4216	579041
60337	26368	3677	2396	334381	136641	52016	47876	186119
184666	107285	12978	12675	1996964	1611847	623244	65768	1679033
434579	120706	15655	16944	3325083	2427774	775639	148531	2692349
349224	145305	19252	34703	3351069	1754869	650742	351747	2134534
845465	315424	40394	54908	7770650	5323778	1888031	559817	6017254
123004	57871	7491	9414	902466	470712	161594	6229	488662
532918	202881	27370	52466	5903270	3863944	1378445	456531	4340736
201553	87130	13479	9587	1454462	1068539	386135	38587	1111025
161908	52985	5238	228	645237	360547	138720	36752	512134
37954	18818	396	2001	369581	287567	62968	3052	290626
6867	2452	299	40	50163	38471	16717		39154
7393	1030	190		194455	154269	62390	31124	185393
8543	5149	301		16442	4301	2689		4827
11333	2850	612		39506	16852	1561		22021
968447	373295	47885	64322	8670169	5794489	2049624	566046	6505115
22				2947	1	1		801
576134	203902	26785	29271	4894002	3783492	1312628	195804	3983963
34611	16697	1500	13959	545961	362251	118778	49450	418863
301607	121015	16543	20351	2812224	1332559	523385	293113	1758897
56117	31681	3057	741	420929	316188	94834	27679	344193

6－12 建筑业企业财务情况汇总表(总承包和专业承包)(续一)

	年末资产负债(万元)							
	所有者权益合计	实收资本	国家资本	集体资本	法人资本	个人资本	港澳台资本	外商资本
总计	**2167200**	**1316109**	**437493**	**79528**	**353751**	**444526**	**450**	**363**
国有及国有控股企业	910039	488518	431112	3484	41068	12855		
按登记注册类型分								
内资企业	2153599	1313704	437493	78178	353276	444526		233
国有企业	223895	131701	117071		14630			
集体企业	43941	57159	1000	26740	25533	3885		
其他企业	1885763	1124844	319422	51438	313113	440641		233
港、澳、台商投资企业	12196	1905		1350	105		450	
外商投资企业	1405	500			370			130
按国民经济行业分								
房屋建筑业	854500	515880	152992	26170	117738	218530	450	
土木工程建筑业	909519	485901	209016	27024	140285	109576		
建筑安装业	254920	163153	61682	23493	36613	41132		233
建筑装饰和其他建筑业	148261	151175	13803	2841	59115	75288		130
按隶属关系分								
中央	317931	258698	213727		44971			
省(自治区、直辖市)	632733	299652	207867	20706	20104	50975		
市级市以下	1216536	757759	15899	58822	288676	393551	450	363
按企业资质等级分								
施工总承包	1753396	1016059	406561	62734	242561	303754	450	
专业承包	413804	300050	30932	16794	111190	140772		363
按地区分								
城关区	1562534	843836	286730	32523	233697	290524		363
七里河区	343437	254206	106914	13808	39429	93605	450	
西固区	133103	121994	32468	17560	45526	26439		
安宁区	78955	42063	7340	4587	19501	10635		
红古区	11008	9050	4041	100	1960	2950		
永登县	9061	20469		4200	5555	10714		
皋兰县	11616	10848		832	2500	7516		
榆中县	17486	13643		5918	5583	2143		
按营业状态分								
营业	2165054	1314001	437493	79528	352672	443497	450	363
停业(歇业)	2146	2108			1079	1029		
按控股情况分								
国有控股	910039	488518	431112	3484	41068	12855		
集体控股	127097	113576	1020	66371	36059	9676	450	
私人控股	1053326	650612	2235	4973	228511	414660		233
港澳台商控股								
外商控股								
其他	76738	63403	3126	4700	48113	7335		130

6－12 建筑业企业财务情况汇总表（总承包和专业承包）（续二）

	损益及分配（万元）								
	营业收入	主营业务收入	营业成本	主营业务成本	营业税金及附加	主营业务税金及附加	其他业务利润	管理费用	税金
总计	**8669247**	**8449479**	**8028793**	**7800605**	**259012**	**253208**	**25320**	**249679**	**10090**
国有及国有控股企业	6209017	6009801	5819438	5625684	178369	173843	19063	148128	5825
按登记注册类型分									
内资企业	8665616	8445848	8026369	7798181	258063	252260	25320	249100	10089
国有企业	2218528	2070340	2102429	1978162	62855	59991	10690	48842	1043
集体企业	118766	118545	107142	101849	4069	3456	81	6673	458
其他企业	6328322	6256963	5816798	5718170	191139	188813	14549	193585	8588
港、澳、台商投资企业	3484	3484	2326	2326	944	944		518	
外商投资企业	147	147	98	98	5	5		61	1
按国民经济行业分									
房屋建筑业	4948468	4813791	4609275	4454679	164541	162365	15426	115969	5284
土木工程建筑业	2728032	2663481	2497618	2445606	65924	62962	8994	91548	3420
建筑安装业	776459	772313	724672	718339	20872	20449	829	24836	1033
建筑装饰和其他建筑业	216287	199895	197228	181982	7675	7432	71	17326	352
按隶属关系分									
中央	1982253	1934234	1841415	1794152	48150	45602	-1949	65386	3262
省（自治区、直辖市）	4657982	4504239	4368879	4218964	144674	142631	21295	98708	3195
市级市以下	2029012	2011006	1818499	1787489	66187	64976	5975	85586	3633
按企业资质等级分									
施工总承包	8093661	7900275	7544771	7342809	240672	235231	22899	211602	8503
专业承包	575586	549205	484022	457797	18340	17977	2420	38077	1587
按地区分									
城关区	4802449	4731496	4354549	4262431	142918	140519	9376	145780	5891
七里河区	2220488	2104621	2071185	1960546	62926	62136	13814	51491	1354
西固区	906490	901528	860733	856826	29117	28740	951	29367	884
安宁区	517880	499154	471108	463125	16426	14505	434	12804	606
红古区	39340	30115	33417	25363	992	959	710	1772	196
永登县	72976	72976	140340	134854	2579	2296		3993	1074
皋兰县	37584	37584	32600	32600	1477	1477		2995	56
榆中县	72039	72004	64861	64861	2575	2575	35	1479	29
按营业状态分									
营业	8669198	8449431	8028752	7800565	259010	253207	25320	249641	10090
停业（歇业）	48	48	40	40	2	2		38	0
按控股情况分									
国有控股	6209017	6009801	5819438	5625684	178369	173843	19063	148128	5825
集体控股	285113	284015	261960	255476	9517	8897	85	12376	856
私人控股	1763826	1748549	1584633	1560514	56916	56520	5676	75232	3051
港澳台商控股									
外商控股									
其他	411291	407114	362762	358932	14210	13949	496	13943	357

6－12 建筑业企业财务情况汇总表(总承包和专业承包)(续三)

	损益及分配(万元)			
	财务费用			营业利润
		利息收入	利息支出	
总计	**86135**	**5611**	**91518**	**129044**
国有及国有控股企业	29718	3190	21505	48085
按登记注册类型分				
内资企业	85874	5611	91518	129626
国有企业	4573	1799	5406	-2804
集体企业	790	99	485	-462
其他企业	80511	3713	85627	132892
港、澳、台商投资企业	261			-564
外商投资企业				-18
按国民经济行业分				
房屋建筑业	26196	2742	17298	33545
土木工程建筑业	55814	1360	69005	98028
建筑安装业	2465	1469	3825	5887
建筑装饰和其他建筑业	1660	40	1390	-8418
按隶属关系分				
中央	17402	1364	13750	18115
省(自治区、直辖市)	19910	1941	14866	30887
市级市以下	48823	2306	62901	80043
按企业资质等级分				
施工总承包	81313	5362	86890	101824
专业承包	4822	249	4628	27220
按地区分				
城关区	65858	3149	31248	115286
七里河区	10801	2144	7658	20800
西固区	829	161	810	-11302
安宁区	1982	130	2011	4737
红古区	17	15	12	2546
永登县	6284	0	49654	-5754
皋兰县	58	2	55	454
榆中县	306	10	70	2277
按营业状态分				
营业	86102	5611	91488	129109
停业(歇业)	33	0	30	-65
按控股情况分				
国有控股	29718	3190	21505	48085
集体控股	6424	1456	52115	-2070
私人控股	42122	877	10034	75238
港澳台商控股				
外商控股				
其他	7871	88	7864	7791

损益及分配（万元）					
补贴收入	营业外收入	营业外支出	利润总额	应交所得税	应付职工薪酬(本年贷方累计发生额)
10777	**2397**	**6984**	**134816**	**34703**	**818358**
5974	2215	3529	50608	15405	412109
10777	2397	6984	135398	34701	817708
2397	1785	1700	−2089	6491	228667
58		358	−743	278	24079
8322	612	4926	138230	27932	564962
			−564	2	606
			−18		44
2698	614	1871	34318	9586	392480
3631	728	2638	101280	17160	322348
3135	0	1296	7560	1809	57970
1313	1055	1179	−8342	6148	45560
3290	430	1491	19973	9575	138529
3417	1785	2262	32087	6602	299883
4071	182	3231	82757	18528	379945
8240	1153	5406	106862	28803	752514
2537	1244	1578	27954	5900	65844
7713	1783	4885	120139	22012	465883
2557	614	1489	21869	6172	222139
217		269	−11353	5225	81525
255		265	4679	682	28008
3		16	2534	275	5129
32		60	−5783	123	4832
0		0	455	106	2016
			2276	108	8826
10777	2397	6984	134881	34703	818279
			−65		78
5974	2215	3529	50608	15405	412109
2679	0	1047	−422	1068	32851
1173	182	2247	76147	16126	345584
951		161	8483	2104	27814

主要统计指标解释

固定资产投资 即固定资产投资额是以货币表现的建造和购置固定资产活动的工作量，它是反映固定资产投资规模、速度、比例关系和使用方向的综合性指标。全社会固定资产投资按登记注册类型可分为国有、集体、个体、联营、股份制、外商、港澳台商、其他等。按照管理渠道，全社会固定资产投资总额分为城镇固定资产投资和农村固定资产投资两部分。其中城镇固定资产投资中包括房地产开发投资。

房地产开发投资 指各种登记注册类型的房地产开发公司、商品房建设公司及其他房地产开发人单位和附属于其他法人单位实际从事房地产开发或经营的活动单位统一开发的包括统代建、拆迁还建的住宅、厂房、仓库、饭店、宾馆、度假村、写字楼、办公楼等房屋建筑物和配套的服务设施，土地开发工程(如道路、给水、排水、供电、供热、通讯、平整场地等基础设施工程)的投资；不包括单纯的土地交易活动。

施工项目 指报告期内曾进行建筑或安装工程施工活动的建设项目，包括报告期内新开工项目、报告期以前开工跨入报告期继续施工的项目以及报告期施过工并在报告期内全部建成投产或停缓建的项目。

全部建成投产项目 工业项目是指设计文件规定形成生产能力的主体工程及其相应配套的辅助设施全部建成，经负荷试运转，证明具备生产设计规定合格产品的条件，并经过验收鉴定合格或达到竣工验收标准，与生产性工程配套的生活福利设施可以满足生产的需要，正式移交生产的建设项目。非工业项目是指设计文件规定的主体工程和相应的配套工程全部建成，能够发挥设计规定的全部效益，经验收鉴定合格或达到竣工验收标准，正式移交使用的建设项目。

房屋建筑面积 指从房屋外墙线算起的各层平面面积的总和，包括可供使用的有效面积和房屋结构(如柱、墙)占用的面积。多层建筑按各层(包括地下室)面积总和计算。

住宅建筑面积 指施工和竣工房屋建筑面积中供居住用的施工和竣工房屋建筑面积。

施工面积 指报告期内施工的全部房屋建筑面积。包括本期新开工的面积、上期跨入本期继续施工的房屋面积、上期停缓建在本期恢复施工的房屋面积、本期竣工的房屋面积及本期施工后又停缓建的房屋面积。

竣工面积 指在报告期内房屋建筑按照设计要求已全部完工，达到住人和使用条件，经验收鉴定合格，正式移交使用单位的建筑面积。

房屋建筑面积竣工率 指一定时期内房屋竣工面积占同期房屋施工面积的比率。它是从房屋建筑施工速度的角度反映投资效果和建筑业经济效益的指标。

新增固定资产 指通过投资活动所形成的新的固定资产价值，包括已经建成投入生产或交付使用的工程价值和达到固定资产标准的设备、工具、器具的价值及应摊入的费用。它是以价值形式表示的固定资产投资成果的综合性指标，可以综合反映不同时期、不同部门、不同地区的固定资产投资成果。

建设项目投产率　指一定时期内全部建成投入生产项目个数与同期正式施工项目个数的比率。它是从项目建设速度的角度反映投资效果的指标。

固定资产交付使用率　指一定时期新增固定资产与同期完成投资额的比率。它是反映各个时期固定资产动用速度，衡量建设过程中投资效果的一个综合性指标。

建筑业统计单位　指从事房屋、构筑物建造和设备安装活动的法人企业。建筑业法人企业应同时具备的条件是：①依法成立，有自己的名称、组织机构和场所，能够承担民事责任；②独立拥有和使用资产，承担负债，有权与其他单位签订合同；③独立核算盈亏，能够编制资产负债表。

建筑业总产值（即自行完成施工产值）是以货币表现的建筑安装企业在一定时期内生产的建筑业产品和服务的总和。建筑业总产值包括：

(1)建筑工程产值：指列入建筑工程预算内的各种工程价值。

(2)设备安装工程产值：指设备安装工程价值，不包括被安装设备本身价值。

(3)房屋、构筑物修理产值：指房屋、构筑物修理所完成的价值，但不包括被修理房屋、构筑物本身的价值和生产设备的修理价值。

(4)非标准设备制造产值：指加工制造没有定型的、非标准的生产设备的加工费和原材料价值，以及附属加工厂为本企业承建工程制作的非标准设备的价值。

房屋建筑施工面积　指在报告期内施过工的全部房屋建筑面积，包括本期新开工的房屋面积、上期施工跨入本期继续施工的房屋面积、上期停缓建在本期恢复施工的房屋面积、本期竣工的房屋面积及本期施工后又停缓建的房屋面积。

房屋建筑竣工面积　指在报告期内房屋建筑按照设计要求已全部完工，达到了住人和使用条件，经验收鉴定合格，正式移交使用单位的房屋建筑面积。

自有机械设备年末总台数　指归本企业所有，属于本企业固定资产的生产性机械设备年末总台数。包括施工机械、生产设备、运输设备以及其他设备。

自有机械设备年末总功率　指年末企业自有的直接用于工程施工的各种机械设备的台数，包括施工机械、生产设备、运输设备以及其他设备等列为在册固定资产的生产性机械设备年末总功率，按设定能力或查定能力计算。包括施工机械本身的动力和为该机械服务的单独动力设备，如电动机等。计算单位用千瓦，动力换算可按1马力=0.735千瓦折合成千瓦数。电焊机、变压器、锅炉不计算动力。

工程结算收入　指本企业承包工程实现的工程价款结算收入，以及向发包单位收取的除工程价款以外的按规定列作营业收入的各种款项，如临时设施费、劳动保险费、施工机械调迁费等以及向发包单位收取的各种索赔款。

工程结算利润　　指已结算工程实现的利润,如亏损以"-"号表示。计算公式为:

工程结算利润=工程结算收入-工程结算成本-工程结算税金及附加-经营费用

企业总收入　　指与企业生产经营直接有关的各项收入,包括工程结算收入和其他业务收入。计算公式为:

企业总收入=工程结算收入+其他业务收入

七、城市建设

7－1 城市主要经济指标

	单位	全市合计	市区合计	市区占全市比重(%)
人口、劳动力及土地面积				
年末总人口	万人	374.67	240.47	64.18
年平均人口	万人	321.54	205.15	63.80
常住人口	万人	321.64	204.88	63.70
年出生人口	人	40861	21921	53.65
年死亡人口	人	14698	8386	57.06
年末总户数	万户	106.33	71.19	66.95
年末单位从业人员数	万人	67.11	60.17	89.66
第一产业(农、林、牧、渔业)	万人	0.07	0.06	85.71
第二产业	万人	30.92	27.85	90.07
采矿业	万人	1.30	1.29	99.23
制造业	万人	11.49	9.21	80.16
电力、燃气及水的生产和供应业	万人	2.50	2.24	89.60
建筑业	万人	15.63	15.11	96.67
第三产业	万人	36.12	32.26	89.31
交通运输、仓储及邮政业	万人	2.94	2.70	91.84
信息传输、计算机服务和软件业	万人	2.18	1.95	89.45
批发和零售业	万人	1.45	1.36	93.79
住宿、餐饮业	万人	0.90	0.89	98.89
金融业	万人	2.28	2.07	90.79
房地产业	万人	2.42	2.32	95.87
租赁和商业服务业	万人	2.25	2.20	97.78
科学研究、技术服务和地质勘查业	万人	3.50	3.41	97.43
水利、环境和公共设施管理业	万人	1.64	1.28	78.05
居民服务和其他服务业	万人	0.11	0.11	100.00
教育	万人	6.61	5.57	84.27
卫生、社会保障和社会福利业	万人	3.01	2.62	87.04
文化、体育和娱乐业	万人	0.98	0.94	95.92
公共管理和社会组织	万人	5.85	4.84	82.74
城镇私营和个体从业人员	人	646589	537082	83.06
年末城镇登记失业人员数	人	15186	13985	92.09
行政区域土地面积	平方公里	13192.31	1574.10	11.93
建成区面积	平方公里	310.85	191.34	61.55
城市建设用地面积	平方公里	304.84	208.25	68.31
居住用地面积	平方公里	82.71	52.91	63.97
公共设施用地面积	平方公里	34.90	24.93	71.43
工业用地面积	平方公里	54.51	26.13	47.94

注：建成区面积为2014年度城镇土地变更调查数据，为《土地利用现状分类》城市(201)和建制镇(202)两类之和，由兰州市国土资源局提供。

7－1 城市主要经济指标(续一)

	单位	全市合计	市区合计	市区占全市比重(%)
综合经济				
地区生产总值(当年价格)	万元	20009389	16542011	82.67
第一产业增加值	万元	524407	191203	36.46
第二产业增加值	万元	8248834	6219300	75.40
第三产业增加值	万元	11236148	10131508	90.17
地区生产总值(2010年价格)	万元	18487986	15565150	84.19
人均地区生产总值	元	54771	62367	113.87
地区生产总值增长率	%	10.40	15.44	
财政、金融、保险				
公共财政预算收入	万元	1523299	1417418	93.05
税收收入	万元	1210190	1128515	93.25
企业所得税	万元	99058	93848	94.74
个人所得税	万元	38340	37278	97.23
公共财政预算支出	万元	2801041	2323451	82.95
一般性公共服务支出	万元	542923	471740	86.89
科学技术支出	万元	31618	29286	92.62
教育支出	万元	514802	389769	75.71
文化体育与传媒支出	万元	56385	48069	85.25
医疗卫生支出	万元	257520	219106	85.08
节能保护支出	万元	96708	84948	87.84
城乡社区事务支出	万元	228069	223085	97.81
交通运输支出	万元	66171	49286	74.48
社会保障和就业支出	万元	274106	209021	76.26
住房保障收入	万元	65684	59158	90.06
年末金融机构各项存款余额	万元	66175146	55363928	83.66
居民储蓄存款余额	万元	22629407	19852392	87.73
年末金融机构各项贷款余额	万元	56127233	37933906	67.59

7－1 城市主要经济指标(续二)

	单位	全市合计	市区合计	市区占全市比重(%)
工业				
工业企业数	个	383	243	63.45
内资企业	个	366	230	62.84
国有企业	个	16	15	93.75
私营企业	个	125	86	68.80
港、澳、台商投资企业	个	8	5	62.50
外商投资企业	个	9	8	88.89
工业总产值(当年价)	万元	25552600	19100800	74.75
内资企业	万元	24329300	18333800	75.36
国有企业	万元	2028200	2022100	99.70
私营企业	万元	3425300	2026610	59.17
港、澳、台商投资企业	万元	557000	204600	36.73
外商投资企业	万元	606300	562300	92.74
从业人员年平均人数	万人	14.22	11.24	79.04
流动资产合计	万元	9431600	7681800	81.45
固定资产合计	万元	7839600	5522300	70.44
主营业务收入	万元	19352400	14940000	77.20
主营业务成本	万元	16180100	11937600	73.78
主营业务税金及附加	万元	1776600	1768800	99.56
本年应交增值税	万元	661400	602100	91.03
利润总额	万元	-80600	49600	
年末邮政局(所)数	处	150	96	64.00
邮政业务收入	万元	22556		
电信业务收入	万元	465285.64		
固定电话年末用户数	万户	80.26		
移动电话年末用户数	万户	529.44		
3G移动电话用户	万户	275.17		
互联网宽带接入用户数	万户	73.37		
综合能源消费量	万吨/标准煤	1608.54		
城镇可再生能源消费比重	%	15		
全社会用电量	万千瓦时	3152205	1396678	44.31
工业用电	万千瓦时	2602725	972214	37.35
城乡居民生活用电	万千瓦时	156486	130194	83.20

7-1 城市主要经济指标(续三)

	单位	全市合计	市区合计	市区占全市比重(%)
内外贸易、外经				
限额以上批发零售贸易业商品销售总额	万元	9448645	8988167	95.13
社会消费品零售总额	万元	31506796	30973129	98.31
限额以上批发零售企业数(法人数)	个	514	454	88.33
零售业	个	224	188	83.93
货物进口额(海关数)	万美元	55274		0.00
货物出口额(海关数)	万美元	400375		0.00
外商直接投资				
外商直接投资合同项目	个	5	2	40.00
当年实际使用外资金额	万美元	5446.7	1906.4	35.00
固定资产投资				
固定资产投资额(不含农村)	万元	12741436	7110244	55.80
房地产开发投资额	万元	3365382	2444092	72.62
住宅	万元	2239667	1630504	72.80
全年新增固定资产	万元	7427363	5736457	77.23
商品房屋销售面积	万平方米	510.28	407.89	79.93
住宅	万平方米	467.47	372.62	79.71
高档别墅公寓	万平方米	7.10	5.89	82.96
商品房屋销售额	万元	3185276	2622295	82.33
住宅	万元	2648120	2190923	82.74
高档别墅公寓	万元	104484	89867	86.01
待售面积	万平方米	177.54	138.49	78.00
教育、科技、文化、卫生				
学校数				
普通高等学校	所	19		
中等职业教育学校	所	67	56	83.58
普通中学	所	204	121	59.31
小学	所	570	247	43.33
专任教师数				
普通高等学校	人	15345		
中等职业教育学校	人	3587	3028	84.42
普通中学	人	14173	9189	64.83
小学	人	14259	8815	61.82
在校学生数				
普通高等学校	人	414182		

7－1 城市主要经济指标(续四)

	单位	全市合计	市区合计	市区占全市比重(%)
高中阶段在校学生数	人	142497	120252	84.39
中等职业教育学校学生数	人	69636	73042	104.89
普通中学学生数	万人	17.82	11.87	66.61
小学学生数	万人	20.35	14.45	71.01
初中毕业生升学率	%	99.00	99.83	100.84
成人高等学校在校学生数	人	6909	6909	100.00
体育场馆数	个	151	126	83.44
剧场、影剧院数	个	22	20	90.91
公共图书馆图书总藏量	千册	1085	1085	100.00
订销报刊杂志累计份数	千份	57096.64	47117.20	82.52
广播节目综合人口覆盖率	%	99	100	101.01
电视节目综合人口覆盖率	%	99	100	101.01
有线电视入户率	%	60	85	141.67
医院、卫生院数	个	167	102	61.08
医院、卫生院床位数	张	22753	19587	86.09
医生数(执业医师+执业助理医师)	人	12252	10944	89.32
注册护士	人	12967	11802	91.02
社会保障				
居民消费价格指数(上年为100)	%		102.2	
城镇职工基本养老保险参保人数	人	661555	616467	93.18
城镇基本医疗保险参保人数	人	1068383		
失业保险参保人数	人	572732		
社会福利院数	个	16	12	75.00
社会福利院床位数	张	5105	3693	72.34
社区服务设施数	个	316	289	91.46
城市社区综合服务设施覆盖率	%	6	9	150.00
城镇居民最低生活保障人数	人	69900	56701	81.12
社会治安				
交通事故死亡人数	人	165	116	70.30
交通事故损失额	万元	147	131	89.12
火灾事故死亡人数	人	6	5	83.33
火灾事故损失额	万元	547.92	527.86	96.34
刑事案件立案数	起	6007	4492	74.78
犯罪人数	人	4223	3206	75.92
青少年人数(年龄16-25周岁)	人	948	662	69.83

7－2 城市设施水平

	2010	2011	2012	2013	2014
建成区面积(平方公里)	196.26	196.97	198.67	207.00	282.20
城市人口密度(人/平方公里)	1614.00	1613.00	9561.00	8931.00	5878.00
燃气普及率(%)	89.37	88.98	88.71	90.10	86.93
年末公用自来水生产能力(万立米/日)	156.51	157.97	150.78	144.60	148.85
地下水	12.60	12.60	12.00	10.00	10.70
全年供水总量(万立方米)	24275	29401	26827	21818	23902
居民家庭用水	9804.14	10132.90	9644.75	9337.83	10230.56
用水人口(万人)	188.54	187.10	186.46	174.27	205.31
道路长度(公里)	906.60	909.81	926.57	1093.22	1513.50
道路面积(万平方米)	2161.50	2168.35	2218.89	2910.44	3545.53
人均拥有道路面积(平方米)	10.89	10.97	11.18	14.79	16.56
排水管道长度(公里)	724.00	765.49	832.39	1360.50	2311.01
桥梁数(个)	199	202	205	206	254
污水年排放量(万立方米)	22318	16097.3	19785	19285	19018
污水年处理量(万立方米)	12845	10760	13401	14781	15881
污水日处理能力(万立方米)	44.0	44.5	71.9	71.9	75.1
污水处理率(%)	60.00		67.73	82.03	83.51
防洪堤长度(公里)	180.00	180.00	180.00	235.20	260.12
绿化覆盖面积(公顷)	5495.00	4940.00	6548.00	7730.00	7919.36
建成区绿化覆盖率(%)	25.02	25.08	30.01	34.52	26.46
园林绿地面积(公顷)	4441.00	4471.00	5494.00	6584.00	7201.62
公共绿地面积(公顷)	1714.00	1720.00	1762.00	2058.00	2333.13
人均公共绿地面积(平方米)	8.63	8.70	8.88	10.46	10.90
公园个数(个)	14	14	14	16	25
公共汽(电)车营运车辆(辆)	2149	2163	2270	2745	2769
标准运营台数(标台)	2666	2682	2924	3326	3115
公共汽(电)车客运总量(万人次)	61554	62050	3373	76428	77676
出租汽车(辆)	6738	6738	6738	7913	7591

注:2007年道路长度、道路面积等市政设施数据为市政管理系统内数据,与往年数据不可比。

7－3 工业废水排放处理情况

	2010	2011	2012	2013	2014
工业废水					
工业废水排放量(万吨)	2529.10	4097.28	4624.55	4909.07	4563.49
化学需氧量(吨)	3103.38	4658.62	4348.47	4445.77	4005.99
氨氮(吨)	209.84	2431.58	2642.68	2723.12	2648.30
石油类(吨)	28.42	86.57	68.79	87.85	93.53
挥发酚(吨)	0.17	8.40	0.39	0.79	3.14
氰化物(吨)	0.12	0.02	0.03	0.02	0.02
砷(吨)	0.12				0.001
铅(吨)	0.05	0.09			0.01
镉(吨)	0.04	0.02			0.005
六价铬化合物(吨)	0.12	0.15	0.00	0.01	0.01
工业废气					
工业废气排放量(亿标立方米)	1805	3183	3954	4068	3768
二氧化硫排放量(吨)	69800	92722	68654	72148	67616
氮氧化物排放量(吨)	45243	79722	83804	79915	66026
工业烟尘排放量(吨)	21269	39710	33598	40109	64214
工业固体废物					
工业固体废物产生量(万吨)	507.31	604.55	627.88	624.58	638.62
工业固体废物处置量(万吨)	29.17	43.39	23.19	14.75	7.22
工业固体废物综合利用量(万吨)	413.23	561.15	603.04	608.17	628.73
工业固体废物贮存量(万吨)	82.19	0.04	1.65	1.66	2.67
生活污水					
城镇生活污水排放量(万立方米)	15147.00	12000.00	13687.00		19018.00
城镇生活污水处理量(万立方米)	10636.00	9502.44	9670.00		15881.00
城镇生活污水处理率(%)	70.22	79.19	70.65		83.51

注:2011年环境统计国家启动“十二五”环境统计系统,与“十一五”环境统计在统计口径、方法、范围等方面有所调整变动,故部分统计指标数据与往年不可比。

7－4 环境保护

	2014
工业废水排放量(万吨)	4563.49
工业废气排放量(亿立方米)	3768.04
工业二氧化硫产生量(吨)	159262.00
工业二氧化硫排放量(吨)	67616.00
工业氮氧化物产生量(吨)	105276.00
工业氮氧化物排放量(吨)	66026.00
工业烟(粉)尘产生量(吨)	3899977.00
工业烟(粉)尘排放量(吨)	63801.00
工业重金属产生量(吨)	0.03
工业重金属排放量(吨)	0.03
一般工业固体废物综合利用率(%)	98.46
污水处理率(%)	83.51
污水处理厂集中处理率(%)	83.51
生活垃圾无害化处理率(%)	19.15
空气质量达到及好于二级的天数(天)	313

注:2014年环境统计在统计口径、方法、范围等方面有所调整变动。

主要统计指标解释

年末自来水生产能力　指年底城建部门管理的自来水厂和自备水源的社会单位取水、净化、送水、出厂输水干管等环节的实际生产能力。

年末供水管道长度　指从送水泵到用户水表之间所有管道的长度。

全年供水总量　指公用自来水厂和自备水源的社会单位全年的供水总量,包括有效供水量及损失水量。

生活用水量　指居民日常生活与公共福利设施的用水量,包括居民、饮食店、旅馆、医院、理发店、浴池、洗衣店、游泳池、商店、学校、机关、部队等单位的用水量。

城市人口用水普及率　指城市用水人口数与城市人口总数之比。计算公式为:

用水普及率=城市用水人口数/城市人口总数*100%

全年供气总量　指全年售给各类用户的全部煤气量,包括工业用量、家庭用量和其他用量。

城市用气普及率　指使用煤气(包括人工煤气、液化石油气、天然气)的城市人口数与人口总数之比。计算公式为:

城市用气普及率=城市用气人口数/城市人口总数*100%

年底实有铺装道路长度　指除土路外,路面经过铺装宽度在3.5米以上的道路,包括高级、次高级道路和普通道路。

城市桥梁　指城市范围内,修建在河道上的桥梁和道路与道路立交、道路跨越铁路的立交桥及人行天桥。包括永久性桥和半永久性桥、不包括临时性桥、铁路桥、涵洞。

城市下水道总长度　指所有排水总管、干管、支管及暗渠、检查井、连接井进出水口等长度之和。

城市污水日处理能力　指污水处理厂每昼夜处理污水量的设计能力。

年末实有公共汽(电)车　指年底可参加营运的全部车辆数,包括营运车辆数和库存查封未参加营运的车辆。不包括非营运车辆,如架线车、油罐车、工程车、货车及其他专用车辆和借入的客运车辆。

城市园林绿地面积　指城市公共绿地、专用绿地、生产绿地、防护绿地、郊区风景名胜区的全部面积。

公共绿地　指供游览休息的各种公园、动物园、植物园、陵园以及花园、游园和供游览休息用的林荫道绿地、广场绿地,不包括一般栽植的行道树及林荫道的面积。

工业废水排放量　指经过企业厂区所有排放口排到企业外部的工业废水量。包括生产废水、外排的直接冷却水、超标排放的矿井地下水和与工业废水混排的厂区生活污水,不包括外排的间接冷却水(清污不分流的间接冷却水应计算在内)。

工业废水排放达标量　指各项指标都达到国家或地方排放标准的外排工业废水量,包括未经处理外排达标和经过处理后外排达标两部分。

工业废气排放量　指企业厂区内燃料燃烧和生产工艺过程中产生的各种排入空气的含有污染物的气体总量,按标准状态(273K,101325Pa)计算。

工业二氧化硫排放量　指企业在燃料燃烧和生产工艺过程中排入大气的二氧化硫数量。

烟尘排放量　指企业厂区内燃料燃烧产生的烟气中夹带的颗粒物数量。

工业粉尘排放量　指企业在生产工艺过程中排放的颗粒物重量,如钢铁企业的耐火材料粉尘、焦化企业的筛焦系统粉尘、烧结机的粉尘、石灰窑的粉尘、建材企业的水泥粉尘等。不包括电厂排入大气的烟尘。

工业固体废物产生量　指企业在生产过程中产生的固体状、半固体状和高浓度液体状废弃物的总量,包括危险废物、冶炼废渣、粉煤灰、炉渣、煤矸石、尾矿、放射性废物和其他废物等;不包括矿山开采的剥离废石和掘进废石(煤矸石和呈酸性或碱性的废石除外)。酸性或碱性废石指采掘的废石其流经水、雨淋水的PH值小于4或PH值大于10.5者。

工业固体废物处置量　指将固体废物焚烧或者最终置于符合环境保护规定要求的场所,并不再回取的工业固体废物量(包括当年处置往年的工业固体废物累计贮存量)。处置方法有填埋(其中危险废物应安全填埋)、焚烧、专业贮存场(库)封场处理、深层灌注、回填矿井等。

八、商业、物价

8-1 社会消费品零售总额

	社会消费品零售总额(万元)	市	县	县以下	构成(%)总额=100 市	县	县以下
1979	64608	53500	3259	4849	82. 8	5. 04	7. 51
1980	79602	72573	2237	4792	91. 2	2. 81	6. 02
1981	92916	84135	3280	5501	90. 5	3. 53	5. 92
1982	98106	87569	4091	6446	89. 3	4. 17	6. 57
1983	109073	99474	3567	6032	91. 2	3. 27	5. 53
1984	166936	151828	15108		90. 9	9. 05	
1985	203181	177743	25438		87. 5	12. 52	
1986	238390	216103	22287		90. 7	9. 35	
1987	267759	237787	29972		88. 8	11. 19	
1988	366358	326329	40029		89. 1	10. 93	
1989	408412	365089	43323		89. 4	10. 61	
1990	354709	311443	43266		87. 8	12. 20	
1991	394014	354217	39797		89. 9	10. 10	
1992	493967	448676	45291		90. 8	9. 17	
1993	605588	564094	41494		93. 1	6. 85	
1994	770741	708005	31824	30912	91. 9	4. 13	4. 01
1995	966709	888130	40517	38062	91. 9	4. 19	3. 94
1996	1104678	1015253	49537	39888	91. 9	4. 48	3. 61
1997	1218665	1129795	47545	41325	92. 7	3. 90	3. 39
1998	1354030	1260477	47222	46331	93. 1	3. 49	3. 42
1999	1474674	1373534	48077	53063	93. 1	3. 26	3. 60
2000	1600561	1509263	39784	51514	94. 3	2. 49	3. 22
2001	1738827	1639730	46915	52182	94. 3	2. 70	3. 00
2002	1905594	1794946	57227	53421	94. 2	3. 00	2. 80
2003	2065349	1926373	54154	54822	93. 3	2. 62	2. 65
2004	2280165	2159442	59866	60857	94. 7	2. 63	2. 67
2005	2566724	2427080	67019	72625	94. 6	2. 61	2. 83
2006	2897169	2745380	73430	78359	94. 8	2. 53	2. 70
2007	3375659	3203985	83606	88068	94. 9	2. 47	2. 63
2008	3950438	3757344	94160	98934	95. 1	2. 38	2. 50
2009	4697711	4476705	107783	113223	95. 3	2. 30	2. 40
2010	5451055	4744277	706778		87. 0	13. 0	
2011	6397231	5603581	793649		88. 0	12. 0	
2012	7491157	6560692	930465		88. 0	12. 0	
2013	8438727	7391130	1047597		88. 0	12. 0	
2014	10568321	9300122	1268198		88. 0	12. 0	

8－1 社会消费品零售总额(续一)

	分行业社会消费品零售总额(万元)			构成(%)总额=100		
	批零贸易业	住宿和餐饮业	其他行业	批零贸易业	住宿和餐饮业	其他行业
1979	55977	2386	3245	86.64	3.69	5.02
1980	67896	3290	8416	85.29	4.13	10.57
1981	77210	4031	11675	83.10	4.34	12.57
1982	81043	3874	13189	82.61	3.95	13.44
1983	87159	4648	17267	79.91	4.26	15.83
1984	101189	5664	60083	60.62	3.39	35.99
1985	137567	17350	48264	67.71	8.54	23.75
1986	165123	21034	52233	69.27	8.82	21.91
1987	192654	23405	51700	71.95	8.74	19.31
1988	263426	32784	70148	71.90	8.95	19.15
1989	301917	33918	72577	73.92	8.30	17.77
1990	251581	34456	68672	70.93	9.71	19.36
1991	293871	33568	66575	74.58	8.52	16.90
1992	370852	49427	73688	75.08	10.01	14.92
1993	461105	58999	85484	76.14	9.74	14.12
1994	540727	111711	118303	70.16	14.49	15.35
1995	653752	127310	185647	67.63	13.17	19.20
1996	754505	140560	209613	68.30	12.72	18.98
1997	788732	186582	243351	64.72	15.31	19.97
1998	880561	180563	292906	65.03	13.34	21.63
1999	914579	201725	358370	62.02	13.68	24.30
2000	1084917	221303	294341	67.78	13.83	18.39
2001	1138362	232434	368031	65.47	13.37	21.17
2002	1244846	257582	403196	65.33	13.52	21.16
2003	1654686	273156	107507	80.12	13.23	5.21
2004	1845340	334777	100048	80.93	14.68	4.39
2005	2057580	413882	95262	80.16	16.12	3.71
2006	2307010	484796	105363	79.63	16.73	3.64
2007	2700054	555978	119627	79.99	16.47	3.54
2008	3208468	652704	89266	81.22	16.52	2.26
2009	3842104	764723	90884	81.79	16.28	1.93
2010	4568077	882978		83.00	17.00	
2011	5288752	1108479		83.00	17.00	
2012	6195624	1295533		83.00	17.00	
2013	7033071	1405656		83.00	17.00	
2014	10568321	8877389	1690931	84.00	16.00	

8－2县区主要经济指标完成情况

	社会消费品零售总额(万元)	
	2014	比上年增长(%)
兰州市	10568321.4	12.70
城关区	5771793.7	12.64
七里河区	1795800	12.50
西固区	1023400	12.30
安宁区	839700	12.93
红古区	209600	13.15
永登县	211700	13.43
皋兰县	163848.5	15.63
榆中县	300479.2	14.31
兰州新区	252000	18.00

8－3星级住宿业和限额以上餐饮业经营情况

	法人企业数(个)	从业人员期末人数(人)	营业额	客房数(间)	床位数(个)	餐位数(位)	年末餐饮营业面积(平方米)
总计	**227**	**20265**	**316496**	**13119**	**21727**	**76743**	**343025**
住宿业	**80**	**9260**	**168966**	**12303**	**20257**	**17295**	**92049**
按住宿业行业小类分							
旅游饭店	49	7386	141980	8129	13623	15490	78597
一般旅馆	30	1776	25728	4045	6415	1805	13452
其他住宿业	1	98	1258	129	219		
按登记注册类型分							
内资企业	79	8919	160061	11942	19624	16887	90027
国有企业	20	2864	54715	2688	4457	6680	28423
集体企业	3	356	3050	447	877	337	1550
有限责任公司	32	4330	76277	5441	8854	7302	44659
国有独资公司	3	639	15509	509	806	1068	6604
其他有限责任公司	29	3691	60768	4932	8048	6234	38055
私营企业	24	1369	26018	3366	5436	2568	15395
私营独资企业	2	53	462	61	112	400	6000
私营合伙企业							
私营有限责任公司	21	1206	24377	3139	5014	1768	8742
私营股份有限公司	1	110	1180	166	310	400	653
外商投资企业	1	341	8905	361	633	408	2022
中外合资经营企业	1	341	8905	361	633	408	2022
按控股情况分							
国有控股	33	5343	106755	5209	8636	10769	48702
集体控股	6	680	7032	856	1597	750	4235
私人控股	35	2212	35950	4998	8007	4438	35075
外商控股	1	341	8905	361	633	408	2022
其他	5	684	10323	879	1384	930	2015
按经营形式分							
独立门店	72	8319	143177	10030	17161	16301	74040
连锁门店	4	87	2339	530	607		11400
其他	4	854	23450	1743	2489	994	6609
按星级分							
五星	3	851	17031	676	954	3310	19460
四星	12	2900	65003	2643	4409	4561	19378
三星	18	2679	34125	2871	5205	4665	21517
二星	3	182	1826	235	411	530	1188
其他	43	2633	50674	5838	9178	4229	30497

8－3 星级住宿业和限额以上餐饮业经营情况(续一)

	法人企业数(个)	从业人员期末人数(人)	营业额	客房数(间)	床位数(个)	餐位数(位)	年末餐饮营业面积(平方米)
餐饮业	147	11005	147530	816	1470	59448	250976
按餐饮业行业小类分							
正餐服务	141	8551	118105	816	1470	55441	238636
快餐服务	3	2362	28366	0		3469	10260
饮料及冷饮服务	2	58	664	0		338	1680
咖啡馆服务	2	58	664	0		338	1680
其他餐饮业	1	34	395	0		200	400
其他未列明餐饮业	1	34	395	0		200	400
按登记注册类型分							
内资企业	145	8721	120837	816	1470	56363	241886
国有企业	3	121	1888	180	350	472	8331
有限责任公司	44	3279	39751	548	963	19718	85877
国有独资公司	1	10	400	0		84	600
其他有限责任公司	43	3269	39351	548	963	19634	85277
股份有限公司	7	366	8026	0		6351	12886
私营企业	88	4868	69885	88	157	29258	132692
私营独资企业	13	604	9638	0		3450	10807
私营合伙企业				0			
私营有限责任公司	72	4092	55534	88	157	24728	117585
私营股份有限公司	3	172	4713	0		1080	4300
其他企业	3	87	1287	0		564	2100
港、澳、台商投资企业	1	98	916	0		385	1090
港澳台商独资企业	1	98	916	0		385	1090
外商投资企业	1	2186	25777	0		2700	8000
外资企业	1	2186	25777	0		2700	8000
按控股情况分				180			
国有控股	5	153	2922	0	350	1306	10131
集体控股	3	361	4856	426		1700	4716
私人控股	125	7081	93925	0	726	48052	196781
港澳台商控股	1	98	916	0		385	1090
外商控股	1	2186	25777	210		2700	8000
其他	12	1126	19134	0	394	5305	30258
按经营形式分				726			
独立门店	133	7224	102215	0	1280	50990	216192
连锁总店	5	2609	31168	90		4236	12226
连锁门店	3	510	8379	0	190	1100	11288
其他	6	662	5768	0		3122	11270

8－4 限额以上批发零售贸易业商品分类销售额

单位：万元

	销售合计		批发		零售	
	2013年	2014年	2013年	2014年	2013年	2014年
总计	**25821757**	**30792388**	**21623834**	**26423532**	**4197923**	**4368856**
通过互联网实现的商品销售		6268		3482		2786
粮油、食品、饮料、烟酒类	962511	2462901	662422	2161003	300089	301899
粮油、食品类	349204	1837161	133907	1619743	215297	217418
粮油类		112059		70937		41122
肉禽蛋类		348294		323575		24719
水产品类		493426		486658		6768
蔬菜类		590423		576595		13829
干鲜果品类		103922		81481		22442
饮料类	83117	62522	64166	42364	18952	20158
烟酒类	530190	563218	464350	498896	65840	64322
服装、鞋帽、针纺织品类	457631	462725	30779	25370	426852	437355
服装类	350046	353875	22672	9668	327374	344207
鞋帽类	71200	84411	3886	15702	67314	68710
针、纺织品类	36385	24439	4221		32164	24439
化妆品类	85873	83948	34994	33742	50879	50206
金银珠宝类	211053	203835	61141	90322	149911	113513
日用品类	117986	113756	31595	26224	86391	87532
洗涤用品类		25981		737		25244
儿童玩具类	1737	1932			1737	1932
五金、电料类	5416	9667	4540	6054	875	3613
体育、娱乐用品类	7367	9266			7367	9266
书报杂志类	109255	23310	90805	5844	18451	17467
电子出版物及音像制品类	2208	782			2208	782
家用电器和音像器材类	241904	240270	105344	92006	136560	148264
中西药品类	1065808	1290738	906843	1125014	158965	165724
西药类		1085541		959424		126117
中草药及中成药类		138505		115828		22677
文化办公用品类		100901		53963		46938
家具类	5502	10050			5502	10050
通讯器材类	81472	95599	11957	19565	69515	76035
煤炭及制品类	43952	99215	43952	96245		2970
木材及制品类						
石油及制品类	16434910	18639251	15165653	17305964	1269257	1333287
化工材料及制品类	702150	1505147	702150	1505147		
化肥类		378968		378968		
金属材料类	3090304	2831197	3090304	2831197		
建筑及装潢材料类	3812	77818	3812	76994		824
机电产品及设备类	131154	340376	116814	325513	14340	14862
农机类		3926		3926		0
汽车类	1745393	1944539	322403	425981	1422990	1518558
种子饲料类	62761	66372	62761	66372		
棉麻类	43089	12741	43089	12741		
其他类	107598	167984	78428	138273	29170	29711

8－5 限额以上批发零售贸易业商品销售数量

	计量单位	购进量		销售量		期末库存量	
		2013年	2014年	2013年	2014年	2013年	2014年
大米(稻米)	千克	5128528	4718543	6183642	6230218	786218	289656
面粉(小麦面)	千克	5199644	6423975	6133492	6985077	261751	328656
杂粮	千克	15084544	25790924	15583662	27367518	330654	331352
食用植物油	千克	6761590	6937302	8243637	7899401	794781	226491
猪肉	千克	3078360	204006166	4760114	194945445	27109	9810155
牛肉	千克	6598	5544755	245148	5297190	21	262413
羊肉	千克	6609	14646592	143434	13941658	18	710189
禽肉	千克	1540755	1528869	1669359	1548845	24016	22935
鲜蛋	千克	3903452	3395198	5040193	3802821	27552	28780
彩色电视机	台	246615	200416	275428	240545	23408	9658
家用电冰箱	台	48262	44628	62148	65268	12984	3438
房间空调器	台	106315	120906	109184	123441	449	2084
电脑(微型计算机)	台	227801	187657	213715	189726	31253	34876
汽车	辆	244697	315533	415716	363656	72637	76470
轿车	辆	130834	250817	297894	263019	18601	20807
煤炭	吨	590897	2161988	675101	2029191	173718	438864
汽油	吨	5938643	6661929	6102120	6313452	508677	527513
柴油	吨	12334344	16157899	12294974	15430192	998808	1112924
钢材	吨	7187320	12126707	6842488	12013143	342324	273455
铜	吨	86203	25942	85719	26083	1100	859
铝	吨	11970	113843	11980	113854	89	77
水泥	吨	107610	400589	118419	438194	53118	43975
化学肥料	吨	2099339	1765831	2102923	1760553	57153	70555

8－6 限额以上批发和零售业商品购进、销售、库存总额

单位:万元

	法人企业数(个)	从业人员期末人数(人)	商品购进额	进口
总计	**514**	**41435**	**27098938**	**321578**
批发业	**290**	**15185**	**23701796**	**139834**
按批发行业小类分				
农、林、牧产品批发	6	255	63686	552
谷物、豆及薯类批发	2	36	7721	55
饲料批发	1	26	39378	
棉、麻批发	1	170	10527	
其他农牧产品批发	2	23	6060	498
食品、饮料及烟草制品批发	51	3147	1842265	
米、面制品及食用油批发	4	207	32669	
糕点、糖果及糖批发	2	100	8867	
果品、蔬菜批发	22	552	423678	
肉、禽、蛋、奶及水产品批发	9	242	973605	
盐及调味品批发	1	755	16049	
营养和保健品批发	1	12	7388	
酒、饮料及茶叶批发	9	825	70247	
烟草制品批发	1	346	284634	
其他食品批发	2	108	25127	
纺织、服装及家庭用品批发	20	1046	202806	
纺织品、针织品及原料批发	3	37	3328	
服装批发	6	160	49833	
鞋帽批发	1	9	5405	
化妆品及卫生用品批发	1	102	37725	
厨房、卫生间用具及日用杂货批发	1			
家用电器批发	7	350	95346	
其他家庭用品批发	1	388	11169	
文化、体育用品及器材批发	7	1128	61963	
文具用品批发	2	56	3369	
图书批发	2	392	6110	
首饰、工艺品及收藏品批发	3	680	52484	
医药及医疗器材批发	43	3719	993583	13542
西药批发	33	3251	944539	13542
中药批发	6	376	41623	
医疗用品及器材批发	4	92	7421	
矿产品、建材及化工产品批发	115	4039	19585569	104436
煤炭及制品批发	12	258	93148	
石油及制品批发	14	1705	15039984	7456
非金属矿及制品批发	1	29	8860	
金属及金属矿批发	54	964	2484080	6510
建材批发	10	355	212590	
化肥批发	3	237	287125	
其他化工产品批发	21	491	1459782	90470
机械设备、五金产品及电子产品批发	45	1791	943080	21304
农业机械批发	1	22	3510	
汽车批发	8	533	420489	
汽车零配件批发	2	116	16949	
摩托车及零配件批发	2	19	27199	
五金产品批发	3	46	8776	
电气设备批发	1	58	2843	
计算机、软件及辅助设备批发	11	200	41607	
通讯及广播电视设备批发	3	149	29604	
其他机械设备及电子产品批发	14	648	392103	21304
其他批发业	3	60	8846	
再生物资回收与批发	1	8	1925	
其他未列明批发业	2	52	6921	

商品销售额	批发额		零售额	期末商品库存额	年末零售营业面积(平方米)
		出口			
31508016	25954246	139916	5553770	1857985	1998363
27102855	25659697	139914	1443159	1502440	826085
74623	74263	5710	361	3831	
16923	16923	4364		567	
39026	39026			501	
11429	11429			2435	
7245	6885	1346	361	328	
2151153	1792423		358731	70548	22176
37739	37437		302	8080	
9669	9669			1150	300
476654	324543		152111	3179	9588
1027333	832005		195327	31084	7447
43985	43985			3196	
7122	7122			266	1430
86563	75572		10991	7292	3261
437406	437406			14672	
24684	24684			1628	150
241968	234260	69388	7708	26010	2569
7264	6722	3938	542	183	280
84994	84994	59625		9979	40
5825	5825	5825			
37423	37423			1075	
					1002
89994	86122		3873	5403	1000
16467	13174		3294	9370	247
83627	83588		40	48065	46056
10139	10099		40	584	820
6223	6223			11899	45073
67265	67265			35583	163
1122725	1057921		64804	96230	52576
997525	932721		64804	84372	48889
115675	115675			11178	3687
9526	9526			679	
22467254	21646286	19333	820968	1197491	681845
114280	113363		917	14834	3901
17333754	17001495	449	332259	1010526	393381
9631	9631			1	
2723515	2407821	8457	315694	122562	281013
220227	49387		170839	1521	1000
392579	391590		989	19544	2000
1673268	1672999	10427	269	28502	550
951244	760716	45484	190528	60263	20663
2937	2937			1160	
424264	255121		169144	14940	10231
17140	13864		3276	2438	3122
27016	27016			1738	960
7413	7413			3455	200
3777	3777			132	110
42995	39173		3822	2538	670
36362	27870		8492	566	200
389340	383545	45484	5795	33296	5170
10262	10242		20	3	200
1972	1972			1	
8290	8270		20	2	200

8－6限额以上批发和零售业商品购进、销售、库存总额(续一)

	法人企业数(个)	从业人员期末人数(人)	商品购进额	进口
按登记注册类型分				
内资企业	**287**	**14925**	**23683165.3**	**139833.8**
国有企业	5	551	313264.4	123.5
集体企业	3	201	51388.3	
有限责任公司	91	6883	4794685.8	28759.6
国有独资公司	2	1082	371351.6	
其他有限责任公司	89	5801	4423334.2	28759.6
股份有限公司	9	1247	14769526.4	
私营企业	179	6043	3754300.4	110950.7
私营独资企业	1			
私营合伙企业	1			
私营有限责任公司	171	5852	3695949.4	110950.7
私营股份有限公司	6	191	58351.0	
其他企业				
港、澳、台商投资企业	2	182	13924.0	
港澳台商独资企业	2	182	13924.0	
外商投资企业	1	78	4706.8	
外资企业	1	78	4706.8	
按控股情况分				
国有控股	25	3964	16774748.1	21427.6
集体控股	8	454	241017.4	
私人控股	222	8099	4988437.2	110950.7
港澳台商控股	2	182	13924.0	
外商控股	1	78	4706.8	
其他	32	2408	1678962.6	7455.5
按经营形式分				
独立门店	191	8327	5615028.0	105256.2
连锁总店	1	341	140.3	
其他	98	6517	18086627.8	34577.6

商品销售额	批发额	出口	零售额	期末商品库存额	年末零售营业面积(平方米)
27078167.4	25635008.6	138567.7	1443158.8	1502110.6	825785
503624.4	502466	8160.8	1158.4	16253.7	254853
52775.9	51786.8	449.0	989.1	4324.2	2000
5286241.6	4260954.4	40795.3	1025287.2	210527.3	72482
440229	132398.7		307830.3	17863.3	500
4846012.6	4128555.7	40795.3	717456.9	192664.0	71982
16996766.6	16822403.8		174362.8	996998.5	437699
4238758.9	3997397.6	89162.6	241361.3	274006.9	58751
					600
4167822.8	3929303.2	89162.6	238519.6	271912.5	57871
70936.1	68094.4		2841.7	2094.4	280
20291.9	20291.9	1346.1		18.4	
20291.9	20291.9	1346.1		18.4	
4396.1	4396.1			310.7	300
4396.1	4396.1			310.7	300
19332690.2	18624278.4	48956.1	708411.8	1056728.4	691824
347346.4	344491.8	449.0	2854.6	24855.9	5002
5649149.9	5298689.4	89162.6	350460.5	328545.4	66589
20291.9	20291.9	1346.1		18.4	
4396.1	4396.1			310.7	300
1748980.9	1367549		381431.9	91980.9	62370
6280877.7	5500892.4	95617.5	779985.3	340785.5	81469
144.6	144.6			11793.7	45000
20821833.1	20158659.6	44296.3	663173.5	1149860.5	699616

8－6 限额以上批发和零售业商品购进、销售、库存总额(续二)

	法人企业数(个)	从业人员期末人数(人)	商品购进额	进口
零售业	224	26250	3397142.0	181744.6
按零售行业小类分				
综合零售	50	9116	554570.6	
百货零售	33	7784	495621.3	
超级市场零售	14	1072	54666.8	
其他综合零售	3	260	4282.5	
食品、饮料及烟草制品专门零售	23	1276	88428.8	
粮油零售	4	277	19676.1	
糕点、面包零售	4	223	1127.2	
果品、蔬菜零售	7	136	6016.1	
肉、禽、蛋、奶及水产品零售	1	16	100.0	
营养和保健品零售	3	432	26889.6	
酒、饮料及茶叶零售	3	26	2250.4	
烟草制品零售	1	166	32369.4	
纺织、服装及日用品专门零售	12	782	26781.6	
纺织品及针织品零售	1	108	3110.5	
服装零售	7	535	20457.4	
鞋帽零售	1	16		
化妆品及卫生用品零售	2	66	1127.4	
钟表、眼镜零售	1	57	2086.3	
文化、体育用品及器材专门零售	17	703	87237.0	1588.3
文具用品零售	2	10	494.7	
图书、报刊零售	8	497	17688.0	1586.7
珠宝首饰零售	4	90	66938.5	
工艺美术品及收藏品零售	3	106	2115.8	1.6
医药及医疗器材专门零售	11	4497	119921.0	
药品零售	11	4497	119921.0	
医疗用品及器材零售				
汽车、摩托车、燃料及零配件专门零售	79	7219	2276650.1	180156.3
汽车零售	73	5933	1277173.7	180156.3
汽车零配件零售	2	35	2317.0	
机动车燃料零售	4	1251	997159.4	
家用电器及电子产品专门零售	22	1443	234676.7	
日用家电设备零售	4	610	131366.7	
计算机、软件及辅助设备零售	15	431	43129.4	
通信设备零售	2	395	59576.8	
其他电子产品零售	1	7	603.8	
五金、家具及室内装饰材料专门零售	7	1070	5276.3	
五金零售	1	30	1348.3	
灯具零售	1	4	594.0	
家具零售	3	1019	2575.6	
木质装饰材料零售	1	11		
陶瓷、石材装饰材料零售	1	6	758.4	
货摊、无店铺及其他零售业	3	144	3599.9	
旧货零售	1	32	1064.4	
生活用燃料零售	2	112	2535.5	

商品销售总额	批发额	出口	零售额	期末商品库存额	年末零售营业面积(平方米)
4405160.3	294549.4	2.3	4110610.9	355545.0	1172278
935417.7	587.7		934830.0	39971.5	622418
865933.1			865933.1	34258.8	562492
65304.0			65304.0	5610.8	55736
4180.6	587.7		3592.9	101.9	4190
93833.9	4455.5		89378.4	19630.4	28555
23667.6	3745.7		19921.9	1492.4	11474
4051.1			4051.1	45.8	2378
8623.0			8623.0	635.0	9619
523.8	523.8			50.0	126
23365.3			23365.3	11175.7	4350
2269.8	186		2083.8	113.5	508
31333.3			31333.3	6118.0	100
36246.5	3876.8		32369.7	11840.1	30010
3525.2	18.0		3507.2	1130.0	1200
25644.7	3858.8		21785.9	6944.6	26763
629.0			629.0	50.0	287
4011.6			4011.6	443.5	1260
2436.0			2436.0	3272.0	500
92199.3	64880.2	2.3	27319.1	13019.2	29130
581.9	551.3		30.6	49.7	234
18490.7	89.1		18401.6	5791.0	24520
67473.5	63094		4379.5	1624.8	3346
5653.2	1145.8	2.3	4507.4	5553.7	1030
166697.3	3266.1		163431.2	23990.5	68586
166697.3	3266.1		163431.2	23990.5	68586
2813206.2	190732.2		2622474.0	231653.7	241223
1473520.5	43536.7		1429983.8	221342.1	219733
3524.5	518.9		3005.6	240.3	3080
1336161.2	146676.6		1189484.6	10071.3	18410
238727.2	22710.1		216017.1	12902.8	118481
132850.8	4676.3		128174.5	2003.2	110780
45445.8	14543.6		30902.2	8158.5	2361
59838.9	2898.5		56940.4	2729.0	5247
591.7	591.7			12.1	93
9966.7	3007.5		6959.2	2436.2	16865
1217.5	1217.5			198.6	100
692.5	592.5		100.0	568.0	8000
6692.8	796.4		5896.4	1580.2	8420
594.2	401.1		193.1	0.4	140
769.7			769.7	89.0	205
18865.5	1033.3		17832.2	100.6	17010
1033.3	1033.3			31.1	360
17832.2			17832.2	69.5	16650

8－6 限额以上批发和零售业商品购进、销售、库存总额(续三)

	法人企业数(个)	从业人员期末人数(人)	商品购进额	进口
按登记注册类型分				
内资企业	219	24742	3310205.2	181744.6
国有企业	6	416	87187.4	
集体企业	14	533	25121.8	
有限责任公司	85	11959	1330334.9	85911.9
国有独资公司	6	491	13881.8	
其他有限责任公司	79	11468	1316453.1	85911.9
股份有限公司	6	2100	839378.9	
私营企业	106	9670	1026702.3	95832.7
私营有限责任公司	103	9405	915895.0	87591.1
私营股份有限公司	3	265	110807.3	8241.6
其他企业	2	64	1479.9	
港、澳、台商投资企业	4	570	85874.3	
港澳台商独资企业	4	570	85874.3	
外商投资企业	1	938	1062.5	
外资企业	1	938	1062.5	
按控股情况分				
国有控股	21	2769	1096496.2	6822.1
集体控股	16	1741	134592.6	
私人控股	150	12371	1439480.9	127320.6
港澳台商控股	5	630	112240.2	
外商控股	1	938	1062.5	
其他	31	7801	613269.6	47601.9
按经营形式分				
独立门店	188	17126	2188509.9	181744.6
连锁总店	13	4918	658452.8	
连锁门店	3	2033	144870.3	
其他	20	2173	405309.0	
按零售业态分				
有店铺零售	221	26192	3331429.1	181743.0
食杂店	1	19	2984.0	
便利店	3	247	2019.6	
超市	18	1256	33026.7	
大型超市	10	3287	162917.4	
百货店	31	5254	392627.0	
专业店	62	8186	1626584.3	76993.5
专卖店	85	6474	1059208.3	78061.8
家居建材商店	2	928	3014.0	
购物中心	1	108	3110.5	
厂家直销中心	8	433	45937.3	26687.7
无店铺零售	3	58	65712.9	1.6
网上零售	1	50	304.0	1.6

商品销售额	批发额	出口	零售额	期末商品库存额	年末零售营业面积(平方米)
4246888. 1	294549. 4	2. 3	3952338. 7	349939. 1	1114077
90094. 9	58. 2		90036. 7	4847. 4	20320
26391. 9	2121. 7		24270. 2	4264. 2	23505
1598999. 2	47122. 1	2. 3	1551877. 1	169517. 3	464581
28931. 6	89. 1		28842. 5	4249. 7	18130
1570067. 6	47033. 0	2. 3	1523034. 6	165267. 6	446451
1188006. 3	209770. 6		978235. 7	17347. 8	136230
1340375. 8	35476. 8		1304899. 0	153949. 4	468201
1232962. 1	35476. 8		1197485. 3	138867. 9	464651
107413. 7			107413. 7	15081. 5	3550
3020. 0			3020. 0	13. 0	1240
138489. 7			138489. 7	5185. 7	37283
138489. 7			138489. 7	5185. 7	37283
19782. 5			19782. 5	420. 2	20918
19782. 5			19782. 5	420. 2	20918
1454615. 0	151754. 2		1302860. 8	26916. 7	89690
153757. 7	2121. 7		151636. 0	8645. 1	44905
1862819. 5	128474. 8	2. 3	1734344. 7	218721. 8	580682
164619. 3			164619. 3	8081. 6	54354
19782. 5			19782. 5	420. 2	20918
749566. 3	12198. 7		737367. 6	92759. 6	381729
2857113. 2	77227. 3	2. 3	2779885. 9	295340. 0	781078
992432. 8	146820. 4		845612. 4	27336. 3	77557
139291. 1			139291. 1	6679. 4	181670
416323. 2	70501. 7		345821. 5	26189. 3	131973
4338993. 9	228613. 0		4110380. 9	354457. 6	1170188
3687. 5	3687. 5			55. 0	100
4490. 4			4490. 4	25. 3	4064
43317. 2			43317. 2	4088. 7	37541
236212. 4	89. 1		236123. 3	17246. 5	211328
704211. 9	1692. 4		702519. 5	22772. 5	417870
2095431. 0	180539. 5		1914891. 5	110716. 9	204417
1196733. 1	41790. 1		1154943. 0	184681. 0	277459
3424. 5	796. 4		2628. 1	1654. 1	5205
3525. 2	18. 0		3507. 2	1130. 0	1200
47960. 7			47960. 7	12087. 6	11004
66166. 4	65936. 4	2. 3	230. 0	1087. 4	2090
506. 8	276. 8	2. 3	230. 0	527. 4	

8－7 限额以上批发和零售业企业财务状况

单位:万元

	法人企业数(个)	执行《2006年企业会计准则》企业数(个)	年初存货	流动资产合计	应收帐款
总计	**514**	**466**	**3158243.7**	**5900697.8**	**1069630.4**
批发业	**290**	**268**	**2828759.9**	**4515815.5**	**966312.0**
按批发行业小类分					
农、林、牧产品批发	6	3	10545.0	52807.7	8754.3
谷物、豆及薯类批发	2	1	6068.3	6862.9	2749.8
饲料批发	1	1	534.2	1505.5	857.0
棉、麻批发	1		3389.8	42452.3	4108.1
其他农牧产品批发	2	1	552.7	1987.0	1039.4
食品、饮料及烟草制品批发	51	48	37907.1	217618.5	18461.1
米、面制品及食用油批发	4	4	10552.3	14973.6	3305.7
糕点、糖果及糖批发	2	2	1726.1	4064.4	770.8
果品、蔬菜批发	22	20	1576.8	11140.5	2571.0
肉、禽、蛋、奶及水产品批发	9	9	498.9	15937.6	2525.9
盐及调味品批发	1	1	3573.4	35830.0	620.7
营养和保健品批发	1	1	851.3	266.7	1.2
酒、饮料及茶叶批发	9	8	6482.9	23718.6	6152.9
烟草制品批发	1	1	11288.6	106669.1	1750.4
其他食品批发	2	2	1356.8	5018.0	762.5
纺织、服装及家庭用品批发	20	20	23087.0	87260.5	43939.3
纺织品、针织品及原料批发	3	3	406.1	2382.7	1677.6
服装批发	6	6	8498.3	52838.7	36780.3
鞋帽批发	1	1		1875.1	1212.5
化妆品及卫生用品批发	1	1	486.2	2273.4	80.6
厨房、卫生间用具及日用杂货批发	1	1			
家用电器批发	7	7	3533.1	17925.6	3900.0
其他家庭用品批发	1	1	10163.3	9965.0	288.3
文化、体育用品及器材批发	7	7	40245.3	133451.9	20597.5
文具用品批发	2	2	208.9	1073.5	-1761.8
图书批发	2	2	3336.3	77232.5	19050.8
首饰、工艺品及收藏品批发	3	3	36700.1	55145.9	3308.5
医药及医疗器材批发	43	38	85857.3	482726.2	225157.2
西药批发	33	29	74405.0	397073.6	186467.8
中药批发	6	5	10827.5	75433.8	34085.7
医疗用品及器材批发	4	4	624.8	10218.8	4603.7
矿产品、建材及化工产品批发	115	110	2577186.3	3233900.8	560819.5
煤炭及制品批发	12	12	14839.6	63588.6	12484.1
石油及制品批发	14	14	1071576.7	1253860.0	23568.2
非金属矿及制品批发	1	1	0.4	1178.4	228.2
金属及金属矿批发	54	50	136497.3	1064100.6	186291.2
建材批发	10	10	2097.2	265579.1	20501.1
化肥批发	3	2	1313803.2	64349.9	331.9
其他化工产品批发	21	21	38371.9	521244.2	317414.8
机械设备、五金产品及电子产品批发	45	39	53930.3	304545.9	88360.2
农业机械批发	1	1	587.2	1492.7	22.0
汽车批发	8	6	13230.8	128050.1	17745.5
汽车零配件批发	2	2	2485.9	3320.9	357.8
摩托车及零配件批发	2	2	1944.7	29976.8	19172.9
五金产品批发	3	2	436.8	4288.2	3555.1
电气设备批发	1	1	290.3	2611.4	35.4
计算机、软件及辅助设备批发	11	11	4462.7	15013.1	5133.2
通讯及广播电视设备批发	3	3	501.0	1091.9	57.8
其他机械设备及电子产品批发	14	11	29990.9	118700.8	42280.5
其他批发业	3	3	1.6	3504.0	222.9
再生物资回收与批发	1	1		124.1	122.7
其他未列明批发业	2	2	1.6	3379.9	100.2

存货	固定资产合计	固定资产原价	累计折旧	本年折旧	在建工程	资产总计
1786589.3	617623.8	2415850.4	872826.2	588533.5	128867.0	7811757.3
1463856.3	390792.4	2049140.9	732455.9	549781.0	112311.6	5823030.5
5821.7	7830.3	10659.1	3102.7	90.1	273.8	62537.8
1501.0	511.5	387.3	149.7	36.0	273.8	7398.6
500.8	11.9	34.7	22.8	4.1		1517.4
3492.1	6851.1	9670.3	2819.2	16.6		51179.0
327.8	455.8	566.8	111.0	33.4		2442.8
51179.1	51821.3	82841.7	28803.2	1675.7	4809.1	351827.7
8089.4	5518.3	6929.7	1394.8	170.7		21705.1
1637.9	125.5	273.4	147.9	19.8		4189.9
2034.5	13648.9	14660.5	1011.6	256.6	4801.5	31164.4
10949	652.9	679.7	26.8	7		16590.5
3402.3	30138.7	25569.6	12528.0	974.8	1.4	65968.7
265.5	2.1	20.6	18.5	1.3		268.8
7414.5	1412.9	2637.9	1225.0	232.3		28785.9
14671.4		31349.9	12052.2		6.2	177813.3
2714.6	322.0	720.4	398.4	13.2		5341.1
22675.4	7155.0	9627.7	2472.6	200.5	2759.2	114328.2
304.1	3814.0	4157.6	343.6	9.2		22325.3
8981.7	86.8	352.6	265.8	56.2		52988.2
	1.6	7.5	5.9	0.5		1876.7
486.2	253.3	256.3	3.0			2526.8
3533.6	332.3	833.9	501.5	50.5	239.1	18885.6
9369.8	2667.0	4019.8	1352.8	84.1	2520.1	15725.6
37517.9	39750.8	14364.9	8833.6	193.5	34219.5	173469.8
2820.9	67.7	116.5	48.8	12.8		1151.4
3432.2	39168.7	13270.9	8321.7	62.4	34219.5	116658.1
31264.8	514.4	977.5	463.1	118.3		55660.3
93023.0	15935.0	25877.2	9959.6	1861.8	1972.8	521644.4
81922.5	13095.4	20866.5	7771.1	1412.5	1101.3	431321.4
10421.6	2644.1	4367.3	1740.7	397.1	871.5	79908.6
678.9	195.5	643.4	447.8	52.2		10414.4
1197082.0	257452.4	1888116.7	672478.2	543256.8	67457.9	4251786.0
12898.5	4071.3	5620.6	1549.3	898.7		72685.6
1012746.3	209376.8	367434.8	157970.2	41281.5	59540.1	1630653.2
0.4	128.0	162.6	34.6	30.5		1351.8
122176.2	17062.4	1479513.0	504352.3	499825.6	25.0	1199158.0
1248.1	8129.1	12253.3	4124.2	506.2	7892.8	721923.8
19559.9	5670.4	6719.9	1049.5	229.8		70621.0
28452.6	13014.4	16412.5	3398.1	484.5		555392.6
56554.2	10847.6	17653.6	6806.0	2502.6	819.3	343932.3
1470.7	1042.8	1115.6	72.8	18.6		2535.5
14728.2	5237.8	8632.7	3394.9	1180.6	819.3	150360.1
2821.5	207.5	454.4	246.9	39.8		6156.8
1738.3	1.4	10.1	8.7	2.3		29978.2
522	175.3	269.5	94.2	13.0		4508.6
131.7	1052.6	1390.7	338.1	117.5		3994.7
4554.8	77.6	414.4	336.8	30.7		15393.2
521.0	32.9	138.9	106.0	16.6		1125.0
30066.0	3019.7	5227.3	2207.6	1083.5		129880.2
3.0						3504.3
1.4						124.1
1.6						3380.2

8－7 限额以上批发和零售业企业财务状况（续一）

单位:万元

	法人企业数(个)	执行《2006年企业会计准则》企业数(个)	年初存货	流动资产合计	应收帐款	存货
按登记注册类型分						
内资企业	287	265	2827416.5	4513951.4	965937.2	1463039.4
国有企业	5	4	12818.6	121972.9	6698.7	15775.2
集体企业	3	1	5748.5	45552.3	4365.1	5397.3
有限责任公司	91	82	1541223.6	1213421.2	242496.7	207135.1
国有独资公司	2	2	30110.4	39304.7	2198.3	19513.0
其他有限责任公司	89	80	1511113.2	1174116.5	240298.4	187622.1
股份有限公司	9	8	1046472.8	1409717.6	27260.1	989818.3
私营企业	179	170	221153.0	1723287.4	685116.6	244913.5
私营独资企业	1	1				
私营合伙企业	1	1				
私营有限责任公司	171	162	218898.1	1639489.3	675987.1	242605.2
私营股份有限公司	6	6	2254.9	83798.1	9129.5	2308.3
其他企业						
港、澳、台商投资企业	2	2	470.0	535.6	0.1	18.4
港澳台商独资企业	2	2	470.0	535.6	0.1	18.4
外商投资企业	1	1	873.4	1328.5	374.7	798.5
外资企业	1	1	873.4	1328.5	374.7	798.5
按控股情况分						
国有控股	25	23	1119466.5	1739880.3	84554.2	1049639.2
集体控股	8	5	1321883.5	96306.6	9640.2	26014.8
私人控股	222	210	300114.4	2119674.7	784248.0	302016.1
港澳台商控股	2	2	470.0	535.6	0.1	18.4
外商控股	1	1	873.4	1328.5	374.7	798.5
其他	32	27	85952.1	558089.8	87494.8	85369.3
按经营形式分						
独立门店	191	178	1593326.9	1905098.7	543325.7	304576.5
连锁总店	1	1	3327.4	70345.7	17941.7	3327.4
其他	98	89	1232105.6	2540371.1	405044.6	1155952.4

固定资产合计	固定资产原价	累计折旧	本年折旧	在建工程	资产总计
390671.1	2048756.4	732192.7	549728.5	112311.6	5817599.7
377.1	33703.1	13225.0	1025.4	6.2	200171.3
7352.7	10433.0	3080.3	36.6		55340.7
151557.2	1626321.9	534736.5	503070.5	61290.8	1589241.6
69327.9	75158.4	6016.6	343.7	59715.5	223851.5
82229.3	1551163.5	528719.9	502726.8	1575.3	1365390.1
181659.6	309421.4	161981.3	40967.8	34320.7	2046234.7
49724.5	68877.0	19169.6	4628.2	16693.9	1926611.4
48661.5	67510.6	18866.2	4520.4	8803.9	1795197.6
1063.0	1366.4	303.4	107.8	7890	131413.8
86.6	303.5	216.9	44.8		4067.6
86.6	303.5	216.9	44.8		4067.6
34.7	81.0	46.3	7.7		1363.2
34.7	81.0	46.3	7.7		1363.2
295813.9	460572.2	196160.0	43674.0	94043.8	2682192.1
14093.8	20240.1	6146.3	361.9		113201.3
69693.3	1549852.3	522881.3	503877.0	17829.5	2397686.7
86.6	303.5	216.9	44.8		4067.6
34.7	81.0	46.3	7.7		1363.2
11070.1	18091.8	7005.1	1815.6	438.3	624519.6
75133.1	1589492.6	537767.7	503228.6	10361.8	2619270
39053.5	13026.8	8192.8		34219.5	109656.1
276605.8	446621.5	186495.4	46552.4	67730.3	3094104.4

8－7限额以上批发和零售业企业财务状况(续二)

单位:万元

	法人企业数(个)	执行《2006年企业会计准则》企业数(个)	年初存货	流动资产合计	应收帐款	存货
零售业	224	198	329483.8	1384882.3	103318.4	322733.0
按零售行业小类分						
综合零售	50	42	36857.0	264296.2	6662.4	27929.7
百货零售	33	27	30853.5	226799.5	6176.5	21414.4
超级市场零售	14	13	5864.7	36766.3	353.0	6436.9
其他综合零售	3	2	138.8	730.4	132.9	78.4
食品、饮料及烟草制品专门零售	23	22	10301.5	33618.6	8177.5	11274.0
粮油零售	4	4	1946.4	9767.8	555.6	1848.3
糕点、面包零售	4	3	3.2	773.3	117.6	30.3
果品、蔬菜零售	7	7	996.7	3761.6	793.2	1134.3
肉、禽、蛋、奶及水产品零售	1	1		97.0		
营养和保健品零售	3	3	4684.1	12684.4	6711.1	3771.1
酒、饮料及茶叶零售	3	3	54.0	59.0		57.5
烟草制品零售	1	1	2617.1	6475.5		4432.5
纺织、服装及日用品专门零售	12	10	29333.6	46297.5	6654.5	10415.0
纺织品及针织品零售	1		801.5	1715.6	527.0	1090.8
服装零售	7	6	25882.4	36519.2	2757.9	6094.2
鞋帽零售	1	1				
化妆品及卫生用品零售	2	2	146.5	4258.9	2500	433.3
钟表、眼镜零售	1	1	2503.2	3803.8	869.6	2796.7
文化、体育用品及器材专门零售	17	16	10904.3	187278.8	10444.5	10335.5
文具用品零售	2	2	55.3	753.1	418.7	48.6
图书、报刊零售	8	7	3822.6	16168.2	2342.5	3163.8
珠宝首饰零售	4	4	1152.4	162110.4	6103.5	1623.4
工艺美术品及收藏品零售	3	3	5874.0	8247.1	1579.8	5499.7
医药及医疗器材专门零售	11	9	21046.8	55900.4	14328.7	21491.0
药品零售	11	9	21046.8	55900.4	14328.7	21491.0
医疗用品及器材零售						
汽车、摩托车、燃料及零配件专门零售	79	68	204644.0	671084.9	37975.6	216808.6
汽车零售	73	63	193312.1	659689.6	37403.3	206437.0
汽车零配件零售	2	1	361.8	844.5	503.8	230.2
机动车燃料零售	4	4	10970.1	10550.8	68.5	10141.4
家用电器及电子产品专门零售	22	22	12971.4	101408.9	16800.3	21055.9
日用家电设备零售	4	4	3631.9	67297.9	8423.6	3624.9
计算机、软件及辅助设备零售	15	15	5686.5	18350.0	8337.0	6190.5
通信设备零售	2	2	3653.0	15180.1	-142.9	11228.4
其他电子产品零售	1	1		580.9	182.6	12.1
五金、家具及室内装饰材料专门零售	7	7	2593.5	8380.6	1374.4	3169
五金零售	1	1	31.3	954.5	153.6	198.6
灯具零售	1	1	568	1128.5		786
家具零售	3	3	1923.6	4570.9	215.1	2095
木质装饰材料零售	1	1		130.8	130.4	0.4
陶瓷、石材装饰材料零售	1	1	70.6	1595.9	875.3	89
货摊、无店铺及其他零售业	3	2	831.7	16616.4	900.5	254.3
旧货零售	1	1	297	1317.4	368.4	186.8
生活用燃料零售	2	1	534.7	15299	532.1	67.5

固定资产合计	固定资产原价	累计折旧	本年折旧	在建工程	资产总计
226831. 4	366709. 5	140370. 3	38752. 5	16555. 4	1988726. 8
79502. 0	155336. 2	75834. 1	5779. 3	4785. 0	490852. 5
75951. 8	146644. 0	70692. 1	5648. 3	4388. 1	445334. 9
2886. 2	7783. 5	4897. 3	118. 6	61. 9	43776. 3
664. 0	908. 7	244. 7	12. 4	335. 0	1741. 3
8886. 0	12191. 6	3305. 6	538. 6	2647. 7	51746. 1
2289. 4	3852. 6	1563. 2	86. 7	74. 2	17476. 3
734. 5	1075. 7	341. 2	49. 7	90. 9	1615. 3
3649. 0	4040. 2	391. 2	5. 3	2418	9817. 2
65. 0	65. 0				162. 0
2110. 0	3024. 7	914. 7	370. 7	64. 6	15756. 2
0. 5	0. 6	0. 1	0. 1		314. 5
37. 6	132. 8	95. 2	26. 1		6604. 6
2235. 3	3595. 6	1360. 3	209. 2	781. 4	49294. 8
40. 2	125. 6	85. 4	18. 4		1755. 8
1788. 4	2750. 9	962. 5	132. 1	739. 9	38704. 7
272. 0	320. 0	48. 0			320. 0
99. 2	128. 8	29. 6	29. 6	41. 5	4675. 0
35. 5	270. 3	234. 8	29. 1		3839. 3
11751. 6	15399. 9	3648. 4	664. 1		215913. 5
131. 0	156. 8	25. 8			884. 1
5638. 2	8619. 0	2980. 9	228. 4		21806. 6
5179. 7	5420. 8	241. 1	174. 7		183798. 5
802. 7	1203. 3	400. 6	261. 0		9424. 3
2510. 2	4167. 8	1657. 6	395. 4	247. 2	64656. 4
2510. 2	4167. 8	1657. 6	395. 4	247. 2	64656. 4
111841. 0	160186. 1	48878. 7	30445. 0	7906. 6	956696. 3
92328. 0	120687. 3	28893. 0	11893. 8	6639. 8	918391. 6
28. 4	64. 3	35. 8	7. 8		1199. 5
19484. 6	39434. 5	19949. 9	18543. 4	1266. 8	37105. 2
1081. 2	2758. 9	1636. 3	97. 6	67. 5	109504. 9
490. 0	1253. 1	763. 1	3. 7		73009. 4
484. 3	1165. 3	639. 6	93. 9	67. 5	19475. 5
106. 9	340. 5	233. 6			16435. 9
					584. 1
7956. 3	10967. 6	3011. 3	563. 5		32368. 1
1018. 2	1018. 2				3106. 6
342. 5	407. 7	65. 2			1471
5774. 1	8704. 9	2930. 8	560. 1		25242. 3
806. 6	814. 3	7. 7			937. 4
14. 9	22. 5	7. 6	3. 4		1610. 8
1067. 8	2105. 8	1038	59. 8	120	17694. 2
530. 2	642	111. 8	9. 2	120	1857. 6
537. 6	1463. 8	926. 2	50. 6		15836. 6

8－7 限额以上批发和零售业企业财务状况(续三)

单位:万元

	法人企业数(个)	执行《2006年企业会计准则》企业数(个)	年初存货	流动资产合计	应收帐款	存货
按登记注册类型分						
内资企业	219	194	326024.7	1350321.3	101404.7	317729.1
国有企业	6	5	2727.9	4796.5	156.8	3375.9
集体企业	14	9	3722.4	8669.2	2177.4	2563.8
有限责任公司	85	73	177304.8	525894.3	34524.4	155099.6
国有独资公司	6	6	2917.9	27263.1	2298.1	1675.2
其他有限责任公司	79	67	174386.9	498631.2	32226.3	153424.4
股份有限公司	6	6	18860.8	253387.7	6999.2	16227.1
私营企业	106	99	123395.8	557238.7	57294.6	140449.7
私营有限责任公司	103	97	111114.2	514691.5	54533.0	127617.7
私营股份有限公司	3	2	12281.6	42547.2	2761.6	12832.0
其他企业	2	2	13.0	334.9	252.3	13.0
港、澳、台商投资企业	4	3	3131.5	29317.2	1631.9	4706.8
港澳台商独资企业	4	3	3131.5	29317.2	1631.9	4706.8
外商投资企业	1	1	327.6	5243.8	281.8	297.1
外资企业	1	1	327.6	5243.8	281.8	297.1
按控股情况分						
国有控股	21	20	22965.3	67600.7	4113.4	23286.3
集体控股	16	11	8427.2	77016.1	2278.6	7175.8
私人控股	150	133	186545.1	897150.2	79415.3	194981.1
港澳台商控股	5	4	4768.2	37894.6	1723.0	7602.7
外商控股	1	1	327.6	5243.8	281.8	297.1
其他	31	29	106450.4	299976.9	15506.3	89390.0
按经营形式分						
独立门店	188	166	270578.1	1020573.5	71455.1	270304.3
连锁总店	13	10	26425.7	55349.8	10643.1	24880.5
连锁门店	3	3	10658.0	68692.9	7746.7	3726
其他	20	19	21822.0	240266.1	13473.5	23822.2
按零售业态分						
有店铺零售	221	195	328448.8	1223691.5	96790.4	321698.0
食杂店	1	1	356.1	741.0	386.2	354.8
便利店	3	3	4.7	590.8	3.1	3.9
超市	18	14	3553.0	6757.7	1504.8	2772.8
大型超市	10	9	18422.6	78726.8	1203.7	11756.3
百货店	31	26	37843.1	219244.9	6414.7	16327.0
专业店	62	58	112668.6	363256.5	36476.9	114013.6
专卖店	85	74	145983.3	523885.2	46442.8	160829.9
家居建材商店	2	2	1965.6	4512.9	972.0	2114.4
购物中心	1		801.5	1715.6	527.0	1090.8
厂家直销中心	8	8	6850.3	24260.1	2859.2	12434.5
无店铺零售	3	3	1035	161190.8	6528	1035
网上商店	1	1	473.4	714.3	224.5	473.4

固定资产合计	固定资产原价	累计折旧		在建工程	资产总计
			本年折旧		
210158.3	341701.3	132035.2	37710.7	16513.9	1935590.0
1838.7	2721.9	883.2	77.6	573.6	7749.3
6845.9	7650.2	804.3	125.6	949.6	17255.1
62873.1	91200.2	28327.0	6731.6	4774.7	698203.0
5827.7	9220.7	3393.1	247.8		33090.8
57045.4	81979.5	24933.9	6483.8	4774.7	665112.2
70479.9	140933.3	70453.4	22610.2	3417.7	439088.9
67116.1	98157.3	31533.5	8163.1	6798.3	771954.2
65398.8	94658.5	29752.0	7961.1	6798.3	727089.5
1717.3	3498.8	1781.5	202.0		44864.7
1004.6	1038.4	33.8	2.6		1339.5
16488.3	23424.7	6936.4	842.2	41.5	47708.2
16488.3	23424.7	6936.4	842.2	41.5	47708.2
184.8	1583.5	1398.7	199.6		5428.6
184.8	1583.5	1398.7	199.6		5428.6
37683.7	64011.1	26327.4	19317.4	1944.1	119504.7
34521.6	66029.7	31508.1	2291.5	2746.9	183962.1
88793.2	127731.0	39430.0	11159.8	10062.8	1167949.4
20364.1	27882.9	7518.8	1065.6	77.4	61974.5
184.8	1583.5	1398.7	199.6		5428.6
45284.0	79471.3	34187.3	4718.6	1724.2	449907.5
167444.5	258985.3	92033.1	17075.0	14197.4	1497708.5
22315.5	43621.4	21305.9	18907.1	1520.1	90307.4
7734.5	11585.3	3850.8	572.9	367.4	89264.9
29336.9	52517.5	23180.5	2197.5	470.5	311446.0
221425.3	360957.2	140024.1	38561.5	16555.4	1805634.2
346.1	973.8	627.7		4.2	6407.4
979.5	1141.5	162.0	43.7	233.6	1820.0
1404.2	2242.5	838.3	90.4	613.8	9783.5
13022.5	26635.4	13612.9	940.4	367.4	108234.7
65898.6	128574.5	62675.8	4854.1	4521.0	414553.6
41228.0	74443.2	33173.9	21973.5	1657.6	479654.5
84719.5	111417.0	26697.4	9162.6	6186.8	736618.3
483.0	697.5	214.5	37.0		4995.9
40.2	125.6	85.4	18.4		1755.8
13303.7	14706.2	1936.2	1441.4	2971.0	41810.5
5406.1	5752.3	346.2	191		183092.6
234.2	366	131.8	20		948.6

8－7限额以上批发和零售业企业财务状况(续四)

单位:万元

	流动负债合计	应付帐款	非流动负债合计	负债合计	所有者权益合计
总计	3946604.9	948419.9	348281.7	4299103.7	3510237.9
批发业	2694202.8	736653.4	250594.9	2929766.4	2893236.6
按批发行业小类分					
农、林、牧产品批发	55404.4	16500.1	350.0	55934.4	6603.4
谷物、豆及薯类批发	5512.1	703.9	330	5842.1	1556.5
饲料批发	1461.0	-2543.2		1461.0	56.4
棉、麻批发	46753.9	18782.5	20.0	46953.9	4225.1
其他农牧产品批发	1677.4	-443.1		1677.4	765.4
食品、饮料及烟草制品批发	100040.3	38037.4	6455.7	106451.0	245349.2
米、面制品及食用油批发	19702.9	11344.5	75.4	19778.3	1926.8
糕点、糖果及糖批发	3535.2	1310.6		3535.2	654.7
果品、蔬菜批发	11844.4	8022.9	2668.7	14513.1	16651.3
肉、禽、蛋、奶及水产品批发	14440.8	7576.3	45.0	14440.8	2149.7
盐及调味品批发	17880.2	3328.5	1391.6	19271.8	46696.9
营养和保健品批发	124.8			124.8	144.0
酒、饮料及茶叶批发	22786.3	7382.3	2275.0	25061.3	3697.1
烟草制品批发	4618.3	286.4		4618.3	173195.0
其他食品批发	5107.4	-1214.1		5107.4	233.7
纺织、服装及家庭用品批发	78576.1	40532.5	7205.4	85631.5	28696.7
纺织品、针织品及原料批发	2934.7	1703.9	1124	4058.7	18266.6
服装批发	52645.3	34431.7		52645.3	342.9
鞋帽批发	1571.1	1019.7		1571.1	305.6
化妆品及卫生用品批发	2002.6			2002.6	524.2
厨房、卫生间用具及日用杂货批发					
家用电器批发	16405.4	2694.5		16255.4	2630.2
其他家庭用品批发	3017.0	682.7	6081.4	9098.4	6627.2
文化、体育用品及器材批发	65930.3	33238.8	66559.8	132490.1	40979.7
文具用品批发	-2107.5	-2454.4		-2107.5	3258.9
图书批发	62207.4	34292.6	22368.9	84576.3	32081.8
首饰、工艺品及收藏品批发	5830.4	1400.6	44190.9	50021.3	5639.0
医药及医疗器材批发	440262.7	184663.5	27740.2	443806.3	77838.1
西药批发	368826.3	147964.0	23892.9	372107.9	59213.5
中药批发	63285.2	34583.2	262.0	63547.2	16361.4
医疗用品及器材批发	8151.2	2116.3	3585.3	8151.2	2263.2
矿产品、建材及化工产品批发	1662935.9	338458.4	136943.0	1809050.2	2442735.8
煤炭及制品批发	57772.7	7803.8	1.0	57773.7	14911.9
石油及制品批发	-97146.7	55256.3	18785.0	-78361.6	1709014.8
非金属矿及制品批发	851.7	370.4		851.7	500.1
金属及金属矿批发	984026.8	56167.0	43780.0	1036978.0	162180.0
建材批发	180088.9	4625.9	74000	254088.9	467834.9
化肥批发	61100.3	1151.2	96.4	61196.7	9424.3
其他化工产品批发	476242.2	213083.8	280.6	476522.8	78869.8
机械设备、五金产品及电子产品批发	288773.9	84677.4	4890.8	293673.7	50258.6
农业机械批发	681.2	681.2		681.2	1854.3
汽车批发	136211.0	7161.9	4781.8	140992.8	9367.3
汽车零配件批发	4203.6	2049.6		4203.6	1953.2
摩托车及零配件批发	28760.2	17620.2		28760.2	1218.0
五金产品批发	4069.5	3990.9		4069.5	439.1
电气设备批发	2435.6	298.9		2435.6	1559.1
计算机、软件及辅助设备批发	7001.6	4540.1		7010.6	8382.6
通讯及广播电视设备批发	136.3	60.9		136.3	988.7
其他机械设备及电子产品批发	105274.9	48273.7	109.0	105383.9	24496.3
其他批发业	2279.2	545.3	450	2729.2	775.1
再生外资回收与批发					124.1
其他未列明批发业	2279.2	545.3	450	2729.2	651.0

实收资本	国家资本	集体资本	法人资本	个人资本	港澳台资本	外商资本
2990893.9	1683083.3	28845.6	517783.0	752077.7	7104.2	2000.1
2674062.3	1667972.0	22931.7	306194.5	676081.0	883.1	
8660.9	1360.1	5799.7	200.0	468.0	833.1	
1728.1	1360.1			368		
100.0				100.0		
5799.7		5799.7				
1033.1			200.0		833.1	
530089.1	15620.6		6287.2	508131.3	50.0	
1410.6	803.2		412.1	195.3		
836.8				836.8		
8958.2			3240.0	5718.2		
1286.3			16.3	1270.0		
8737.4	8737.4					
2509.0	260.0		2088.0	111.0	50.0	
5820.0	5820.0					
500530.8			530.8	500000		
22029.1	4400	3400	5293.1	8936.0		
12343.1	4400	3400	3343.1	1200		
1605.0			550.0	1055.0		
200.0			200.0			
500.0			500			
4500.0			700.0	3800.0		
2881.0				2881.0		
16843.9	10000.0		4098.4	2745.5		
3200.0			3020.0	180.0		
10143.9	10000.0		78.4	65.5		
3500.0			1000.0	2500.0		
64520.0	3241.6	12450.0	32144.1	16684.3		
52233.1	480.0	12450.0	28829.1	10474.0		
10586.9	2761.6		2315.0	5510.3		
1700.0			1000.0	700.0		
1981731.1	1623349.7	1082.5	239105.4	118193.5		
13044.9		300	6947.7	5797.2		
1628296.7	1614889.7	394.3	2120.0	10892.7		
500.0			500.0			
158234.7	5500.0		123269.5	29465.2		
109542.5			85148.1	24394.4		
8294.2	2000.0	288.2	6000.0	6		
63818.1	960	100.0	15120.1	47638.0		
49188.2	10000.0		18415.8	20772.4		
1160.0				1160.0		
7996.6			2520.6	5476.0		
2000.0			500.0	1500.0		
2000.0				2000.0		
420.1			294.7	125.4		
1705.0				1705.0		
9490.5			6695.5	2795.0		
750.0			200.0	550.0		
23666.0	10000		8205.0	5461.0		
1000.0		199.5	650.5	150		
100.0			100			
900.0		199.5	550.5	150		

8－7 限额以上批发和零售业企业财务状况(续五)

单位:万元

	流动负债合计	应付帐款	非流动负债合计	负债合计	所有者权益合计
按登记注册类型分					
内资企业	2689143.6	735234.3	250594.9	2924707.2	2892865.0
国有企业	21871.7	5073.5		22042.9	178128.4
集体企业	51685.5	22103.0	20.0	51885.5	3455.2
有限责任公司	1245505.5	216675.5	29197.9	1260913.6	328328.0
国有独资公司	150375.7	921.5	357.9	150733.7	73117.8
其他有限责任公司	1095129.8	215754.0	28840.0	1110179.9	255210.2
股份有限公司	-121532.6	78731.0	70073.4	-51459.2	2097693.9
私营企业	1491613.5	412651.3	151303.6	1641324.4	285259.5
私营独资企业					
私营合伙企业					
私营有限责任公司	1425771.6	409985.8	106303.6	1530482.5	264715.1
私营股份有限公司	65841.9	2665.5	45000	110841.9	20544.4
其他企业					
港、澳、台商投资企业	3513.9	108.5		3513.9	553.7
港澳台商独资企业	3513.9	108.5		3513.9	553.7
外商投资企业	1545.3	1310.6		1545.3	-182.1
外资企业	1545.3	1310.6		1545.3	-182.1
按控股情况分					
国有控股	190460.6	117868.2	71801.2	262433.1	2419759.0
集体控股	98837.8	23559.1	213.8	99231.6	13969.7
私人控股	1856312.3	508878.2	154759.4	2018479.0	379180.2
港澳台商控股	3513.9	108.5		3513.9	553.7
外商控股	1545.3	1310.6		1545.3	-182.1
其他	543532.9	84928.8	23820.5	544563.5	79956.1
按经营形式分					
独立门店	1618571.0	376755.5	114510.9	1721284.6	897957.9
连锁门店	55322.0	30611.2	22368.9	77690.9	31965.2
其他	1020309.8	329286.7	113715.1	1130790.9	1963313.5

实收资本	国家资本	集体资本	法人资本	个人资本	港澳台资本	外商资本
2673179.2	1667972.0	22931.7	306194.5	676081.0		
7453.3	6320.0		1133.3			
6593.9		6267.9	320.0	6		
214730.4	38762.3	16049.5	125410.5	34508.1		
1360.1	1360.1					
213370.3	37402.2	16049.5	125410.5	34508.1		
1705681.7	1622889.7	214.3	77728	4849.7		
738719.9		400.0	101602.7	636717.2		
715658.1		400.0	99380.9	615877.2		
23061.8			2221.8	20840.0		
883.1					883.1	
883.1					883.1	
1745200.5	1661122.0		82862.3	1216.2		
15466.2		6267.9	8266.9	931.4		
827909.5	4850.0	13663.8	148917.3	660478.4		
883.1					883.1	
84603.0	2000.0	3000.0	66148.0	13455.0		
335462.5	19933.2	7582.0	217832.8	89231.4	883.1	
10000.0	10000.0					
2328599.8	1638038.8	15349.7	88361.7	586849.6		

8-7 限额以上批发和零售业企业财务状况(续六)

单位:万元

	流动负债合计	应付帐款	非流动负债合计	负债合计
零售业	1252402.1	211766.5	97686.8	1369337.3
按零售行业小类分				
综合零售	249267.0	94354.6	20171.5	269585.5
百货零售	231673.8	85508.9	9662.8	241336.6
超级市场零售	16171.1	8770.0	10491.8	26809.9
其他综合零售	1422.1	75.7	16.9	1439.0
食品、饮料及烟草制品专门零售	21983.8	8733.9	7339.3	29323.1
粮油零售	8131.6	210.9	6343.3	14474.9
糕点、面包零食	944.6	281.6		944.6
果品、蔬菜零售	1774.9	1649.9	446	2220.9
肉、禽、蛋、奶及水产品零售				
营养和保健品零售	7788.0	6229.5	550.0	8338.0
酒、饮料及茶叶零售	25.0	5.0		25.0
烟草制品零售	3319.7	357.0		3319.7
纺织、服装及日用品专门零售	21941.7	6079.5	23570.9	44641.7
纺织品及针织品零售	974.0	-350.1		974.0
服装零售	14595.4	3813.7	22700.0	37295.4
鞋帽零售				
化妆用品及卫生用品零售	3370.9	1117.1	870.9	3370.9
钟表、眼镜零售	3001.4	1498.8		3001.4
文化、体育用品及器材专门零售	77565.4	13691.5	5395.5	82960.9
文具用品零售	394.2	38.5		394.2
图书、报刊零售	14989.3	11845.2	3947.3	18936.6
珠宝首饰零售	59570.8	1093.5	1448.2	61019.0
工艺美术品及收藏品零售	2611.1	714.3		2611.1
医药及医疗器材专门零售	53445.1	36041.8		53445.1
药品零售	53445.1	36041.8		53445.1
医疗用品及器材零售				
汽车、摩托车、燃料及零配件专门零售	741859.5	40948.4	19364.4	782181.1
汽车零售	728248.8	39035.5	19284.4	747599.8
汽车零配件零售	829.8	595.5	80	909.8
机动车燃料零售	12780.9	1317.4		33671.5
家用电器及电子产品专门零售	63160.5	10223.3	9526.0	71701.6
日用家电设备零售	48276.6	9761.3	341.1	48617.7
计算机、软件及辅助设备零售	9253.9	3342.8	984.9	9253.9
通信设备零售	5547.8	-2963.0	8200	13747.8
其他电子产品零售	82.2	82.2		82.2
五金、家具及室内装饰材料专门零售	12913.5	292.5	12303.1	25216.6
五金零售	2606.6	168.8		2606.6
灯具零售	171.0			171.0
家具零售	9066.2	240.1	12303.1	21369.3
木质装饰材料零售	410.8	32.7		410.8
陶瓷石材装饰材料零售	658.9	-149.1		658.9
货摊、无店铺及其他零售业	10265.6	1401.0	16.1	10281.7
旧货零售	2291.0	196.4	16.1	2307.1
生活用燃料零售	7974.6	1204.6		7974.6

所有者权益合计	实收资本						
		国家资本	集体资本	法人资本	个人资本	港澳台资本	外商资本
617001.3	316831.6	15111.3	5913.9	211588.5	75996.7	6221.1	2000.1
221267.0	83745.0	4841.7	2950.0	49205.8	23336.9	1410.6	2000.0
203998.3	75824.4	4841.7	2309.1	42302.0	22961.0	1410.6	2000.0
16966.4	7264.0			6903.8	360.2		
302.3	656.6		640.9		15.7		
22423.0	9202.4	1794.9	207.4	3472.1	3728.0		
3001.4	782.5	575.1	207.4				
670.7	950.0			450	500		
7596.3	1659.9	19.8		1560.1	80.0		
162.0	162.0			162.0			
7418.2	4188.0			1100.0	3088.0		
289.5	260.0			200	60.0		
3284.9	1200.0	1200.0					
4653.1	9127.5	7.5		6287.0	1833.0	1000.0	
781.8	1000.0			1000.0			
1409.3	5807.5	7.5		5287.0	513.0		
320.0	320.0				320.0		
1304.1	1000.0					1000.0	
837.9	1000.0				1000.0		
132952.6	54604.2	1813.2	500.0	50567.5	1723.5		
489.9	423.0			223	200.0		
2870.0	2006.7	1733.2			273.5		
122779.5	50474.5	80.0		49144.5	1250.0		
6813.2	1700.0		500.0	1200			
11211.3	9640.0			4450.0	5190.0		
11211.3	9640.0			4450.0	5190.0		
172127.0	127321.3	5510.1	2080.0	79259.6	36661.0	3810.5	0.1
170791.8	126711.3	5150.1	2080.0	79009.6	36661.0	3810.5	0.1
289.7	250.0			250.0			
1045.5	360.0	360.0					
37803.3	15190.9			12919.9	2271.0		
24391.7	5712.0			5662.0	50		
10221.6	6978.9			5257.9	1721.0		
2688.1	2000.0			2000.0			
501.9	500.0				500		
7151.5	6576.6			5426.6	1150.0		
500.0	500.0				500.0		
1300.0	1000.0			1000.0			
3873.0	3550.0			3500.0	50.0		
526.6	526.6			526.6			
951.9	1000.0			400.0	600.0		
7412.5	1423.7	1143.9	176.5		103.3		
-449.5	189.2		176.5		12.7		
7862.0	1234.5	1143.9			90.6		

8－7 限额以上批发和零售业企业财务状况(续七)

单位:万元

	流动负债合计	应付帐款	非流动负债合计	负债合计
按登记注册类型分				
内资企业	1230836.4	197324.2	85925.4	1336881.1
国有企业	3570.9	729.0	260.9	3831.8
集体企业	13535.8	949.8	596.5	14132.3
有限责任公司	483225.0	64993.0	55200.4	538425.4
国有独资公司	20342.6	10860.4	3788.9	24131.5
其他有限责任公司	462882.4	54132.6	51411.5	514293.9
股份有限公司	178043.8	35778.5	9509.5	208443.9
私营企业	552300.1	94713.1	20356.6	571885.4
私营有限责任公司	511516.9	93570.4	20356.6	531102.2
私营股份有限公司	40783.2	1142.7		40783.2
其他企业	160.8	160.8	1.5	162.3
港、澳、台商投资企业	18828.9	12996.5	10761.4	28719.4
港澳台商独资企业	18828.9	12996.5	10761.4	28719.4
外商投资企业	2736.8	1445.8	1000.0	3736.8
外资企业	2736.8	1445.8	1000.0	3736.8
按控股情况分				
国有控股	63445.9	18964.7	10244.0	94580.5
集体控股	81332.4	8984.6	796.5	82128.9
私人控股	747265.4	105437.5	55192.8	801686.9
港澳台商控股	28137.9	14086.1	10761.4	38028.4
外商控股	2736.8	1445.8	1000.0	3736.8
其他	329483.7	62847.8	19692.1	349175.8
按经营形式分				
独立门店	983739.6	141828.1	86061.6	1068159.0
连锁总店	57455.3	34285.6	53.3	78399.2
连锁门店	65725.2	10784.2		65725.2
其他	145482.0	24868.6	11571.9	157053.9
按零售业态分				
有店铺零售	1192890.3	210753.8	96238.6	1308377.3
食杂店	533.9	55.3	5237.0	5770.9
便利店	826.2	270.9	11.2	837.4
超市	5505.7	2139.6	144.2	5796.9
大型超市	53558.3	19011.6	10931.2	64489.5
百货店	203536.7	77519.3	32348.1	235884.8
专业店	348641.4	54085.7	11585.5	381184.1
专卖店	546153.2	54198.4	30633.8	574931.2
家居建材商店	2340.9	54.5	1203.1	3544.0
购物中心	974.0	-350.1		974.0
厂家直销中心	30820.0	3768.6	4144.5	34964.5
无店铺零售	59511.8	1012.7	1448.2	60960.0
网上商店	685.2	451.1		685.2

所有者权益合计	实收资本						
		国家资本	集体资本	法人资本	个人资本	港澳台资本	外商资本
596320. 7	301421. 0	15111. 3	5913. 9	200588. 5	75996. 7	3810. 5	0. 1
1529. 3	962. 8	664. 8	207. 4		90. 6		
3122. 8	3949. 8		3906. 5		43. 3		
159777. 6	104153. 6	13624. 8	1800	57056. 5	27861. 7	3810. 5	0. 1
8959. 3	2183. 2	2183. 2					
150818. 3	101970. 4	11441. 6	1800	57056. 5	27861. 7	3810. 5	0. 1
230645. 0	91090. 2	821. 7		76480. 4	13788. 1		
200068. 8	100481. 5			66268. 5	34213. 0		
195987. 3	98801. 5			65588. 5	33213. 0		
4081. 5	1680. 0			680. 0	1000. 0		
1177. 2	783. 1			783. 1			
18988. 8	13410. 6			11000. 0		2410. 6	
18988. 8	13410. 6			11000. 0		2410. 6	
1691. 8	2000. 0						2000. 0
1691. 8	2000. 0						2000. 0
22536. 0	15087. 7	12939. 7	207. 4	1520. 0	420. 6		
101833. 2	40836. 6	821. 7	3906. 5	25455. 9	10652. 5		
366262. 5	181947. 6	0. 1	800. 0	139082. 6	42064. 7	0. 1	0. 1
23946. 1	17221. 0			11000. 0		6221	
1691. 8	2000. 0						2000. 0
100731. 7	59738. 7	1349. 8	1000	34530. 0	22858. 9		
427161. 3	234096. 6	13858. 1	5363. 2	143561. 9	63092. 2	6221. 1	2000. 1
11908. 2	10197. 9		302. 3	6010. 0	3885. 6		
23539. 7	4000. 0			4000. 0			
154392. 1	68537. 1	1253. 2	248. 4	58016. 6	9018. 9		
494868. 7	267407. 1	15111. 3	5913. 9	162164. 0	75996. 7	6221. 1	2000. 1
636. 5	422. 3	422. 3					
982. 6	701. 7		348. 5	340. 1	13. 1		
3986. 6	2435. 1	70. 0		1376. 9	988. 2		
43745. 2	12325. 6	365. 0		10550. 0		1410. 6	
178668. 8	72207. 4	4829. 2	2778. 0	39701. 9	22898. 3		2000. 0
96082. 2	72266. 0	2342. 1	500. 0	40436. 7	28987. 2		
161687. 1	98679. 2	7062. 9	2287. 4	65888. 4	18629. 9	4810. 5	0. 1
1451. 9	1500. 0			900. 0	600		
781. 8	1000. 0			1000. 0			
6846. 0	5869. 8	19. 8		1970. 0	3880		
122132. 6	49424. 5			49424. 5			
263. 4	200. 0			200. 0			

8－7 限额以上批发和零售业企业财务状况(续八)

单位:万元

	营业收入	主营业务收入	营业成本	主营业务成本
总计	**27521248.7**	**27442811.5**	**26879648.0**	**26856859.4**
批发业	**23736808.1**	**23694269.4**	**23523926.3**	**23510118.4**
按批发行业小类分				
农、林、牧产品批发	68728.4	68728.4	66855.6	66829.5
谷物、豆及薯类批发	16923.4	16923.4	16290.3	16290.3
饲料批发	33227.8	33227.8	33001.7	33001.7
棉、麻批发	11429.1	11429.1	10995.0	10995.0
其他农牧产品批发	7148.1	7148.1	6568.6	6542.5
食品、饮料及烟草制品批发	1991738.0	1988694.5	1747198.2	1745298.3
米、面制品及食用油批发	36729.6	36143.7	34157.6	33984.8
糕点、糖果及糖批发	8854.2	8463.6	7454.4	7454.4
果品、蔬菜批发	449991.9	449975.2	418352.4	418023.5
肉、禽、蛋、奶及水产品批发	965107.0	965107.0	894570.8	894570.8
盐及调味品批发	44947.3	43948.4	16049.3	16001.1
营养和保健品批发	7864.7	7864.7	7122.3	7122.3
酒、饮料及茶叶批发	81613.3	81603.3	67893.3	66543.3
烟草制品批发	374892.3	373850.9	281256.8	281256.8
其他食品批发	21737.7	21737.7	20341.3	20341.3
纺织、服装及家庭用品批发	233344.1	232936.6	217747.5	217521.3
纺织品、针织品及原料批发	10794.2	10794.2	8205.3	8205.3
服装批发	79491.6	79491.6	76478.4	76478.4
鞋帽批发	5825.2	5825.2	5403.6	5403.6
化妆品及卫生用品批发	31130.1	31130.1	30269.1	30269.1
厨房、卫生间用具及日用杂货批发				
家用电器批发	89635.6	89228.1	85432.7	85206.5
其他家庭用品批发	16467.4	16467.4	11958.4	11958.4
文化、体育用品及器材批发	163363.3	163363.3	143844.1	143844.1
文具用品批发	9884.6	9884.6	8719.4	8719.4
图书批发	95465.9	95465.9	83789.6	83789.6
首饰、工艺品及收藏品批发	58012.8	58012.8	51335.1	51335.1
医药及医疗器材批发	1030109.2	1028701.5	980876.8	980835.7
西药批发	919641.3	918233.6	880850.9	880809.8
中药批发	100942.0	100942.0	92431.6	92431.6
医疗用品及器材批发	9525.9	9525.9	7594.3	7594.3
矿产品、建材及化工产品批发	19410814.3	19380006.8	19560807.0	19552846.1
煤炭及制品批发	97081.3	96564.2	87172.4	85937.4
石油及制品批发	14880003.4	14859150.2	15114412.1	15108907.4
非金属矿及制品批发	9631.1	9631.1	8862.1	8862.1
金属及金属矿批发	2453297.4	2452102.1	2427155.3	2426800.7
建材批发	197720.3	189815.7	186192.1	185325.5
化肥批发	276300.5	276223.8	282536.7	282536.7
其他化工产品批发	1496780.3	1496519.7	1454476.3	1454476.3
机械设备、五金产品及电子产品批发	829632.1	822759.7	798601.5	794947.8
农业机械批发	2937.0	2937.0	2518.0	2518.0
汽车批发	369514.4	369161.3	359630.4	359601.4
汽车零配件批发	17556.2	14934.1	16899.4	14457.3
摩托车及零配件批发	27015.8	27015.8	26681.3	26681.3
五金产品批发	6947.0	6947.0	6553.0	6553.0
电气设备批发	3777.1	3777.1	3578.1	3578.1
计算机、软件及辅助设备批发	40795.8	40795.8	39499.3	39499.3
通讯及广播电视设备批发	32333.0	32276.6	30564.2	30564.2
其他机械设备及电子产品批发	328755.8	324915.0	312677.8	311495.2
其他批发业	9078.7	9078.6	7995.6	7995.6
再生物资回收与批发	1972.0	1972.0	1925.4	1925.4
其他未列明批发业	7106.7	7106.6	6070.2	6070.2

营业税金及附加	主营业务税金及附加	其他业务利润	销售费用	管理费用	税金
54702.7	30490.4	53788.6	434101.7	237330.6	8505.8
42134.3	18236.4	31123.7	230704.2	153703.0	4394.9
166.6	166.6	662.6	1219.4	1226.2	1.2
2.1	2.1	23.5	230.0	549.9	0.2
3.7	3.7		232.1	10.7	
160.3	160.3	639.1	359.3	422.7	
0.5	0.5		398.0	242.9	1.0
26975.0	3975.5	2352.7	99537.4	42146.2	49.3
79.1	78.2	0.2	1618.9	473.0	2.1
21.2	21.2	390.6	1194.3	316.1	4.5
877.6	877.6	1961.9	12959.6	7881.5	0.1
2315.8	2315.8		51684.9	11384.3	0.7
509.5	363.3		12803.2	6607.3	
7.7	7.7		569.3		
293.7	293.7		10214.3	2251.6	25.2
22852.4			7179.7	12821.8	
18.0	18.0		1313.2	410.6	16.7
657.5	657.5	60.8	8535.3	5411.7	279.3
431.4	431.4		462.7	386.1	132.1
18.5	18.5	60.8	2268.5	1323.8	78.1
			357.1	61.1	
6.1	6.1		726.1	183.2	18.5
112.4	112.4		4002.6	535.1	5.5
89.1	89.1		718.3	2922.4	45.1
87.0	87.0		8521.7	9469.5	0.3
48.5	48.5		570.7	110.3	
0.9	0.9		3770.7	7191.1	0.3
37.6	37.6		4180.3	2168.1	
831.0	829.9	5768.1	21648.2	13751.7	172.5
611.6	610.5	5768.1	17362.7	11782.7	155.8
166.8	166.8		3133.0	1501.9	16.7
52.6	52.6		1152.5	467.1	
12673.9	11845.7	21409.5	71629.4	70758.8	2886.5
240.7	240.7	-717.9	4808.5	1746.5	17.2
2000.6	1268.9	14800.3	36066.0	47305.8	1023.3
8.9	8.9		650.6	49.6	
866.2	804.1	465.0	16106.3	7689.3	541.0
667.1	637.3	6271.2	2458.4	7842.5	1165.7
0.2	0.2	12.5	3792.3	1405.0	24.8
8890.2	8885.6	578.4	7747.3	4720.1	114.5
698.9	629.8	880.8	18971.3	10552.3	1005.8
			81.2	72.3	
193.7	193.7	697.1	5347.5	3941.3	31.3
8.6	8.6	2.3	429.4	219.5	
10.4	10.4		117.1	55.0	0.1
5.5	5.5	142.8	233.2	138.0	1.6
2.5	2.5			105.3	
41.5	24.6	39.0	527.1	870.0	2.6
40.9	40.9		1230.4	235.3	0.1
395.8	343.6	-0.4	11005.4	4915.6	970.1
44.4	44.4	-10.8	641.5	386.6	
32.0	32.0		1.2	7.5	
12.4	12.4	-10.8	640.3	379.1	

8－7 限额以上批发和零售业企业财务状况(续九)

单位:万元

	营业收入	主营业务收入	营业成本	主营业务成本
按登记注册类型分				
内资企业	23714860.0	23672321.3	23505872.1	23492090.3
国有企业	422755.5	421254.5	328002.6	327652.3
集体企业	47629.1	47629.1	46565.0	46565.0
有限责任公司	4766814.1	4760221.0	4591463.2	4589136.5
国有独资公司	415061.7	412982.9	390561.9	388730.3
其他有限责任公司	4351752.4	4347238.1	4200901.3	4200406.2
股份有限公司	14648790.1	14623576.4	14892761.8	14888959.9
私营企业	3828871.2	3819640.3	3647079.5	3639776.6
私营独资企业				
私营合伙企业				
私营有限责任公司	3775640.0	3766409.1	3595475.5	3589522.6
私营股份有限公司	53231.2	53231.2	51604.0	50254.0
其他企业				
港、澳、台商投资企业	17551.9	17551.9	14490.5	14464.4
港澳台商独资企业	17551.9	17551.9	14490.5	14464.4
外商投资企业	4396.2	4396.2	3563.7	3563.7
外资企业	4396.2	4396.2	3563.7	3563.7
按控股情况分				
国有控股	16789705.1	16759051.9	16880707.5	16874533.2
集体控股	234689.5	234689.5	231546.3	
私人控股	5032611.8	5021382.0	4810156.7	4802775.4
港澳台商控股	17551.9	17551.9	14490.5	14464.4
外商控股	4396.2	4396.2	3563.7	3563.7
其他	1657853.6	1657197.9	1583461.6	1583235.4
按经营形式分				
独立门店	5589344.9	5571956.9	5328074.6	5321629.8
连锁总店	90087.0	90087.0	78874.6	78874.6
其他	18057376.2	18032225.5	18116977.1	18109614.0

营业税金及附加		其他业务利润	销售费用	管理费用	
	主营业务税金及附加				税金
42054.1	18156.2	31123.7	227366.9	153467.4	4394.9
23087.2	172.8	-251.0	8288.7	13283.3	192.7
179.3	179.3	631.1	723.3	456.1	
5363.0	5200.1	6313.7	110914.7	42237.9	1049.2
260.7	255.7	270.8	20878.7	1591.1	248.5
5102.3	4944.4	6042.9	90036.0	40646.8	800.7
1754.1	1163.4	20847.9	18318.7	56894.4	920.1
11670.5	11440.6	3582.0	89121.5	40595.7	2232.9
11643.5	11413.6	3582.0	88161.1	37624.2	1782.4
27.0	27.0		960.4	2971.5	450.5
63.5	63.5		2508.6	88.8	
63.5	63.5		2508.6	88.8	
16.7	16.7		828.7	146.8	
16.7	16.7		828.7	146.8	
25759.4	2103.1	20886.9	66474.0	81438.6	1660.5
209.9	209.9	730.8	3310.7	1625.3	6.7
13163.2	12921.7	4504.0	114438.1	51463.0	2607.3
63.5	63.5		2508.6	88.8	
16.7	16.7		828.7	146.8	
2921.6	2921.5	5002.0	43144.1	18940.5	120.4
26734.0	3657.2	15229.9	109230.9	59522.9	2261.9
0.9	0.9		3502.6	6957.2	
15399.4	14578.3	15893.8	117970.7	87222.9	2133.0

8－7 限额以上批发和零售业企业财务状况(续十)

单位:万元

	营业收入	主营业务收入	营业成本	主营业务成本
零售业	**3784440.6**	**3748542.1**	**3355721.7**	**3346741.0**
按零售行业小类分				
综合零售	802094.5	778693.3	648372.9	647856.2
百货零售	738527.0	715127.2	597526.3	597038.9
超级市场零售	58596.0	58594.6	46549.8	46549.8
其他综合零售	4971.5	4971.5	4296.8	4267.5
食品、饮料及烟草制品专门零售	80601.8	80193.9	65299.0	64740.7
粮油零售	21378.6	21083.4	19038.2	18708.4
糕点、面包零售	3638.5	3638.5	2305.4	2277.8
果品、蔬菜零售	7882.5	7769.8	6827.8	6626.9
肉、禽、蛋、奶及水产品零售	523.8	523.8	503.4	503.4
营养和保健品零售	18177.2	18177.2	12405.2	12405.2
酒、饮料及茶叶零售	2269.8	2269.8	1473.6	1473.6
烟草制品零售	26731.4	26731.4	22745.4	22745.4
纺织、服装及日用品专门零售	31639.8	31063.4	22420.3	22420.3
纺织品及针织品零售	3013.1	3013.1	2367.9	2367.9
服装零售	22344.3	21778.0	15968.7	15968.7
鞋帽零售	629.0	629.0	318.0	318.0
化妆品及卫生用品零售	3561.3	3561.3	2241.7	2241.7
钟表、眼镜零售	2092.1	2082.0	1524.0	1524.0
文化、体育用品及器材专门零售	82808.6	82511.9	75977.8	75977.8
文具用品零售	1466.1	1466.1	1207.0	1207.0
图书、报刊零售	17807.3	17723.0	13656.0	13656.0
珠宝首饰零售	57882.1	57669.7	56782.3	56782.3
工艺美术品及收藏品零售	5653.1	5653.1	4332.5	4332.5
医药及医疗器材专门零售	149810.0	149725.1	110695.9	110694.0
药品零售	149810.0	149725.1	110695.9	110694.0
医疗用品及器材零售				
汽车、摩托车、燃料及零配件专门零售	2397700.3	2388042.6	2226477.9	2218637.2
汽车零售	1380188.2	1377769.7	1266155.5	1264730.8
汽车零配件零售	3524.5	3524.5	3335.9	3335.9
机动车燃料零售	1013987.6	1006748.4	956986.5	950570.5
家用电器及电子产品专门零售	214757.9	213697.3	188423.9	188362.3
日用家电设备零售	116281.6	115307.4	99076.3	99074.3
计算机、软件及辅助设备零售	43326.3	43239.9	39647.5	39587.9
通信设备零售	54520.3	54520.3	49108.4	49108.4
其他电子产品零售	629.7	629.7	591.7	591.7
五金、家具及室内装饰材料专门零售	8242.9	7868.2	4548.0	4546.5
五金零售	1217.5	1217.5	1181.0	1181.0
灯具零售	692.5	692.5	594.0	594.0
家具零售	4685.4	4310.7	1438.9	1437.4
木质装饰材料零售	877.8	877.8	594.2	594.2
陶瓷、石材装饰材料零售	769.7	769.7	739.9	739.9
货摊、无店铺及其他零售业	16784.8	16746.4	13506.0	13506.0
旧货零售	1102.8	1064.4	1033.3	1033.3
生活用燃料零售	15682.0	15682.0	12472.7	12472.7

营业税金及附加		其他业务利润	销售费用	管理费用	
	主营业务税金及附加				税金
12568.4	12254.0	22664.9	203397.5	83627.6	4110.9
7433.4	7244.7	16834.2	74370.4	22846.5	1364.6
6769.9	6581.2	16832.5	69185.4	20722.3	1299.9
600.4	600.4	1.7	4947.6	1733.4	63.6
63.1	63.1		237.4	390.8	1.1
276.5	276.5	343.0	6530.5	4653.2	27.2
64.2	64.2	87.4	1553.4	286.5	18.4
12.7	12.7	255.6	872.3	717.5	
25.2	25.2		265.6	318.7	
0.2	0.2		2.1	8.9	
100.9	100.9		2584.0	1903.0	1.5
7.7	7.7		34.8	48.2	0.1
65.6	65.6		1218.3	1370.4	7.2
314.0	314.0	722.5	4071.7	8706.6	14.2
8.1	8.1		493.1	99.1	0.8
274.1	274.1	644.9	2571.2	3159.3	6.4
			41.0	20.0	5.0
27.0	27.0	77.6	666.9	5260.5	
4.8	4.8		299.5	167.7	2.0
312.5	312.5	271.7	2927.9	3064.8	39.5
51.2	51.2		69.4	46.8	
78.6	78.6	200.7	2001.4	1939.9	24.0
177.7	177.7	71	479.2	900.3	0.3
5.0	5.0		377.9	177.8	15.2
730.0	730.0	-0.2	29849.0	8086.5	330.9
730.0	730.0	-0.2	29849.0	8086.5	330.9
2388.8	2263.1	4068.5	65818.0	29751.8	2230.4
1406.5	1300.3	3624.9	36782.0	28392.7	1328.2
4.9	4.9		170.0	3.4	
977.4	957.9	443.6	28866.0	1355.7	902.2
622.8	622.8	51.9	17919.6	5035.4	10.5
427.9	427.9		11692.3	3055.9	
114.5	114.5	51.9	1579.0	1327.9	10.3
79.5	79.5		4621.0	643.7	
0.9	0.9		27.3	7.9	0.2
368.8	368.8	373.3	1255.3	1183.4	71.6
1.0	1.0		25.7	21.2	0.2
29.0	29.0		15.7	16.2	
219.6	219.6	373.3	1191.6	1095.0	71.3
118.9	118.9			40.2	
0.3	0.3		22.3	10.8	0.1
121.6	121.6		655.1	299.4	22.0
2.1	2.1		32.9	38.6	
119.5	119.5		622.2	260.8	22.0

8－7 限额以上批发和零售业企业财务状况(续十一)

单位:万元

	营业收入	主营业务收入	营业成本	主营业务成本
按登记注册类型分				
内资企业	3638433.9	3607115.7	3235913.6	3227085.2
国有企业	78707.4	78149.8	77566.2	76991.8
集体企业	26862.0	26823.6	24786.5	24756.3
有限责任公司	1455845.4	1442766.0	1315267.5	1311783.3
国有独资公司	26697.5	26613.2	20275.1	20275.1
其他有限责任公司	1429147.9	1416152.8	1294992.4	1291508.2
股份有限公司	860479.5	852544.7	775766.4	771842.5
私营企业	1213519.6	1203811.6	1040343.0	1039527.3
私营有限责任公司	1137969.6	1128310.4	968674.6	967858.9
私营股份有限公司	75550.0	75501.2	71668.4	71668.4
其他企业	3020.0	3020.0	2184.0	2184.0
港、澳、台商投资企业	130708.9	126974.6	107291.5	107236.3
港澳台商独资企业	130708.9	126974.6	107291.5	107236.3
外商投资企业	15297.8	14451.8	12516.6	12419.5
外资企业	15297.8	14451.8	12516.6	12419.5
按控股情况分				
国有控股	**1127743.9**	**1119311.4**	**1054504.4**	**1046802.0**
集体控股	138308.0	136605.7	113390.8	113360.6
私人控股	1684854.2	1673349.2	1477217.1	1476200.5
港澳台商控股	156838.5	153037.4	131176.4	131121.2
外商控股	15297.8	14451.8	12516.6	12419.5
其他	661398.2	651786.6	566916.4	566837.2
按经营形式分				
独立门店	**2595209.6**	**2572084.7**	**2310610.9**	**2305887.9**
连锁总店	711396.9	706955.3	628905.1	624979.3
连锁门店	129081.1	121473.1	103289.7	103287.6
其他	348753.0	348029.0	312916.0	312586.2
按零售业态分				
有店铺零售	3727602.2	3691916.1	3299549.0	3290568.3
食杂店	3102.0	3102.0	2984.6	2984.6
便利店	4373.4	4373.4	3987.0	3957.7
超市	32576.9	32490.6	25940.5	25940.5
大型超市	226454.5	214183.2	180923.7	180715.5
百货店	580025.8	568292.6	469492.3	469213.1
专业店	1705527.6	1696794.9	1564590.5	1557701.9
专卖店	1125299.6	1122549.7	1008568.4	1007193.9
家居建材商店	2225.7	2225.7	1721.4	1721.4
购物中心	3013.1	3013.1	2367.9	2367.9
厂家直销中心	45003.6	44890.9	38972.7	38771.8
无店铺零售	56838.4	56626.0	56172.7	56172.7
网上商店	506.7	506.7	294.4	294.4

营业税金及附加		其他业务利润	销售费用	管理费用	
	主营业务税金及附加				税金
11735.5	11489.8	18228.0	189124.3	80692.0	3755.2
229.4	228.9	131.4	1302.8	374.6	42.4
72.0	72.0	195.1	793.5	1050.8	8.5
3653.4	3567.6	11319.5	73775.7	34369.7	1357.9
148.6	148.6	200.7	2252.3	1853.0	41.4
3504.8	3419.0	11118.8	71523.4	32516.7	1316.5
2791.2	2709.5	3497.2	37215.7	9868.3	1609.6
4969.8	4892.1	3084.8	75614.1	34930.8	736.8
4899.9	4822.2	2795.6	73611.9	34038.3	684.7
69.9	69.9	289.2	2002.2	892.5	52.1
19.7	19.7		422.5	97.8	
775.9	707.2	3688	12329.1	2198.1	355.7
775.9	707.2	3688	12329.1	2198.1	355.7
57.0	57.0	748.9	1944.1	737.5	
57.0	57.0	748.9	1944.1	737.5	
1659.9	1640.4	1541.6	35252.1	7068.3	1024.9
1348.0	1348.0	1859.0	6608.6	5710.0	354.8
5758.5	5665.2	4090.3	91407.7	50842.3	1325.2
789.3	720.6	3754.7	13286.2	2847.0	402.0
57.0	57.0	748.9	1944.1	737.5	
2955.7	2822.8	10670.4	54898.8	16422.5	1004.0
9517.1	9226.3	15533.3	117008.5	60752.3	2389.8
1334.7	1328.6	426.3	46439.2	11031.1	1149.3
626.0	608.5	6327.4	16276.6	3863.3	142.0
1090.6	1090.6	377.9	23673.2	7980.9	429.8
12550.5	12236.1	22664.9	203228.5	82896.4	4090.3
			118.1	23.1	
7.6	7.6		115.6	375.0	
317.8	317.8	39.3	2207.7	2185.1	63.4
1293.5	1207.3	7758.8	27900.9	5059.2	447.1
6183.6	6081.1	9665.6	48295.3	18874.4	855.9
2825.3	2769.5	2099.7	78038.0	20323.6	1413.5
1749.9	1680.0	3076.3	42665.0	34100.4	1309.5
49.6	49.6		127.3	317.8	0.1
8.1	8.1		493.1	99.1	0.8
115.1	115.1	25.2	3267.5	1538.7	
17.9	17.9		169.0	731.2	20.6
2.0	2.0		168.3	17.6	15.2

8-7 限额以上批发和零售业企业财务状况(续十二)

单位:万元

指标名称	财务费用	利息收入	利息支出
总计	**113975.9**	**18109.1**	**101309.7**
批发业	**83500.4**	**16382.5**	**81263.8**
按批发行业小类分			
农、林、牧产品批发	312.5	69.1	340.9
谷物、豆及薯类批发	15.9	67.3	48.3
饲料批发	-0.4		
棉、麻批发	255.8		255.8
其他农牧产品批发	41.2	1.8	36.8
食品、饮料及烟草制品批发	5490.6	9450.3	14371.2
米、面制品及食用油批发	444.2	5.4	442.9
糕点、糖果及糖批发	43.9		
果品、蔬菜批发	6506.9	2573.9	8675
肉、禽、蛋、奶及水产品批发	4104.9	900	5000.2
盐及调味品批发	-105.1	124.2	5.1
营养和保健品批发	0.4		0.4
酒、饮料及茶叶批发	78.3	19.3	15.4
烟草制品批发	-5825.2	5827.5	
其他食品批发	242.3		232.2
纺织、服装及家庭用品批发	2009.1	57.5	1066.3
纺织品、针织品及原料批发	337.1		
服装批发	799.2	28.1	305.9
鞋帽批发	-1.4	1.6	
化妆品及卫生用品批发	122.7	0.8	122.2
厨房、卫生间用具及日用杂货批发			
家用电器批发	165.2	26.0	129.2
其他家庭用品批发	586.3	1.0	509.0
文化、体育用品及器材批发	62.5	328.9	267.0
文具用品批发	1.5		
图书批发	-313.1	328.5	6.5
首饰、工艺品及收藏品批发	374.1	0.4	260.5
医药及医疗器材批发	7200.1	581.8	5183.5
西药批发	6242.7	577.5	4376.8
中药批发	827.1	4.0	785.5
医疗用品及器材批发	130.3	0.3	21.2
矿产品、建材及化工产品批发	65604.5	5119.3	57154.6
煤炭及制品批发	2249.9	228.3	2133.8
石油及制品批发	29532.0	1634.5	30725.3
非金属矿及制品批发	58.3	1.7	60
金属及金属矿批发	21726.2	2586.7	16691.7
建材批发	4679.7	335.1	4447.7
化肥批发	1316.8	143.6	1437.3
其他化工产品批发	6041.6	189.4	1658.8
机械设备、五金产品及电子产品批发	2796.3	775.6	2855.5
农业机械批发	24.8		24.8
汽车批发	1006.7	517.6	1356.7
汽车零配件批发	-16.1	2.5	-22.6
摩托车及零配件批发	349.7	91.4	364.4
五金产品批发	-0.3	1.8	
电气设备批发	85.0		
计算机、软件及辅助设备批发	41.1	35.0	1.8
通讯及广播电视设备批发	21.5		
其他机械设备及电子产品批发	1283.9	127.3	1130.4
其他批发业	24.8		24.8
再生物资回收与批发			
其他未列明批发业	24.8		24.8

资产减值损失	公允价值变动收益	投资收益	营业利润	营业外收入	补贴收入
1917.2	80.2	138104.9	-125107.5	31224.4	15218.4
1663.8	47.4	124162.5	-276329.5	20901.4	14442.2
		51.5	-337.9	617.2	553.8
			-141.4	291.3	242.5
			-20.0		
		51.5	-73.4	212.9	200.0
			-103.1	113.0	111.3
560.6	46.2	57194.6	13898.9	684.2	163.9
6.6	-0.4	-0.2	22.8	27.6	1
			-175.7	1.6	
			3434.0	191.1	166
			1046.3		-13.1
554.0		541.3	9070.4	199.8	10
			165.0		
			882.1	264.1	
	46.6	56653.5	41.7		
			-587.7		
-32.2		80	-755.7	1036.3	667.0
243			819.4	98.3	
-349.6		80	-967.2	721.8	667
			4.8	30	
			-177.1	182.8	
74.4			-628.5	3.4	
			192.9		
			1378.4	57.3	
			434.2		
			1026.6	57.3	
			-82.4		
520.0		-818.3	4473.7	797.1	
366.1			2448.3	754.6	
153.9		-818.3	1909.3	1.8	
			116.1	40.7	
537.4	1.2	67579.4	-294181.3	16524.1	13015.2
25.0			837.2	107.3	15
		813.5	-349080.0	304.9	5
			1.6		
444.4	-0.8	2740.7	-7804.5	3203.3	113.3
27.2	2.0	63970.4	59826.6	20.6	15.5
17.1		2.0	-12773.6	12838.4	12838.4
23.7		52.8	14811.4	49.6	28
78.0		75.3	-791.4	1185.2	42.3
			240.7		
		74.4	633.7	58.7	
			17.6		
			-203.7		
0.4			17.2		
			6.2		
			-144.3	26	
			240.7		
77.6		0.9	-1599.5	1100.5	42.3
			-14.2		
			5.9		
			-20.1		

8－7 限额以上批发和零售业企业财务状况(续十三)

单位:万元

	财务费用			资产减值损失
		利息收入	利息支出	
按登记注册类型分				
内资企业	83498.5	16382.3	81263.8	1663.8
国有企业	-5669.5	5945.2	81.0	28.5
集体企业	348.9	0.3	339.5	
有限责任公司	29888.4	5552.3	26982.2	1467.3
国有独资公司	3861.9	213.5	3595.7	
其他有限责任公司	26026.5	5338.8	23386.5	1467.3
股份有限公司	28139.0	2083.2	29955.4	-12.8
私营企业	30791.7	2801.3	23905.7	180.8
私营独资企业				
私营合伙企业				
私营有限责任公司	30736.6	2800.3	23875.6	179.1
私营股份有限公司	55.1	1.0	30.1	1.7
其他企业				
港、澳、台商投资企业	1.9	0.2		
港澳台商独资企业	1.9	0.2		
外商投资企业				
外资企业				
按控股情况分				
国有控股	27920.8	8529.6	34785.8	1409.3
集体控股	1390.7	98.3	1479.3	
私人控股	39321.2	3645.6	28755.8	487.0
港澳台商控股	1.9	0.2		
外商控股				
其他	14865.8	4108.8	16242.9	-232.5
按经营形式分				
独立门店	29122.0	9089.0	25623.7	640.7
连锁总店	-326.5	328.5		
其他	54704.9	6965.0	55640.1	1023.1

公允价值变动收益	投资收益	营业利润	营业外收入	
				补贴收入
47.4	124162.5	−276568.4	20881.6	14428.2
46.6	56911.9	3590.2	2602.5	80.8
	53.5	41.1	212.9	200.0
1.2	2826.8	−5761.1	15429.9	13067.5
		−2069.4	318.4	185.5
1.2	2826.8	−3691.7	15111.5	12882.0
	64828.7	−284929.1	189.7	
−0.4	−458.4	10490.5	2446.6	1079.9
−0.4	−487.0	12850.4	2446.6	1079.9
	28.6	−2359.9		
		398.6	18.2	14.0
		398.6	18.2	14.0
		−159.7	1.6	
		−159.7	1.6	
45.8	121583.8	−281576.9	13639.7	10320.3
	53.5	−2685.1	3048.2	3027.9
1.6	431.4	10365.6	3819.5	1079.9
		398.6	18.2	14.0
		−159.7	1.6	
	2093.8	−2672.0	374.2	0.1
47.4	122881.5	51508.3	15492.4	13848.0
		1078.1		
	1281.0	−328915.9	5409.0	594.2

8－7 限额以上批发和零售业企业财务状况(续十四)

单位:万元

	财务费用	利息收入	利息支出	资产减值损失
零售业	**30475.5**	**1726.6**	**20045.9**	**253.4**
按零售行业小类分				
综合零售	1822.5	723.7	1225.2	80.7
百货零售	1561.2	711.5	1206.4	79.8
超级市场零售	246.3	0.3	13.4	0.9
其他综合零售	15.0	11.9	5.4	
食品、饮料及烟草制品专门零售	389.2	60.8	328.2	
粮油零售	30.9	32.4	8.9	
糕点、面包零售	50.2		42.8	
果品、蔬菜零售	130.0	3.1	122.0	
肉、禽、蛋、奶及水产品零售	7.3			
营养和保健品零售	73.8	2.6	39.8	
酒、饮料及茶叶零售	18	3	16	
烟草制品零售	79.0	19.7	98.7	
纺织、服装及日用品专门零售	643.0	61.5	610.4	
纺织品及针织品零售	34.9	0.4	35.0	
服装零售	460.0	60.6	431.8	
鞋帽零售	5.0			
化妆品及卫生用品零售	-16.3		-16.3	
钟表、眼镜零售	159.4	0.5	159.9	
文化、体育用品及器材专门零售	1593.0	152.4	1665.0	-1
文具用品零售				
图书、报刊零售	8.8	0.6	-1.0	
珠宝首饰零售	1513.8	150.7	1645.1	-1
工艺美术品及收藏品零售	70.4	1.1	20.9	
医药及医疗器材专门零售	776.5	12.6	276.0	
药品零售	776.5	12.6	276.0	
医疗用品及器材零售				
汽车、摩托车、燃料及零配件专门零售	22267.9	649.7	14594.2	172.7
汽车零售	20813.2	651.1	13147.1	168.7
汽车零配件零售	14.8		6.0	
机动车燃料零售	1439.9	-1.4	1441.1	4.0
家用电器及电子产品专门零售	1985.3	63.2	363.2	1.0
日用家电设备零售	116.1	33.0	34.5	
计算机、软件及辅助设备零售	376.8	30.2	127.0	1.0
通信设备零售	1492.4		201.7	
其他电子产品零售				
五金、家具及室内装饰材料专门零售	992.7	2.6	980.2	
五金零售				
灯具零售				
家具零售	951.5	2.3	953.0	
木质装饰材料零售	12.0			
陶瓷、石材装饰材料零售	29.2	0.3	27.2	
货摊、无店铺及其他零售业	5.4	0.1	3.5	
旧货零售	1.2		1.2	
生活用燃料零售	4.2	0.1	2.3	

公允价值变动收益	投资收益	营业利润	营业外收入	
				补贴收入
32.8	13942.4	151222.0	10323.0	776.2
	458.5	46374.7	1708.0	206.0
	458.5	43180.3	999.3	178.0
		3226.0	708.2	28
		-31.6	0.5	
		3481.6	990.3	482.8
		396.5	61.1	55.3
		-319.6	376.7	335.7
		352.2	472.3	90
		1.9		
		1110.3	25.5	
		687.5		
		1252.8	54.7	1.8
		561.7	2.9	0.2
		10.0		
		-89.0	2.7	
		245.0		
		459.0	0.2	0.2
		-63.3		
32.8	1298.7	240.4	23.0	23
		91.7		
	18.6	116.4		
32.8	1280.1	-657.2		
		689.5	23	23
		1237.8	37.3	
		1237.8	37.3	
	4569	88763.9	6127.1	64
	4569	9969.3	5158.9	64
		-4.7	0.1	
		78799.3	968.1	
	7384.2	8238.1	1426.7	
	7384.2	9297.3	52.8	
		363.8	1.8	
		-1424.9	1372.1	
		1.9		
	232.0	126.5	1.7	
		-11.4		
		37.6		
	232.0	20.8	1.7	
		112.3		
		-32.8		
		2197.3	6	0.2
		-5.3	5.8	
		2202.6	0.2	0.2

8－7限额以上批发和零售业企业财务状况(续十五)

单位:万元

	财务费用			资产减值损失
		利息收入	利息支出	
按登记注册类型分				
内资企业	30261.1	1613.6	19759.2	253.4
国有企业	52.4	-0.8	52.2	-1.0
集体企业	162.7	14.1	150.1	
有限责任公司	15305.5	772.7	10706.4	82.1
国有独资公司	12.5	-1.0	1.7	
其他有限责任公司	15293.0	773.7	10704.7	82.1
股份有限公司	3861.2	544.5	3543.6	54.3
私营企业	10878.7	283.1	5306.3	118.0
私营有限责任公司	9675.6	270.4	4560.5	118.0
私营股份有限公司	1203.1	12.7	745.8	
其他企业	0.6		0.6	
港、澳、台商投资企业	262.2	63.7	286.7	
港澳台商独资企业	262.2	63.7	286.7	
外商投资企业	-47.8	49.3		
外资企业	-47.8	49.3		
按控股情况分				
国有控股	2162.8	114.6	2012.8	5.0
集体控股	484.7	361.2	624.8	50.3
私人控股	18836.1	594.9	11122.6	156.2
港澳台商控股	**682.3**	**73.3**	**708.6**	
外商控股	-47.8	49.3		
其他	8357.4	533.3	5577.1	41.9
按经营形式分				
独立门店	25123.1	1445.4	15982.1	220.8
连锁总店	1561.1	11.0	1059.6	5.0
连锁门店	10.5	18.5		27.6
其他	3780.8	251.7	3004.2	
按零售业态分				
有店铺零售	28963.6	1574.8	18382.3	254.4
食杂店			8.9	
便利店	12.0		4.7	
超市	159.1	0.2	43.7	
大型超市	223.6	50.0	7.4	28.5
百货店	1843.7	763.9	1579.0	52.2
专业店	11912.1	85.9	7212.9	5.3
专卖店	14685.1	669.0	9515.3	168.4
家居建材商店	97.4	0.3	95.4	
购物中心	34.9	0.4	35.0	
厂家直销中心	-4.3	5.1	-120.0	
无店铺零售	1511.9	151.8	1663.6	-1
网上商店	19.0	1.1	20.1	

公允价值变动收益	投资收益	营业利润	营业外收入	补贴收入
32.8	13942.4	143202.0	10268.2	776.0
		-808.3	20.5	51.5
		-3.5	7.8	
	4518.6	23012.9	7697.5	147.5
		2131.2		
	4518.6	20881.7	7697.5	147.5
32.8	1813.6	87201.5	941.7	
	7610.2	33504.0	1600.7	577.0
	7610.2	33790.1	1591.7	577.0
		-286.1	9.0	
		295.4		
		7929.6	53.9	0.2
		7929.6	53.9	0.2
		90.4	0.9	
		90.4	0.9	
		81501.5	1030.8	57.5
	482.9	9828.2	194.3	
32.8	8890.3	34118.0	7338.7	668.0
		8134.8	101.9	1.2
		90.4	0.9	
	4569.2	17549.1	1656.4	49.5
	5227.5	61588.5	8822.3	723.1
		76552.9	743.2	
	7384.2	12371.5	458.8	
32.8	1330.7	709.1	298.7	53.1
	12662.3	151672.3	10323.0	776.2
		-32.7	4.0	4.0
		-123.8	335.7	335.7
	18.6	530.9	76.1	29
		11025.0	1307.3	177.0
	458.5	35745.4	357.6	
	3069.0	88234.4	1345.9	70.9
	9116.2	15231.9	6423.8	69.6
		-87.8		
		10.0		
		1139.0	472.6	90
32.8	1280.1	-450.3		
		5.4		

8-7 限额以上批发和零售业企业财务状况(续十六)

单位:万元

	利润总额	应交所得税	应付职工薪酬(本年贷方累计发生额)	应交增值税
总计	**-73917.5**	**44198.8**	**361863.0**	**204744.0**
批发业	**-207641.7**	**24522.0**	**257294.0**	**92032.0**
按批发行业小类分				
农、林、牧产品批发	165.4	8.5	840.0	40.0
谷物、豆及薯类批发	42.6	1.3	207.0	7
饲料批发	-20.0	1.7	98.0	29.0
棉、麻批发	133.0		425.0	
其他农牧产品批发	9.8	5.5	110.0	4.0
食品、饮料及烟草制品批发	69044.0	16781.5	34704.0	41717.0
米、面制品及食用油批发	28.1	17.3	633.0	4
糕点、糖果及糖批发	-175.1	23.0	515.0	175.0
果品、蔬菜批发	2555.9	45.4	2034.0	4797
肉、禽、蛋、奶及水产品批发	394.7	45.8	649.0	17475
盐及调味品批发	9257.4	1419.7	10400.0	3550.0
营养和保健品批发	155.8	61.8	58.0	91
酒、饮料及茶叶批发	898.7	471.4	4262.0	519.0
烟草制品批发	56532.4	14695.3	15606.0	15063.0
其他食品批发	-603.9	1.8	547.0	43.0
纺织、服装及家庭用品批发	-622.8	99.2	7912.0	-362.0
纺织品、针织品及原料批发	24.8	6.2	3987.0	17
服装批发	-245.4	13.5	280.0	-1968.0
鞋帽批发	34.8	5.6	29.0	
化妆品及卫生用品批发	5.7	1.4	404.0	47.0
厨房、卫生间用具及日用杂货批发				
家用电器批发	-627.7	24.0	1393.0	709.0
其他家庭用品批发	185.0	48.5	1819.0	833.0
文化、体育用品及器材批发	1392.9	189.9	6250.0	36.0
文具用品批发	413.0	189.9	206.0	36.0
图书批发	1062.3		2827.0	
首饰、工艺品及收藏品批发	-82.4		3217.0	
医药及医疗器材批发	9770.5	1921.8	15098.0	8039.0
西药批发	3163.1	1222.1	13337.0	6179.0
中药批发	6480.6	676.4	1429.0	1169.0
医疗用品及器材批发	126.8	23.3	333.0	691.0
矿产品、建材及化工产品批发	-287744.0	4971.4	185956.0	36857.0
煤炭及制品批发	109.8	42.2	13778.0	13267.0
石油及制品批发	-349323.4	154.9	49589.0	8411.0
非金属矿及制品批发	-31.0		114.0	97.0
金属及金属矿批发	-13908.4	483.1	113448.0	12290.0
建材批发	59903.1	45.9	4035.0	1163.0
化肥批发	78.3	64.3	1151.0	-118.0
其他化工产品批发	15427.6	4181.0	3841.0	1748.0
机械设备、五金产品及电子产品批发	366.7	548.9	6464.0	5643.0
农业机械批发	240.7	60.2	60.0	
汽车批发	683.4	332.2	1953.0	1228.0
汽车零配件批发	8.0	0.7	251.0	44.0
摩托车及零配件批发	-197.7	1.4	73.0	41.0
五金产品批发	17.2		184.0	54.0
电气设备批发	6.2		185.0	19.0
计算机、软件及辅助设备批发	-137.3	12.4	622.0	130.0
通讯及广播电视设备批发	226.9	67.6	482.0	1836.0
其他机械设备及电子产品批发	-480.7	74.4	2653.0	2293.0
其他批发业	-14.4	0.8	71.0	63.0
再生物资回收与批发	5.9		8.0	
其他未列明批发业	-20.3	0.8	63.0	63.0

8－7 限额以上批发和零售业企业财务状况(续十七)

单位:万元

	利润总额	应交所得税	应付职工薪酬(本年贷方累计发生额)	应交增值税
按登记注册类型分				
内资企业	-207899.4	24348.7	255379	91416
国有企业	56265.8	14855.1	15973	16991
集体企业	247.5		510	146
有限责任公司	7708.4	3562.8	42832	32477
国有独资公司	-1759.0		6372	2476
其他有限责任公司	9467.4	3562.8	36460	30001
股份有限公司	-285430.8	63.1	49499	8898
私营企业	13309.7	5867.7	146565	32904
私营独资企业				
私营合伙企业				
私营有限责任公司	15735.0	5858.1	145688	32329
私营股份有限公司	-2425.3	9.6	877	574
其他企业				
港、澳、台商投资企业	416.8	150.3	1479	477
港澳台商独资企业	416.8	150.3	1479	477
外商投资企业	-159.1	23.0	437	139
外资企业	-159.1	23.0	437	139
按控股情况分				
国有控股	-219386.3	17244.3	85421	29763
集体控股	376.6	19.7	1385	448
私人控股	14145.6	6333.6	157639	40703
港澳台商控股	416.8	150.3	1479	477
外商控股	-159.1	23.0	437	139
其他	-3035.3	751.1	10934	20502
按经营形式分				
独立门店	123175.3	17227.0	163261	35932
连锁总店	1056.5		2827	
其他	-331873.5	7295.0	91206	56100

8-7 限额以上批发和零售业企业财务状况(续十八)

单位:万元

	利润总额	应交所得税	应付职工薪酬(本年贷方累计发生额)	应交增值税
零售业	**133724.2**	**19676.8**	**104569**	**112712**
按零售行业小类分				
综合零售	46529.5	11304.5	25379	12880
百货零售	43337.6	11091.2	22250	12235
超级市场零售	3223.2	212.7	2603	599
其他综合零售	-31.3	0.6	526	46
食品、饮料及烟草制品专门零售	4073.2	805.4	5949	2056
粮油零售	647.6	160.1	459	204
糕点、面包零售	-7.9		172	58
果品、蔬菜零售	755.9		337	22
肉、禽、蛋、奶及水产品零售	1.9		15	18
营养和保健品零售	999.4	271.1	1378	724
酒、饮料及茶叶零售	369.5	1.5	99	18
烟草制品零售	1306.8	372.7	3489	1013
纺织、服装及日用品专门零售	383.0	260.4	4042	542
纺织品及针织品零售	10.0		446	60
服装零售	-16.2	0.2	2232	296
鞋帽零售			499	
化妆品及卫生用品零售	452.5	260.2	661	154
钟表、眼镜零售	-63.3		204	32
文化、体育用品及器材专门零售	192.0	120.7	2684	265
文具用品零售	91.7	4.2	25	2
图书、报刊零售	43.2		2033	3
珠宝首饰零售	-655.0	8.4	430	36
工艺美术品及收藏品零售	712.1	108.1	196	223
医药及医疗器材专门零售	1001.6	430.3	13747	5099
药品零售	1001.6	430.3	13747	5099
医疗用品及器材零售				
汽车、摩托车、燃料及零配件专门零售	68958.8	5604.2	42284	83539
汽车零售	40915.4	4353.8	25804	13728
汽车零配件零售	2.7	3.0	142	
机动车燃料零售	28040.7	1247.4	16338	69811
家用电器及电子产品专门零售	9995.1	572.3	6009	7659
日用家电设备零售	9661.9	558.6	3029	1122
计算机、软件及辅助设备零售	385.6	13.7	2041	6513
通信设备零售	-54.3		929	23
其他电子产品零售	1.9		10	2
五金、家具及室内装饰材料专门零售	388.4	19.9	3922	16
五金零售	-11.4		130	8
灯具零售			13	
家具零售	20.3	19.9	3705	8
木质装饰材料零售	412.3		55	
陶瓷、石材装饰材料零售	-32.8		19	0
货摊、无店铺及其他零售业	2202.6	559.1	554	656
旧货零售	-0.1		61	16
生活用燃料零售	2202.7	559.1	492	640

8-7 限额以上批发和零售业企业财务状况(续十九)

单位:万元

	利润总额	应交所得税	应付职工薪酬(本年贷方累计发生额)	应交增值税
按登记注册类型分				
内资企业	125738.6	17959.0	100733	110756
国有企业	-682.5	1.3	1067	90
集体企业	58.3	2.0	995	106
有限责任公司	30042.8	7251.3	41517	80543
国有独资公司	2104.8	557.8	2134	598
其他有限责任公司	27938.0	6693.5	39383	79945
股份有限公司	36631.0	3133.7	20125	8578
私营企业	59393.6	7570.7	36853	21440
私营有限责任公司	59274.5	7521.9	36073	21371
私营股份有限公司	119.1	48.8	780	69
其他企业	295.4		177	
港、澳、台商投资企业	7894.3	1717.8	3492	1956
港澳台商独资企业	7894.3	1717.8	3492	1956
外商投资企业	91.3		344	
外资企业	91.3		344	
按控股情况分				
国有控股	**30898.9**	**2088.3**	**22092**	**70444**
集体控股	9912.1	2402.0	4943	3115
私人控股	65278.7	9456.8	46946	30915
港澳台商控股	8021.6	1809.9	3910	2030
外商控股	91.3		344	
其他	19521.6	3919.8	26334	6208
按经营形式分				
独立门店	**94152.1**	**17005.1**	**63408**	**99002**
连锁总店	25673.4	428.2	24080	10012
连锁门店	12794.9	1725.1	1933	162
其他	1103.8	518.4	15147	3535
按零售业态分				
有店铺零售	134174.7	19667.9	104423	112523
食杂店	16.7		46	
便利店	209.7	0.6	103	53
超市	493.7	106.4	3182	644
大型超市	12583.9	3085.4	6570	2528
百货店	34097.8	8371.7	19061	10462
专业店	37975.1	3082.8	40562	85420
专卖店	47341.4	5005.0	29717	13096
家居建材商店	-87.8		3375	0
购物中心	10.0		446	60
厂家直销中心	1534.2	16	1363	260
无店铺零售	-450.5	8.9	146	189
网上商店	5.4	0.5	83	183

8－8 星级住宿业和限额以上餐饮业企业财务状况

单位:万元

	法人企业数(个)	执行《2006企业会计准则》企业数(个)	年初存货	流动资产合计	应收帐款	存货
总计	**227**	**204**	**10956.5**	**170117.4**	**24909**	**18182.5**
住宿业	**80**	**72**	**4707.6**	**112263.5**	**15867.7**	**11514.7**
按住宿业行业小类分						
旅游饭店	49	46	3967.8	101648.7	12217.9	10364.1
一般旅馆	30	25	739.8	10785.5	3819.8	1151.3
其他住宿业	1	1		-170.7	-170	-0.7
按登记注册类型分						
内资企业	79	71	4602.9	111356.4	15849.7	10364.1
国有企业	20	18	1602.9	37354.4	4618.7	1151.3
集体企业	3	3	63.2	2512.9	64.3	-0.7
有限责任公司	32	30	2389.3	54794.1	6640.4	10364.1
国有独资公司	3	3	116.1	12132.3	433.2	1151.3
其他有限责任公司	29	27	2273.2	42661.8	6207.2	-0.7
私营企业	24	20	547.5	16695	4526.3	10364.1
私营独资企业	2	2	85.8	1308.3		1151.3
私营有限责任公司	21	17	461.5	15159.6	4516.1	-0.7
私营股份有限公司	1	1	0.2	227.1	10.2	10364.1
外商投资企业	1	1	104.7	907.1	18	1151.3
中外合资经营企业	1	1	104.7	907.1	18	-0.7
按控股情况分						
国有控股	33	30	2766.4	68730.2	6227.9	3859.1
集体控股	6	6	372.3	4475.4	267.1	345.4
私人控股	35	30	1249.6	23383.6	6073.8	1314.1
外商控股	1	1	104.7	907.1	18	101.6
其他	5	5	214.6	14767.2	3280.9	5894.5
按经营形式分						
独立门店	72	66	4559.8	101618	15190.0	11270.9
连锁门店	4	3	52.8	1047.5	70.7	152.9
其他	4	3	95	9598	607.0	90.9
按星级分						
五星	3	3	672.2	18064.5	1170.3	640.6
四星	12	12	988.4	37744.7	4934.4	2098.1
三星	18	17	1507.9	24402.2	3686.5	7047.3
二星	3	3	201.6	1371.8	84.3	142.2
一星	1	1				
其他	43	36	1337.5	30680.3	5992.2	1586.5

固定资产合计	固定资产原价	累计折旧	本年折旧	在建工程	资产总计
251416.6	388950.4	137557.7	13822.9	23859.7	556948.9
211126.7	328375.9	117249.1	10822.9	17705.4	428574.4
187185.5	293580.4	106394.8	9209.9	15576.8	385553.8
19989.9	29248.9	9259	1613	2128.6	39135
3951.3	5546.6	1595.3			3885.6
196545.5	297416.5	100870.9	9919.7	17705.4	413086.1
34040.6	78212.1	44171.5	5025.9	766.7	76569
4379.5	11420.4	7040.9	377.6	20.1	7432.2
134463.6	180238.5	45774.9	3467.7	14784.9	280439.7
20087.7	32353.9	12266.2	310.5		34289
114375.9	147884.6	33508.7	3157.2	14784.9	246150.7
23661.8	27545.5	3883.6	1048.5	2133.7	48645.2
50.4	91	40.6	40.6	95.2	1533.9
23494.6	27209.7	3715	928.4	2018.9	46508.7
116.8	244.8	128	79.5	19.6	602.6
14581.2	30959.4	16378.2	903.2		15488.3
14581.2	30959.4	16378.2	903.2		15488.3
154358.9	234432.1	80073.2	7177.3	13311.7	261594
5710.3	13541.7	7831.4	504.6	140.1	13020.3
31079.2	40787.8	9708.5	1745.7	4194.6	117724.7
14581.2	30959.4	16378.2	903.2		15488.3
5397.1	8654.9	3257.8	492.1	59	20747.1
123100.9	231286.7	108185.7	10287.2	17705.4	309860.4
570.4	784.6	214.2	122.5		3476.7
87455.4	96304.6	8849.2	413.2		115237.3
21958.1	57718.3	35760.2	260.2		41607.8
46626.1	82746.6	36120.5	2952.5	12559.9	130647.2
23832	47632.3	23800.3	1969.4	2259.1	80951.5
992.2	1763.5	771.3	90.1	757.8	3192.6
					50
117718.3	138515.2	20796.8	5550.7	2128.6	172125.3

8-8 星级住宿业和限额以上餐饮业企业财务状况(续一)

	法人企业数(个)	执行《2006企业会计准则》企业数(个)	年初存货	流动资产合计	应收帐款	存货
餐饮业	**147**	**132**	**6248.9**	**57853.9**	**9041.3**	**6667.8**
按餐饮业行业小类分						
正餐服务	141	126	5466.7	51152.4	9006.5	5724.0
快餐服务	3	3	674.3	5928.5		728.3
饮料及冷饮服务	2	2	89.9	674.7	32.9	197.5
咖啡馆服务	2	2	89.9	674.7	32.9	197.5
其他餐饮业	1	1	18.0	98.3	1.9	18.0
其他未列明餐饮业	1	1	18.0	98.3	1.9	18.0
按登记注册类型分						
内资企业	145	130	5585.6	53946.2	9041.3	5949.4
国有企业	3	3	42.4	709.3	46.7	41.0
有限责任公司	44	35	1147.1	13936.3	2211.0	1310.6
国有独资公司	1			30.0	4.5	
其他有限责任公司	43	35	1147.1	13906.3	2206.5	1310.6
股份有限公司	7	7	239.6	3805.1	214.3	148.8
私营企业	88	83	4077.6	34477.9	6530.4	4374.1
私营独资企业	13	12	312.7	1981.7	397.2	235.3
私营有限责任公司	72	69	3749.8	31767.7	6088.1	4111.3
私营股份有限公司	3	2	15.1	728.5	45.1	27.5
其他企业	3	2	78.9	1017.6	38.9	74.9
港、澳、台商投资企业	1	1	1.0	177.7		6.7
港澳台商独资企业	1	1	1.0	177.7		6.7
外商投资企业	1	1	662.3	3730.0		711.7
外资企业	1	1	662.3	3730.0		711.7
按控股情况分						
国有控股	5	3	61.3	784.3	71.1	64.4
集体控股	3	3	159.9	1146.1	5.8	143.8
私人控股	125	112	4854.2	48603.0	8138.2	5251.0
港澳台商控股	1	1	1.0	177.7		6.7
外商控股	1	1	662.3	3730.0		711.7
其他	12	12	510.2	3412.8	826.2	490.2
按经营形式分						
独立门店	133	119	4588.0	48622.9	8446.3	5299.3
连锁总店(总部)	5	4	796.0	4667.1	48.4	821.1
连锁门店	3	3	78.3	417.2	224.7	58.0
其他	6	6	786.6	4146.7	321.9	489.4

固定资产合计	固定资产原价	累计折旧	本年折旧	在建工程	资产总计
40289. 9	60574. 5	20308. 6	3000. 0	6154. 3	128374. 5
38065. 2	55566. 1	17524. 9	2913. 2	4903. 7	113918. 6
1399. 2	4073. 6	2674. 4	82. 7	1250. 6	12472. 2
378. 1	470. 7	92. 6	4. 0		1438. 0
378. 1	470. 7	92. 6	4. 0		1438. 0
447. 4	464. 1	16. 7	0. 1		545. 7
447. 4	464. 1	16. 7	0. 1		545. 7
38913. 3	57237. 3	18348. 0	2921. 3	4903. 7	118256. 7
1295. 5	1685. 2	389. 7			2014. 1
9495. 3	16709. 7	7215. 4	1162. 9	15. 6	35526. 6
0. 2	0. 2				30. 2
9495. 1	16709. 5	7215. 4	1162. 9	15. 6	35496. 4
2213. 5	4773. 2	2559. 7	283. 9	100	7927. 8
25788. 3	33908. 2	8142. 9	1466. 8	4788. 1	70968. 2
2781. 0	4138. 5	1365. 5	199. 7		4951. 4
22222. 6	28592. 0	6384. 4	1220. 7	4771. 6	63895. 1
784. 7	1177. 7	393. 0	46. 4	16. 5	2121. 7
120. 7	161. 0	40. 3	7. 7		1820. 0
6. 3	34. 3	28. 0	4. 1		184. 0
6. 3	34. 3	28. 0	4. 1		184. 0
1370. 3	3302. 9	1932. 6	74. 6	1250. 6	9933. 8
1370. 3	3302. 9	1932. 6	74. 6	1250. 6	9933. 8
1929. 2	2377. 8	448. 6	39. 9		2722. 8
2265. 5	3112. 7	847. 2	84. 0		5227. 3
31284. 1	43578. 5	12617. 4	2113. 2	4903. 7	97183. 3
6. 3	34. 3	28. 0	4. 1		184. 0
1370. 3	3302. 9	1932. 6	74. 6	1250. 6	9933. 8
3434. 5	8168. 3	4434. 8	684. 2		13123. 3
31571. 6	43477. 9	12234. 3	2175. 5	4903. 7	97925. 4
1858. 9	4868. 8	3009. 9	337. 5	1250. 6	11655. 0
1121. 9	4838. 8	3412. 9	359. 0		7026. 7
5737. 5	7389. 0	1651. 5	128. 0		11767. 4

8-8 星级住宿业和限额以上餐饮业企业财务状况(续二)

单位:万元

	流动负债合计		非流动负债合计	负债合计	所有者权益合计
		应付帐款			
总计	**220298.7**	**47779.8**	**151550.1**	**371950.0**	**184998.9**
住宿业	**161783.2**	**34513.4**	**145921.8**	**307705.1**	**120869.3**
按住宿业行业小类分					
旅游饭店	146859.8	30794.5	141729.6	288589.5	96964.3
一般旅馆	16181.6	4977.1	3107.9	19289.5	19845.5
其他住宿业	-1258.2	-1258.2	1084.3	-173.9	4059.5
按登记注册类型分					
内资企业	159149.1	34315.0	135450.6	294599.8	118486.3
国有企业	36778.2	13355.6	13039.2	49817.5	26751.5
集体企业	2000.4	491.9	1807.9	3808.3	3623.9
有限责任公司	108541.4	17378.5	106423.5	214964.9	65474.8
国有独资公司	7334.9	829.4	21405.0	28739.9	5549.1
其他有限责任公司	101206.5	16549.1	85018.5	186225.0	59925.7
私营企业	11829.1	3089.0	14180.0	26009.1	22636.1
私营独资企业	1360.1	-31.0		1360.1	173.8
私营有限责任公司	10020.5	2966.5	14180.0	24200.5	22308.2
私营股份有限公司	448.5	153.5		448.5	154.1
外商投资企业	2634.1	198.4	10471.2	13105.3	2383.0
中外合资经营企业	2634.1	198.4	10471.2	13105.3	2383.0
按控股情况分					
国有控股	86491.5	25063.8	114019.9	200511.5	61082.5
集体控股	5649.2	2339.8	1807.9	7457.1	5563.2
私人控股	57072.9	4945.1	14650.9	71723.8	46000.9
外商控股	2634.1	198.4	10471.2	13105.3	2383.0
其他	9935.5	1966.3	4971.9	14907.4	5839.7
按经营形式分					
独立门店	134998.2	23505.8	69635.5	204633.8	105226.6
连锁门店	2816.4	1318.4		2816.4	660.3
其他	23968.6	9689.2	76286.3	100254.9	14982.4
按星级分					
五星	11330.6	603.4	31792.1	43122.7	-1514.9
四星	81605	13758.8	24303.3	105908.3	24738.9
三星	22219.9	2434.6	9904.8	32124.7	48826.8
二星	2320.8	253.4	174	2494.8	697.8
一星					50
其他	44306.9	17463.2	79747.6	124054.6	48070.7

实收资本						
	国家资本	集体资本	法人资本	个人资本	港澳台资本	外商资本
199637. 3	69806. 9	13218. 8	79503. 9	26755. 3	80	10272. 4
159316. 0	68309. 0	11314. 4	62864. 3	6555. 9		10272. 4
134371. 8	56670. 4	9513. 2	53539. 2	4376. 6		10272. 4
20884. 7	7579. 1	1801. 2	9325. 1	2179. 3		
4059. 5	4059. 5					
146801. 9	66067. 3	11314. 4	62864. 3	6555. 9		
37766. 4	36904. 4		862. 0			
10410. 8		10410. 8				
83694. 6	29162. 9	903. 6	49933. 2	3694. 9		
9777. 7	8777. 7		1000			
73916. 9	20385. 2	903. 6	48933. 2	3694. 9		
14930. 1			12069. 1	2861. 0		
680. 0			60. 0	620. 0		
14180. 1			12009. 1	2171. 0		
70. 0				70. 0		
12514. 1	2241. 7					10272. 4
12514. 1	2241. 7					10272. 4
85581. 9	59972. 4		24692. 0	917. 5		
11610. 8		11310. 8	300			
44752. 9	6094. 9	3. 6	35175. 1	3479. 3		
12514. 1	2241. 7					10272. 4
4856. 3			2697. 2	2159. 1		
133619. 0	64032. 5	11314. 4	42764. 3	5235. 4		10272. 4
450. 0			100	350. 0		
25247. 0	4276. 5		20000. 0	970. 5		
9250. 5	8708. 5		542			
42407. 9	16208. 8		14853. 6	1073. 1		10272. 4
51083. 9	23041. 9	9910. 8	15777. 7	2353. 5		
1290	1290					
50				50		
55233. 7	19059. 8	1403. 6	31691	3079. 3		

8－8 星级住宿业和限额以上餐饮业企业财务状况(续三)

单位:万元

	流动负债合计		非流动负债合计	负债合计	所有者权益合计
		应付帐款			
餐饮业	**58515.5**	**13266.4**	**5628.3**	**64244.9**	**64129.6**
按餐饮业行业小类分					
正餐服务	52637.8	12257.1	4883.5	57622.4	56296.2
快餐服务	5347.2	817.8	435.7	5782.9	6689.3
饮料及冷饮服务	488.3	191.1	309.1	797.4	640.6
咖啡馆服务	**488.3**	**191.1**	**309.1**	**797.4**	**640.6**
其他餐饮业	42.2	0.4		42.2	503.5
其他未列明餐饮业	42.2	0.4		42.2	503.5
按登记注册类型分					
内资企业	54531.2	12449.1	5322.6	59954.9	58301.8
国有企业	918.3	84.6		918.3	1095.8
有限责任公司	13750.2	3159.4	1983.2	15834.5	19692.1
国有独资公司	10.2	7.8		10.2	20.0
其他有限责任公司	13740.0	3151.6	1983.2	15824.3	19672.1
股份有限公司	2524.3	651.3	978.0	3502.3	4425.5
私营企业	36863.1	8353.9	2307.1	39170.2	31798.0
私营独资企业	1363.7	216.0	79.6	1443.3	3508.1
私营有限责任公司	35210.6	7849.1	2143.0	37353.6	26541.5
私营股份有限公司	288.8	288.8	84.5	373.3	1748.4
其他企业	475.3	199.9	54.3	529.6	1290.4
港、澳、台商投资企业	26.2			26.2	157.8
港澳台商独资企业	26.2			26.2	157.8
外商投资企业	**3958.1**	**817.3**	**305.7**	**4263.8**	**5670.0**
外资企业	3958.1	817.3	305.7	4263.8	5670.0
按控股情况分					
国有控股	952.9	101.5		952.9	1769.9
集体控股	1703.7	739.5	285.0	1988.7	3238.6
私人控股	44635.5	9906.2	3655.2	48391.8	48791.5
港澳台商控股	26.2			26.2	157.8
外商控股	**3958.1**	**817.3**	**305.7**	**4263.8**	**5670.0**
其他	7239.1	1701.9	1382.4	8621.5	4501.8
按经营形式分					
独立门店	44919.0	10904.1	3877.2	48897.3	49028.1
连锁总店	4366.3	1101.4	305.7	4672.0	6983.0
连锁门店	4665.7	400.4	1262.9	5928.6	1098.1
其他	4564.5	860.5	182.5	4747.0	7020.4

实收资本	国家资本	集体资本	法人资本	个人资本	港澳台资本	外商资本
40321.3	1497.9	1904.4	16639.6	20199.4	80.0	
37761.2	1497.9	1904.4	14359.5	19999.4		
1989.7			1909.7		80.0	
250.0			50.0	200.0		
250.0			50.0	200.0		
320.4			320.4			
320.4			320.4			
38831.6	1497.9	1904.4	15229.9	20199.4		
927.9	927.9					
15106.5	570.0	1608.4	3454.2	9473.9		
20.0	20.0					
15086.5	550.0	1608.4	3454.2	9473.9		
3139.2		246.0	1893.2	1000.0		
19545.3		50.0	9812.5	9682.8		
1260.0		50.0	56.0	1154.0		
18138.7			9656.5	8482.2		
146.6			100.0	46.6		
112.7			70.0	42.7		
80.0					80.0	
80.0					80.0	
1409.7			1409.7			
1409.7			1409.7			
1447.9	1447.9					
782.8		251.0	531.8			
31687.5	50	50.0	14378.1	17209.4		
80.0					80.0	
1409.7			1409.7			
4913.4		1603.4	320.0	2990.0		
34057.2	1497.9	296.0	13579.9	18683.4		
1939.7			1659.7	200.0	80.0	
1669.4		1603.4	50.0	16.0		
2655.0		5.0	1350.0	1300.0		

8－8 星级住宿业和限额以上餐饮业企业财务状况(续四)

单位:万元

	营业收入	主营业务收入	营业成本	主营业务成本
总计	**317637.0**	**316568.2**	**152355.5**	**149461.0**
住宿业	**168658.7**	**168001.4**	**71728.8**	**69883.3**
按住宿业行业小类分				
旅游饭店	141673.7	141505.2	61766.3	59981.8
一般旅馆	25727.4	25238.6	8654.8	8593.8
其他住宿业	1257.6	1257.6	1307.7	1307.7
按登记注册类型分				
内资企业	159753.4	159096.1	70618.9	68773.4
国有企业	54427.5	54226.5	22413.3	22413.3
集体企业	3049.7	3049.7	840.8	840.8
有限责任公司	76258.4	76094.1	37270.2	35424.7
国有独资公司	15509.1	15457.4	6626.5	6625.6
其他有限责任公司	60749.3	60636.7	30643.7	28799.1
私营企业	26017.8	25725.8	10094.6	10094.6
私营独资企业	462.3	462.3	171.6	171.6
私营有限责任公司	24376.0	24084.0	9492.5	9492.5
私营股份有限公司	1179.5	1179.5	430.5	430.5
外商投资企业	8905.3	8905.3	1109.9	1109.9
中外合资经营企业	8905.3	8905.3	1109.9	1109.9
按控股情况分				
国有控股	106467.4	106109.7	52155.5	52153.5
集体控股	7032.3	7032.3	2568.2	2268.2
私人控股	35930.7	35631.1	13043.8	12982.8
外商控股	8905.3	8905.3	1109.9	1109.9
其他	10323.0	10323.0	2851.4	1368.9
按经营形式分				
独立门店	142887.1	142630.2	58444.7	56599.2
连锁门店	2321.5	2321.5	827.8	827.8
其他	23450.1	23049.7	12456.3	12456.3
按星级分				
五星	17031.2	17031.2	6744.2	6744.2
四星	65003.1	64936.8	28659.7	27177.2
三星	34125.1	34073.4	11342.1	11040.1
二星	1825.8	1825.8	1198.6	1198.6
一星	306.7	306.7	210.0	210.0
其他	50366.8	49827.5	23574.2	23513.2

营业税金及附加		其他业务利润	销售费用	管理费用	
	主营业务税金及附加				税金
15759.1	15672.8	13321.2	77224.3	50887.2	1755.2
7826.3	7767.5	8019.5	40864.8	36346.1	1126.6
6430.3	6408.9	7750.3	32767.7	31517.4	997.0
1365.0	1327.6	269.2	8097.1	4797.6	129.6
31.0	31.0			31.1	
7610.6	7551.8	8019.5	38904.9	33679.9	910.9
2425.5	2388.3	6793.1	16111.3	13051.2	284.9
156.0	156.0		699.9	1033.6	120.4
3696.4	3675.2	1226.4	16403.2	14566.6	394.2
611.1	611.1	51.6	653.4	2089.2	
3085.3	3064.1	1174.8	15749.8	12477.4	394.2
1332.7	1332.3		5690.5	5028.5	111.4
30.4	30.4		13.5	56.1	
1235.9	1235.5		5161.4	4817.4	111.4
66.4	66.4		515.6	155.0	
215.7	215.7		1959.9	2666.2	215.7
215.7	215.7		1959.9	2666.2	215.7
4959.3	4922.1	7983.9	22907.5	21269.2	327.2
355.6	355.6	32	1656.2	2075.6	136.4
1920.9	1899.3	3.6	9545.7	8753.1	429.8
215.7	215.7		1959.9	2666.2	215.7
374.8	374.8		4795.5	1582.0	17.5
6223.3	6164.5	8015.9	36698.3	31964.4	1001.6
130.5	130.5	3.6	1092.7	674.6	125.0
1472.5	1472.5		3073.8	3707.1	
1009.5	1009.5	6469.5	3005.7	6497.0	
2231.3	2209.9	11.0	18583.5	14696.4	527.6
1714.4	1714.4	52.0	8349.4	5614.3	281.0
102.6	102.6		267.6	233.0	8.4
20.0	20.0			10.0	
2748.5	2711.1	1487.0	10658.6	9295.4	309.6

8－8 星级住宿业和限额以上餐饮业企业财务状况(续五)

单位:万元

	营业收入	主营业务收入	营业成本	主营业务成本
餐饮业	**148978.3**	**148566.8**	**80626.7**	**79577.7**
按餐饮业行业小类分				
正餐服务	119553.6	119142.1	66916.8	65867.8
快餐服务	28366.2	28366.2	12973.9	12973.9
饮料及冷饮服务	663.6	663.6	473.3	473.3
咖啡馆服务	663.6	663.6	473.3	473.3
其他餐饮业	394.9	394.9	262.7	262.7
其他未列明餐饮业	394.9	394.9	262.7	262.7
按登记注册类型分				
内资企业	122285.2	121873.7	68681.0	67632.0
国有企业	1887.7	1887.7	1467.9	1467.9
有限责任公司	41617.6	41573.4	23218.5	22590.5
国有独资公司	400.0	400.0	318.0	243.7
其他有限责任公司	41217.6	41173.4	22900.5	22346.8
股份有限公司	8026.4	8026.4	4421.9	4421.9
私营企业	69642.8	69275.5	38850.1	38429.1
私营独资企业	9605.0	9605.0	6464.2	6464.2
私营有限责任公司	55325.0	55325.0	28852.2	28431.2
私营股份有限公司	4712.8	4345.5	3533.7	3533.7
其他企业	1110.7	1110.7	722.6	722.6
港、澳、台商投资企业	915.9	915.9	328.9	328.9
港澳台商独资企业	915.9	915.9	328.9	328.9
外商投资企业	25777.2	25777.2	11616.8	11616.8
外资企业	25777.2	25777.2	11616.8	11616.8
按控股情况分				
国有控股	2922.1	2922.1	2220.3	2146.0
集体控股	4855.8	4855.8	2563.3	2563.3
私人控股	94372.3	93960.8	52750.3	51895.6
港澳台商控股	915.9	915.9	328.9	328.9
外商控股	25777.2	25777.2	11616.8	11616.8
其他	20135.0	20135.0	11147.1	11027.1
按经营形式分				
独立门店	103801.1	103389.6	58822.9	57773.9
连锁总店	31167.9	31167.9	14036.2	14036.2
连锁门店	8378.8	8378.8	4591.2	4591.2
其他	5630.5	5630.5	3176.4	3176.4

营业税金及附加		其他业务利润	销售费用	管理费用	
	主营业务税金及附加				税金
7932.8	7905.3	5301.7	36359.5	14541.1	628.6
6378.8	6351.3	5183.6	28999.5	12176.8	598.7
1487.3	1487.3		7072.8	2239.1	3.2
48.4	48.4	118.1	287.2	24.2	2.0
48.4	48.4	118.1	287.2	24.2	2.0
18.3	18.3			101.0	24.7
18.3	18.3			101.0	24.7
6489.4	6461.9	5301.7	29607.5	12540.1	626.6
62.6	62.6	-0.6	220.0	317.0	
2483.6	2465.4	2850.5	10268.3	4313.7	244.2
4.4	4.4		77.6	4.5	4.4
2479.2	2461.0	2850.5	10190.7	4309.2	239.8
299.7	299.7	1707.4	2627.7	599.2	3.0
3572.5	3563.2	744.4	16224.7	7300.1	379.4
348.4	348.4	376.9	663.0	953.1	46.0
3124.9	3115.6	367.5	15308.8	6196.7	333.4
99.2	99.2		252.9	150.3	
71.0	71.0		266.8	10.1	
51.7	51.7		392.3	124.3	2.0
51.7	51.7		392.3	124.3	2.0
1391.7	1391.7		6359.7	1876.7	
1391.7	1391.7		6359.7	1876.7	
72.5	72.5	-0.6	417.6	337.0	4.4
211.1	197.9	1434.1	1405.2	642.1	
5231.5	5217.2	1059.5	22363.0	9305.3	621.6
51.7	51.7		392.3	124.3	2.0
1391.7	1391.7		6359.7	1876.7	
974.3	974.3	2808.7	5421.7	2255.7	0.6
5743.0	5715.5	2577.8	24673.2	11074.2	615.4
1652.8	1652.8		8270.9	2178.1	12.0
252.8	252.8	2723.9	2172.8	380.4	
284.2	284.2		1242.6	908.4	1.2

8－8 星级住宿业和限额以上餐饮业企业财务状况(续六)

单位:万元

	财务费用			资产减值损失	公允价值变动收益	投资收益	营业利润	营业外收入	
		利息收入	利息支出						补贴收入
总计	**7721.8**	**520.6**	**7523.7**	**32.9**		**1604.1**	**12981.4**	**1511.6**	**430.5**
住宿业	**6442.5**	**346.9**	**6357.4**	**20.0**		**1952.2**	**6180.2**	**867.0**	**412.2**
按住宿业行业小类分									
旅游饭店	6129.1	342.6	6232.8	13.5		1952.2	4103.7	861.9	412.2
一般旅馆	312.5	4.3	124.6	6.5			2514.7	3.4	
其他住宿业	0.9						-438.2	1.7	
按登记注册类型分									
内资企业	6424.5	330.4	6357.4	20.0		1952.2	3244.6	855.1	412.2
国有企业	-128.7	274.0	25.6				276.9	99.4	
集体企业	7.8	2.5					311.6		
有限责任公司	4890.6	49.4	4844.2			1952.2	442.1	664.1	412.2
国有独资公司	-13.2	1.2					5542.1	12.6	
其他有限责任公司	4903.8	48.2	4844.2			1952.2	-5100.0	651.5	412.2
私营企业	1654.8	4.5	1487.6	20.0			2214.0	91.6	
私营独资企业	80.2		80.2	15.1			95.5		
私营有限责任公司	1568.5	4.2	1401.6	4.9			2112.6	91.6	
私营股份有限公司	6.1	0.3	5.8				5.9		
外商投资企业	18.0	16.5					2935.6	11.9	
中外合资经营企业	18.0	16.5					2935.6	11.9	
按控股情况分									
国有控股	4427.4	296.0	4551.7				470.5	342.2	
集体控股	15.8	4.0					360.9	32.0	32
私人控股	1962.7	30.2	1798.6	20.0		1936.2	2641.6	478.6	380.2
外商控股	18.0	16.5					2935.6	11.9	
其他	18.6	0.2	7.1			16.0	-228.4	2.3	
按经营形式分									
独立门店	1885.0	335.0	1823.5	20.0		1976.0	8421.6	641.5	412.2
连锁门店	9.2		2.5			-23.8	-433.5		
其他	4548.3	11.9	4531.4				-1807.9	225.5	
按星级分									
五星	23.3	0.8					-248.5	59.7	
四星	1326.1	131.5	1364.6	-1.6		1976.0	1483.7	107.7	1
三星	379.0	38.7	338.9	15.1			5440.7	412.4	379.2
二星	1.0	0.7					23.0	2.1	
一星							66.7		
其他	4713.1	175.2	4653.9	6.5		-23.8	-585.4	285.1	32

8－8 星级住宿业和限额以上餐饮业企业财务状况（续七）

单位：万元

	财务费用	利息收入	利息支出	资产减值损失	公允价值变动收益	投资收益	营业利润	营业外收入	补贴收入
餐饮业	**1279.3**	**173.7**	**1166.3**	**12.9**		**-348.1**	**6801.2**	**644.6**	**18.3**
按餐饮业行业小类分									
正餐服务	1388.8	45.3	1164.9	12.9		-348.1	2255.2	636.2	18.3
快餐服务	-111.3	128.2					4704.4	8.4	
饮料及冷饮服务	1.9	0.1	1.4				-171.4		
咖啡馆服务	1.9	0.1	1.4				-171.4		
其他餐饮业	-0.1	0.1					13.0		
其他未列明餐饮业	-0.1	0.1					13.0		
按登记注册类型分									
内资企业	1392.8	48.5	1166.3	12.9		-348.1	2136.7	636.2	18.3
国有企业	1.8	0.1	1.7				-181.6	13.0	
有限责任公司	263.0	14.1	191.6	8.9		-348.1	766.8	109.5	
国有独资公司									
其他有限责任公司	263.0	14.1	191.6	8.9		-348.1	766.8	109.5	
股份有限公司	26.1	6.2	1.7				51.8	10.1	
私营企业	1101.6	27.9	970.8	4.0			1459.8	475.0	18.3
私营独资企业	13.5	0.2	8.6				514.9		
私营有限责任公司	1052.5	27.6	957.3	4.0			643.8	380.0	18.3
私营股份有限公司	35.6	0.1	4.9				301.1	95.0	
其他企业	0.3	0.2	0.5				39.9	28.6	
港、澳、台商投资企业							18.7		
港澳台商独资企业							18.7		
外商投资企业	-113.5	125.2					4645.8	8.4	
外资企业	-113.5	125.2					4645.8	8.4	
按控股情况分									
国有控股	1.8	0.1	1.7				-163.1	13.0	
集体控股	26.0	1.3	22.0				8.1	44.4	
私人控股	1323.7	42.1	1135.8	4.0			2353.8	563.6	18.3
港澳台商控股							18.7		
外商控股	-113.5	125.2					4645.8	8.4	
其他	41.3	5.0	6.8	8.9		-348.1	-62.1	15.2	
按经营形式分									
独立门店	1196.7	44.7	1005.4	4.0			1868.8	597.2	18.3
连锁总店	-102.3	125.3	4.9				5078.2	8.4	
连锁门店	27.3			8.9		-348.1	-7.1	11.0	
其他	157.6	3.7	156.0				-138.7	28.0	

8－8 星级住宿业和限额以上餐饮业企业财务状况(续八)

单位:万元

	利润总额	应交所得税	应付职工薪酬(本年贷方累计发生额)
总计	**2212.1**	**4485.2**	**59306.9**
住宿业	**-3764.1**	**2793.1**	**32043.5**
按住宿业行业小类分			
旅游饭店	-5768.8	671.0	26380.9
一般旅馆	2443.2	2122.1	5320.8
其他住宿业	-438.5		341.8
按登记注册类型分			
内资企业	-3078.4	2793.1	30010.8
国有企业	197.1	512.5	10172.9
集体企业	-111.3		1053.7
有限责任公司	-5351.0	160.8	13804.4
国有独资公司	21.7	31.1	2775.4
其他有限责任公司	-5372.7	129.7	11029.0
私营企业	2186.8	2119.8	4979.8
私营独资企业	95.5		140.0
私营有限责任公司	2085.4	2118.4	4518.7
私营股份有限公司	5.9	1.4	321.1
外商投资企业	-685.7		2032.7
中外合资经营企业	-685.7		2032.7
按控股情况分			
国有控股	-4904.1	662.0	17993.1
集体控股	-30.0	4.5	2423.6
私人控股	2056.7	2126.6	8273.9
外商控股	-685.7		2032.7
其他	-201.0		1320.2
按经营形式分			
独立门店	-2096.8	648.7	30006.2
连锁门店	-79.0		419.9
其他	-1588.3	2144.4	1617.4
按星级分			
五星	-188.8	8.7	4071.2
四星	-2041.8	53.0	10575.4
三星	-1234.3	96.8	7943.5
二星	21.1	9.1	514.5
一星			30.0
其他	-320.3	2625.5	8908.9

8－8 星级住宿业和限额以上餐饮业企业财务状况(续九)

单位:万元

	利润总额	应交所得税	应付职工薪酬(本年贷方累计发生额)
餐饮业	**5976.2**	**1692.1**	**27263.4**
按餐饮业行业小类分			
正餐服务	1351.1	508.9	23630.4
快餐服务	4646.2	1168.9	3398.0
饮料及冷饮服务	-34.1	7.9	155.8
咖啡馆服务	-34.1	7.9	155.8
其他餐饮业	13.0	6.4	79.2
其他未列明餐饮业	13.0	6.4	79.2
按登记注册类型分			
内资企业	1369.9	538.2	24123.3
国有企业	-160.8		272.3
有限责任公司	751.3	216.3	9147.7
国有独资公司			1.6
其他有限责任公司	751.3	216.3	9146.1
股份有限公司	76.2	26.5	703.7
私营企业	689.5	295.4	13881.8
私营独资企业	217.8	32.4	1408.4
私营有限责任公司	247.6	252.9	11987.8
私营股份有限公司	224.1	10.1	485.6
其他企业	13.7		117.8
港、澳、台商投资企业	18.7	4.3	246.3
港澳台商独资企业	18.7	4.3	246.3
外商投资企业	4587.6	1149.6	2893.8
外资企业	4587.6	1149.6	2893.8
按控股情况分			
国有控股	-142.3		295.9
集体控股	52.5	12.1	512.1
私人控股	1634.7	435.5	19457.5
港澳台商控股	18.7	4.3	246.3
外商控股	4587.6	1149.6	2893.8
其他	-175.0	90.6	3857.8
按经营形式分			
独立门店	1210.6	450.0	19525.3
连锁总店	4870.0	1224.2	4091.5
连锁门店	6.3		1491.1
其他	-110.7	17.9	2155.5

8－9 各种物价总指数

（上年=100）

	居民消费价格总指数	商品零售价格指数	农产品收购价格指数
1979	100. 8	100. 9	
1980	105. 1	105. 3	
1981	101. 8	101. 7	
1982	101. 0	101. 1	
1983	100. 4	100. 0	
1984	102. 7	101. 5	
1985	112. 7	113. 0	
1986	105. 7	106. 0	
1987	109. 8	109. 8	
1988	124. 5	125. 1	
1989	116. 1	116. 3	
1990	101. 3	99. 5	
1991	106. 3	105. 6	
1992	107. 2	106. 0	
1993	115. 7	113. 2	112. 0
1994	123. 1	121. 9	124. 0
1995	119. 0	115. 5	124. 1
1996	110. 2	105. 7	95. 4
1997	103. 5	101. 5	104. 4
1998	99. 6	98. 5	87. 8
1999	96. 9	97. 5	97. 3
2000	99. 3	99. 0	108. 5
2001	102. 1	99. 1	102. 4
2002	99. 3	98. 8	89. 9
2003	100. 9	99. 2	107. 5
2004	101. 1	101. 0	
2005	100. 6	98. 8	
2006	101. 7	100. 3	
2007	105. 3	103. 1	
2008	107. 2	107. 2	
2009	99. 6	100. 5	
2010	103. 8	103. 9	
2011	105. 4	105. 4	
2012	102. 4	102. 4	
2013	103. 5	102. 7	
2014	102. 2	101. 8	

8－10 居民消费价格分类指数

（上年=100）

	2000	2005	2010	2011	2012	2013	2014
居民消费价格总指数	99.3	100.6	103.8	105.4	103.0	103.5	102.2
食品	97.2	101.9	109.7	113.2	105.5	107.3	104.4
粮食	92.9	101.7	135.2	113.7	101.1	106.2	104.0
油脂	79.4	98.2	105.8	111.5	105.4	99.8	97.9
肉禽及其制品	97.4	103.5	102.1	121.4	105.2	104.6	100.6
蛋	82.6	103.9	110.6	119.3	99.6	107.8	111.7
水产品	103.4	103.8	107.2	110.6	105.4	103.8	101.8
菜	105.7	105.9	113.6	109.3	111.9	111.4	105.1
干鲜瓜果	101.1	102.1	106.9	120.4	103.8	103.8	116.5
烟酒		96.7	105.8	105.3	104.2	100.1	99.2
衣着	109.0	91.0	98.3	97.7	101.3	101.6	103.7
家庭设备用品及维修服务	96.2	98.7	99.1	99.3	100.3	100.6	101.5
医疗保健和个人用品	95.6	104.6	103.8	101.8	101.9	101.2	100.6
交通和通信	92.0	97.5	98.5	99.7	99.9	100.3	99.8
交通工具	95.3	100.3	98.7	100.0	100.0	100.0	100.0
通讯工具	89.5	81.3	81.4	97.0	98.9	98.8	98.6
通信服务		97.5	100.0	100.0	100.0	100.0	100.0
娱乐教育文化用品及服务	91.1	101.3	99.5	100.8	99.3	100.9	101.5
教材及参考书	117.6	104.6	108.5	115.0	100.0	100.0	100.1
文化娱乐用品	100.5	100.1	100.5	100.1	99.5	100.4	100.1
居住	105.9	103.9	103.3	107.0	100.7	103.7	99.7

8－11 居民消费价格指数

（上年=100）

	居民消费价格指数
居民消费价格总指数	102. 2
食品	104. 4
粮食	104. 0
淀粉	103. 6
薯类	105. 8
干豆类及豆制品	102. 0
油脂	97. 9
肉禽及其制品	100. 6
蛋	111. 7
水产品	101. 8
菜	105. 1
鲜菜	105. 1
调味品	106. 8
糖	102. 7
茶及饮料	99. 5
茶叶	100. 4
饮料	98. 5
干鲜瓜果	116. 5
糕点饼干面包	101. 9
液体乳及乳制品	112. 9
在外用膳食品	102. 0
烟酒	99. 2
烟草	100. 0
酒	98. 3
衣着	103. 7
服装	104. 7
衣着材料	101. 1
鞋帽袜	101. 5
衣着加工服务费	101. 6
家庭设备用品及维修服务	101. 5
耐用消费品	101. 2
家具	100. 7

8－11 居民消费价格指数(续一)

(上年=100)

	居民消费价格指数
家庭设备	101.5
室内装饰品	101.2
床上用品	100.8
家庭日用杂品	100.8
家庭服务及加工维修服务	110.0
医疗保健和个人用品	100.6
医疗保健	100.6
中药材及中成药	102.3
西药	100.5
保健器具及用品	101.9
个人用品及服务	100.5
交通和通信	99.8
交通	100.8
交通工具	100.0
通信	99.3
通信工具	98.6
通信服务	100.0
娱乐教育文化用品及服务	101.5
文娱用耐用消费品及服务	96.2
教育	103.0
教材及参考书	100.1
教育服务	103.6
文化娱乐类	101.9
文化娱乐用品	100.1
书报杂志	100.0
文娱费	103.5
旅游	105.9
居住	99.7
建房及装修材料	100.8
住房租金	115.2
自有住房	98.5
水、电、燃料	99.9

8－12 商品零售价格指数

（上年=100）

	商品零售价格指数
商品零售价格总指数	101.8
食品类	104.4
粮食	104.0
淀粉	103.6
薯类	105.8
干豆类及豆制品	102.0
油脂	97.7
肉禽及其制品	100.6
蛋	111.7
水产品	101.8
菜	105.1
调味品	106.8
糖	102.7
干鲜瓜果	116.5
糕点饼干面包	101.9
液体乳及乳制品	112.9
在外用膳食品	102.0
饮料、烟酒	99.3
茶及饮料	99.5
烟草	100.0
酒	98.3
服装鞋帽类	103.4
服装	104.6
鞋帽袜	101.5
纺织品类	100.7
衣着材料	100.8
床上用品	100.7

8-12 商品零售价格指数(续一)

（上年=100）

	商品零售价格指数
家用电器及音像器材	98.5
家庭设备	101.4
文娱用耐用消费品	95.7
专业音像器材	99.7
文化办公用品	100.0
日用品	101.6
日用百货	99.8
日用杂品	101.0
洗涤用品	102.1
其他日用品	101.8
体育娱乐用品	100.6
交通、通信用品	97.5
交通运输机械	100.0
通信器材	97.4
家具	100.7
化妆品	103.1
金银珠宝	92.7
中西药品及医疗保健用品	101.2
医疗器具及用品	100.0
中药材及中成药	102.3
西药	100.5
保健器具及用品	101.9
书报杂志及电子出版物类	99.8
教材及参考书	100.1
书报杂志	100.0
电子音像制品	97.9
燃料	99.3
建筑材料及五金电料	100.8
建筑装潢材料	100.8
五金电料	100.7

主要统计指标解释

社会消费品零售总额　指国民经济各行业直接售给城乡居民和社会集团的消费品总额。这是反映各行业通过多种商品流通渠道向居民和社会集团供应的生活消费品总量,是研究国内零售市场变动情况、反映经济景气程度的重要指标。

社会消费品零售总额包括:(1)售给城乡居民作为生活用的商品和修建房屋用的建筑材料;(2)售给社会集团的各种办公用品和公用消费品;(3)售给机关、团体、学校、部队、企业、事业单位的职工食堂和旅店(招待所)附设专门供本店旅客食用,不对外营业的食堂的各种食品、燃料;企业、单位和国营农场直接售给本单位职工和职工食堂的自己生产的产品;(4)售给部队干部、战士生活用的粮食、副食品、衣着品、日用品、燃料;(5)售给来华的外国人、华侨、港澳台同胞的消费品;(6)居民自费购买的中、西药品、中药材及医疗用品;(7)报社、出版社直接售给居民和社会集团的报纸、图书、杂志,集邮公司出售的新、旧纪念邮票、特种邮票、首日封、集邮册、集邮工具等;(8)旧货寄售商店自购、自销部分的商品;(9)煤气公司、液化石油气站售给居民和社会集团的煤气灶具和罐装液化石油气;不包括售给国民经济各部门企业、事业单位(包括国有经济的农场)生产经营用的各种原材料、燃料、设备、工具等和售给批发零售贸易业、餐饮业作为转卖用的商品,旧货寄售商店受托寄售卖出的商品,服务业的营业收入,邮局出售邮票的收入,自来水、电力、煤气生产(供应)单位的产品供应收入,也不包括农民之间的商品销售。

批发零售贸易业商品购、销、存总额　指各种登记注册类型的批发、零售贸易业企业(单位)以本企业(单位)为总体的商品购进、销售、库存总额。

商品购进总额　指从本企业(单位)以外的单位和个人购进(包括从境外直接进口)作为转卖或加工后转卖的商品总额。它反映批发零售贸易业从国内、国外市场上购进商品的总量。商品购进总额包括:(1)从工农业生产者购进的商品;(2)从出版社、报社的出版发行部门购进的图书、杂志和报纸;(3)从各种登记注册类型的批发零售贸易企业(单位)购进的商品;(4)从其他单位购进的商品,如从机关、团体、企业等单位购进的剩余物资,从餐饮业、服务业购进的商品,从海关、市场管理部门购进的缉私和没收的商品,从居民手中收购的废旧商品等;(5)从国(境)外直接进口的商品。不包括企业(单位)为自身经营用和未通过买卖行为而收入的商品以及销售退回、商品升溢等。

商品销售总额　指对本企业(单位)以外的单位和个人出售(包括对境外直接出口)的商品总额。它反映批发零售贸易业在国内市场上销售商品以及出口商品的总量。商品销售总额包括:(1)售给城乡居民和社会集团消费用的商品;(2)售给工业、农业、建筑业、运输邮电业、批发零售贸易业、餐饮业、服务业等作为生产、经营使用的商品;(3)售给批发零售贸易业作为转卖或加工后转卖的商品;(4)对国(境)外直接出口的商品。不包括出售本企业(单位)自用的废旧包装用品;未通过买卖行为付出的商品;经本单位介绍,由买卖双方直接结算,本单位只收取手续费的业务;购货退出的商品以及商品损耗和损失等。

批发零售贸易业库存　指报告期末各种登记注册类型的批发零售贸易企业(单位)已取得所有权的商品。它反映批发零售贸易企业(单位)的商品库存情况和对市场商品供应的保证程度。期末库存包括:(1)存放在批发零售贸易业经营单位(如门市部、批发站、经营处)仓库、货场、货柜和货架中的商品;(2)挑选、整理、包装中的商品;(3)已记入购进而尚未运到本单位的商品,即发货单或银行承兑凭证已到而货未到的部分;(4)寄放他处的商品,如因购货方拒绝承付而暂时存放在购货方的商品和已办完加工成品收回手续而未提回的商品;(5)委托其他单位代销(未作销售或调出)尚未售出的商品;(6)代其他单位购进尚未交付的商品。不包括所有权不属于本单位的商品,拨付除批发零售贸易业以外的其他行业所属独立核算加工厂等加工生产尚未收回成品的商品、代国家物资储备部门保管的商品等。

库存总额采用的计算价格是:农副产品采购单位按购进价计算;批发单位按进货价计算;零售单位按核算价格计算,即按什么价格核算就按什么价格计算。

消费品市场成交额　指从事消费品交易的商品市场的全部商品成交金额。消费品市场包括农副产品市场和工业消费品市场。

商品零售价格指数　是反映城乡商品零售价格变动趋势的一种经济指数。零售物价的调整变动直接影响到城乡居民的生活支出和国家财政收入,影响居民购买力和市场供需平衡,影响消费与积累的比例。因此,计算零售价格指数,可以从一个侧面对上述经济活动进行观察和分析。

居民消费价格指数　是反映一定时期内城乡居民所购买的生活消费品价格和服务项目价格变动趋势和程度的相对数,是对城市居民消费价格指数和农村居民消费价格指数进行综合汇总计算的结果。利用居民消费价格指数,可以观察和分析消费品的零售价格和服务价格变动对城乡居民实际生活费支出的影响程度。

工业品出厂价格指数　是反映全部工业产品出厂价格总水平的变动趋势和程度的相对数,包括工业企业售给本企业以外所有单位的各种产品和直接售给居民用于生活消费的产品。通过工业品出厂价格指数能观察出厂价格变动对工业总产值的影响。

九、财政、金融

9－1 财政收入

单位：万元

	财政收入	公共财政预算收入	增值税	营业税	企业所得税	上划中央增值税、消费税收入
1994	158204	88841	21010	29482	6132	69363
1995	186819	100866	23055	36131	7963	85953
1996	208080	119915	23633	45585	7081	88165
1997	231957	134178	26525	52192	8389	97779
1998	254583	150415	28794	56681	9406	104168
1999	267742	169540	27113	60673	16055	98202
2000	273425	166061	28781	66193	14353	107364
2001	347000	196111	33546	71218	18566	150889
2002	388905	210615	37123	90082	7358	178290
2003	729368	205660	21219	75850	7971	349323
2004	845186	249521	24031	84757	10948	421051
2005	961312	289256	23790	103951	14596	416381
2006	1061856	331417	25586	123385	18088	534057
2007	1340643	466256	33588	139944	23123	531790
2008	1524443	508618	35550	173450	33069	599240
2009	2548033	570385	87798	153147	36392	
2010	3041332	727579	101434	192306	43517	
2011	3506307	864897	96466	225601	63866	
2012	4060754	1037303	103850	272035	77186	
2013	3948217	1244956	125849	342964	79587	
2014	4674809	1523299	200393	381938	99058	

注：自2003年后财政体制调整，收入范围重新划分，与往年不可比；财政收入为地区财政收入。

9－2 财政支出

单位：万元

	公共财政预算支出	基本建设	农业支出	文教、卫生支出	行政管理费
1994	102846	6964	6932	25157	12900
1995	117743	5343	8285	27984	13937
1996	143837	11061	9680	32282	16929
1997	156669	11227	12375	36072	19177
1998	186051	23178	12015	31311	21443
1999	195471	13779	16711	50030	25104
2000	212701	18112	15438	56190	26312
2001	314756	75198	10499	69702	32313
2002	340254	50674	9485	79570	36569
2003	365731	28185	6827	92190	38870
2004	409025	35602	8593	106628	45737
2005	502206	36411	10004	133481	52876
2006	631321	54676	19276	166322	67078

注：2007年财政支出科目变动，部分指标无数据。

9－3 公共财政预算收入

单位:万元

	2007	2008	2009	2010	2011	2012	2013	2014
收入总计	**466256**	**508618**	**570385**	**727579**	**864897**	**1037303**	**1244956**	**1523299**
税收收入	**344345**	**431291**	**483827**	**581002**	**699729**		**983678**	**1210190**
增值税	33588	35550	87798	101434	96466	103850	125849	200393
营业税	139944	173450	153147	192306	225601	272035	342964	381938
企业所得税	23123	33069	36392	43517	63866	77186	79587	99058
个人所得税	9917	13817	16422	21579	25422	27876	30181	38340
资源税	1806	2364	1053	1533	1427	1364	1659	1817
城市维护建设税	56368	65902	80260	94490	100901	119971	134495	159318
房产税	29883	36997	37709	38995	43107	53326	56210	64241
印花税	11408	15852	21364	24716	22570	29060	39021	35137
城镇土地使用税	12566	13039	14126	12521	43680	49831	49563	53680
土地增值税	3401	19508	248	10357	20962	22447	35180	54162
车船使用税	1101	2633	5464	7339	8958	13249	18603	24295
屠宰税								
农业税								
农业特产税								
牧业税								
耕地占用税	2041	1338	7070	3148	4775	4432	12069	18452
契税	19297	17874	22781	29084	42034	42163	58294	79356
烟叶税				3	2		3	3
非税收入	**121911**	**77327**	**86558**	**146577**	**165168**	**220513**	**261278**	**313109**
专项收入	30380	33658	37283	46780	50081	56129	68089	74015
行政性收费收入	17012	17638	19585	29053	44300	51418	53114	61366
罚没收入	10821	9580	11121	11779	15872	22063	27556	36493
国有资本经营收入			3765	50905	19055	37074	31157	11911

9－4 公共财政预算支出

单位:万元

	2003	2004	2005	2006
支出总计	**365731**	**409025**	**502206**	**631321**
基本建设支出	28185	35602	36411	54676
企业挖潜改造资金	22076	5095	12746	9867
地质勘探费	－	－	－	－
科技三项费用	2345	3569	5206	7009
流动资金	－	－	－	－
农业支出	6827	8593	10004	19276
林业支出	7223	7868	9047	11776
水利气象支出	7635	6599	10661	14447
工业交通等部门事业费	1059	1576	1645	1747
流通部门事业费	254	292	430	536
文体、广播事业费	10139	10624	13419	16962
教育支出	61438	71816	91528	111219
科学支出	1571	1762	2161	2543
医疗卫生支出	20613	22426	26373	35598
其他部门的事业费	12769	18702	17016	20766
抚恤和社会福利救济费	19023	19815	24735	30485
行政事业单位离退休支出	549	481	542	570
社会保障补助支出	28630	27884	47617	49560
国防支出	18	38	17	57
行政管理费	38870	45737	52876	67078
外交外事支出	78	113	110	192
公检法司支出	25536	29579	36585	46360
城市维护费	30541	45287	50979	65896
政策性补贴支出	4562	805	834	3156
支援不发达地区支出	4790	4997	4132	4184
海域开发建设和场地使用费支出	－	60	15	10
车辆税费支出	－	6	－	147
债务利息支出	－	15	84	36
专项支出	11121	14339	18112	23498
其他支出	19879	25345	28897	33657

9－5 公共财政预算支出

单位:万元

	2008	2009	2010	2011	2012	2013	2014
支出总计	**995551**	**1198342**	**1469264**	**1751935**	**2025976**	**2423426**	**2801041**
一般公共服务	147991	150832	164577	191937	270651	391780	542923
国防					224	1467	389
公共安全					163637	172709	184720
教育	230436	269714	295364	339636	403815	429490	514802
普通教育	179405	209232	222959	259615	309585	237675	388165
职业教育	19529	21123	21652	29066	30761	3792	40803
教育费附加安排的支出	22239	29024	37458	38875	50002	34784	67352
科学技术					27991	30475	31618
文化体育与传媒	21662	24567	31667	40698	43910	51481	56385
文化	9282	12155	17073	14860	18695	6194	22234
体育	3832	4108	3608	7510	9947	1581	8801
广播影视	4086	4276	4268	4366	6623	1568	10123
社会保障和就业	123990	202626	148461	221973	205137	276882	274106
财政对社会保险基金的补助	38549	26446	31650	77279	52607	25956	82083
就业补助	15210	18755	22705	22837	25873	26146	44653
城市居民最低生活保障	26272	29981	33206	42639	36952	44006	37615
农村最低生活保障	3595	6171	7488	13329	11647	16088	15361
医疗卫生	76675	108026	125120	172782	171908	211656	257520
医疗保障	38726	54377	63315	84615	85246	47678	130094
疾病预防控制	4477	4762	3792	5971			
节能环保	17834	32468	75531	63347	78637	82492	96708
污染防治	8997	13461	46206	35749	33777	25512	48082
城乡社区事务	112333	101510	149730	179934	220596	202564	228069
城乡社区公共设施	36637	21125	47479	34864	65622	19546	30080
城乡社区环境卫生	30141	33108	37404	45381	54246	43273	70685
农林水事务	65634	93703	139150	135491	166182	171220	175391
交通运输	15788	20897	24051	46537	54236	61352	66171
资源勘探电力信息等事务					59422	96197	78248
商业服务业等事务					21766	13914	24638
金融监管等事务支出					1106	245	11666
国土资源气象等事务					25248	33488	39417
住房保障支出					48690	56855	65684
粮油物资储备事务					3111	2382	1888
国债还本付息支出					4942	1712	2569
其他支出	55562	32662	32912	46350	54767	135065	148129

9－6 财政收入占地区生产总值比重

	财政收入(万元)	公共财政预算收入(万元)	地区生产总值(万元)	财政收入占地区生产总值比重(%)	公共财政预算收入占地区生产总值比重(%)
1978	43324	43324	218046	19.87	19.87
1979	41304	41304	245354	16.83	16.83
1980	40941	40941	256769	15.94	15.94
1981	38085	38085	240147	15.86	15.86
1982	39192	39192	258193	15.18	15.18
1983	43014	43014	294926	14.58	14.58
1984	46913	46913	354068	13.25	13.25
1985	48931	48931	435029	11.25	11.25
1986	55930	55930	507941	11.01	11.01
1987	61396	61396	561061	10.94	10.94
1988	72020	72020	643008	11.2	11.2
1989	84728	84728	736867	11.5	11.5
1990	92072	92072	778938	11.82	11.82
1991	100512	100512	852297	11.79	11.79
1992	111908	111908	1005752	11.13	11.13
1993	147391	147391	1267176	11.63	11.63
1994	158204	88841	1724940	9.17	5.15
1995	186819	100866	2104288	8.88	4.79
1996	208080	119915	2250126	9.25	5.33
1997	231957	134178	2374204	9.77	5.65
1998	254583	150415	2525504	10.08	5.96
1999	267742	169540	2674592	10.01	6.34
2000	273425	166061	3003209	9.1	5.53
2001	347000	196111	3416836	10.16	5.74
2002	388905	210615	3814070	10.2	5.52
2003	729368	205660	4336504	16.82	4.74
2004	845186	249521	5002500	16.9	4.99
2005	961312	289256	5670437	16.95	5.1
2006	1061856	331417	6384705	16.63	5.19
2007	1340643	466256	7327581	18.30	6.36
2008	1524443	508618	8462811	18.01	6.01
2009	2548033	570385	9259821	27.52	6.16
2010	3041332	727579	11003898	27.64	6.61
2011	3506307	864352	13600299	25.78	6.36
2012	4060754	1037303	15638163	25.97	6.63
2013	3948217	1244956	17762823	22.23	7.01
2014	4674809	1523299	20009389	23.36	7.61

9－7 县区级财政收支

单位:万元

	财政收入	财政支出
城关区	247028	379869
七里河区	112159	221200
西固区	84568	192152
安宁区	103181	121802
红古区	25576	101234
永登县	34735	179633
皋兰县	28930	107296
榆中县	42216	190661
兰州新区		

9－8 财政用于教育的支出

单位:万元

年份	预算内用于教育的支出	教育事业费	教育基建投资	城市教育费附加支出	支援不发达地区资金用于教育的支出
1990	9875	7782	304	1147	27
1991	10452	7785	272	1661	24
1992	10584	8939	335	543	23
1993	13911	10270	309	2221	25
1994	19322	15480	456	2704	34
1995	20994	16718	229	3482	20
1996	25426	19434	844	4676	28
1997	28737	21946	553	5526	53
1998	33001	27139	903	4941	18
1999	37128	32048	615	4409	56
2000	43296	36769	312	6147	68
2001	55505	47863	466	7120	56
2002	63548	53516	1816	8162	54
2003	72023	61438	1757	8776	52
2004	85864	72192	1176	12466	30
2005	108284	91528	1610	15120	26
2006	129103	111219	851	16983	50

注:2007年财政支出科目变动,部分指标无数据。

9－9 城乡居民储蓄存款年末余额

单位:万元

	年末余额			年增加额		
	总计	城镇	农村	总计	城镇	农村
1987		134603	16491			4540
1988		154610	20182		20007	3691
1989	239247	215032	24215		60422	4033
1990	313850	282550	31300	74603	67518	7085
1991	409783	369398	40385	95933	86848	9085
1992	553872	501435	52437	144089	132037	12052
1993	716426	645629	70769	162554	144194	18332
1994	966770	874658	92112	250344	229029	21343
1995	1371564	1254593	116971	404794	379935	24859
1996	1726708	1578672	148036	355144	324079	31065
1997	1952386	1781451	170935	225678	202779	22899
1998	2339629	2146265	193364	387243	364814	22429
1999	2641568	2432391	209177	301939	286126	15813
2000	2979869	2750275	229524	338301	317884	20347
2001	3435122	3188167	246955	455253	437892	17431
2002	3942836	3659052	283784	507714	470885	36829
2003	4683830	4368966	314864	740994	709914	31080
2004	5254624	4904195	350429	570794	535229	35565
2005	5817105	5411754	405351	562481	507559	54922
2006	6877518	6394031	483487	1060413	982277	78136
2007	7105169	6496569	608600	227651	102538	125113
2008	9071007	8238267	832740	1965838	1741698	224140
2009	10899721	9756259	1143462	1828714	1517992	310722
2010	12959451	11447080	1512371	2059730	1690821	368909
2011	14801626	12874600	1927026	1842175	1427520	414655
2012	17431811	15155843	2275968	2630185	2281243	348942
2013	20215573	17164666	3050907	2783762	2008823	774939
2014	22629407	19127978	3501429	2413834	1963312	450522

9－10 金融机构信贷收支情况

单位:万元

	2006	2007	2008	2009
各项存款合计	16155138	17911232	21562875	26211979
企业存款	6299763	6964986	8371077	10202250
财政存款	542669	733203	984565	749611
机关团体存款	869524	1087582	1155573	1513563
储蓄存款	6877518	7105169	9071007	10899721
城镇	6394031	6496569	8238267	9756259
农村	483487	608600	832740	1143462
各项贷款合计	11889019	13465829	15202583	20071912
短期贷款	3948769	4387461	4874030	6629302
工业贷款	952707	1208778	1694122	2011697
商业贷款	725864	918432	858861	958152
建筑业贷款	167623	116599	101438	213910
农业贷款	246172	228994	263046	344274
乡镇企业贷款	218592	207146	253624	404546
三资企业贷款	23222	79675	39306	57550
私营企业及个体贷款	166721	175770	174632	231581
其他短期贷款	1447868	1452067	1489002	2407593
中期流动资金贷款				
中长期贷款	7256317	8550894	9607244	12049886
基本建设贷款	5477250	6197262	6738981	7919199
技术改造贷款	211448	317415	337210	383610
其他中长期贷款	489068	2036218	2531053	3747077
信托贷款				
融资租赁	2298	2298	1453	1453
委托贷款	35290	35340		
票据融资	641731	485478	718548	1389827
各项垫款	4615	4358	1307	1445
现金收入	21021326	24891712	29423896	30127405
现金支出	20251898	23933353	28288102	28865381
货币投资(投放+回笼)	-769428	-958359	-1135794	-1262024

9－11 金融机构人民币信贷收支情况

单位:万元

	2010	2011
各项存款合计	32358448	38335471
单位存款	10861878	21884124
个人存款		14880995
储蓄存款	12959451	14801626
保证金存款		439
结构性存款		78930
财政性存款	580740	980766
临时性存款		100806
委托存款	138267	163573
其他存款	2192151	325207
各项贷款合计	23592799	29178762
短期贷款	6417978	7261536
个人贷款及透支	689170	909305
单位普通贷款及透支	5392809	5888186
普通并购贷款		
银团贷款	550871	13950
贸易融资	208329	441596
境外筹资转贷款		8500
中长期贷款	16275358	19721700
个人贷款	1539026	2001166
单位普通贷款	14185310	16969720
普通并购贷款		
银团贷款	550871	750747
贸易融资	150	67
信托贷款		
融资租赁	156911	844093
委托贷款		
票据融资	742019	1350731
各项垫款	534	534

9－12 金融机构人民币信贷收支表

单位：万元

	2012	2013	2014
各项存款	45892564	55228650	66175146
单位存款	26365051	32269278	39962220
活期存款	13806316	16793153	20959911
定期存款	7572234	8352861	9441782
通知存款	1073772	1363730	1125898
保证金存款		3797981	5404514
个人存款	17712064	21176559	23696181
储蓄存款	17431811	20348324	22629407
保证金存款	3425	4546	19687
结构性存款	276828	823689	1047087
财政性存款	1072597	839649	1749401
临时性存款	107636	92216	76898
委托存款	227509	340454	181355
其他存款	407707	510495	509090
金融债卷	398390	598416	598969
中长期借款		103288	195000
应付及暂收款	1274744	1714055	2058021
应付利息	530715	747254	830066
同业往来	1463497	438111	1293200
系统内资金往来			
外汇买卖	49929	207044	301351
结售汇	49471	201028	300434
各项准备	890798	1298549	1570063
贷款损失准备	779919	1168527	1360331
所有者权益	2168543	3125569	4248738
实收资本	1304807	1650305	2105103
其他	-5721443	-10580783	-10705915

9-12 金融机构人民币信贷收支表(续一)

单位:万元

	2012	2013	2014
各项贷款	**36728523**	**47177122**	**56127233**
境内贷款	36728462	46786345	56127116
短期贷款	9835047	14478835	15420684
个人贷款及透支	1576271	2568541	3530164
个人消费贷款	241005	403926	693840
单位普通贷款及透支	7541378	10873065	11261370
经营贷款	7458193	10765478	11181885
固定资产贷款	71009	85271	69817
普通并购贷款			
银团贷款	24700	6900	2000
贸易融资	687197	1030329	627149
境外筹资转贷款	5500		
中长期贷款	23088349	28548248	34578330
个人贷款	2595035	3426488	4597850
个人消费贷款	1836056	2434819	3436789
单位普通贷款	19489566	23210392	28180472
经营贷款	2726742	3434102	3579030
固定资产贷款	46762824	19776291	24601442
普通并购贷款		423065	19700
银团贷款	1003681	1403786	1773167
贸易融资	67	7	7141
境外筹资转贷款		84509	
融资租赁	1791344	2599266	3717480
票据融资	2013200	1143253	2342400
贴现	2013200	1143253	2342400
各项垫款	522	16743	68222
境外贷款	61	390777	117
有价证券	1358653	1625040	2855225
股权及其他投资	808962	837935	1322551
应收及预付款	393168	702553	789855
应收利息	200831	278761	370401
同业往来	244602	215102	2520995
系统内资金往来	5900655	332731	592515
外汇买卖	59620	206790	308313
结售汇	57335	200781	303403
固定资产	703296	790636	939707
库存现金	174102	220791	236300
投资性房地产	45441	24199	41880

主要统计指标解释

财政收入 指国家财政参与社会产品分配所取得的收入，是实现国家职能的财力保证。财政收入所包括的内容几经变化，目前主要包括：

(1)各项税收：包括增值税、营业税、消费税、土地增值税、城市维护建设税、资源税、城市土地使用税、印花税、个人所得税、企业所得税、关税、农牧业税和耕地占用税等。

(2)专项收入：包括征收排污费收入、征收城市水资源费收入、教育费附加收入等。

(3)其他收入：包括基本建设贷款归还收入、基本建设收入、捐增收入等。

(4)国有企业亏损补贴：这项为负收入，冲减财政收入。

财政支出 国家财政将筹集起来的资金进行分配使用，以满足经济建设和各项事业的需要，主要包括：

(1)一般公共服务支出：反映政府提供一般公共服务的支出。

(2)外交支出：反映政府外交事务支出。包括外交行政管理，驻外机构、对外援助、国际组织、对外合作与交流、外界勘界联检等方面的支出。人大、政协、政府及所属各总部门(除国家领导人、外交部门)的出国费、招待费列相关功能科目。不在本科目反映。

(3)国防支出：反映政府用于现役部队、国防后备力量、国防动员等方面的支出。

(4)公共安全支出：反映政府维护社会公共安全方面的支出。有关事务包括武装警察、公安、国家安全、检察、法院、司法行政、监狱、劳教、国家保密。

(5)教育支出：反映政府教育事务支出。有关具体事务包括教育行政管理、学前教育、小学教育、初中教育、普通高中教育、普通高等教育、初等职业教育、中专教育、技校教育、职业高中教育、高等职业教育、广播电视教育、留学生教育、特殊教育、干部继续教育、教育机关服务等。

(6)科学技术支出：反映用于科学技术方面的支出。

(7)文化体育与传媒支出：反映政府在文化、文物、体育、广播影视、新闻出版等方面的支出。

(8)社会保障和就业支出：反映政府在社会保障与就业方面的支出。有关事项包括社会保障和就业管理事务、民政管理事务、财政对社会保险基金的补助、补充全国社会保障基金、行政事业单位离退休、企业关闭破产补助、就业补助、城市居民最低生活保障、其他城镇社会救济、自然灾害生活救助、红十字事务等。

(9)社会保险基金支出：反映政府由社会保险基金列支的各项支出，包括基本养老保险基金支出、失业保险基金支出、基本医疗保险基金支出、工伤保险基金支出等。特别说明：在将社会保险基金包括在内的统计政府支出时，应将财政对社会保险基金的补助以及由财政承担的社会保险缴款予以扣除，以免重复计算。

(10)医疗卫生支出:反映政府医疗卫生方面的支出。具体包括医疗卫生管理事务支出、医疗服务支出、医疗保障支出、疾病预防控制支出、卫生监督支出、妇幼保健支出、农村卫生支出等。

(11)环境保护支出:反映政府环境保护支出。具体包括:环境保护管理事务支出、环境监测与监察支出、污染治理支出、自然生态保护支出、天然林保护工程支出、退牧还草支出、已垦草原退耕还草支出等。

(12)城乡社区事务支出:反映政府城乡社区事务支出。具体包括:城乡社区事务管理支出、城乡社区规划与管理支出、城乡社区公共设施支出、城乡社区住宅支出、城区社区环境卫生支出、建设市场管理与监督支出等。

(13)农林水事务:反映政府农林水事务支出。具体包括:农林支出、林业支出、水利支出、扶贫支出、农业综合开发支出等。

(14)交通运输:反映政府交通运输方面的支出。包括公路运输支出、水路运输支出、铁路运输支出、民用航空运输支出等。

(15)工业商业金融等事务支出:反映政府工业、商业、金融等事务支出。具体包括:采掘业支出、制造业支出、建筑业支出、电力支出、邮政电信支出、旅游业支出、涉外发展支出、粮油事务支出、商业流通事务支出、安全生产支出、国有资产监管支出、中小企业发展支出、清洁生产支出等。

(16)其他支出:反映不能划分到上述功能科目的其他政府支出。

(17)转移性支出:反映政府的转移支付以及不同性质资金之间的调拨支出。

信贷资金　指金融机构以信用方式积聚和分配的货币资金。金融机构信贷资金的来源有各项存款、对国际金融机构负债、流通中货币、银行自有资金及当年结益等;信贷资金的运用有各项贷款、黄金占款、外汇占款、财政借款及在国际金融机构中的资产等。

存款　指企业、机关、团体或居民根据资金必须收回的原则,把货币资金存入银行或其他信用机构保管并取得一定利息的一种信用活动形式。根据存款对象的不同可划分为企业存款、财政存款、机关团体存款、基本建设存款、城镇储蓄存款、农村存款等科目。它是银行信贷资金的主要来源。

贷款　指银行或其他信用机构根据资金必须归还的原则,按一定利率,为企业、个人等提供资金的一种信用活动形式。我国银行贷款分为流动资金贷款、固定资产贷款、城乡个体工商户贷款以及农业贷款等科目。

十、劳动、工资

10-1 城镇非私营单位从业人员劳动报酬和在岗职工工资

单位:万元

	单位从业人员工资总额	在岗职工工资总额			
			国有单位	城镇集体单位	其他
工资总额	**3543888**	**3123544**	**1634743**	**68267**	**1420534**
按国民经济行业分					
农、林、牧、渔业	2292	2163	1757	212	194
采矿业	79899	79899			79899
制造业	634347	600037	73328	14814	511895
电力、热力、燃气及水生产和供应业	150730	142645	95664	337	46644
电力、热力生产和供应业	128535	120729	94632	337	25760
燃气生产和供应业	10841	10573			10573
水的生产和供应业	11354	11342	1032		10310
建筑业	728039	480053	114800	27797	337456
房屋建筑业	434682	268639	47892	14070	206677
批发和零售业	110548	99880	10477	4046	85357
批发业	49904	45081	8125	1990	34966
零售业	60644	54798	2352	2056	50390
交通运输、仓储和邮政业	97790	88604	20668	2016	65920
道路运输业	57063	55305	7616	1472	46217
住宿和餐饮业	40818	37824	10249	1381	26194
住宿业	27141	26006	10012	1345	14649
餐饮业	13678	11818	237	36	11545
信息传输、软件和信息技术服务业	41592	32498	13589		18909
电信、广播电视和卫星传输服务	37022	28210	12978		15232
金融业	145447	141736	53761	6369	81606
房地产业	98928	91070	12939	605	77526
租赁和商务服务业	94414	71318	52482	6376	12460
科学研究、技术服务业	252121	235789	173588	398	61803
研究和试验发展	66356	63487	60059		3428
专业技术服务业	166841	153573	95112	398	58063
水利、环境和公共设施管理业	70596	66573	64742		1831
居民服务、修理和其他服务业	3568	3384	2413	114	857
教育	443314	435672	433109	214	2349
卫生和社会工作	156457	133762	128210	2871	2681
卫生	151603	129028	123476	2871	2681
文化、体育和娱乐业	51503	48482	40838	717	6927
新闻和出版业	16639	16511	9909	717	5885
广播、电视、电影和影视录音制作业	14439	12290	12073		217
文化艺术业	15581	14840	14577		263
公共管理、社会保障和社会组织	341485	332155	332129		26

注:不包括铁路民航

10-2 城镇非私营单位从业人员平均劳动报酬和在岗职工平均工资

单位:元

	单位从业人员平均劳动报酬	在岗职工平均工资			
			国有单位	城镇集体单位	其他
职工平均工资	**51928**	**54005**	**60571**	**37996**	**48810**
按国民经济行业分组					
农、林、牧、渔业	34000	36350	35847	33651	46262
采矿业	58134	58134			58134
制造业	54996	55583	54883	52094	55787
电力、热力、燃气及水生产和供应业	64039	64315	62392	59193	58586
电力、热力生产和供应业	61245	61975	62587	59193	59730
燃气生产和供应业	68657	68657			68657
水的生产和供应业	48480	48638	47792		48724
建筑业	43210	43839	50374	38944	41388
房屋建筑业	41493	42503	50603	35754	39629
批发和零售业	37594	38380	39319	25731	39148
批发业	43290	43983	43401	25731	45262
零售业	33921	34641	29683	23149	35634
交通运输、仓储和邮政业	44392	45558	42167	39383	47186
道路运输业	40522	41560	38484	33915	42417
住宿和餐饮业	28242	31590	33370	25519	31314
住宿业	32652	32655	33785	25322	32755
餐饮业	22273	29445	21771	36000	29642
信息传输、软件和信息技术服务业	46565	46754	51180		44728
电信、广播电视和卫星传输服务	45780	45983	51253		43390
金融业	64383	65409	81531	43071	60041
房地产业	41361	44588	53369	41664	43446
租赁和商务服务业	41830	45786	55974	24778	32591
科学研究、技术服务业	72417	73087	70431	35195	81647
研究和试验发展	59953	60647	60734		59442
专业技术服务业	79817	80636	78891	35195	84190
水利、环境和公共设施管理业	43057	47639	47939		38949
居民服务、修理和其他服务业	36449	37117	61231	67118	16649
教育	67466	70312	70724	46957	34649
卫生和社会工作	52945	56496	57152	48084	39538
卫生	53079	56664	57354	48084	39538
文化、体育和娱乐业	52721	53748	56573	24236	45467
新闻和出版业	58238	58228	71086	24236	51356
广播、电视、电影和影视录音制作业	48798	49504	49933		31868
文化艺术业	56209	59252	60106		35161
公共管理、社会保障和社会组织	58691	62277	62279		43000

10-3 城镇非私营在岗职工平均工资及指数

	平均货币工资(元)				指数(上年=100)			
	合计	国有单位	城镇集体单位	其他单位	合计	国有单位	城镇集体单位	其他单位
1979	834	839	632		110.32	107.56	109.34	
1980	872	912	674		104.56	108.7	106.65	
1981	908	935	672		104.13	102.52	99.7	
1982	939	972	683		103.41	103.96	101.64	
1983	987	1025	707	562	105.11	105.45	103.51	
1984	1226	1256	994	665	124.21	122.54	140.59	118.33
1985	1388	1433	1088	829	113.21	114.09	109.46	124.66
1986	1562	1634	1105	1827	112.54	114.03	101.56	220.39
1987	1700	1773	1222	1831	108.83	108.51	110.59	100.22
1988	2010	2081	1531	2331	118.24	117.31	125.29	127.31
1989	2248	2332	1706	2472	111.84	112.06	111.43	106.05
1990	2507	2618	1866	2928	111.52	112.26	109.38	118.45
1991	2664	2799	2058	2746	106.26	106.91	110.29	93.78
1992	3031	3216	2289	3078	113.78	114.9	111.22	112.09
1993	3241	3434	2462	3109	106.93	106.78	107.56	101.01
1994	4618	4849	3588	5039	142.49	141.21	145.74	162.08
1995	5564	5776	4336	7785	120.49	119.12	120.85	154.49
1996	6188	6402	4981	8176	111.21	110.84	114.88	105.02
1997	6578	6820	5085	8712	106.3	106.53	102.09	106.56
1998	6828	6971	5785	7454	103.8	102.21	113.77	85.56
1999	7836	8071	6466	8031	114.76	115.78	111.77	107.74
2000	9147	9239	8622	9257	116.73	114.47	133.34	115.27
2001	10452	10608	8124	11266	114.27	114.82	94.22	121.7
2002	11861	12412	7558	11610	113.48	117.01	93.03	103.05
2003	13489	13860	9056	13664	113.73	111.67	119.82	117.69
2004	14854	15363	9289	13713	110.12	110.84	102.57	100.36
2005	16960	17839	11386	15209	114.18	116.12	122.58	110.91
2006	19090	21276	13598	16244	112.56	119.27	119.43	106.81
2007	22569	25081	13570	19666	118.22	117.88	99.79	121.07
2008	26118	28506	17547	22914	115.73	113.66	129.31	116.52
2009	28995	32260	20504	23393	111.02	113.17	116.85	102.09
2010	33966	36978	25891	28947	117.14	114.62	126.27	123.74
2011	38965	41816	31636	33858	114.72	113.08	122.19	116.97
2012	44492	48081	33889	38538	114.18	114.98	107.12	113.82
2013	48017	52375	34370	44514	107.92	108.93	101.42	115.51
2014	54005	60571	37996	48810	112.47	115.65	110.55	109.65

主要统计指标解释

职工工资总额　指各单位在一定时期内直接支付给本单位全部职工的劳动报酬总额。工资总额的计算原则应以直接支付给职工的全部劳动报酬为根据。各单位支付给职工的劳动报酬以及其他根据有关规定支付的工资,不论是计入成本的还是不计入成本的,不论是按国家规定列入计征奖金税项目的,还是未列入计征奖金税项目的,不论是以货币形式支付的还是以实物形式支付的,均包括在工资总额内。

职工平均工资　指企业、事业、机关单位的职工在一定时期内平均每人所得的货币工资额。它表明一定时期职工工资收入的高低程度,是反映职工工资水平的主要指标。计算公式为:

职工平均工资=报告期实际支付的全部职工工资总额/报告期全部职工平均人数

城镇单位从业人员劳动报酬　指各单位在一定时期内直接支付给本单位全部从业人员的劳动报酬总额。包括在岗职工工资总额和其他从业人员的劳动报酬总额。

十一、教育、科技文化

11－1 平均每万人在校学生数

单位:人

年份	平均每万人口中在校学生数		
	大学生	中学生	小学生
1957	63	196	1184
1962	82	189	1057
1965	63	258	1585
1970	65	617	1322
1975	40	747	1618
1978	53	853	1819
1979	58	790	1778
1980	71	749	1724
1981	82	643	1577
1982	67	662	1458
1983	70	699	1297
1984	83	705	1252
1985	100	720	1197
1986	117	728	1123
1987	117	692	1057
1988	121	636	1002
1989	118	560	981
1990	112	533	952
1991	108	525	925
1992	113	518	933
1993	132	484	900
1994	130	472	1004
1995	144	484	1029
1996	148	500	1058
1997	153	507	1083
1998	160	519	1078
1999	186	544	1042
2000	249	586	1002
2001	308	634	961
2002	688	655	917
2003	660	682	877
2004	526	726	842
2005	580	688	810
2006	537	709	803
2007	546	687	794
2008	622	645	728
2009	1049	628	684
2010	1103	615	673
2011	1158	580	646
2012	1210	573	633
2013	1468	562	631
2014	1497	554	633

11-2各类学校基本情况

单位:人

	学校(所)	毕业生数	招生数	在校学生数	教职工数	
						专任教师数
总计	**1332**	**279590**	**294714**	**1007260**	**71299**	**55675**
普通高等学校	19	112868	128864	414182	23199	15345
普通中等专业学校	44	24970	19173	64996	4011	2771
中等技术学校	42	24970	19173	64996	3877	2656
中等师范学校	2				134	115
普通中学	204	59540	57685	178235	15349	14179
高中	62	25740	23074	72861		5008
初中	142	33800	34611	105374		9171
中等职业学校	12	1648	984	2571	425	366
技工学校						
小学	570	34815	35404	203485	14568	14259
特殊教育学校	4	147	152	1180	128	106
幼儿园	456	26466	33236	73353	7793	4651
成人中等专业学校	11	633	622	2069	932	450
成人高等学院	5	2506	2502	6909	553	403
民办高等院校	7	15997	16092	60280	4341	3145

11-3各类学校女生和女教师数

单位:人

	2007	2008	2009	2010	2011	2012	2013	2014
女生数								
普通中学	103684	101116	98886	96392	91122	89978	88235	86390
职业中学	5552	9683	8590	7530	8002	7346	1655	776
小学	117373	109625	103369	101854	97821	95288	94906	95080
女学生占学生总数(%)								
普通中学	48.08	48.62	48.6	48.46	48.62	48.83	48.86	48.47
职业中学	62.03	62.01	59.84	56.43	56.6	56.89	53.96	51.56
小学	47.1	46.72	46.64	46.8	46.84	46.77	46.81	46.73
女教师								
普通中学	6215	6629	6785	6990	7069	7650	7273	7539
职业中学	434	541	550	528	525	473	172	174
小学	8379	8513	8557	8812	9022	8915	8890	9092
女教师占教师数(%)								
普通中学	48.16	49.38	50.28	50.61	51.51	50.5	52.24	53.17
职业中学	60.44	57.98	57.96	58.8	54.92	53.57	47.12	47.54
小学	59.43	60.29	61.94	61.41	61.65	61.99	62.5	63.76

11-4分县区学校基本情况

	兰州市	城关区	七里河区	西固区	安宁区	红古区	永登县	皋兰县	榆中县	兰州新区
小学										
学校个数(个)	570	82	84	31	18	32	122	32	130	39
在校学生数(个)	203485	68730	33709	20878	13564	9091	21072	6852	21861	7728
招生数(人)	35404	12101	5803	3458	2772	1476	3398	1079	3937	1380
毕业生数(人)	34815	11490	5580	3735	2024	1482	3671	1296	4254	1283
专任教师数(人)	14259	3457	2184	1513	800	861	1992	752	2119	581
小学学龄人口入学率(%)	100.00	100.00	100.00	100.00	100.00	100.00	100.00	100.00	100.00	100.00
普通中学										
学校个数(个)	204	46	23	26	16	10	35	12	28	8
初中在校学生数(人)	105374	34197	14308	11182	7718	4678	11132	4191	14236	3732
招生数(人)	34611	11559	5040	3655	2447	1545	3584	1364	4186	1231
毕业生数(人)	33800	10606	4377	3792	2662	1497	4039	1349	4253	1225
初中学龄人口入学率(%)	100.00	100.00	100.00	100.00	100.00	100.00	100.00	100.00	100.00	100.00
高中在校学生数(人)	72861	21867	8485	9555	4809	2696	9473	3456	8661	3589
招生数(人)	23074	7245	2802	3108	1597	858	2710	873	2653	1228
毕业生数(人)	25740	6810	2716	3182	1703	959	4748	1901	3243	478
普通中学专任教师数(人)	14179	3917	1699	1787	995	791	1766	843	1725	656
特殊教育学校										
学校个数	4	2					1		1	
在校学生数	1180	485	95	97	48	60	179	43	166	7
毕业生数	147	74	8	16	3	12	8	6	20	
幼儿园										
园数(所)	456	98	72	55	30	19	8	16	59	25
班数(个)	2605	676	446	280	168	131	356	90	356	102
幼儿数(人)	73353	20697	11876	7566	5039	4185	9879	2000	8825	3286
教职员工数(人)	7793	2762	1497	1103	657	377	582	178	447	190

11-5科技成果情况

	1995	2000	2008	2009	2010	2011	2012	2013	2014
基本情况(项)	79	106	621	531	714	674	809		
鉴定项目数	14	41	523	465	704	674	709	501	34
登记项目数	14	41	621	531	714	659	809	479	334
奖励项目数	51	24	137	141		156	136	59	
成果水平(项)	14	41	532	471	714	662	721		
国际领先		2	19	6	9	11	11	2	4
国际先进		3	81	94	111	121	132	34	12
国内领先	3	11	343	321	501	459	490	261	16
国内先进	5	16	87	49	91	71	77	68	3
其他	6	9	2	1	7	0	11	114	187
应用领域(项)	13	21	160	204	273	181	190		
工业(交通、邮电、建筑、地质)	9	15	71	57	74	58	49	101	33
农业(林、牧、渔)	6	6	89	152	199	123	141	75	88

11-6专利申请及授权情况

单位:项

	申请量		授权量	
	2013	2014	2013	2014
总计	3904	4288	1963	2139
按种类分				
发明专利	1746	2071	566	589
实用新型	1934	2059	1283	1392
外观设计	224	158	114	158
按对象分				
大专院校	941	1045	453	554
科研单位	579	766	246	354
工矿企业	937	870	739	679
机关团体	36	85	27	78
个人	1411	1522	498	474

11-7图书、杂志、报刊出版数量

	2007	2008	2009	2010	2011	2012	2013	2014
图书出版								
种数(种)	1282	1282	1301	1311	1350	1410	2906	2410
出版(种)	1120	1122	1200	1268	1297	1350	1520	1319
总印数(万册)	7591	7593	8890	9260	9502	9350	6573	5312
总印张(千印张)	473125	473165	598160	612100	613510	612820	573771	455834
杂志出版								
种数(种)	132	132	134	134	135	134	133	133
总印数(万册)	13260	13270	13890	13890	13920	13910	11038	10871
总印张(千印张)	512850	512890	589900	589900	590100	589996	559045	542126
报纸出版								
种数(种)	56	56	60	68	68	68	61	61
总印数(万份)	35575	35596	41000	48686	48720	48700	51548	50982
总印张(千印张)	776250	776295	8431000	924000	924600	924650	1103325	1060569

11-8文化事业基本情况

	1995	2000	2008	2009	2010	2011	2012	2013	2014
文化事业机构数(个)	30	28	24	24	16	16	31	31	32
文化部门	30	28	24	24	16	16	31	31	32
文化事业人员数(人)	735	1159	569	1187	1187	1187	1113	1113	1167
文化部门		1159	569	1187	1187	1187	1113	1113	1167
各类文化艺术事业单位数(个)	30	28	24	24	16	16	31	31	32
文化馆、艺术馆	10	1	9	9	9	9	9	9	9
公共图书馆	9	1	9	9	8	8	8	8	8
博物馆	3	2	4	4	4	6	9	9	10
电影院	8	20	7	7	7	8	12	18	22
艺术表演场所	2	2	2	2	2	1	1	1	1
艺术表演团体	4	4	2	4	4	4	4	4	4

11-9广播电视事业基本情况

	2007	2008	2009	2010	2011	2012	2013	2014
广播电台(座)	1	1	1	1	1	1	1	1
中短波广播发射和转播台(座)	1	1	1	1	1	1	1	1
中短波广播发射功率(千瓦)	11	10	10	10	10	10	10	10
发射台及转播台(座)	5	10	16	15	8	9	9	9
发射机功率(千瓦)	11	28.6	24.45	26.31	25	28	28	28
节目(套)	6	7	6	6	3	3	3	3
广播电台平均每日播出时间(时、分)	12:40:00	21:00:00	12:10:00		19:25:00			19:10:00
制作广播节目(小时)								
新闻节目	2:10:00	2:20	2:00	2:00	2:50	2:20:00	2:40:00	2:30:00
专题节目	2:00	2:05	1:25	3:00:00	2:30:00	2:30:00	3:30:00	3:50:00
教育节目	0:50	0:50	0:18	5:00:00	1:00:00	1:00:00	1:00:00	1:00:00
文艺节目	4:00	4:05	0:41	4:00:00	8:00:00	8:00:00	8:00:00	8:00:00
服务节目	1:10	1:12	0:37	11:00:00	8:00:00	11:00:00	10:00:00	11:00:00
县广播电视台(座)		9	3	3	7			
广播人口覆盖率(%)	98.26	97	98.27	98.27	98.56	98.58	98.6	98.6
电视台(座)	1	1	1		1	1	1	1
发射台及转播台(座)	7	10	7	8	1	1	9	9
发射机功率(千瓦)	21.3	26.5	27.06	26.5	20	20	20	20
节目(套)	7	9	9	8	4	4	4	4
电视台平均每日播出时间(时、分)	76:55:00	20:00:00	11:23:00	11:00	24:00:00	24:00:00	19:00:00	19:00:00
制作电视节目(小时)								
新闻节目	1:30	1:31	0:27	2:00:00	2:45:00	3:12:00	3:30:00	3:10:00
专题节目	1:01	1:01	0:14	3:00:00	1:05:00	1:07:00	1:05:00	1:00:00
文艺节目	0:50	0:52	0:03	4:00:00	0:50:00		1:20:00	0:30:00
服务节目	0:45	0:46	0:06	11:00:00	2:35:00	3:00:00	2:50:00	2:50:00
电视人口覆盖率(%)	98.4	97.5	98.54	98.55	98.55	98.55	98.55	98.55

11-10文化产业基本情况

单位:亿元、人、%

	2010	2011	2012	2013	2014	比上年增长
文化产业增加值	19.65	24.30	30.87	41.06	51.30	25.50
文化产业增加值占GDP比重	1.78	1.79	1.97	2.31	2.68	16.02
文化产业法人单位机构数	871	918	1041	2584	3283	27.05
从业人员	22856	30526	29060	46491	49709	6.92
资产总计	152.98	122.08	132.56	198.53	230.69	16.20

主要统计指标解释

普通高等学校　指按照国家规定的设置标准和审批程序批准举办，通过国家统一招生考试，招收高中毕业生为主要培养对象，实施高等教育的全日制大学、独立设置的学院和高等专科学校、短期职业大学。

成人高等学校　指按照国家有关规定审批，招收通过全国成人高教统一招生考试的具有高中毕业或同等学历的在职从业人员，利用脱产、半脱产、业余或函授等多种形式对其实施高等学历教育，培养高等教育专科或本科毕业水平的专门人才，修业年限、课程设置和总学时数均按高等学历教育要求付诸实施的学校。包括广播电视大学、职工高等学校、农民高等学校、管理干部学院、教育学院、独立设置的函授学院等。

小学学龄儿童入学率　指调查范围内已入学学习的学龄儿童占校内外学龄儿童总数（包括弱智儿童，不包括盲聋哑儿童）的比重。计算公式为：

小学学龄儿童入学率=已入学的小学学龄儿童数／校内外小学学龄儿童总数*100%

科技活动　指在自然科学、农业科学、医药科学、工程与技术科学、人文与社会科学领域（简称科学技术领域）中，与科技知识的产生、发展、传播和应用密切相关的有组织的活动。可分为研究与试验发展（R&D）、研究与试验发展成果应用及相关的科技服务三类活动。

科技活动人员　指直接从事科技活动、以及专门从事科技活动管理和为科技活动提供直接服务的人员。累计从事科技活动的实际工作时间占全年制度工作时间10%及以上的人员。（1）直接从事科技活动的人员包括：在独立核算的科学研究与技术开发机构、高等学校、各类企业及其他事业单位内设的研究室、实验室、技术开发中心及中试车间（基地）等机构中从事科技活动的研究人员、工程技术人员、技术工人及其它人员；虽不在上述机构工作，但编入科技活动项目（课题）组的人员；科技信息与文献机构中的专业技术人员；从事论文设计的研究生等。（2）专门从事科技活动管理和为科技活动提供直接服务的人员包括：独立核算的科学研究与技术开发机构、科技信息与文献机构、高等学校、各类企业及其他事业单位主管科技工作的负责人，专门从事科技活动的计划、行政、人事、财务、物资供应、设备维护、图书资料管理等工作的各类人员，但不包括保卫、医疗保健人员、司机、食堂人员、茶炉工、水暖工、清洁工等为科技活动提供间接服务的人员。

科学家与工程师　指科技活动人员中具有高、中级技术职称（职务）的人员和不具有高、中级的技术职称（职务）的大学本科及以上学历人员。

专业技术人员　指从事专业技术工作和专业技术管理工作的人员，即企事业单位中已经聘任专业技术职务从事专业技术工作和专业技术管理工作的人员，以及未聘任专业技术职务，现在专业技术岗位上工作的人员。包括工程技术人员，农业技术人员，科学研究人员，卫生技术人员，教学人员，经济人员，会计人员，统计人员，翻译人员，图书资料、档案、文博人员，新闻出版人员，律师、公证人员，广播电视播音人员，工艺美术人员，体育人员，艺术人员及企业政治思想工作人员，共十七个专业技术职务类别。

科技活动经费筹集　指从各种渠道筹集到的计划用于科技活动的经费，包括政府资金、企业资金、事业单位资金、金融机构贷款、国外资金和其他资金等。

政府资金　指从各级政府部门获得的计划用于科技活动的经费，包括科学事业费、科技三项费、科研基建费、科学基金、教育等部门事业费中计划用于科技活动的经费以及政府部门预算外资金中计划用于科技活动的经费等。

企业资金　指从自有资金中提取或接受其他企业委托的，科研院所和高校等事业单位接受企业委托获得的，计划用于科研和技术开发的经费。不包括来自政府、金融机构及国外的计划用于科技活动的资金。

金融机构贷款　指从各类金融机构获得的用于科技活动的贷款。

科技活动经费内部支出　指报告年内用于科技活动的实际支出包括劳务费、科研业务费、科研管理费，非基建投资购建的固定资产、科研基建支出以及其他用于科技活动的支出。不包括生产性活动支出、归还贷款支出及转拨外单位支出。

劳务费　指以货币或实物形式直接或间接支付给从事科技活动人员的劳动报酬及各种费用。包括各种形式的工资、津贴、奖金、福利、离退休人员费用、人民助学金等。

固定资产购建费　指报告年内使用非基建投资购建的固定资产和用于科研基建投资的实际支出额，即固定资产实际支出和科研基建投资实际完成额之和。固定资产是指长期使用而不改变原有实物形态的主要物资设备、图书资料、实验材料和标本以及其他设备和家具、房屋、建筑物。

新产品　指采用新技术原理、新设计构思研制、生产的全新产品，或在结构、材质、工艺等某一方面比原有产品有明显改进，从而显著提高了产品性能或扩大了使用功能的产品。既包括政府有关部门认定并在有效期内的新产品，也包括企业自行研制开发，未经政府有关部门认定，从投产之日起一年之内的新产品。

文化事业机构　指从事专业文化工作和为专业文化工作服务的独立建制的单位。不包括这些单位另外举办独立核算的其他机构和各部门的业余文化组织。

艺术表演团体　指从事戏曲、音乐、舞蹈、杂技等专业艺术表演，有独立帐户的单位，不包括半工半艺、半农半艺和民间职业剧团。

电影放映单位　指具有放映机器设备、固定或不固定的放映场所与专职或兼职的放映技术人员，经有关部门登记批准，经常为一定的观众对象放映电影的机构。包括经批准对外开放进行营业、并与电影发行放映管理机构分帐的专用放映单位和军委系统租片单位。

艺术表演观众人数（人次）　指售票、包场演出或民族地区免费演出的艺术表演观众人次数，不包括彩排审查和内部观摩演出的观看人次数。

十二、卫生、司法

12－1 卫生机构数

单位:个

年份	总计	医院	卫生院	门诊部、所	专科防治所、站	卫生防疫机构	妇幼保健所、站	医学科学研究机构
1979	758	141	85	590	3	11	9	1
1980	787	141	85	620	2	11	9	1
1981	827	145	85	653	4	11	9	1
1982	842	145		666	4	11	9	1
1983	870	145		696	4	11	9	1
1984	881	146		705	5	12	9	1
1985	839	116		685	5	9	7	1
1986	874	119	86	713	7	10	7	1
1987	903	128	87	731	8	10	7	1
1988	848	121	86	682	8	10	7	1
1989	895	125	87	723	8	10	7	1
1990	874	130	86	697	8	11	8	1
1991	882	129	86	706	7	11	8	1
1992	875	133	70	695	7	11	8	1
1993	956	151	70	755	8	13	8	2
1994	955	164	86	741	8	14	8	2
1995	957	165	85	740	8	14	8	2
1996	233	177		6	7	13	8	2
1997	243	179		153	7	13	8	2
1998	242	174		107	7	13	8	2
1999	241	170		201	7	13	8	2
2000	241	170		231	7	13	8	2
2001	238	171		194	7	13	8	2
2002	286	94	84	57	4	11	10	2
2003	295	101	84	59	3	11	10	2
2004	295	100	80	62	3	11	10	2
2005	285	99	71	86	2	11	10	2
2006	290	97	71	58	2	12	10	2
2007	1646	91	69	51	2	12	10	2
2008	1456	91	69	46	2	11	10	2
2009	1534	90	69	39	2	11	10	2
2010	2257	94	69	34	2	11	10	2
2011	2362	96	71	30	2	11	10	2
2012	2359	98	68	31	2	11	10	2
2013	2288	98	67	30	2	11	10	2
2014	2393	98	69	899	2	11	10	2

注:卫生机构包括村卫生室。

12-2 卫生机构人数

单位:人

年份	总计	卫生技术人员	医生				护师、护士	每千人口医生数
				中医师	西医师	中、西医师		
1979	18993	13754	5421	759	2448	2214	2657	2.58
1980	19769	14438	6083	820	3559	1704	2930	2.84
1981	20898	15727	6454	435	3887	2132	2696	2.99
1982	21657	16195	6581	437	3807	2337	2829	2.97
1983	22582	16810	6994	500	4108	2386	2924	3.14
1984	23170	17329	7106	480	4000	2493	3584	3.15
1985	21468	16009	6784	522	4005	2182	3398	2.97
1986	22244	16594	6916	486	4071	2261	3519	2.96
1987	23090	17547	7403	691	4361	2255	3745	3.12
1988	23448	17949	7405	850	5444	1111	4624	3.06
1989	23680	17832	7699	988	5646	941	4942	3.12
1990	24295	18655	8326	1240	5978	969	5162	3.31
1991	24911	18964	8403	1196	5980	1080	5214	3.3
1992	25476	19467	8790	1239	6257	1151	5586	3.4
1993	27343	20906	9432	1299	6731	1105	5995	3.61
1994	27615	20923	9351	1416	6635	1137	6123	3.52
1995	28085	21344	9585	1410	6753	1240	6321	3.54
1996	24102	17581	7197	1029	5304	755	5627	2.61
1997	24378	17622	7195	1002	5288	776	5510	2.57
1998	24145	17527	7143	968	5210	857	5563	2.16
1999	23699	17125	6926	964	5124	728	5572	3.23
2000	21958	16650	6860	960	5092	705	5579	2.96
2001	21849	16778	6903	916	5203	661	5809	1.93
2002	20600	16319	6604				5996	2.19
2003	21138	16746	6818				5980	2.24
2004	20989	16485	6703				5876	2.75
2005	22387	18738	7951				6922	2.58
2006	25353	20651	8801				7310	2.82
2007	25778	20573	8890				7361	2.78
2008	25419	20721	8971				7427	2.79
2009	27312	22372	9440				8269	2.92
2010	29769	24388	10060				9195	3.11
2011	33448	26363	10745				10230	2.97
2012	34558	27914	11308				10943	3.07
2013	35326	28489	11349				11595	3.12
2014	39063	30859	12252				12967	3.34

12-3 卫生机构床位数

单位:张

	总计	医院	卫生院	疗养院、所	其他卫生事业机构	每千人口医院床位数
1979	9442	8975	697	100		3.79
1980	9678	9117		100	100	3.75
1981	9895	9197		100	100	3.76
1982	10291	9678		100	100	3.81
1983	10567	9780		100	100	3.88
1984	10840	10056		100	113	3.89
1985	9711	9199	648		160	4.02
1986	10033	9395	621		159	4
1987	10508	9874	627	113	162	4.16
1988	10921	10329	616		150	1.27
1989	11303	10869	625	20	150	4.6
1990	11772	11181	645	30	150	4.5
1991	12450	11711	643	30	150	4.6
1992	12650	11990	693	30	150	4.9
1993	13552	12974				5.2
1994	13743	13219	720			5.2
1995	14098	13467	855		181	5.3
1996	13786	13589			170	4.9
1997	13857	13628			205	4.9
1998	14263	14113			150	5.9
1999	14192	13947			201	4.88
2000	14164	13862			195	4.8
2001	14373	14032			203	4.78
2002	14921	13720	1043		52	4.56
2003	15366	14484	1060		58	5.05
2004	16260	14484	1016		58	4.32
2005	14825	13303	917		871	4.79
2006	15658	13877	977		965	5
2007	17045	13624	2260			4.27
2008	24207	13071	8149			4.06
2009	21873	13728	1113			4.24
2010	25498	15788	1128			4.35
2011	25411	17292	1152			4.76
2012	27545	18734	1202			5.16
2013	23614	20281	1160			5.57
2014	24873	21577	1176			5.89

12-4 医院、卫生院诊疗人次及入院人数

	诊疗人次（万人次）	门、急诊	入院人数（万人）	每百诊次的入院人数(人)	每百门、急诊次的入院人数(人)
医院、卫生院合计	987.59	911.45	58.27	6	6.39
县及县以上医院合计	882.26	827.13	55.78	6.32	6.74
卫生部门	710.32	666.09	46.7	6.57	7.01
集体所有制	34.94	32.59	0.31	0.89	0.95
其他医院	19.25	18.87	1.42	1.38	7.51
卫生院	89.33	84.32	2.49	2.79	2.96

12-5 各县区医院、卫生院基本情况

	医院、卫生院(个)	医院、卫生院床位数(张)	医院、卫生院技术人员数(人)
兰州市	**167**	**22753**	**21140**
城关区	41	11292	12205
七里河区	27	5052	3487
西固区	17	1670	1597
安宁区	7	495	353
红古区	10	1078	910
永登县	28	1259	1041
皋兰县	8	417	406
榆中县	29	1490	1141

12-6 各县区卫生机构基本情况

	卫生机构数（个）	医院	卫生机构床位数（张）	每千人口床位数（张）	卫生机构技术人员（人）
兰州市	**2288**	**98**	**23614**	**6.64**	**30859**
城关区	659	41	11128	9.97	16885
七里河区	354	20	5727	10.72	6939
西固区	178	9	1684	4.76	2235
安宁区	144	7	698	2.68	1005
红古区	97	6	1291	9.14	1341
永登县	367	8	1311	2.38	1406
皋兰县	115	1	442	2.49	558
榆中县	374	6	1333	3.12	1490

12-7 社会福利事业单位基本情况

	院数（个）	工作人员（人）	床位（张）	收养人员（人）
合计	**49**	**1431**	**11956**	**4835**
社会福利事业单位	30	691	6214	2477
社会福利院	16	567	5205	1909
儿童福利院	1	82	285	262
社会福利精神病院	1	71	151	143
城镇、乡村集体办养老院	1	20	101	44

12-8 工会组织情况

年份	工会基层组织数(个)	已建立工会组织的基层单位的职工与会员人数(万人)				工会专职干部人员数(人)
		职工人数	女职工	会员人数	女会员	
2001	1077	36.04		34	14.81	848
2002	997	45.14	16.13	35	15.25	839
2003	2456	30.36	11.58	35	10.88	894
2004	648	24.08	10.8	34	10.2	864
2005	3850	37.9	14.86	36.21	13.89	1316
2006	2261	42.73	18.75	39.03	17.79	978
2007	2790	51.28	19.85	39.15	19.03	299
2008	3189	60.32	23.45	48.5	22.46	850
2009	2490	64.74	23.61	62.93	23.09	1020
2010	2949	69.09	26.73	68	26.44	696
2011	3819	69.99	27.98	69.06	27.68	1045
2012	4602	71.05	29.35	70.01	29.08	1153
2013	5022	75.35	29.94	73.78	29.8	1167
2014	5387	71.67	28.36	70.01	27.97	1277

12-9 优抚救济对象得到国家抚恤、补助、救助人员情况

	2000	2008	2009	2010	2011	2012	2013	2014
抚恤人数(人)	82669	354	314	6244	7761	9400	10080	10687
烈属定期抚恤人数	49258	141	142	121	122	117	115	102
牺牲病故定期抚恤人数		94	172	144	130	130	138	78
革命伤残人员抚恤人数	847	2615	2263	2167	2130	2172	2314	2302
优抚对象定补人数	2038		4093	5				8141
在乡复员军人	348	653	1555	1302	779	716	629	545
在乡退伍军人	1955	1854	716	593	223	234	243	271
其他人员	578		387	1912	4377	6031	6641	22
社会救助对象(万人)		173641	171968	208353	245170	203472	313624	408152
临时救助对象(万人次)	14.94			16019	8761	8067	7798	3848
农村对象		2947	3997	3997	4132	4121		96561
集中供养五保户	123732	241	214	265	282	286	315	324
救济灾民人数(万人)		19.43	8.17	18	24.8	18	10.7	11.57
灾民生活救济费支出(万元)		2153.8	1595	1115	1494	1910	1906	2062

12-10 各县区城乡居民最低生活保障情况

单位：人

	城镇低保人数(人)	传统“三无”对象	城镇保障资金(万元)	农村低保人数(人)	农村保障资金(万元)
兰州市	**69900**	**730**	**30709.4**	**96561**	**14273**
城关区	13124	217	6712.5	739	312.5
七里河区	18926	85	7242.8	3466	528.5
西固区	5415	57	3724.8	2952	555
安宁区	4044	22	2552		
红古区	15192	43	5978.8	2681	360.1
永登县	3999	15	1423.7	33023	4860.9
皋兰县	4532	178	1539.9	10120	1496
榆中县	4668	113	1534.9	43580	8160

12-11 各县区城镇社区服务和农村服务网络情况

	城镇社区服务设施数(个)	社区工作人员数(人)	城镇便民利民服务网点(个)	社区服务志愿者组织数(个)	社区服务志愿者人数(个)
兰州市	**405**	**5280**	**316**	**1896**	**316157**
城关区	154	1908	187	377	125633
七里河区	78	1075	87	546	55434
西固区	73	1120	1	460	48045
安宁区	59	664	14	211	39901
红古区	22	270	3	117	18616
永登县	12	98	1	90	11037
皋兰县	3	60	5	38	7302
榆中县	4	85	18	57	10195

注:1、城镇社区服务设施数包括正在拆迁及租借数。

2、社区工作人员数包括两委及专干。

3、社区服务志愿者组织数和人数由兰州市精神文明办提供。

12-12 律师、公证及调解基本情况

	2006	2007	2008	2009	2010	2011	2012	2013	2014
公证情况									
公证处(个)	9	9	9	9	9	9	9	9	9
公证员(人)	45	38	76	59	72	81	95	91	94
取得公证员资格	31	34	32	38	34	35	35	31	36
办理国内公证(件)	11253	13020	15428	17203	19277	19367	21150	17800	19704
民事	5798	6792	8250	9457	10916	12347	12785	11550	12314
经济合同	5455	6228	7178	7746	8361	7020	8365	6250	7390
办理涉外公证(件)	4093	5520	5853	5413	5823	6783	5943	5300	5629
人民调解工作									
司法助理员(人)	99	116	255	269	170	295	289	268	268
调解委员会(个)	2049	2049	2080	3081	1923	1937	1992	1996	1978
调解人员(人)	10523	11933	11678	11698	9536	10761	11390	11570	10915
调解纠纷(件)	6328	4986	5559	5964	9236	16580	23794	17517	31153
律师工作									
律师事务所(个)	57	55	60	68	74	85	90	90	98
律师人员(人)	460	468	500	568	630	650	750	763	817
专职	435	443	469	535	595	611	699	715	762
兼职	25	25	31	33	35	39	51	48	43

主要统计指标解释

医院　指设有固定床位，能收容病人住院并能为病人提供医疗、护理服务的医疗机构，包括县及县以上医院、农村乡卫生院和其他医院三部分。医院按所属性质不同分为卫生部门、工业及其他部门和集体经济单位三类。县及县以上医院按业务性质不同分为综合医院和专科医院。

卫生技术人员　指卫生事业机构支付工资的全部职工中现任职务为卫生技术工作的专业人员，包括中医师、西医师、中西医结合高级医师、护师、中药师、西药师、检验师、其他技师、中医士、西医生、护士、助产士、中药剂士、西药剂士、检验士、其他技士、其他中医、护理员、中药剂员、西药剂员、检验员和其他初级卫生技术人员。

医生　指经卫生部门审查合格，从事医疗工作的专业人员。分为中医医生和西医医生。包括卫生技术人员中的中医师、西医师、中西医结合高级医师、中医士、西医士和其他中医。

社会福利事业单位　指集中收养社会孤老、残、幼的机构，包括由民政部门管理的社会福利院、儿童福利院、精神病人福利院和城镇集体举办的福利院及农村集体举办的敬老院。

社会福利事业单位收养人数　包括民政部门管理和城镇、农村集体举办的社会福利事业单位中收养的老人、少年儿童、缺乏生活自理能力的残疾人员和精神病人。

社会福利企业单位　指以安置城镇有一定劳动能力的盲、聋、哑和肢体残疾人员就业为目的，享受国家减免税待遇的国有或集体企业。包括福利工厂、福利商业和服务业、假肢厂和安置农场等单位。

律师　指受聘参加法律顾问处工作，担任法律顾问、刑(民)事代理人、刑事辩护人，办理非诉讼事件、解答法律询问，代写法律事务文书等主要从事律师业务的专职法律工作者和兼职律师。

公证人员　指在国家公证机关依法办理公证事务的司法人员，包括公证员、助理公证员和在公证处工作的其他人员。

办理公证文书　指公证处在一定时期内办结的公证文书件数。公证文书按司法部规定或批准的格式制作，包括国内公证和涉外公证两部分。国内公证分为经济合同公证和民事法律关系公证两大类。

调解人员　指在人民调解委员会担负调解民间一般民事纠纷和轻微违法行为引起纠纷的工作人员，包括调解委员会的委员和调解小组的调解员。

调解民间纠纷　指调解委员会依照法律规定，根据自愿原则，用说服教育的方法调解民间发生的有关民事权利和义务的争执，促成当事双方达到协议和谅解，解决纠纷。包括婚姻家庭纠纷,财产权益纠纷等,不包括法院受理调解的民事案件数。

离休、退休、退职人员　　指正式办理了离休、退休、退职手续,并享受相应的离休、退休、退职待遇的人员。

保险福利费用　　指企业、事业、机关单位在工资以外实际支付给职工和离休、退休、退职人员个人以及用于集体的劳动保险和福利费用。

十三、人民生活

13-1 人民物质文化生活情况

	1995	2000	2007	2008	2009	2010	2011	2012	2013	2014
就业										
每一农村劳动力负担人数(人)	2.00	2.00	2.00	1.74	2	2	2	2.15	1.5	1.6
每一城镇就业者负担人数(人)	1.87	1.81	1.97	2.02	1.99	2.05	2.22	2.13	2.14	1.9
城镇登记失业率(%)	2.60	1.50	3.20	2.8	3.09	3.12	2.72	1.63		1.77
收入										
农村居民家庭人均纯收入(元)	1142	2005	3103	3503	4001	4587	5252	6224	7114	8067
城市居民人均可支配收入(元)	3539	5850	10271	11677	12761	14062	15953	18443	20767	23030
从业人员人均劳动报酬(元)	5564	9147	22152	25849	28569	33340	37754	43658	46621	51928
人均消费水平(元)										
全体居民	3265	4096	8171	8757	9343	10267	11802	12041		
农村居民	1663	2198	4134	4553	4829	5136	5922	6063		7279
城镇居民	4714	5667	10785	11293	12026	13321	14794	14168	15749	17236
储蓄										
城乡居民年底储蓄存款余额(亿元)	137.16	297.99	710.52	907.1	1089.97	1295.95	1480.16	1743.18	2021.56	2262.94
平均每人储蓄存款余额(元)	5113	10306	22452	28278	32763	40052	45781	54067		70356
住房面积(平方米)										
农村平均每人居住面积	17.21	17.29	22.37	22.9	24.26	24	24	31	33.99	31
城市平均每人使用面积	8.81	12.10	17.00	17.63	17.76	18.46	18.42	19.08	22.45	33.5
交通										
城市每万人拥有出租车(辆)	53.00	55.00	32.00	17.51	20.25	20.38	20.84	20.95		20.71
城市每万人拥有公共车辆(辆)	3.00	5.00	10.00	12	10.24	10.21	10.31	11.95		7.56
城市公用事业										
自来水普及率(%)	96.90	94.68	98.61	96.36	96.25	94.96	94.61			
用气普及率(%)	41.90	66.18	68.03	68.23	82.11	89.37	88.98	88.71	90.1	86.93
人均园林绿地面积(平方米)	3.02	2.56	8.29	9.47	8.09	8.63	8.7	8.88	10.46	10.9
文化										
城镇每百户有彩色电视机(台)	87.00	110.00	114.00	107	107	108.33	104.65	105.33	99.73	105.03
农村每百户有彩色电视机(台)	39.00	85.00	97.69	111	111	112.16	111.81	105.12	111.14	116.33
广播综合人口覆盖率(%)	98.00	97.00	98.26	97	98.27	98.27	98.56	98.58	98.6	98.6
电视综合人口覆盖率(%)	97.00	98.00	98.40	97.5	98.54	98.55	98.55	98.55	98.55	98.55
教育										
学龄儿童入学率(%)	99.80	99.30	99.84	99.99	99.99	99.99	99.99	99.99	99.99	100
每万人口中在校大学生数(人)	144.00	249.00	546.00	622	674	704	808	1210	1468	1497
卫生										
每千人有医院病床数(张)	5.30	4.80	4.27	4.06	4.24	7.05	7.02	5.49	5.57	5.89
每千人有医生数(人)	3.54	2.96	2.78	2.79	2.92	3.11	2.97	3.11	3.12	3.34

13-2 城镇居民家庭生活基本情况

	每一城市就业者负担人数(人)	城镇居民人均生活费收入(元)	城镇居民人均可支配收入(元)	城镇居民人均消费性支出(元)		人均居住面积(平方米)
					食品	
1979		378.00		356.40		
1980	1.94	488.08		413.52	237.36	
1981	1.74	487.80		463.68	253.92	
1982	1.71	514.20		476.28	273.60	
1983	1.70	530.40		513.00	301.80	
1984	1.69	636.84		594.60	345.60	
1985	1.75	731.28		705.48	368.88	
1986	1.76	862.56		820.68	428.28	
1987	1.78	942.96		914.76	474.24	
1988	1.76	1142.76		1240.92	592.92	
1989	1.79	1322.04		1249.80	693.60	
1990	1.79	1431.60		1238.16	703.68	
1991	1.84	1660.20		1479.12	818.76	8.07
1992	1.80	1883.04	2027.85	1606.92	884.40	8.26
1993	1.74	2280.36	2462.58	2029.20	1031.76	8.18
1994	1.87	2873.28	3085.44	2625.96	1396.68	8.68
1995	1.87	3278.28	3539.92	3118.20	1677.00	8.81
1996	1.98	3565.34	3804.41	3307.47	1752.06	8.90
1997	2.17		3906.48	3196.66	1694.04	10.33
1998	2.22		4553.86	3567.21	1776.16	10.77
1999	2.04		5127.50	4505.61	1914.41	13.60
2000	1.72		5850.17	5047.60	1926.57	12.10
2001	1.56		6324.68	5238.47	2004.06	12.19
2002	2.05		6554.74	5688.24	2097.67	14.51
2003	2.04		7094.29	5679.21	2175.57	15.04
2004	1.81		7683.24	6483.06	2449.55	15.67
2005	2.02		8529.12	7180.55	2569.86	16.69
2006	2.14		9417.63	7468.95	2662.32	17.98
2007	1.97		10271.18	8049.75	3013.61	17.00
2008	2.02		11676.77	9033.70	3429.79	17.63
2009	1.99		12760.66	9653.36	3696.28	17.80
2010	2.05		14061.84	10930.39	4244.25	18.46
2011	2.22		15952.57	12352.09	4714.47	18.42
2012	2.13		18442.76	14167.9	5281.28	19.08
2013	2.14		20766.76	15748.61	5691.5	22.45
2014			23030.1	17236.24	6069.98	33.5

注:2002年以后人均居住面积口径为使用面积,1997年后取消城市居民人均生活费收入指标。

13-3 城镇居民家庭收入情况

单位:元/人

	1995	2000	2007	2008	2009	2010	2011	2012	2013	2014
家庭总收入	**3539.94**	**5882.09**	**11066.84**	**12319.04**	**13683.62**	**15228.14**	**17313.98**	**19823.45**	**22060.72**	**25768.31**
人均可支配收入	3539.92	5850.17	10271.18	11676.77	12760.66	14061.84	15952.57	18442.76	20766.76	23030.1
工薪收入	2514.17	4155.74	7376.07	8012.27	8992.39	9623.8	11037.25	12457.39	13746.88	14135.32
工资及补贴收入	2467.05	3716.82	7225.26	7772.89	8765.4	9263.72	10432.66	12201.85	13628.55	13629.99
其他劳动收入	50.12	131.54	150.81	239.38	226.99	360.08	604.59	255.54	118.33	505.33
经营性收入	26.61	221.23	383.44	485.05	486.04	350.12	663.36	864.84	991.53	945.59
财产性收入	44.33	32.77	31.50	37.9	44.56	87.48	228.18	432.99	532.33	3161.57
利息收入	34.80	10.68	9.71	17.27	25.49	36.11	17.56	28.27	38.97	51.71
红利收入	7.50	9.81	8.67	0.69	0.36	14.63	0.2	0.21	5.58	2.15
出租房屋净收入	2.03			19.87	18.71	35.47	194.24	400.23	479.9	927.49
知识产权收入							6.72		0.14	
其他财产净收入		12.29	0.26				8.91	4.29	6.59	2.19
转移性收入	901.98	1332.99	3275.82	3783.82	4160.63	5166.74	5385.19	6068.23	6786.98	7525.83
养老金或离退休金	740.31	1169.61	2857.97	3417.11	3816.04	4753.55	4925.55	5473.51	6031.71	6584.80
社会救济收入			34.99	91.55	105.77	118.79	114.08	143.04	63.83	49.24
赡养收入	74.39	50.61	90.78	28.74	36.92	40.08	83.38	79.98	139.01	138.45
捐赠收入	24.34	38.62	174.52	148.56	113.65	155.98	177.02	253.39	77.13	
出售财物收入	0.28	3.49	2.16			2.99	23.35	0.16	0.14	43.05
借贷收入	611.28	1622.21	3116.49	2224.72	2196.59	5963.94	4189.45	7329.23	1268.14	973.13
提取储蓄存款	506.40	1188.00	2589.95	2168.54	2108.31	5890.93	4026.01	6399.28	1175.45	827.75
借入款	92.47	270.42	435.11	33.66	47.34	47.38	71.7	478.32	81.2	75.71

13-4 城镇居民家庭支出情况

单位:元/人

	1995	2000	2007	2008	2009	2010	2011	2012	2013	2014
家庭总支出	**3555.40**	**5962.14**	**10860.81**	**10765.59**	**11852.16**	**13459**	**15882.5**	**19301.4**	**19377.46**	**23669.08**
消费支出	3118.24	5047.60	8049.75	9033.7	9653.36	10930	12352.09	14167.9	15748.61	18852.65
服务性消费支出			2352.64	2474.47	2591.94	2837.9	3213.91	3739.78		
购房与建房支出	205.09	307.09	928.85	28.92	50.23	7.3	517.55	2063.35	628.79	386.71
转移性支出	236.59	407.22	1150.88	1143.93	1290.56	1459.7	1711.59	1802.72	1856.83	914.32
交纳的个人收入税	0.02	0.93	7.03	21.92	12.28	47.29	30.58	38.55	51.73	60.56
捐赠支出	144.15	293.82	682.11	844.34	1033.24	1073	1214.44	1394.42	1255.46	12.61
购买彩票			7.57	3.38	3.95	0.81	5.05	4.65	4.94	6.09
赡养支出	73.73	79.54	299.98	209.77	193.6	253.27	324.36	264.35	227.31	77.65
各种非储蓄性保险性支出	0.20	14.37	67.36	44.88	31.77	36.89	107.87	80.78	268.16	124.94
财产性支出			4.48	0.19	9.07	5.8	30.5	13.24	47.17	3.41
社会保障支出			726.84	558.86	848.94	1055.9	1270.76	1254.19	1096.05	679.23
借贷支出	495.39	879.01	2940.00	3465.27	3728.96	7580.9	5155.83	7332.78	2068.55	1473.54

注:2014年城镇居民家庭收入和农村居民家庭收入,数据为新口径,未扣除生产费用

13-5 城镇居民家庭分组收入情况

单位:元/人

	低收入户	较低收入户	中间收入户	较高收入户	高收入户
家庭总收入	**10269.05**	**16232.24**	**22280.80**	**29877.71**	**46632.60**
可支配收入	9038.03	15159.89	21004.50	28377.99	44515.82
工薪收入	5754.37	10196.01	13171.40	16966.99	24844.20
工资及补贴收入	5549.73	9789.75	12838.94	16330.36	23626.09
其他劳动收入	204.64	406.26	332.46	636.63	1218.10
经营性收入	2388.82	1275.70	1539.10	1214.95	558.21
财产性收入	816.34	1633.43	3035.32	2368.73	4104.80
利息收入	17.02	12.06	49.43	73.25	169.90
出租房屋收入	294.83	822.10	1273.84	241.77	147.04
知识产权收入					
转移性收入	1309.53	3127.10	4534.99	9327.03	17125.39
养老金或离退休金	492.89	2381.73	3620.92	8557.27	15357.94
社会救济收入	312.79	131.40	2.94	8.64	
保险收入					
赡养收入	13.68	20.87	127.76	201.71	509.31
亲友搭伙费					
其他转移性收入	85.15	210.02	383.06	180.57	202.06
出售财物收入	38.70	545.75		2.13	0.06
出售住房收入					
借贷收入	1294.94	345.55	1071.17	1281.89	3293.04
提取储蓄存款	1169.08	295.35	928.83	1248.15	2531.25
借入款	108.89	50.21	142.35	20.58	338.57
收回借出款	2.74			13.17	
收回储蓄性保险本					
住房贷款					

13-6 城镇居民家庭分组支出情况

单位:元/人

	低收入户	较低收入户	中间收入户	较高收入户	高收入户
家庭总支出	**11677.15**	**16203.72**	**19999.04**	**25643.35**	**45913.98**
消费支出	8753.80	12302.39	15906.21	20145.82	31179.95
服务性消费支出					
食品烟酒	2869.31	4310.73	5307.56	6629.40	9040.48
衣着	768.60	1307.06	1520.38	1971.44	3235.47
居住	1822.62	2509.91	3558.06	4960.74	6975.31
生活用品及服务	439.19	784.30	1042.84	1325.42	1911.36
交通通信	843.27	1028.75	1450.93	1776.50	3109.30
教育文化娱乐	1055.04	1296.50	1634.91	1472.72	3598.66
医疗保健	809.04	710.49	1038.86	1632.59	2074.38
其他用品和服务	146.73	354.65	352.66	376.99	1234.98
购房与建房支出	36.40	224.32	75.02		2515.11
购房	27.36				2515.11
建房	9.04	224.32	75.02		
转移性支出	418.17	596.21	765.31	1020.14	2077.64
交纳的个人收入税	0.10	8.01	3.95	45.43	356.25
购买彩票	1.76	1.66	1.51	5.19	37.30
赡养支出	19.43	35.99	36.87	105.64	222.43
各种非储蓄性保险支出	1.68	16.05	27.19		1451.03
其他转移性支出	26.71	25.78	73.11	79.92	160.91
财产性支出	0.55		1.78	2.67	6.53
社会保障支出	371.94	526.42	651.38	789.15	1338.05
借贷支出	998.22	1059.52	1274.82	2280.99	5011.66

13-7 城镇居民家庭人均全年购买商品量

单位:公斤/人

	低收入户	较低收入户	中间收入户	较高收入户	高收入户
大米	15.50	26.77	25.78	27.29	28.00
面粉	43.56	41.38	39.62	30.80	37.91
食用植物油	10.92	12.98	13.73	13.55	17.86
猪肉	10.00	12.57	15.43	15.83	17.94
牛肉	0.84	2.14	2.14	3.40	4.85
羊肉	1.16	1.90	1.98	2.25	3.60
鸡	2.07	3.46	3.94	4.01	4.36
鸭	0.06	0.04	0.19	0.38	0.15
鲜蛋	5.72	7.63	9.15	9.67	10.87
鱼	1.42	3.62	3.66	4.78	6.14
虾	0.07	0.17	0.37	0.49	1.07
鲜菜	65.31	94.66	97.35	121.27	136.30
白酒	0.85	1.19	1.72	1.90	3.14
果酒	0.11	0.13	0.17	0.07	0.08
啤酒	4.47	6.27	6.59	3.70	2.74
瓶装饮用水	3.73	6.96	8.16	15.27	27.91
鲜瓜果	34.78	48.58	54.28	70.35	76.32
糕点	1.69	2.15	2.89	3.63	3.95
鲜乳品	13.39	14.24	22.18	21.55	28.19
水(吨)	20.32	27.07	33.67	53.32	61.15
电(千瓦时)	341.48	503.39	596.50	608.57	838.89

13-8城镇居民家庭消费品每百户拥有量

	低收入户	较低收入户	中间收入户	较高收入户	高收入户
摩托车(辆)	25.49	16.04	13.83	3.16	8.44
助力车(辆)	24.60	11.76	10.64	6.32	0.00
家用汽车(辆)	18.18	4.28	12.77	5.26	20.84
洗衣机(台)	97.86	100.36	96.81	97.89	97.89
电冰箱(台)	90.37	89.66	92.55	101.05	97.89
彩色电视机(台)	117.11	100.36	104.26	97.89	105.28
家用电脑(台)	22.28	41.71	60.64	65.26	72.56
组合音响(套)	4.28	7.49	12.77	9.47	9.50
摄像机(架)	1.07	4.28	3.19	6.32	10.29
照相机(架)	5.17	19.07	32.98	44.21	51.72
钢琴(架)					
其他中高档乐器(件)		1.07	3.19	6.32	4.22
微波炉(台)	20.86	38.32	57.45	71.58	85.22
空调器(台)	3.03	2.14	11.70	17.89	21.11
淋浴热水器(台)	43.67	60.96	64.89	81.05	82.06
消毒碗柜(台)				2.11	3.17
洗碗机(台)	1.07				1.06
健身器材(套)	0.00	1.07			3.17
固定电话(部)	41.53	62.92	60.64	64.21	63.06
移动电话(部)	241.71	201.96	218.09	201.05	196.83
接入互联网的移动电话(部)	56.68	75.94	70.21	92.63	75.73
接入有线电视网络的电视机(台)	65.24	60.96	77.66	83.16	95.78
接入互联网的计算机(台)	13.90	20.32	40.43	54.74	56.73

13-9 城镇居民家庭人均全年购买的主要商品数量

	1995	2000	2007	2008	2009	2010	2011	2012	2013	2014
粮食（千克）	101.81	79.88				93.73	80.39	81.21	86.12	86.67
鲜菜（千克）	133.06	186.66	112.52	114.60	116.76	134.96	123.85	123.73	102.85	112.24
食用植物油（千克）	8.40	9.28	12.10	12.78	12.65	12.26	10.54	11.28	14.28	14.21
猪肉（千克）	15.14	14.54	11.49	11.21	12.98	13.79	13.05	15.46	14.02	13.25
牛羊肉（千克）	2.82	4.19	4.59	4.21	53.51	5.05	4.00	3.50	5.12	5.34
家禽（千克）	3.33	4.28	3.74	3.32	3.52	3.82	5.61	5.63	4.70	5.29
鲜蛋（千克）	9.19	9.12	10.17	9.74	9.77	9.97	9.85	10.66	9.69	9.4
水产品（千克）	5.82	4.85	5.43	4.37	4.77	5.09	4.47	4.48	5.68	5.52
酒（千克）	3.91	5.71	5.58	3.41	4.40	4.86	4.96	6.27	6.05	5.43
服装（件/人）	4.69	6.11	6.11	6.55	7.84	8.03	7.74	8.12		
衣着材料（元/人）	62.35	23.40	13.14	14.54	16.28	17.74	16.66	14.64	8.35	8.31
鞋类（双）	2.38	2.61	2.36	2.56	2.87	2.73	2.81	2.98	2.58	3.05

13-10 城镇居民家庭平均每百户年底耐用消费品拥有量

	1995	2000	2007	2008	2009	2010	2011	2012	2013	2014
家用电脑（台）		28	38.00	41.58	42.86	46	60.47	65	48.53	52.59
钢琴（台）		18	1.00	1.32	1.33	1.33	1	2.33		
微波炉（台）		48	51.00	46.86	53.82	54.33	50.5	52.33	57	54.89
空调器（台）		9	2.67	8.58	6.64	6	7.97	10.67	11.2	11.22
洗衣机（台）	272	288	99.33	95.38	97.34	98	96.35	97.67	96.47	98.23
电冰箱（台）	223	256	97.67	90.43	93.69	94.67	92.36	95	92.2	94.4
彩色电视机（台）	262	441	114.00	106.93	107.31	108.33	104.65	105.33	99.73	105.03
照相机（台）	92	138	33.67	25.08	28.57	28	25.58	29.33	33	30.7
汽车（台）			0.33	2.31	1.66	2.33	6.31	8	8	12.27

13-11 农村居民家庭基本情况

	1995	2000	2008	2009	2010	2011	2012	2013	2014
调查户数(户)	849	655	1020	1020	1020	550	550	422	343
平均每户常住人口(人)	4.86	4.44	4.18	4.14	4.14	3.97	3.95	4.03	4.11
平均每户整半劳动力(人)		2.91	2.72	2.75	2.77			2.79	2.52
平均每个劳动力负担人口(含本人)(人)	2	2	2	2	2			1.5	1.6
平均每人年总收入(元)	1603	2569	4371	4905	5567	6271	7598	8733	10785
平均每人年纯收入(元)	1143	2005	3502	4001	4587	5252	6224	7114	8067
平均每人年现金收入(元)	1245	1973	3710	4349	4904	5823	7010	8437	9932
平均每人年总支出(元)	1615	2046	3769	4255	4740	5572	6687	8277	11182
平均每人全年现金支出(元)	1204	1703	3252	3690	4130	5211	6387	7918	9714

13-12 农村居民家庭生活基本情况

	人均纯收入(元)	人均生活费支出(元)	人均居住面积(平方米)
1979	92.17	79.17	
1980	96.03	82.17	
1981	99.38	91.1	
1982	107.55	88.31	
1983	181.6	142.75	5.56
1984	261.27	201.45	10.22
1985	352.77	269.54	9.93
1986	385.85	333.1	11.97
1987	411.65	356.64	13.29
1988	461	412.41	14
1989	490	452.46	14.1
1990	563	460.39	17.2
1991	603	521.48	15.7
1992	650	531.16	17.4
1993	723	575.83	16.27
1994	882	748.2	16.52
1995	1142	1121.29	17.21
1996	1366	1219	17.4
1997	1563	1190	18.12
1998	1738	1168.87	19.59
1999	1923.66	1137.29	16.91
2000	2005	1409.97	17.21
2001	2134	1444.24	16.59
2002	2268	1494.02	16.69
2003	2397.63	1540.08	24.74
2004	2550	1872	20.34
2005	2712.69	1693.49	22.32
2006	2898.31	2136.65	21.94
2007	3102.64	2420.03	22.37
2008	3502.73	2842.78	22.9
2009	4001.04	3317.33	24.26
2010	4587	3686	25
2011	5252	4331	24
2012	6224	5019	31
2013	7114.08	6186.26	33.99
2014	8067.3	7130.27	31

13-13农村住户总收入

单位:元

	1995	2000	2008	2009	2010	2011	2012	2013	2014
总收入	**1602.61**	**2568.79**	**4371.03**	**4904.8**	**5567**	**6271.00**	**7597.87**	**8732.82**	**10785.18**
工资性收入	307.58	731.89	1677.53	1947.46	2226	2642.90	3316.22	3815.07	4141.60
在非企业组织中的劳动收入	72.43	308.20	345.28	339.34	366	284.01	354.46		
在本地企业中得到的收入	201.47	270.20	786.56	993.97	1183	1790.23	2211.61		
外出从业收入		105.83	545.69	614.16	678	568.67	750.15		
经营性收入	1206.98	1653.66	2286.55	2482.48	2767	2964.24	3432.82	3614.40	5114.38
农业收入	709.05	929.62	1695.30	1787.12	1985	2149.00	2578.75	2507.07	3066.23
林业收入	7.12	1.30	6.66	7.21	13	31.62	42.38	16.52	6.94
牧业收入	173.47	121.21	237.93	278.81	314	147.87	158.16	310.16	484.20
渔业收入			1.02	1.32			0.06	0.44	
工业收入	12.16	25.32	6.47	9.94	16	5.32			
建筑业收入	29.59	99.65	17.32	24.00	398	33.23	11.53	29.59	27.6
运输业、邮电业收入	71.86	155.44	151.90	150.73	176	223.28	271.61	228.66	339.72
批发和零售业、住宿和餐饮业	50.74	44.18	93.40	111.88	105	224.46	287.74	412.30	1028.20
居民服务、修理和其他服务业	22.51	39.60	25.35	42.37	47	82.80	40.84	73.35	113.58
其他家庭经营收入	129.33	229.64	41.63	56.80	53	56.83	36.70	36.30	33.39
转移性收入	61.93	83.38	198.66	250.68	291	333.30	434.63	689.71	1409.90
财产性收入	26.13	99.86	208.28	224.18	283	331.36	414.20	613.64	119.30
平均每人纯收入	1143	2005.02	3502.73	4001.04	4587	5252.13	6224.32	7114.08	8067.30
工资性收入	307.58	731.89	1677.53	1947.46	2226	2642.90	3316.22	3815.07	4352.61
在非企业组织劳动得到收入	72.43	308.20	345.28	339.34	366	284.01	354.46		
在本乡地域劳动得到收入	201.47	270.20	786.56	993.97	1183	1790.23	2211.61		
外出从业得到收入		105.83	545.69	614.16	678	568.67	750.15		
家庭经营纯收入		1068.13	1429.29	1589.63	1806	1963.50	2067.67	2171.16	2439.31
第一产业纯收入		702.72	1138.03	1259.70	1430	1453.45	1690.04	1664.60	
第二产业纯收入		98.84	17.65	24.39	41	25.53	9.30	2.27	
第三产业纯收入		266.57	273.61	305.54	334	484.52	368.33	504.29	
财产性纯收入		97.08	208.28	224.18	283	331.36	414.20	613.64	697.61
转移性纯收入		75.91	187.62	239.76	272	314.77	426.24	514.21	577.77
现金纯收入			3027.31	3666.20	4182	4966.54	5824.06	6893.89	
实物纯收入			475.42	334.83	406	285.59	400.25	220.19	

13-14农村住户总支出

单位:元

	1995	2000	2008	2009	2010	2011	2012	2013	2014
总支出	**1615.08**	**2045.87**	**3769.08**	**4254.63**	**4740**	**5572**	**6686.70**	**8276.9**	**11181.74**
家庭经营费用支出	388.99	432.74	736.69	747.71	811	798	1072.21	1172.97	1676.12
农业生产支出	261.87	277.75	524.46	515.65	558	620	734.35	814.13	883.34
林业生产支出	2.13	1.04	6.18	5.08	8	20	30.23	16.4	7.40
牧业生产支出	68.69	60.29	171.43	181.97	204	69	108.15	164.33	202.59
渔业生产支出	0	0.84	0.05	0.1			0.03	1	0.29
工业生产支出	0.97	2.36	0.21	0.23				0	4.79
建筑业生产支出	2.81	23.77	4.88	8.29	8	13	2.14	3.08	4.79
运输业、邮电业支出	31.54	53.63	23.82	22.53	25	24	62.68	41.9	65.49
批发和零售业住宿、餐饮业支出	6.88	3.09	2.48	3.3	3	42	120.70	95.83	497.27
居民服务、修理和其他服务业	4.1	3.88	0.98	0.93	2	3	7.78	8.65	4.87
其他家庭经营支出	9.93	5.31	2.12	7.24	1	6	6.02	0.78	0.17
购置资产及非经常性转移支出	49.9	63.52	62.69	64.95	85	78	101.46	461.96	1496.91
缴纳税金	22.15	10.75	0.75	2.32		1	0.12		
生活消费支出	1108.63	1409.97	2842.78	3317.33	3686	4331	5018.93	6186.26	7130.27
财产性支出	0	2.78	2.21	11.66	5		8.91	0.98	4.40
转移性支出	37.91	110.84	122.57	106.49	152	364	485.08	445.1	188.88

13-15农村居民家庭平均每人生活消费支出

单位:元

	2000	2008	2009	2010	2011	2012	2013	2014
生活消费支出	**1409.97**	**2842.78**	**3317.33**	**3686**	**4331**	**5018.93**	**6186.26**	**7130.27**
按消费类别分								
食品烟酒	611.96	1284.87	1405.63	1624	1831	2052.16	2374.44	2513.22
其他食品	115.37	138.05	162.87	199	216	256.30	246.56	
在外饮食	36.48	151.37	176.8	196	220	274.42	292.65	
衣着	105.63	203.53	245.09	305	413	476.14	526.39	498.63
居住	236.62	432.17	539.44	622	695	931.95	1196.14	1564.09
生活用品及服务	63.69	109.89	180.15	197	267	318.36	366.78	361.58
交通和通讯	55.43	266.01	308.34	290	367	423.95	542.39	782.97
教育文化娱乐	170.48	303.4	341.63	334	215	339.48	467.47	681.14
医疗保健	119.41	208.09	234.82	250	452	382.50	536.74	544.91
其他用品和服务	46.74	34.82	62.22	63	90	94.40	175.92	183.72
其他用品	7.47	16.6	33.77	38	69	71.89	125.94	82.91
其他服务	39.27	7.05	9.26	25	21	22.51	49.45	100.81
货币性消费	1141.94	2449.99	2900.76	3256	4030	4760.18	5888.1	5732.94
食品	360.97	892.25	989.09	1194	1531	1794.17	2084.81	2030.52
衣着	105.61	203.53	245.09	305	413	476.14	525.67	498.63
居住	219.62	432.11	539.42	622	695	931.19	1193.44	783.02
家庭设备用品及服务	63.67	109.87	180.14	197	267	318.36	364.21	356.70
医疗保健	119.41	208.09	234.82	250	452	382.50	536.03	426.69
交通通讯	55.43	266.01	308.34	290	367	423.95	542.39	773.27
文教娱乐用品及服务	170.48	303.4	341.63	334	215	339.48	466.17	681.14
其他商品及服务	46.74	34.72	62.22	63	90	94.40	175.39	182.98
商品性支出	7.47	16.5	33.77	38	69	71.88	125.94	82.91
服务支出	39.27	18.23	28.45	25	21	22.51	49.45	100.07

13-16农村居民家庭平均每人生活消费支出构成

单位:%

	2000	2008	2009	2010	2011	2012	2013	2014
生活消费支出	**100.00**	**100.00**	**100.00**	**100.00**	**100.00**	**100.00**	**100.00**	**100.00**
按消费类别分								
食品	43.4	45.20	42.37	44.06	42.27	40.89	38.38	35.25
其他食品	18.85	4.86	4.91	5.40	4.99	5.11	3.99	
在外饮食	5.96	5.32	5.33	5.32	5.08	5.47	4.73	
衣着	7.49	7.16	7.39	8.27	9.54	9.49	8.51	6.99
居住	16.78	15.20	16.26	16.87	16.05	18.57	19.34	21.94
家庭设备用品及服务	4.52	3.87	5.43	5.34	6.16	6.34	5.93	5.07
医疗保健	8.47	7.32	7.08	6.78	10.44	7.62	8.68	10.98
交通和通讯	3.93	9.36	9.29	7.87	8.47	8.45	8.77	9.55
文教娱乐用品及服务	12.09	10.67	10.30	9.06	4.96	6.76	7.56	7.64
其他商品和服务	3.31	1.22	1.88	1.71	2.07	1.88	2.84	2.58
商品性支出	0.53	0.58	1.02	1.03	1.59	1.43	2.04	1.16
服务支出	2.79	0.25	0.28	0.68	0.48	0.45	0.80	1.41
货币性消费	100	100.00	100.00	100.00	100.00	100.00	100.00	100.00
食品	31.61	36.42	34.10	36.67	37.99	37.69	35.41	35.42
衣着	9.25	8.31	8.45	9.37	10.25	10.00	8.93	8.7
居住	19.23	17.64	18.60	19.10	17.24	19.56	20.27	13.66
家庭设备用品及服务	5.58	4.48	6.21	6.05	6.62	6.69	6.19	6.22
医疗保健	10.46	8.49	8.10	7.68	11.21	8.04	9.10	7.44
交通通讯	4.85	10.86	10.63	8.91	9.11	8.91	9.21	13.49
文教娱乐用品及服务	14.93	12.38	11.78	10.26	5.33	7.13	7.92	11.88
其他商品及服务	4.09	1.42	2.14	1.93	2.23	1.98	2.98	3.19
商品性支出	0.65	0.67	1.16	1.17	1.71	1.51	2.14	1.44
服务支出	3.44	0.74	0.98	0.77	0.52	0.47	0.84	1.75

13-17农村居民家庭平均每人主要消费品消费量

	1995	2000	2008	2009	2010	2011	2012	2013	2014
粮食(原粮)(千克)	196.8	216.24	200.4	182.45	182.45	147.96	150.52	138.63	159.81
蔬菜(千克)	110.07	35.64	41.44	62.43	62.43	53.12	41.47	59.49	68.42
食油(千克)	14.26	5.46	6.21	5.45	5.45	7.65	8.21	10.69	14.83
猪牛羊肉(千克)	17.88	12.56	13.14	16.64	18.84	13.94	11.68	16.1	17.25
家禽(千克)	1.01	0.21	1.31	1.42	1.42	1.8	1.86	2.07	2.58
蛋及蛋制品(千克)	3.72	2.03	3.47	3.23	3.23	4.18	4.96	4.73	5.23
鱼虾(千克)	0.88	0.56	1.05	0.96		0.97	1.08	0.92	1.08
食糖(千克)	0.86	1.08	4.35	1.2	1.2	0.97	1.32	2.06	2.2
酒(千克)	3.55	4.96	6.14	7.49	7.49	8.04	9.17	7.87	10.28

13-18农村居民家庭平均每百户年底耐用消费品拥有量

	1995	2000	2007	2008	2009	2010	2011	2012	2013	2014
自行车(辆)	131.22	150.96	103.57	104.41	104.22		76.83	75.77	23.46	
空调机(台)			1.87	2.16	1.86	1.57	1.7	0.9	0.95	1.17
洗衣机(台)	48.6	66.6	85.35	90.2	96.27	96.67	96.21	98.58	89.34	92.13
家用电冰箱(台)	4.86	8.88	24.75	37.54	44.02	40.78	56.08	66.65	62.8	67.64
摩托车(辆)	4.86	4.44	23.72	30.2	32.94	39.22	32.62	40.66	44.08	62.39
黑白电视机(台)	63.18	48.84	10.10	10.88	4.41	4.51	1.3	0.95		
彩色电视机(台)	24.3	62.16	97.69	111.37	110.59	112.16	111.81	105.12	111.14	116.33
影碟机(台)		28.70	38.13	46.67	44.61		32.34	25.35		
中高档乐器(台)			0.50	1.08	1.08		0.06	0.97	0.24	
照相机(架)	4.86	4.44	7.50	9.02	11.47	6.76	6	7.09	2.37	4.08

13-19 农村居民家庭平均每户年末生产性固定资产原值

单位:元

	1995	2000	2007	2008	2009	2010	2011	2012	2013
合计	**2037**	**5473**	**7101**	**7512**	**8869**	**9311**			
役畜、产品畜	468	620	785	965	1267.34	1213.02	328.9	471.09	573.6
大中型铁木农具	146	289	239	297	291.12	434.7	483.77	478.33	744.81
农林牧渔业机械	262	1498	2424	2529	2628.15	2587.5	2618	2723.3	4240.45
工业机械	32	141	50	66	18.67	12.42			
运输机械	796	1133	564	694	1084.72	1035	1245	2883.8	2142.86

13-19 农村居民家庭期末农业生产性固定资产原价(续一)

单位:元

	2014
期末农业生产性固定资产原价	
农业固定资产原价	3045.08
生产性用房及建筑物	1155.86
役畜	136.50
农业设施	260.11
农业机械	1370.59
林业固定资产原价	28.99
生产性用房及建筑物	
机械设备	28.99
牧业固定资产原价	231.47
生产性用房及建筑物	81.67
产品畜	149.81
渔业固定资产原价	
农林牧渔服务业固定资产原价	1.50

13-20 农村居民家庭平均每百户拥有主要生产性固定资产数量

	1995	2000	2007	2008	2009	2010	2011	2012	2013	2014
汽车(辆)	1.88	4.05	1.74	2.65	3.43	2.16	2.88	5.19		
大中型拖拉机(台)	2.12	1.05	4.14	2.35	3.04	7.16	5.24	6.88	4.03	3.21
小型和手扶拖拉机(台)	18.61	32.70	39.67	33.33	34.02	35.1	25.86	28.56	46.45	52.19
机动脱粒机(台)	0.59	0.45	1.08	2.55	0.88	0.69	1.15	5.88	5.21	3.79
胶轮大车(辆)	4.48	16.26	0.84	1.96	2.06	1.47	4.82	2.04		
农用水泵(台)	0.24	1.60	5.13	4.22	4.02	4.22	1.64	2.83		0.58
役畜(头)	25.44	36.00	27.01	20.29	21.86	24.8	8.57	7.59	3.55	5.54
产品畜(头)	8.24	9.12	19.57	29.22	25.59	30.88	15.87	19.45	60.19	229.15

13-21 农村住户建房和居住情况

	1995	2000	2008	2009	2010	2011	2012	2013	2014
建房情况(户均)									
年内新建房屋面积(平方米)	1.35	2.99	1.4	2.82	1.33	1.6	2.90	0.83	0.58
年内新建房屋价值(元)	406.35	430.54	968.23	1688.5	892.74	1162.23	2214.24	1314.29	1107.87
砖木结构面积(平方米)		1.08	0.71	1.7	1.01	0.23	1.27		
钢筋混凝土结构面积(平方米)		1.78	0.68	1.04	0.23	1.36	1.61	0.83	
居住情况(户均)									
年末住房面积(平方米)	77.47	83.94	112.21	100.44	97.77	108.03	125.28	147.36	129.72
砖木结构面积(平方米)	26.68	41.78	46.65	48.93	51.05	42.13	57.93	45.25	
钢筋混凝土结构面积(平方米)	4.33	22.40	49.94	33.91	33.40	59.32	54.27	82.71	
年末住房价值(元)	6270.00	6622.00	47197	41281	40646	66305	102512	133600	133917
人均指标									
平均每人年末居住住房面积(平方米)	17.21	17.21	22.9	24.26	24.00	27	31.41	33.99	30.95
平均每人年内新建房屋面积(平方米)	0.28	0.65	0.33	0.68	0.66	0.4	0.72	0.21	0.24

13-21 农村住户建房和居住情况(续一)

	单位	2014
期末拥有房屋情况		
期末拥有房屋面积	平方米	31.59
自有现住房面积	平方米	30.95
出租住房面积	平方米	0.57
出租商用建筑物面积	平方米	
偶尔居住房面积	平方米	
空宅或其他用途房面积	平方米	0.07
期末拥有房屋价值	万元	2.78
自有现住房市场价估计值	万元	2.58
出租住房市场价估计值	万元	0.16
出租商用建筑物市场价估计值	万元	
偶尔居住房市场价估计值	万元	
空宅或其他用途房市场价估计值	万元	0.04
期末拥有房屋市场价月租金	元	69.89
自有现住房市场价月租金	元	65.00
出租住房市场价月租金	元	4.88
出租商用建筑物市场价月租金	元	

13-22 各县区家庭户的住房面积

	调查户户数(户)	调查户人数(人)	人均住房居住住房面积(平方米/人)
兰州市	343	1343.75	30.95
城关区	30	99.5	50.69
七里河区	33	149	20.49
西固区	30	106.25	41.33
安宁区	—	—	—
红古区	30	126	48.71
永登县	70	253.75	30.26
皋兰县	70	274.75	28.01
榆中县	80	334.5	31.21

13-23各县区农民人均纯收入

单位:元/人

	2005	2007	2008	2009	2010	2011	2012	2013	2014
兰州市	**2713**	**3102**	**3503**	**4001**	**4587**	**5252**	**6224**	**7114**	**8067**
城关区	7373	8774	9759	10942	12381	14176	16274	18431	20919
七里河区	4274	4898	5450	6108	6905	7899	9558	10825	12297
西固区	4727	5358	6018	6741	7587	8702	10128	11466	13014
安宁区	4732	5435	6158	6961	7869	9034	10514	11963	-
红古区	4630	5309	5904	6615	7480	8505	10155	11485	12977
永登县	2071	2374	2692	3106	3524	4053	4899	5642	6382
皋兰县	2113	2448	2790	3207	3705	4257	5083	5758	6512
榆中县	1866	2084	2392	2748	3156	3582	4263	4910	5558

主要统计指标解释

城镇居民家庭总收入　指被调查城市居民家庭调查户中生活在一起的所有家庭成员在调查期得到的工资性收入、经营性收入、财产性收入、转移性收入的总和,不包括出售财物和借贷收入。

城镇居民家庭可支配收入　指被调查的城市居民家庭可用于最终消费支出和其它非义务性支出以及储蓄的总和,即居民家庭可以用来自由支配的收入。它是家庭总收入扣除经营性支出、交纳的个人所得税、个人交纳的社会保障费以及调查户的记账补贴后的收入。

城市居民家庭消费性支出　指被调查的城市居民家庭用于本家庭日常生活的全部支出,包括食品、衣着、居住、家庭设备用品及服务、医疗保健、交通和通信、娱乐教育文化服务、其它商品和服务八大类等。包括用于赠送的商品或服务。不包括罚没、丢失款和缴纳的各种税款(如个人所得税、牌照税、房产税等),也不包括个体劳动者生产经营过程中发生的各项费用。

城镇居民家庭全部收入　指被调查城市居民家庭全部实际收入,包括经常或固定得到的收入和一次性收入。不包括周转性收入,如提取银行存款、向亲友借款、收回借出款以及其他各种暂收款。

农村居民家庭纯收入　指农村常住居民家庭总收入中,扣除从事生产和非生产经营费用支出、缴纳税款和上交承包集体任务金额以后剩余的,可直接用于进行生产性、非生产性建设投资、生活消费和积蓄的那一部分收入。农村居民家庭纯收入包括从事生产性和非生产性的经营收入,在外人口寄回带回和国家财政救济、各种补贴等非经营性收入;既包括货币收入,又包括自产自用的实物收入。但不包括向银行、信用社和向亲友借款等属于借贷性的收入。

农村居民家庭生活消费支出　指农村常住居民家庭用于日常生活的全部开支,是反映和研究农民家庭实际生活消费水平高低的重要指标。

十四、市州主要经济指标

14－1 地区生产总值

单位:亿元、%

	地区生产总值	第一产业增加值	第二产业增加值	第三产业增加值	地区生产总值构成	第一产业增加值	第二产业增加值	第三产业增加值
全　国	636463	58332	271392	306739	100	9. 17	42. 64	48. 19
全　省	6835. 27	900. 8	2924. 86	3009. 61	100	13. 18	42. 79	44. 03
兰州市	2000. 94	52. 44	824. 89	1123. 61	100	2. 62	41. 23	56. 15
嘉峪关市	243. 06	4	169. 65	69. 44	100	1. 65	69. 80	28. 57
金昌市	245. 64	17. 41	170. 3	57. 96	100	7. 09	69. 33	23. 60
白银市	497. 58	57. 11	251. 05	189. 42	100	11. 48	50. 45	38. 07
天水市	496. 89	90. 65	193. 02	213. 22	100	18. 24	38. 85	42. 91
酒泉市	620. 24	81. 71	292. 49	246. 04	100	13. 17	47. 16	39. 67
张掖市	353. 43	94. 33	121. 49	137. 6	100	26. 69	34. 37	38. 93
武威市	405. 97	94. 71	172. 89	138. 37	100	23. 33	42. 59	34. 08
定西市	267. 94	74. 95	70. 45	122. 54	100	27. 97	26. 29	45. 73
陇南市	262. 53	66. 23	69. 38	126. 92	100	25. 23	26. 43	48. 34
平凉市	350. 53	85. 08	134. 3	131. 15	100	24. 27	38. 31	37. 41
庆阳市	668. 93	80. 62	424. 1	164. 17	100	12. 05	63. 40	24. 54
临夏州	186. 05	35. 23	49. 64	101. 18	100	18. 94	26. 68	54. 38
甘南州	114. 92	25. 89	28. 3	60. 72	100	22. 53	24. 63	52. 84

14－2 地区生产总值指数

单位:亿元、%

	地区生产总值	第一产业增加值	第二产业增加值	第三产业增加值
全　国	7.4	4.1	7.3	8.1
全　省	8.9	5.6	9.2	9.5
兰州市	10.4	6.3	9.1	11.8
嘉峪关市	10	5.3	11.3	5.8
金昌市	7.8	5.2	7.9	7.5
白银市	8.9	5.68	10.4	7.1
天水市	8.9	6.2	11.3	7.6
酒泉市	7.8	5.63	8.1	7.9
张掖市	8	5.4	8.1	9.6
武威市	9.1	6	11.3	8.3
定西市	9.2	5.46	11.7	9.8
陇南市	9	6.2	10.5	9.2
平凉市	8	6.4	7.5	9.1
庆阳市	10.2	5.8	11.4	8.9
临夏州	10.9	5.94	12.5	11.8
甘南州	6.7	5.1	7.7	6.8

14－3 工业、投资主要指标

单位：亿元、%

	全部工业增加值		规模以上工业增加值		建筑业增加值		固定资产投资总额	
	总量	增速	总量	增速	总量	增速	总量	增速
全　国	227991	7	—	8.3	44725	8.5	502005	15.7
全　省			2070	8.4			7759.6	21.1
兰州市	594.3	8.2	565	8.1	234.9	11.6	1610.7	22.3
嘉峪关市	160.69	11.4	147.84	11.3	8.96	11.3	125.2	21.63
金昌市	142.5	7.6	139.9	7.6	27.78	11.3	247.16	22.5
白银市	204.67	10.2	161.05	10	46.38	11.5	428.44	21.71
天水市	132.11	11	113.2	10.5	60.91	11.9	537.76	21.42
酒泉市	229.36	7.4	202.8	6.8	63.13	11.7	1003.7	21
张掖市	85.23	6.9	66.59	5.4	36.27	11.7	275.69	21.45
武威市	119.72	11.4	97.05	10.8	46.38	11.6	549.8	22.17
定西市	42.41	11.6	26.8	10.2	28.04	11.7	500.59	21.1
陇南市	43.91	10.1	40.1	10	25.47	11.9	532.85	21.42
平凉市	97.23	6.5	83.46	5	37.07	11.9	537.56	21.39
庆阳市	387.7	11.4	371	11.2	36.44	11.5	968.27	21.5
临夏州	31.64	12.9	19.49	7.8	18	11.5	263.73	21.66
甘南州	25.1	7.3	11.6	1.1	3.19	11.3	178.22	1.9

14－4 消费、财政收入主要指标

单位:亿元、%

	社会消费品零售总额		财政收入		公共财政预算收入		公共财政预算支出	
	总量	增速	总量	增速	总量	增速	总量	增速
全 国	262394	12						
全 省	2410.4	12.6	1234.54	11.59	672	13.6	2538.41	9.91
兰州市	944.86	12.7	467.48	18.4	152.33	22.34	280.1	15.6
嘉峪关市	42.53	12.7	50.86	26.27	15.8	3.2	22.1	-2.15
金昌市	64.64	12.6	48.74	39.5	17.99	13.34	50.3	30.23
白银市	152.35	12.8	52.73	4.74	26	7.83	114.58	-2.68
天水市	224.29	12.7	100.18	15.75	31.83	15.3	179.5	3.2
酒泉市	156.82	12.6	93.6	9.6	32.2	20.7	105	8.57
张掖市	118.37	12.4	48.07	19.95	22.14	32.37	107.8	11.82
武威市	131.7	12.7	36.68	15.85	22.2	20.9	149.61	12.15
定西市	92.4	12.5	38.33	25.05	21.5	26.3	180.3	1.89
陇南市	72.27	12.7	49.28	18.17	23.89	25.19	164.4	2.57
平凉市	152.71	12.7	46.28	9.4	24.09	19.1	137.9	2.11
庆阳市	164	12.6	149.3	-3.2	61.5	-3.4	185.7	1.27
临夏州	60.05	12.8	25.42	15.99	14.2	23.2	155.5	3.49
甘南州	33.42	12.3	16.85	5.7	10.32	10.6	116.69	6.81

14－5 城乡人民收入

单位:元、%

	城镇居民可支配收入		农民人均纯收入		居民消费价格指数	
	总量	增速	总量	增速	总量	增速
全　国	28844	6.8	9892	9.2	102	2
全　省	20804	9.7	5736	12.3	102.1	2.1
兰州市	23030	10.9	8067	13.4	102.2	2.2
嘉峪关市	26894	10.7	13809	11.8	102.6	2.6
金昌市	26260	10.4	9900	11.7	101.6	1.6
白银市	20053	9.7	5777	12.4	101.9	1.9
天水市	18565	9.9	4982	13.6	102.2	2.2
酒泉市	24651	10.1	12142	11.9	102.4	2.4
张掖市	17386	9.5	9489	12.1	102.6	2.6
武威市	19036	9.6	7834	12.5	101.6	1.6
定西市	17217	9.5	4600	12.6	102.4	2.4
陇南市	17001	9.3	4024	13.8	102.4	2.4
平凉市	19086	10	5395	12.7	101.8	1.8
庆阳市	20637	10	5499	12.5	101.9	1.9
临夏州	13778	9.2	4127	13.8	101.5	1.5
甘南州	16421	9	4589	12.2	102.8	2.8

十五、全国主要指标对比

15－1 地区生产总值

单位:亿元、%

	地区生产总值		第一产业	
	累计	增速	累计	增速
直辖市				
北京	21330.83	7.3	159	-0.1
上海	23560.94	7	124.26	0.1
天津	15722.47	10	201.53	2.8
重庆	14265.4	10.9	1061.03	4.4
省会城市				
兰州	2000.34	10.4	52.44	6.3
*西安	5474.77	9.9	214.55	5.1
西宁	1077.14	13.5	37.75	5.4
银川	1395.67	9.5	56.66	5.3
乌鲁木齐	2510	10.5	30	5.6
*成都	10056.6	8.9	370.8	3.6
贵阳	2492.27	13.9	108.02	6.6
昆明	3712.99	8.1	187.57	6.2
呼和浩特	2894.05	8	125.46	3.1
南宁	3148.3	8.5	355.09	4.3
福州	5169.16	10.1	416.09	4.6
*广州	16706.87	8.6	237.52	1.8
海口	1005.51	9.2	54.58	-2.4
*哈尔滨	5332.7	6.9	639.8	7
*沈阳	7098.7	6	325.3	3.2
*武汉	10069.48	9.7	350.06	5
*南京	8820.75	10.1	223.96	3.5
*长春	5382	6.6	340.1	4.7
杭州	9201.16	8.2	274.36	1.8
*济南	5770.6	8.8	299.11	4.2
南昌	3667.96	9.8	166.1	4.7
长沙	7824.81	10.5	318.04	4.5
合肥	5158	10	257.6	4.8
太原	2531.09	3.3	38.93	4.3
郑州	6782.98	9.5	149.52	3.1
石家庄	5100.2	7.9	488.3	2.6
其他城市				
*大连	7655.58	5.8	441.83	2.9
苏州	13760.89	8.3	227.91	3.3
无锡	8205.31	8.2	156.96	3.2
*厦门	3273.54	9.2	23.74	2.5
*深圳	16001.98	8.8	5.29	-19.4
*青岛	8692.1	8	362.56	3.9
*宁波	7602.51	7.6	275.18	1.9
威海	2790.34	9.8	214.5	4.2
烟台	6002.08	9.1	441.27	3.9

注:加*号为副省级城市

15－1续表

	第二产业		建筑业增加值		第三产业	
	累计	增速	累计	增速	累计	增速
直辖市						
北京	4545. 51	6. 9	907. 39	10. 6	16626. 32	7. 5
上海	8164. 79	4. 3	825. 1	4	15271. 89	8. 8
天津	7765. 91	9. 9	682. 52	9. 3	7755. 03	10. 2
重庆	6531. 86	12. 7	1356. 06	14. 4	6672. 51	10
省会城市						
兰州	824. 89	9. 1	234. 96	11. 6	1123. 61	11. 8
*西安	2205. 37	11. 3	731. 06	11. 3	3054. 85	9
西宁	560. 73	16. 7	83. 88	12. 5	478. 66	9. 7
银川	760. 27	11. 6	197. 63	18. 5	578. 74	7. 2
乌鲁木齐	955	12. 2			1525	9. 3
*成都	4561. 1	9. 8			5124. 7	8. 6
贵阳	976. 59	13. 9	298. 59	19. 3	1412. 66	14. 3
昆明	1642. 03	8. 2	491. 67	11. 4	1883. 4	8. 1
呼和浩特	848. 19	8. 2	180. 9	3. 4	1920. 4	8. 3
南宁	1251. 54	9. 9	328. 05	8. 6	1541. 67	8. 2
福州	2352. 15	11. 5	541. 1	11	2400. 92	9. 4
*广州	5606. 41	7. 4	531	2. 4	10862. 94	9. 4
海口	215. 68	5. 6	81. 49	9	735. 26	11. 2
*哈尔滨	1785. 3	5. 1			2907. 6	8. 2
*沈阳	3541. 4	5. 3			3232	6. 9
*武汉	4785. 66	10. 2			4933. 76	9. 5
*南京	3671. 45	8. 8			4925. 34	11. 5
*长春	2862. 8	6. 9	447	7. 7	2179. 1	6. 6
杭州	3858. 9	8. 1	433. 81	3. 4	5067. 9	8. 5
*济南	2215. 16	8. 8	442. 9	8. 5	3256. 33	9. 1
南昌	2017. 01	11. 5			1484. 85	7. 8
长沙	4245. 68	11. 4			3261. 09	9. 7
合肥	2872	11. 4	578. 1	8. 6	2028. 3	8. 5
太原	1012. 31	1	309. 5	1. 7	1479. 85	5. 1
郑州	3771. 09	10. 2	421. 32	14	2862. 37	8. 8
石家庄	2439. 3	7. 1			2172. 6	9. 9
其他城市						
*大连	3696. 51	5			3517. 24	7
苏州	7034. 1	6. 2			6498. 88	11. 1
无锡	4186. 34	6. 6	348. 75	6. 2	3862. 01	10. 3
*厦门	1499. 27	9. 7	226. 8	6. 7	1750. 53	8. 7
*深圳	6823. 05	7. 7	466. 12	1. 6	9173. 64	9. 8
*青岛	3882. 41	8. 4			4447. 13	7. 9
*宁波	3935. 57	7. 9	452. 59	10. 6	3391. 76	7. 6
威海	1410. 07	10	153. 69	8. 6	1165. 77	10. 6
烟台	3212. 35	8. 8	314. 21	8. 4	2348. 46	10. 4

15－2 工业

单位:亿元、%

	工业增加值		规模以上工业总产值		规模以上工业增加值	
	累计	增速	累计	增速	累计	增速
直辖市						
北京	3746. 77	6	18059. 91	5. 7		6. 2
上海	7362. 84	4. 3	32237. 19	1. 6		4. 5
天津	7083. 39	10	28078. 82	7. 3		10. 1
重庆	5175. 8	12. 3	18722. 51	14. 6		12. 6
省会城市						
兰州	594. 27	8. 2	2548. 2	8. 6	565	8. 1
*西安	1523. 12	10. 7	4433. 85	13	1195. 28	11. 1
西宁	476. 85	17. 3	1350. 25	12. 9	406. 8	17. 3
银川	562. 64	9. 3	1814. 97	8. 0	471. 7	10. 5
乌鲁木齐	780	12	2408. 8		654. 95	12
*成都	3855. 4	11. 2				12. 2
贵阳	678	12. 1	2303. 71	11. 8	636. 06	12. 2
昆明	1150. 36	6. 9	3197. 65	1. 9		7. 0
呼和浩特	667. 29	9. 3				10. 0
南宁	923. 49	10. 3	2872. 85	12. 2	881. 17	10. 8
福州	1816. 87	11. 7	7500. 22	12. 4	1837. 93	12. 1
*广州	5075. 41	7. 8	18184. 92	7. 9	4859. 55	8. 1
海口	134. 59	3. 7	490. 13	-3. 3	122. 07	3. 5
*哈尔滨	1239. 4	7. 4	3663. 8		849. 4	7. 7
*沈阳			14020. 7	3. 9	3614. 9	4. 9
*武汉			11764. 59	12. 3	3453. 35	10. 9
*南京	3165. 78	9. 3	13239. 73	5. 3	2999. 44	9. 5
*长春	2415. 8	6. 8	9831. 1	6. 7	2415. 7	6. 7
杭州	3426. 42	8. 6	12945. 28	6. 2	2805. 25	8. 9
*济南	1772. 26	8. 9				10. 1
南昌	1500. 7	11. 3			1380. 6	11. 9
长沙	3574. 93	11. 4	9496. 17	13. 3	3042. 05	12
合肥	2293. 9	12	8447. 84		2126. 59	12. 3
太原	702. 81	0. 8			647. 24	0. 4
郑州	3349. 78	9. 8	13537. 21	12. 7	3094	11. 2
石家庄	2164. 9	7. 5			2071. 7	8
其他城市						
*大连	3248. 6	4. 9			3017. 20	4. 3
苏州			30585. 78	0. 3		
无锡	3837. 59	6. 6	14840. 65	-1	3017. 5	4. 9
*厦门	1291. 16	10. 2	4905. 44	10. 8	1240. 32	10. 5
*深圳	6356. 93	8. 1	24410. 38	8. 2	6501. 06	8. 4
*青岛	3419. 82	8. 3	16761. 38	9. 6		9. 4
*宁波	3490. 06	7. 6	13789. 32	6. 2	2540. 18	7. 4
威海	1256. 38	10. 1			1206. 13	11. 8
烟台	2898. 14	8. 8				9. 6

15－3固定资产投资

单位:亿元、%

	固定资产投资额		房地产开发投资额		工业投资	
	累计	增速	累计	增速	累计	增速
直辖市						
北京	756227	7.5	3911.34	12.3		
上海	6016.43	6.5	3206.48	13.7	1156.44	-6.5
天津	11654.09	15.1	1699.65	14.8	4813.56	15.2
重庆	13223.75	18	3630.23	20.5	4163.91	18
省会城市						
兰州	1610.7	22.3	336.54	17.34	405.31	13.69
*西安	5903.98	15	1761.88	10.4	1205.53	38.8
西宁	1176.61	27.1	246.86	26.4	477.97	25.4
银川	1392.76	21.2	388.9	17.6	479.96	5.4
乌鲁木齐	1526	20	358	30	378	2.8
*成都	6620.4	1.8	2220.8	5.2	1402.7	-13.4
贵阳	3489.41	15.1	1017.6	3.5	774.85	1
昆明	3138.17	7	1492.62	15.6	604.55	0.8
呼和浩特	1736.50	15.8	563.13	-3.2	370.29	35.1
南宁	2886.68	18.7	551.82	32.5	852.05	17
福州	4388.62	14.9	1455.07	15	1168.63	12.7
*广州	4889.5	14.5	1816.15	15.5	685.12	6.9
海口	821.53	26.5	298.97	16.6	36.96	-32.3
*哈尔滨		12.2				
*沈阳	6564.1	2.8	1975.8	-9.5	2493.4	16.7
*武汉	7002.85	16.7	2353.63	23.5	2606.32	15.4
*南京	5430.77	6.6	1125.49	8.5	2151.97	-10
*长春	3924.5	15.1	534.4	-12.9	1880.6	21.3
杭州	4952.7	16.2	2301.08	24.2	913.4	0.3
*济南	3063.4	16.1	917.37	27.2	1041.06	21.1
南昌	3434.25	18.6	414.07	2	1397.46	12.5
长沙	5435.75	18.3	1310.5	13.6	1745.35	18.9
合肥	5302.6	16.9	1127.36	1.9	1910.1	12.6
太原	1746.09	4.5	483.23	12.4	438.02	-15.9
郑州	5259.65	20.1	1743.51	20.6	1465.26	6.4
石家庄	5076.4	16.2	1025.3	10.5	2116.4	22.4
其他城市						
*大连	6773.63	4.6	1429.34	-16.4	2195.83	9.3
苏州	6054	4	1764.44	19.6	2305.81	-4.9
无锡	4634.21	16	1269.48	12.5	1746.34	12.5
*厦门	1572.95	16.7	704.06	32.4	298.68	9.9
*深圳	2717.42	13.6	1069.49	22	520.57	47
*青岛	5766	16.1	1117.7	6.6	2728.2	14.1
*宁波	3989.46	16.6	1328.14	18.3	1263.22	19
威海	2229.44	15.9	357.23	-13.3		
烟台	4101.06	15.9	611.8	5.8		

15－4 进出口

单位：亿美元、%

	进出口总额		出口总额		进口总额	
	累计	增速	累计	增速	累计	增速
直辖市						
北京	4156.52	-33	623.45	-1.2	3533.06	-3.7
上海	4666.22	5.6	2102.77	3	2563.45	7.9
天津	1339.12	4.2	525.97	7.3	813.16	2.3
重庆	954.5	39	634.1	35.5	320.4	46.3
省会城市						
兰州	45.6	12.2	40.07	11.4	5.53	17.6
*西安	249.83	38.9	119.61	41.1	130.22	37
西宁	15.97	28.7	10.84	39.2	5.13	11
银川	45.00	86.7	36.00	55.2	9.00	
乌鲁木齐	82.85	6.3	72.17	12.8	10.68	-23.6
*成都	558.5	10.4	338.2	6.1	220.3	17.8
贵阳	78.42	24.1	72.72	30.3	5.7	-22.5
昆明	177.87	5.3	116.08	14.7	61.79	-8.8
呼和浩特	21.95	37.5	12.42	69.5	9.53	10.3
南宁	48.14	9	26.17	11.3	21.97	6.4
福州	346.1	10.4	212.4	9.9	133.7	11.1
*广州	1306	9.8	727.15	15.8	578.85	3.2
海口	34.01	-29.7	12.32	-24	21.69	-32.5
*哈尔滨	68.1	4.1	34.4	18.8	33.6	-7.6
*沈阳	158	10.6	71.4	2.1	86.6	18.7
*武汉	264.29	21.4	137.91	15.5	126.38	28.7
*南京	572.21	2.6	326.28	1.1	245.93	4.7
*长春	207.2	1.6	24.7	-25.1	182.5	6.7
杭州	679.98	4.5	491.66	9.8	188.32	-7.2
*济南	105	9.7	60.61	10.5	44.39	8.5
南昌	122.26	25.9	84.17	15.2	38.09	58.5
长沙	772.5	26	538.5	41	234	
合肥	200.87	10.5	125.14	5.2	75.73	20.4
太原	106.71	16.5	65.7	24.1	41.01	6
郑州	464.31	8.6	266.57	6.4	197.74	11.9
石家庄	143	2.1	77.9	9.5	65.1	-5.6
其他城市						
*大连	657.74	-4.4	302.25	-19.3	355.49	13.2
苏州	3113.06	0.6	1811.78	3.1	1301.28	-2.6
无锡	741.7	5.4	442.31	7.5	299.39	2.5
*厦门	835.53	-0.6	531.65	1.6	303.88	-4.3
*深圳	4877.65	-9.2	2844.03	-7	2033.62	-12.3
*青岛	798.88	2.5	457.77	9.1	341.11	-5.2
*宁波	1047.04	4.4	731.09	11.3	315.95	-8.7
威海	165.87	-3.3	113.72	6.3	52.15	-19.1
烟台	527.52	7.6	294.04	0.8	233.48	17.7

15－5 社会消费品零售总额与财政

单位:亿元、%

	社会消费品零售总额		公共财政预算收入		公共财政预算支出	
	累计	增速	累计	增速	累计	增速
直辖市						
北京	9098. 09	8. 6	4027. 16	10	4510. 46	8. 2
上海	8718. 65	8. 7	4585. 55	11. 6	4923. 44	8. 7
天津	4738. 65	6	2390. 02	15	2884. 7	15. 2
重庆	5096. 2	13	1921. 88	13. 9	3303. 72	8
省会城市						
兰州	944. 9	12. 7	152. 33	22. 4	280. 1	15. 6
*西安	2872. 9	12. 8	583. 76	16. 3	819. 5	12. 3
西宁	412. 86	13. 3	168. 13	14. 1	248. 14	19. 5
银川	382. 47	9. 9	153. 62	14. 1	263. 8	18. 2
乌鲁木齐	1070	10. 3	340. 62	12. 8	404. 81	14. 6
*成都	4202. 4	12	1025. 2	14. 1	1340	15. 3
贵阳	888. 58	13. 1	331. 6	19. 6	448. 65	14
昆明	1905. 89	12	477. 97	6	594. 05	1. 4
呼和浩特	1256. 08	10	211. 54	16. 2	310. 79	6. 1
南宁	1616. 9	12. 1	274. 85	7. 3	465. 77	11. 3
福州	2991. 98	14. 6	510. 87	12. 5	571. 02	7
*广州	7697. 85	12. 5	1241. 53	8. 7	1434. 26	3. 5
海口	541. 27	10. 5	100. 12	15. 4	146. 43	12. 1
*哈尔滨	3070. 9	12. 6	423. 5	5. 3	740. 1	4. 3
*沈阳	3570. 1	12. 1	785. 5	-1. 9	914. 3	3. 7
*武汉	4369. 32	12. 7	1101. 02	15. 6	1179. 88	7. 4
*南京	3957. 97	13	903. 49	8. 7	920. 9	8. 2
*长春	2217. 5	12. 6	397. 3	4. 1	675. 8	6. 8
杭州	3838. 73	8. 7	1027. 32	8. 7	961. 18	12. 3
*济南	2964. 4	12. 6	543. 1	12. 7	571. 9	10. 1
南昌	1429. 21	12. 5	342. 21	17. 2	473. 4	13. 3
长沙	3162. 07	12. 9	632. 8	17. 9	801. 88	14. 3
合肥	1666. 75	12. 9	500. 34	14. 1	698. 79	10. 8
太原	1411. 13	10. 1	258. 85	4. 7	322. 7	1. 1
郑州	2913. 61	12. 7	833. 88	15. 2	918. 61	12. 6
石家庄	2423. 5	12. 5	343. 5	13	563. 4	11. 5
其他城市						
*大连	2828. 42	12	780. 8	-8. 2	989. 5	-8. 7
苏州	4061. 11	12	1443. 82	8. 5	1304. 48	7. 6
无锡	3054. 75	11. 5	768. 01	8	748. 34	5. 2
*厦门	1072. 94	10	543. 8	10. 8	548. 25	4. 9
*深圳	4844	9. 3	2082. 44	20. 3	2166. 14	28. 1
*青岛	3268. 79	12. 6	895. 2	13. 5	1074. 7	6
*宁波	2992. 03	13. 5	860. 61	8. 6	1000. 86	6. 5
威海	1181. 87	12. 9	220. 79	13. 1	280. 6	6. 3
烟台	2377. 65	12. 7	490. 16	12. 1	574. 86	6. 1

15－6 金融

单位:亿元、%

	金融机构(含外资)人民币存款余额		储蓄存款余额		金融机构(含外资)人民币贷款余额	
	累计	增速	累计	增速	累计	增速
直辖市						
北京	95370.53		24158.42		45458.71	
上海	69549.14	4498.5	21269.32	783.1	43227.33	3346.8
天津	23959.42		7916.9		21715.99	
重庆	24501.54	10.5	10996.9	11.5	20011.5	14.7
省会城市						
兰州	6617.51	20.3	2262.94	11.9	5612.72	27.3
*西安	15166.78	10.2	5698.15	6.4	11668.14	16
西宁	3104.76	10	1050.95	8.1	3328.22	22
银川	2608.97	11.5	1089.89	7.4	3185.93	19.1
乌鲁木齐	6233.97	11.1	1974.84	4.1	4502.33	14.3
*成都	26798	13.3	8977	10.1	19779	11.5
贵阳	6992.2	1082.4	2010.58	183.5	6560.51	1133.7
昆明	10609.76	5	3496.64	4.2	10233.49	11
呼和浩特	4723.75	6.4	1480.88	4.7	5145.89	18
南宁	7064.49	9	2321.74	7.7	7091.46	16
福州	9439.39	7.9	3393.72	5.5	9331.49	16.1
*广州	34170.66	4.1	12571.7	2.6	22688.33	11.5
海口	3152.59	8.9	1119.48	5.4	2949.63	15.4
*哈尔滨	8884	4.7	3768.8	4.9	7257.5	15.1
*沈阳	12310	7.6	5147.6	8	10026.9	12.4
*武汉	16268.71	9.1	5725.87	5.6	14463.4	13
*南京	20161.85	11.7	5055.77	3.5	16328.58	11.5
*长春	8723.39	11.7	3380.11	8.8	7475.45	15.8
杭州	23950.05	10.1	6694.55	5.6	20356.17	9.5
*济南	11744.4	8.7	3541.4	8.4	8508.3	8.9
南昌						
长沙	11266.1		3898.85	11.2	10712.82	
合肥	9142.68	11.1	2539.5	7.8	8169.64	16.2
太原	10011.26	2	3325.78	0.5	7945.33	11
郑州	13955.59	13.4	4839.26	8.1	10868.35	16.3
石家庄						
其他城市						
*大连	11613.78	1.2	4666.71	4.1	9926.37	8.8
苏州	21428.19	6.9	6753.44	5.4	17247.94	11
无锡	11849.03	5.7	4341.45	6.2	8669.62	6.9
*厦门	6607.25	10.4	1972.02	3.8	6643.98	13.1
*深圳	34297.09	8.7	9884.11	4.9	23644.71	13.8
*青岛	11370	3.7	4436	7.1	9720	9.5
*宁波	13307.41	4.5	4780.31	4.8	13610.61	8.9
威海	2527.1	9	1483.48	9.8	1658.56	9.7
烟台	6135.82	6.7	3424.72	10.5	4026.46	7.1

15-7 城乡人民收入与支出

单位:元、%

	城镇居民人均可支配收入		城镇居民人均消费性支出		农民人均现金收入	
	累计	增速	累计	增速	累计	增速
直辖市						
北京	43910	8.9	28009	6.6	20226	10.3
上海	47710	8.8	30520	8.4		
天津	31506	8.7	24290	8.9	17014	10.8
重庆	25147	9.1	18279	6.7	9490	11.7
省会城市						
兰州	23030	10.9			8067	13.4
*西安	36100	9.1			14462	11.9
西宁	21291	9.5	15077	10.8	10097	12.1
银川	26118	9.1			10275	10
乌鲁木齐	23755	11.5			13335	16
*成都	32665	9			14478	11.5
贵阳	24961	9.4	19501	17.4	10826	12.7
昆明	31295	8.9			10366	12.1
呼和浩特	34723	8.5	24844	8.4	12538	10
南宁	27075	9.1			8576	11.6
福州	32451	9.4			14012	11.2
*广州	42955	8.9	33385	8.7	17663	10.3
海口	22632	9.6			10630	12.4
*哈尔滨	28816	9.3			12125	12.2
*沈阳	31720	9.1	24223	11	15945	10.2
*武汉	33270	9.9			16160	12.3
*南京	42568	8.8	25855	7.2	17661	10.3
*长春	27299	9.7			11259	10.8
杭州	44632	9.1	32165	4.9	23555	11.1
*济南	38763	8.7	22981	6.1	14726	11.2
南昌	29091	10			12414	11
长沙	36826	9.4	26779	19.8	21723	10.2
合肥	29348	9.4	18214	6.6	14407	12.2
太原	25768	7.9			12616	10.4
郑州	29095	9.3			15470	10.4
石家庄	26071	8.3			10542	10.4
其他城市						
*大连	33591	8.7			13547	9.7
苏州	46677	8.6	28973	7.5	23560	10
无锡	41731	8.6			22266	10.1
*厦门	39625	8.2	27402	6.3	16220	10.6
*深圳	40948	6.9				
*青岛	38294	8.7			17461	11
*宁波	44155	9.2	27893	11.5	24283	11
威海	34254	8.9	22549	12	17296	11
烟台	35791	8.6			16656	11.4

15－8 价格指数与职工工资

单位:元、%

	居民消费价格总指数		在岗职工年平均工资
	累计	增速	累计
直辖市			
北京	101.6	1.6	77560
上海	102.7	2.7	65417
天津	101.9	1.9	56232
重庆	101.8	1.8	55588
省会城市			
兰州	102.2	2.2	54005
*西安	101.4	1.4	56491
西宁	102.8	2.8	54910
银川	102.1	2.1	59086
乌鲁木齐	102.8	2.8	50690
*成都	101.3	1.3	63201
贵阳	102.7	2.7	58101
昆明	103.1	3.1	56830
呼和浩特	101.2	1.2	50467
南宁	101.6	1.6	54826
福州	101.8	1.8	58839
*广州	102.3	2.3	74245
海口	102.2	2.2	50608
*哈尔滨	102.0	2.0	51551
*沈阳	102.2	2.2	56590
*武汉	101.9	1.9	60624
*南京	102.6	2.6	72818
*长春	102.2	2.2	56976
杭州	102.0	2.0	70824
*济南	102.2	2.2	60860
南昌	102.5	2.5	51851
长沙	102.7	2.7	61848
合肥	102.0	2.0	60082
太原	102.2	2.2	56885
郑州	102.0	2.0	49276
石家庄	102.0	2.0	48273
其他城市			
*大连	102.0	2.0	63611
苏州	102.1	2.1	
无锡	102.2	2.2	67048
*厦门	102.2	2.2	60792
*深圳	102.0	2.0	72651
*青岛	102.6	2.6	62104
*宁波	101.9	1.9	
威海	102.4	2.4	
烟台	101.9	1.9	

中国统计出版社最新图书简目

（仅供参考，以实际出版为准）

统计资料

中国统计年鉴　中国统计摘要　中国发展报告
中国经济普查年鉴2013　国际统计年鉴　金砖国家联合统计手册
中国-东盟国家统计手册　中国区域经济统计年鉴　中国县域统计年鉴
中国城市统计年鉴　中国农村统计年鉴　中国地区经济监测报告
中国贸易外经统计年鉴　中国对外直接投资统计公报　中国商品交易市场统计年鉴
大中型批发零售和住宿餐饮企业统计年鉴　中国零售和餐饮连锁企业统计年鉴　中国住户调查年鉴
中国价格统计年鉴　中国农产品价格调查年鉴　全国农产品成本收益资料汇编
中国环境统计年鉴　中国能源统计年鉴　国外资源、能源和环境统计资料汇编
中国工业统计年鉴　中国建筑业统计年鉴　中国房地产统计年鉴
中国城市建设统计年鉴　中国城乡建设统计年鉴　中国第三产业统计年鉴
中国证券期货统计年鉴　中国科技统计年鉴　中国高技术产业统计年鉴
工业企业科技活动资料　中国劳动统计年鉴　中国人口和就业统计年鉴
中国人才资源统计报告　中国社会统计年鉴　中国文化及相关产业统计年鉴
文化及相关产业统计概览　中国教育经费统计年鉴　中国民政统计年鉴
中国民族统计年鉴　中国工会统计年鉴　中国残疾人事业统计年鉴
中国妇女儿童状况统计资料（英）　中国乡镇街道行政区域简册

省级综合统计年鉴系列

北京 天津 河北 山西 内蒙古 辽宁 吉林 黑龙江 上海 江苏 浙江 安徽 福建 江西 山东 河南 湖北 湖南
广东 广西 海南 重庆 四川 贵州 云南 西藏 陕西 甘肃 青海 宁夏 新疆 新疆生产建设兵团

市(县)级综合统计年鉴系列

天津滨海新区 石家庄 唐山 邯郸 保定 沧州 邢台 廊坊 承德 衡水 秦皇岛 张家口 太原 大同 阳泉 长治 晋城
朔州 晋中 运城 忻州 临汾 呼和浩特 呼和浩特新城区 鄂尔多斯 包头 沈阳 大连 长春 四平 哈尔滨 齐齐哈尔
黑龙江垦区 上海浦东新区 南京 无锡 徐州 常州 苏州 南通 连云港 淮安 盐城 扬州 镇江 泰州 宿迁 江阴
丹阳 杭州 宁波 温州 嘉兴 绍兴 金华 衢州 舟山 台州 丽水 合肥 安庆 马鞍山 福州 厦门 宁德 南昌 九江
上饶 新余 抚州 济南 青岛 枣庄 滕州 郑州 洛阳 平顶山 三门峡 南阳 商丘 济源 武汉 十堰 荆州 宜昌 荆门
咸宁 长沙 广州 深圳 惠州 东莞 南宁 柳州 桂林 来宾 海口 三亚 成都 贵阳 昆明 西安 兰州 庆阳 银川
乌鲁木齐 兵团一师 兵团十师

调查年鉴系列

天津 山西 内蒙古 辽宁 吉林 上海 福建 河南 湖北 湖南 广西 重庆 四川 云南 甘肃 宁夏 新疆

“十二五”规划教材

统计学（经济管理类专业本科适用，单薇 等）　抽样调查理论与方法（冯士雍 等）
贝叶斯统计（茆诗松 等）　统计学（黄良文 等）　试验设计（茆诗松 等）
统计学：从数据到结论（吴喜之）　医学统计学（于浩）　统计学（经济、管理类专业基础教材，张小斐）
概率论与数理统计三十三讲（魏振军）　概率论与数理统计三十三：学习指导与习题解答（魏振军）
非参数统计（吴喜之 等）　统计学：经济与管理中的数据分析（李慧云 等）
卫生管理统计学（新编医学院校基础课教材，尚磊）　医院统计学（新编医学院校基础课教材，徐天和 等）
社会统计学（蒋萍 等）　现代金融投资统计分析（李腊生 等）
国民经济核算初级教程（经济类、统计类、管理类专业适用，蒋萍 等）

重点图书

图解中国经济2015　新编英汉汉英统计大词典　中华医学统计百科全书
挑大学选专业2016—考研择校指南　挑大学选专业2015—高考志愿填报指南